重新发现易经

Rediscovering *Book of changes*

Great Time

大时间

余世存 著

生活·讀書·新知 三联书店

Copyright © 2014 by SDX Joint Publishing Company.
All Rights Reserved.
本作品版权由生活·读书·新知三联书店所有。
未经许可,不得翻印。

图书在版编目(CIP)数据

大时间:重新发现易经/余世存著.—北京:
生活·读书·新知三联书店,2015.2 (2025.4重印)
ISBN 978-7-108-05182-0

Ⅰ.①大… Ⅱ.①余… Ⅲ.①《周易》-通俗读物
Ⅳ.① B221-49

中国版本图书馆CIP数据核字(2014)第257829号

策　　划	知行文化　叶文龙
责任编辑	朱利国
封扉设计	张志奇工作室
责任印制	卢　岳
出版发行	生活·讀書·新知 三联书店
	(北京市东城区美术馆东街22号)
网　　址	www.sdxjpc.com
邮　　编	100010
经　　销	新华书店
印　　刷	河北松源印刷有限公司
版　　次	2015年2月北京第1版
	2025年4月北京第12次印刷
开　　本	720毫米×1020毫米　1/16　印张 32.5
字　　数	418千字
印　　数	81,001-91,000册
定　　价	68.00元

(印装查询:010-64002715;邮购查询:010-84010542)

目　录

《大时间》再版序 1

本书出版说明 1

自　序——为什么要回到易经 1

一、从冬至到立春 1

  ☷☳ 地雷复卦·动而顺：太阳回来了

    （西方圣诞节）... 5

  ☶☳ 山雷颐卦·动而止：从口福到养生

    （元旦）... 14

  ☵☳ 水雷屯卦·动而险：种子萌芽 22

  ☴☳ 风雷益卦·动而入：行贿与受贿 30

  ☳☳ 震卦·动而动：经受考验的震动 38

  ☲☳ 火雷噬嗑卦·动而明：从吃喝到刑罚

    （国际海关日）... 48

  ☱☳ 泽雷随·动而悦：带肉到高丘祭祀 55

  ☰☳ 天雷无妄卦·动而健：当女人不在场时

    （世界湿地日，世界麻风病日）................................. 63

二、从立春到春分 71

  ☷☲ 地火明夷·明而顺：保存火种的艰难时刻

    （国际气象节） 74

  ☶☲ 山火贲卦·明而止：山南花开和男欢女爱

    （西方情人节） 81

  ☵☲ 水火既济卦·明而险：渡船靠岸了

    （国际母语日） 88

  ☴☲ 风火家人·明而入：看见风火，自家的方向升起

    （世界居住条件调查日） 96

  ☳☲ 雷火丰·明而动：豆荚长得真肥茂

    （中国爱耳日、雷锋纪念日） 102

  ☲☲ 离卦·明而明：善待黄牛

    （国际妇女节，中国保护母亲河日） 110

  ☱☲ 泽火革·明而悦：煮毛皮制革

    （世界消费者权益日，中国植树节） 117

  ☰☲ 天火同人卦·明而健：家家请人春耕忙

    （世界消除种族歧视日，世界森林日、水日、气象日） 124

三、从春分到立夏 131

  ☷☱ 地泽临卦·悦而顺：封山育林

    （世界戏剧节） 134

  ☶☱ 山泽损卦·悦而止：青黄不接手剥笋

    （西方愚人节） 142

  ☵☱ 水泽节·悦而险：节制

    （世界卫生日，中国清明节） 150

  ☴☱ 风泽中孚·悦而入：孵化小鸡 157

☳☱ 雷泽归妹·悦而动：哪个妙龄女子不怀春 163

☲☱ 火泽睽卦·悦而明：左顾右盼测水平

（世界法律日，世界读书日、图书和版权日、知识产权日）...... 170

☱☱ 兑卦·悦而悦：民忘其劳的欢乐

（国际劳动节）... 179

☰☱ 天泽履卦·悦而健：发明鞋子，脚踏实地

（中国青年节）... 186

四、从立夏到夏至 193

☷☰ 地天泰卦·健而顺：天地交通

（西方母亲节，世界红十字日、国际护士节）.................. 196

☶☰ 山天大畜·健而止：六畜兴旺

（国际家庭日，国际博物馆日）................................ 205

☵☰ 水天需卦·健而险：等待雨水

（国际生物多样性日）... 212

☴☰ 风天小畜·健而入：风助农事

（世界无烟日）.. 218

☳☰ 雷天大壮·健而动：婴儿的第一声啼哭

（国际儿童节，世界环境日）................................... 224

☲☰ 火天大有·健而明：夏天仍有肉吃

（世界海洋日，中国爱眼日）................................... 230

☱☰ 泽天夬·健而悦：麦熟抢收决战时

（世界防治荒漠和干旱日）..................................... 236

☰☰ 乾卦·健而健：六龙天行

（西方父亲节）.. 242

五、从夏至到立秋 253

☰☴ 天风姤卦·入而健：藏污纳垢

（国际奥林匹克日、禁毒日，联合国宪章日，中国土地日）...... 256

☱☴ 泽风大过·入而悦：夏日渡河与建造房屋

（国际建筑日）...... 263

☲☴ 火风鼎卦·入而明：夏日炎炎如鼎炉

（国际合作社日）...... 269

☳☴ 雷风恒·入而动：永恒的漩涡

（世界人口日）...... 277

☴☴ 巽风卦·入而入：秋风的命令 284

☵☴ 水风井·入而险：农耕时代的公共财产 290

☶☴ 山风蛊·入而止：生虫了 296

☷☴ 地风升·入而顺：攀登与收获

（中国人民解放军建军节）...... 303

六、从立秋到秋分 309

☰☵ 天水讼·险而健：有了收成起纠纷

（国际土著人日）...... 312

☱☵ 泽水困·险而悦：旱情出现了 319

☲☵ 火水未济·险而明：船在水上漂 326

☳☵ 雷水解·险而动：雷雨交加 332

☴☵ 风水涣卦·险而入：洪水肆虐 338

☵☵ 坎水卦·险而险：沟壑纵横

（国际扫盲日）...... 344

☶☵ 山水蒙卦·险而止：中国山水

（国际民主日，中国教师节）...... 350

☷☵ 地水师·险而顺：秋高马肥，作战消遣

（国际和平日）...... 357

七、从秋分到立冬 363

　　☷☶ 天山遁卦・止而健：寻找新家园

　　　　（世界无车日，世界旅游日）................................ 367

　　☷☶ 泽山咸卦・止而悦：感受秋天

　　　　（国际音乐节、老年人日，中国国庆节）................ 375

　　☷☶ 火山旅・止而明：观光

　　　　（国际动物日，中国旅游黄金周）........................ 382

　　☷☶ 雷山小过：山上的雷声

　　　　（世界镇痛日、关节炎日）................................ 388

　　☷☶ 风山渐・止而入：树的年轮

　　　　（西方蓝色情人节，世界洗手日、粮食日、消除贫困日）......... 394

　　☷☶ 水山蹇・止而险：吃寒而不良于行的腿脚

　　　　（世界骨质疏松日）.. 403

　　☷☶ 艮山卦・止而止：凝重的秋山

　　　　（国际裁军与发展周）.................................... 409

　　☷☶ 地山谦・止而顺：山藏于地的美德

　　　　（西方万圣节，世界勤俭日）............................ 416

八、从立冬到冬至 421

　　☷☰ 天地否卦・顺而健：天地不交

　　　　（西方"光棍节"）.. 425

　　☷☰ 泽地萃・顺而悦：丛生抱团

　　　　（世界大学生节）.. 432

　　☷☰ 火地晋卦・顺而明：火盆取暖

　　　　（世界问候日）.. 438

　　☷☰ 雷地豫・顺而动：防火防盗的舞蹈

　　　　（美国和加拿大的感恩节）................................ 444

☷☴ 风地观卦·顺而入：风行大地、观礼象舞
（国际残疾人日） 452

☷☵ 水地比·顺而险：团结、平等、博爱
（世界人权日） 459

☷☶ 山地剥·顺而止：刻薄与硕果仅存
（世界强化免疫日） 465

☷☷ 坤卦·顺而顺：大地白茫茫一片真干净 472

附　　录　本书相关名人索引 479

《大时间》再版序

《大时间》一书出版后，我个人有过一些奇遇。来自易学研究、IT、音乐和服装等领域的读者，不断倾诉他们读易经和《大时间》的感受。越来越多的人意识到，阴和阳冲气以合的宇宙大千世界，应该比0和1组成的互联网更丰富精彩。

对易经时空的研读不亚于现代科学给予人的清明理性，易经时空既是一个使人有所敬畏、有所归属的所在，又是一个创造之源。近年来的国学热，也使我接触到不少研读经典的朋友。一个印象是，无论是研读《论语》，王阳明、钱穆的作品，还是研读《道德经》《金刚经》的读者，其心态多有闭合状态，他们沉浸在经典教诲中、舍此之外无他的陶然情境令人感动，而研读易经的朋友，多保持着学习的、开放的心态，他们在各自的领域也都有一定的收获。

这里涉及现代人关心的一大问题，即所谓现代人知识易得、智慧难求。智慧乃是认知世界的能力。同一人物、同一事件，在人的不同阶段反应不同，有些网友就感慨，他们在青少年阶段反感鲁迅，但中年之后又深深理解了鲁迅。这就是认知力的问题。不解决自身的认知力问题，中年后对鲁迅的认知仍难称最后或最高之"觉悟"。不同人对同一事物的认知千差万别，在网络时代，我们享有共时性、同步性的信息，但我们的认知有时却彼此对立甚至怀有敌意。很多人以为，这是因为人们获得的信息不够全面所致，或是因为人们各自的立场有所不同，但认知力的不够其实更是一大原因。

为解决人的认知力问题，现代社会兴起了覆盖极全的"知识付费"运动，反对者则嘲笑为收"智商税"行为，影响所及，青年学子、工商巨子都参与到这一交"智商税"的游学、听课、培训活动中来，甚至连中小学生背诵的诗文都有了思维导图。但事实上，这类向外寻找的人生只是显现了人的性命而已，如古人所谓，但使鱼龙知性命，何妨平地起波澜。认识力属于人的慧命范畴，它需要反求诸己，需要让自己安静下来并止于至善状态。对认知力的提高，东西方的圣贤们都有过相似的答案，东方的儒释道固不必说，它们都阐述过戒定而慧、知止知定而生慧的道理，而古希伯来人的"认识你自己"则是另一种话语的明心见性。

在这方面，我们中国的易经不仅提出了原则，还提供了方法。"洁净精微，易之教也。"易经就是让人安静生慧的，"易无思也，无为也，寂然不动，感而遂通天下之故"。但易经还对世界或说天下进行了严密的数理研判，阴阳二仪生成的时空有着精准的阴阳组合代码，这些代码跟 0 和 1 组成的代码相比更生动、更不确定。我们每个人都具有这些代码，并在时空中跟其他代码互动，因此就有了悲欢离合。善易者不占，真正研读易经有得的人不去计算自己的未来或跟他人互动的结果，因为他知道洗心退藏而后虚室生白，如此，世界报偿他的已经足够。

《大时间》一书在易经的时间属性上有所阐释，它把现代阳历系统嫁接到易经中，给读者提供了一套明晰的时间模型。借助这一模型，我们每个人从一个太阳年里只获得了 1/64 的能量或知识，没有人全知全能；我们每个人当在人生道路上经历其他 63 种形态，或在社会上跟其他 63 种形态相遇时，人人都会有损益、有否泰、有观临、有咸恒、有自己的乾坤……

通过这一时间模型，我们每个人都生而知道自己在时间中的位置，都知道自己跟时间进而跟世界的必然联系。认识到自己跟世界有必然的联系，对很多人来说仍是一生的功课；把握好自己跟世界的联系，则是"上士闻道、勤而行之"的不二之选。

《大时间》的读者们就这些问题分享他们的心得，让我庆幸拙著尚能开卷有益。对作者来说，一本书写完，能在读者那里有所会心，莫过于此。对我个人来说，在《大时间》之后，我一发不可收地写作并出版了《时间之书》《节日之书》，合起来堪称我的"中国时间"三部曲。

说到"中国时间"，我们有过对"中国时间"的忽视，至今我们很多人仍难以说清"中国时间"的意义。但自戊戌、己亥以来，到今年庚子年，我们中国人突然意识到，这类对时间的指代，其意义要丰富于数字指代即 2020 年、2019 年、2018 年。2020 年给很多家庭、很多个人带来的挑战和打击，除了亲友之间的实际救助，大概没有一种形式较之"庚子疫情"更给人以精神上的安慰，因为精准的命名本身就是一种答案。

很多人还说不清楚全部的天干地支的名字，正如人们曾对节气时间语焉不详一样，对它们的熟悉有一个过程。意识到"中国时间"的某种效果，进而参赞化育，以"中国时间"把握的信息参与现代文明的演进，应该是人们可望可即的工作。0 和 1 组成的网络世界让人多往而不返地追求存在感，但阴和阳组成的现实世界才是真正可以安身立命的。

借《大时间》再版之际，我将读者们的分享简述如上一二。我还要借此机会感谢三联书店和朱利国先生、么志龙先生，感谢他们的慧眼使拙著问世并职尽使命。初版时我曾经在朋友圈发过给利国先生的小诗,才短短几年,这个网络上的朋友圈已经石沉大海,打捞不得。而我们又在新的朋友圈中活着。这就是易,就是时间的辩证法。

很多朋友喜欢说,要做时间的玫瑰。读易,读《大时间》,其意义也在于此。

2020 年 12 月写于北京

本书出版说明

一、易经，因经的本身蒙尘，两千余年来的传、记、解读，言人人殊。本书作者自谓还原，仍是猜想，或对易经的推演。"易之兴也，其于中古乎？作易者，其有忧患乎？"演易者，其有庄严乎？

二、本书作者以为，易经思维跟现代主流思维有异；易经思维要在"观象系辞"、"目击道存"，读者如能明了并习用之，或能理解本书之演易是对现代文明思维的一次"范式转型"之努力。

三、东西方文明均有大传统、小传统之分；易经蒙尘后的中国尤有显学、隐学之分，上、下之二元，精英、江湖之疏隔。本书写作即是一次汇通的努力，并向传统中国"一命二运三风水四积阴德五读书……"等日用生活致意。

四、本书以一个太阳年来安顿易卦，跟人们印象中的阴历传统有所差异。传统中国之历法实为阴阳合历，阴历也确实占据国人思维，但对太阳年的研究和把握仍是一个伟大的传统，二十四节气即是明证。直到汉代，司马迁仍有《日者列传》；因袭到唐代，李淳风还讨论过历代的"传天数者"……只是到了元明清，中国的钦天监才不得不引进西人以修正历法……

五、本书将北半球历史人物和当代名人的出生时间划分为六十四种类型，以对应六十四卦。这种运用，一如东方人以年份生肖将生命个体定为十二种类型，也与西方人以月份星座将生命个体定为十二种类型相似。作者自谓提供了生命的某种"源代码"——这一发现，一经指明，并不新奇，相信读者会循此思维可做更多的展开。本书在天文时间中附会上不少人文节日，这是传统中国"天人合一"的现代运用。如果不以现代唯物思维的偶然性、巧合性来说明，我们以为，这其实证明了生命、文明并非是凭空或孤独的存在，而与世界（时间、空间）有着深刻的联系。

六、本书体例近似"复调"、"多声部"，诗者、学者、思者文字交替，或散论或做庄语、学术语；释爻部分最显枯燥，但仍有诗性的"狂欢"，相信读者自会明见。

七、易经是对时空的把握，本书重在时间角度的阐述，对空间角度的解释明显留白。本书写作中多有当仁不让之慨，但对易经思维或上古中国发现的这一世界模型或世界目的，仍抱持最大的敬畏。

八、本书所取易之经文非专家版本，寻常可见。当然，本书写作借鉴了易学历来的重要著作，在此尤其感谢清人康熙皇帝之《日讲易经讲义》、今人潘雨廷等人的著作。本书写作所感念者多，在此尤其感谢先父余启发先生、贵州董酒的蔡友平先生、陕西"民间思想者"张桢先生，他们给我提供了写作的动力和可能性。

自 序

——为什么要回到易经

壬辰春日,我开始了解读易经一书的写作。整个过程很痛苦,也很快乐。有时候坐在书桌前四五个小时,高度紧张,几乎不起身,只能收获一千来字。写到最后,真是因缘际会,我大病一场。在病中,我想起这本书,似乎难以名状,难以向朋友们表述我写的是什么;但我很肯定地说,这本书算是我对父亲交的答卷。我要把这本书献给我父亲的在天之灵。

十来岁的时候,每到春夏之交,父亲经常会串门,回家后高兴地告诉母亲说,问清楚节气了,惊蛰、谷雨、清明、芒种……这样的字眼早就印在我心里了。父亲说,节气很重要,早一天晚一天都会影响种子的成长,影响收成。"选种忙几天,增产一年甜。""芒种前三日秧不得,芒种后三日秧不出。"我当时并不相信,以为早一天跟晚一天有什么差别。当时农村懂得节气的人不多,他们之受尊重,却是我知道的。乡下人有时候会说,搞那么科学做幺事;但在播种这样的"大作"上,他们是虔诚的、严肃的。

很久以后,也就是前两年到大理,再度回到乡下生活。那种农耕文化的记忆似乎一下子回来了。我首先发现了，极古远的时间跟极僻远的空间的有机联系，诸子百家那里的文化原来在偏远的农村有着生动的存在。其次，空间感的扩大，带来时间的绵长，而时间和空间的合一处，有着我们宇宙生成的目的和逻辑。因此，农耕文化构建的宇宙模型，既是对时间、空间的捕捉，又是对有限生物的必然规定。

我们能够想象一年之计在于春吗？春天的风、雨、雷、阳光的行处和分布，影响到全年的收成、疫情；春风化雨百日行，春天的第一场风刮过，一百天之后，肯定是一场降雨……我们能够想象农作物的记忆一如数学般准确吗？当三月初，豆类需要肥料的那五六天里，天地的阴阳比例构成的象数正是雷火卦象，天雷地火，给予大地的养分足够豆类疯长，是以先人发明了"豐"字以预言年成的丰收……当作物如小麦需要雨水灌浆、灌浆后需要风干饱满之际，天地间的阴阳象数也正好是水天之需、风天小畜……

当时，在大理跟彝族人、白族人相处，我已经研读了很长时间的易经，只是我仍未理解易经跟这一宇宙模型的关系。在诸子之前，在书经、诗经、礼经等等之前，我们的文化只有易经，那样简单又包罗万象。易经是怎么来的？易经的内在逻辑是什么？易经如何用？易经是否真的能够预言天下的命运，或者说，易经是否规定了人的命运……这样的问题一度折磨着我。

我为此给学界的朋友写信，请他们"有以教我"。我甚至打听到孟子易的当代传人，准备去拜访。我还一次次地抄录易经。季蒙、潘雨庭等人的易经著作几乎被我翻烂……但是，从后人或今人的解读中，易经被复杂化、玄学化了。虽然，在研读易经的过程中，我越来越明白易经的起源极其简单，只是我们需要以更为繁复的方式来表述它，一如西哲把万物解构还原为原子，我们中国人把宇宙万物还原为阴阳，一切都是阴阳的排列组合，阴阳决定了象、数、义、理，阴阳的类聚分化记忆演化出了大千宇宙。

我想象先哲是如何把握世界的。二千六百年前，韩宣子到鲁国，有机会看到了易象等书，他感叹说："周礼尽在鲁矣，吾乃今知周公之德与周之所以王也。"在当时，最为稀缺的知识莫过于天文历法，所谓对时间、空间的规定，这是农耕社会收成的法宝。制历授时，尧、舜、禹如此相传的，其实是生产生活的合时空规定性的规则。我们今天所谓的挂历，在先人那里，其实就是易卦的卦历。易，是韩宣子看到的这一秘密，又是指导生产生活的百科全书。

但对我来说，真正突破这一点，要感谢张桢先生。这个西北黄土高原上的退休老师，业余时间写了大量的文章，其中大部分是关于易经的解说。张桢先生以数学老师的精确性，把易经六十四卦的时空起止计算出来。自汉儒之后，千百年间的易经研究者多忘了易卦的历法功能，忘了易经的时空特征。张桢先生不仅强调了易经的这一特性，而且指出易卦的计数功能、文字功能……我为此去渭南澄城县冯原镇去拜访张桢老师。我确认这是一个流落在民间的"思想史上的失踪者"！只是因为际遇，张桢先生未能浮出思想史的水面，但他在学院派和江湖术士之外，贡献了自己的心力。

我决定在众多研究者的基础上撰写我对易经的理解。我想象先人在无时间、无空间中如何确定生存的坐标。在大地上生活，悬象著明莫大乎日月，而太阳之于生命的重要不言而喻。太阳就是先天太极啊。百花开了，日子暖和了，太阳一天天朝自己走来，看着地上那根测日线的木棍拉开的阴线一天天变短；要甲个甲日的轮回还要漫长的日子之后，即要十几个十天之后，阴线没有了，这一天的白天是最长的；自这白昼最长、夜晚最短的一天过后，太阳一天天离自己而去，阴线一天天变长，直到漫长的冬天。这样漫长的积累、记忆，让人们以划直线、折线的方式将太阳的运动轨迹分成阴阳两仪；继续划分，少阳、太阳、少阴、太阴的一年四象出来了；继续划分，八节八卦出来了。

雷、火、泽、乾、风、水、山、坤，太阳运行即后来说的一年八个阶段划分出来后，先人命名为八卦。再一次细分，不再是加法，而是以八卦叠加的方式将一年划分成六十四个小气候或小时空。每个小气候都是由两个八卦组成的象数决定其性质、功德。是以冬至后是坤地与雷的结合，这是一阳来复的复卦；五六天后小气候变成了山雷颐卦；再五六天后，小气候变成了水雷屯卦……如此直到冬至前的山地剥卦和坤卦！这就是伏羲先天易序。

每一卦的德用决定了此一时空的生产生活，这一必然、应然和果然状态，在引申之后，成为人们生存的指导原则。易经即是如此简单，却能有效地指引人们的生活！它是三代总结出来的文明成果，一度为上层垄断，由上层向民众发布一年四时八节的知识、吃穿住行、婚丧嫁娶。后来，它传播开来，被人们不断填充新的材料、新的发现发明，变得繁复，成为群经之首。易经奠定和支撑了一个东方的文明。

这种对时空的把握既是模拟的，又是数字的。这种思维方式是类比的，又是经验的和记忆的，却无意中暗合了世界的生成演化方式。虽然，春秋战国之后的思想家们在易经基础上，发明了更简便的方法，如五行、二十四节气、七十二物候、月历、风水学、医学、养生学等等，来取代易经的部分功能，但易经的原创之功及其现代转化仍有待我们挖掘。在江湖意义上，易经在今天仍大行其道。

易经是实用的，这也是秦始皇以来易经不绝的原因之一。这个世界生成模型使一代代的人投入其中，去把握人和造化的秘密。但是，我读易经，发现不仅算卦者不曾完胜，就是对易卦的解释，也不曾有人做到全然的理解。我自己有过解读一卦时豁然开朗的发现欢乐，但仍有部分卦，我们已经永远难以理解当初何以如此系辞了。好在观象系辞，得象即可忘辞，辞义远非重要，重要的是通过观象理解我们在时空中的位置。

什么是时间？在我们这个有效也有限的太阳系内，时间就是地球绕太阳运动所具有的能量，时间不可能独立存在，其运动有参照，其能量释放大致均匀。科学家们测算，一年时间并不固定，只是大体固定，三百六十五天或三百六十六天；此前可能更短；此后可能更长，据说会到一年三百八十四天或三百九十天。这样说，我们就能理解国家、个人的发展为什么有快、慢。黑格尔说有的地方是没有时间的国度，因为它没有参照，它只跟自己比，只顾顾影自怜地自吹自擂；有的人一生等于白过，因为他没有生命质量的表达……

什么是空间？空间是能量结构。这种结构是多维的，不仅只有三维。通过无线电和互联网，我们知道，意识可以在虚拟的泛空间里交流。如果不在一个同质的空间里，我们永远不可能接收到他者的善念或恶意。

我们的先天之命或后天之运，就在时空中的不同阶段或不同方位的结构里。由此，我们的生命能量不尽相同。我们努力，仍有不同的遇合或结果，即在这种能量的获得、释放和遭遇不同之故。大易之道，最重时、位，原因即在。初爻之时位者，跟上九、上六爻位者难以相互理解，不在其位，不解其意。生命确实平等，但这种先天之命和后天运位之不平等，有待于人们的努力去抹平。

悲观的人们以为这是一种宿命。但自宇宙诞生以来，世界就在累积记忆中前进，借用柏格森的说法，这种阴阳的积累排列构成了宇宙万物的进化冲动。宇宙系统、地球生物系统、人类系统、个体世界系统依次在演进中诞生，其目的在于后来者的个体对宇宙的模拟和自觉合一。个体在这种合一里回馈宇宙，并享受创造的快乐。

个体在时空中的位置自觉，即在于发现自身的时空特性，并依从它建立起跟外界的有效交换方式。在个体系统中，时间即是一个独立的生命体所具有的能量。一个人生命能量的长度、密度、热度，决定其人生的价值。而人生自觉，就在于跟外界能量交换中，不断地增长、增强自身的创造性能量。易经的吉凶悔吝指导，正在于集中而非耗散能量，在于有效利用生命的能量，让每一个体一如太极太阳那样，照亮自己和周围。孔子说："假我数年，我于易彬彬矣。"他成为真正的太极，"天不生仲尼，万古如长夜"。他在当时的空间里难行其道，却穿越了时间以及更大的空间，为今天的全世界所尊重。

易经是为君子谋、为君子忧患的。对于小人，对于口腹之欲、食色之性的人，对于没有度过口腔期的人，易经的训导似乎无济于事。但小人的命运在易经里也写好了。也因此，我们中国人有此原创性的经典，却不得其用。我们多把它看作趋利避害的教导，把它当作乡愿犬儒的指南，而对于大易之道、百姓日用而不知，更很少想到它是如此积极地提升并增益了生命的能量。但在西方，自古希腊以来，雅典的公民们就发现了一种天行健而自强不息的生存。苏格拉底说："不经反思的生活不值得过。"这种反思，即是生命能量的提升。太初有道，道与上帝同在，道就是上帝。是以西方人荣耀上帝、荣耀大道，而成全了一个个的自我。两相比较，在易经诞生的国度，反而少有个体的成就，这是一个痛心的事实。

因此，我不揣浅陋向读者奉上我对易经的解读，即是希望我们从先哲的成果里获得对宇宙和我们自身演进的认识。传说新千年以后旧时代结束，伴随旧时代结束的还有各大文明自私自信的经典，而新的时代需要极为简易的认识。这种认识，非易经莫属！

跟其他文明传统的经典不同，易经是自伏羲到春秋以来数千年的遗产。其他经典，或一人一团体一时之结晶，惟易经是中国大陆东南西北四至、春夏秋冬二分二至、数千年间时空中的信息的高度整合。今天，我们借历史之上帝的眼光，可以想象或"观看"地球上东方大陆上的人民和自然的生息。这些蚂蚁一样的地上个体，在无序中生活，却渐渐显现出必然的德性、品质和遭遇：即使他们左冲右突，仍在山泽水火雷风乾坤的支配下，有时会因冲突得过于剧烈而夭折；但顺应时会适得其所、健行时又会日新又新……

在我们这样观看的一瞬，地上的人事代谢已经数千年。其中人生百年的规律、人世聚散的吉凶……重复了无数次：在某个时间点上，他们必然祭祀亨通；在某个时间段内，他们能够利涉大川；在某个时候，他们南行南征吉利；从某个日子算起，到多少天之后，他们必然能见到小鸡孵化；太阳回来后的多少天内，他们必然多有口福……这些宏大又具体而微的自然和人间之"象"，也为夏商周三代的中国思想家们捕捉、把握到了；他们观象系辞，以照相般的精准记下了自然和人间的"秘密"。这就是易经！

易经以一个太阳年为中心，将无数太阳年重复发生的自然和人事之象归纳总结，说明一个太阳年中的人间轨迹，这也可算为先天之命运。后来者，无不遵循。

因此，不难理解，这些数千年时空的自然和人事消息，其规律、模型、参数，同样适用于现代中国，适用于北半球的人类世界。这由当代国际社会的建筑、卫生预防等节日跟易卦时空之义理相同即可证明。更为匪夷所思的是，由此足够规模时空演绎出来的参数模型，不仅大至适用于人类世界，也可小至适用个体人生。是以易经诞生以来，中国人就以之测算个人的命运。这种宇宙间各种系统的内在同构，正说明一切系统演进的合宇宙的目的性。借用佛家的语言，易经是三千中千世界，却也适用于三千中小千世界，适用于三千中大千世界……

在时间中出生的人，必然有着不同的命运：震卦时段的人身心雷动，离卦时段的人灵秀韵动，兑卦时段的人欲仙欲死，乾卦时段的人健行不息，巽卦时段的人注重声名，艮卦时段的人躬自内省……这种必然的规定性，一如空间中出生的人，北方人高大沉稳，南方人灵巧；欧洲人明于利和理，东方人明于礼和义。自然，中国人生来熟悉道德，美洲人长成即受上帝爱护……易经对个体展开示现的轨迹即命运有着恰当的总结。这一结论至今有效。

孔子五十而读易。传统易因多次变乱次序，使得易经系辞一如天书，多不可解；使人一旦读易，晦涩难懂，空耗岁月心力又难有收获。闲坐小窗读周易，不知春去几多时。今天，易经以新的简单面貌示人，开卷有益，随时翻阅而有得。读易可使我们明心见性，乐天知命，自觉自悟，协同进化，惟变所适……用古典中国人的话说："观乎天文，以察时变；观乎人文，以化成天下。""与天地合其德，与日月合其明，与四时合其序，与鬼神合其吉凶，先天而无弗违，后天而奉天时……"

一、从冬至到立春

天地从无极中演变出一个较均匀的太极，即太阳年。太极分两仪，一个太阳年分成阳、阴两半即上半年、下半年。两仪分四象，即少阳、老阳、少阴、老阴，即春夏秋冬，与此相对应的是春分、夏至、秋分、冬至。四象分八节，即震卦、离卦、兑卦、乾卦、巽卦、坎卦、艮卦、坤卦八卦，即春分、夏至、秋分、冬至外，又加上了立春、立夏、立秋、立冬。

八节中的第一节，即从冬至到立春，在公历的每年12月22日前后到2月5日前后。在这四十五六天时间里，上古中国人再均分出八段，即复、颐、屯、益、震、噬嗑、随、无妄八卦。这是从天地生物及人类世界中取象的结果，提取该时段中最典型的象、最经常出现的象以及八卦之间相和合的新卦象，从而命名，观象系辞。

老子说："执大象，天下往，往而不害，安平太。"古典中国人执四象，系辞为"元亨利贞"，系辞为生长收藏，系辞为春夏秋冬，系辞为仁礼义智……这一观象系辞具有无目的的合目的性，是超越寻常逻辑的直觉，是对对象本体的洞明和揭示，是经验与义理的结合，是计算，也是翻译，具有溯往知来的意义。

冬至后的五六天时间里，即12月22日至28日前后，对上古中国人来说，最大的象就是太阳回来了。"复"字，即是每到此时日脚步回走的意思；复卦时空因而也是喜庆的，在地球北半球的文明中，这是太阳神的生日，西人谓之"圣诞节"。复卦"系辞"中的"朋来无咎"的"朋"，指的是货币、是红包，也是中国人后来的"压岁钱"。这是人们最为经常的生活现象，算不得收贿行贿的送礼。

"冬至大如年"，指的是复卦时空后是人们请客吃饭之时，相当于现在元旦前后的几天,即12月28日至1月3日前后。此时人们嘴巴大动,人人有口福,"颐"字由此形象诞生。对颐养的关注是颐卦的内容,人们系辞是自求口实,并告诫说"观其朵颐者,凶。"引申开来就是要慎言语、节饮食。

颐卦之后,一元复始,万象更新,即1月3日至9日前后。人们考虑创始的艰难,而以种子的萌芽命名了新的时间,这就是屯卦时空。屯卦是种子破土的形象,在中国人的印象中,它跟困难、艰难的"难"字相连,不宜折腾,因此"系辞"中说"不利有攸往"。而种子又蕴含了无限丰富的未来,故"系辞"说"利建侯"。

屯卦之后,是巽风卦与震雷卦的和合,即1月9日至14日前后。此时风雷激荡,天地大作,盆水溢出,这是"益"字的本义。"大作",即产品大发明、工程建设等。人们观察工程建设中会有甲乙双方送礼收礼的运作,因而"系辞"说:"斫木为耜,揉木为耒,耒耨之利,以教天下,盖取诸'益'。"

益卦时空过后,即1月14日至20日前后,是震卦自身的和合。震卦,既掌此五六天时间,又掌自冬至到立春的四十五六天时间,这是一个长子卦。所以,人们在系辞时重点考察家中的长子是否能够继承、担当大任:"震来虩虩,笑言哑哑;震惊百里,不丧匕鬯。"

1月20日至26日前后,是离火卦与震雷卦的和合,这是人们准备腊货、年货的时候,也是一个吃喝的卦时,噬嗑卦由此诞生。人们的吃喝,需要市场交易,赶集由此应运而生,即"日中为市,致天下之民,聚天下之货,交易而退,各得其所,盖取诸'噬嗑'。"狩猎与人工饲养并存的上古三代,人们动不动从腊肉里会吃出黄金、箭头一类的物品,同时也会因吃喝而极易产生纠纷。当然,前面的震卦,在对家中长子的考验后,也极有可能牵引出竞争者的不满,纠纷随之而起。人们系辞说"利用狱",也就是说得有调解工具,即法制的手段。

1月26日至31日前后,噬嗑卦的纠纷告一段落,人们要破财消灾，要请客祭祀。把肉撕开祭祀，是谓"隋"。人们带着肉到高丘祭祀，有好事者跟随去看，这一意象大概就是以"随"字命名随卦的本义。随喜、随祭，在农耕社会中没错，"元亨利贞"。随卦以此有较浓的流行、随和的意味。

  1月31日至2月6日前后，这是太阳年的立春之时。古代中国人有鞭打春牛的习俗，这意味着随喜、随祭过后又要展望一年的耕作和收获，一年之计在于春。人们为此告诫说：不要糊涂、空想、痴心妄想，不要指望"不耕获，不菑畬"，不要"或系之牛，行人之得，邑人之灾"。这是乾天卦与震雷卦和合的新卦象，从"无孟"演变成"无妄"的卦名。乾父与震子有责任，而女人不在场，即亡女；但女性缺席易导致父子们横冲直撞，故"系辞"告诫说："无妄，才能茂育万物。"

地雷复卦·动而顺：太阳回来了
（西方圣诞节）
12月23日—12月28日

一、时间节气

在这近六天里，天地间发生了一件大事，太阳移到地球的南回归线上空之后，开始北归。

二、释卦

处于北半球的中国大陆如华北、中原等地，此时仍冰天雪地。但在先民的观察中，日影较此前发生了变化，白天变长了。太阳回来了。杜甫有诗："天时人事日相催，冬至阳生春又来。刺绣五纹添弱线，吹葭六管动飞灰。岸容待腊将舒柳，山意冲寒欲放梅。云物不殊乡国异，教儿且覆掌中杯。"这其中"刺绣五纹添弱线"，即绣女发现这一天比平时多添了几针线，意味着日头回来了。

人们在命名这几天时就称为"复"。复字是一个会意字，上面是一个"每"字头，中间为"日"，下为"夂"。在甲骨文中，其形体像脚从建筑物中走出来，后加上行走的偏旁；到了金书、隶书中，中间明确为太阳，意思太阳回到每年都要重新开始的地方，准备再度出发。

复的本义是太阳重生，引申为还原、重新等义。

在先民农耕文化时代，复卦是一个值得庆祝的节日。

苗族的历法则把冬至当作新年。如果把太阳称作神圣，这几天即是太阳重生的圣诞时刻。巧合的是，12月25日是波斯太阳神（即光明之神）密特拉的诞辰，罗马神话中太阳神阿波罗的生日也是12月25日，这一天又是罗马历书的冬至节，崇拜太阳神的人们都把这一天当作春天的希望，万物复苏的开始。历史学家们在罗马基督徒习用的日历中发现公元354年12月25日页内记录着："基督降生在犹大的伯利恒。"人们以此纪念基督耶稣的诞辰，是谓"圣诞节"。它们都在复卦时空内。

中国的周代以十一月为正月，冬至后的复卦正是当时人过年。直到现在一些少数民族仍有"冬至大如年"的说法，而中原地带从周代起官民都会有祭祀活动。《周礼·春官·神仕》："以冬日至，致天神人鬼。"目的在于祈求与消除国中的疫疾，减少荒年与饥饿死亡。

冬至日太阳高度最低，日照时间最短，地面吸收的热量比散失的热量多，故冬至后太阳虽然北移，地面温度却仍在降低。中国人自冬至后便开始"数九"，每九天为一个"九"。到"三九"前后，地面积蓄的热量最少，天气也最冷，所以说"冷在三九"。冬至的物候是："一候蚯蚓结，二候麋角解，三候水泉动。"传说蚯蚓是阴曲阳伸的生物，此时阳气虽已生长，但阴气仍然十分强盛，土中的蚯蚓仍然蜷缩着身体；麋与鹿同科，却阴阳不同，古人认为麋的角朝后生，所以为阴，而冬至一阳生，麋感阴气渐退而解角；由于阳气初生，所以此时山中的泉水可以流动并且温热。

因此这段时间里，人们不要轻举妄动，而是要静养、庆贺。古典中国人说："君子安身静体，百官绝事，不听政，择吉辰而后省事。"对一般人来说，此时闲着正好可以祭祖、宴请宾客，用后来的话说，是亨通有利的。大家和乐往来，故说"出入无疾，朋来无咎"。即使出门办事，也不会是长途旅行，故说"反复其道，七日来复"。此时人心与天时相合，人们办事顺利，故说"利有攸往"。复卦的"系辞"即是："亨，出入无疾，朋来无咎，反复其道，七日来复，利有攸往。"

冬至是养生的大好时机，因为"气始于冬至"。此时养生有助于保持旺盛的精力而防早衰，达到延年益寿的目的。冬至时节饮食宜多样，谷、果、肉、蔬合理搭配。因为冬至是阴阳二气的自然转化，在这个阴阳交接的时候，中国人通过艾灸神阙穴可益气补阳，温肾健脾，祛风除湿，温阳救逆，温通经络，调和气血，对身体非常有好处，甚至会使人第二年都少生病。

三、时空节点

先哲对复卦时空的观察，还得出很多结论，比如说七日来复，从阳气剥尽到一阳来复，也就七天时间，因此七日来复，正是天行。剥至极则必有复，复见天地之心。我们常说的成语"拨乱反正"，其实是"剥烂复正"。后来者解释说："复亨，刚反动而以顺行，是以出入无疾，朋来无咎。反复其道，七日来复，天行也；利有攸往，刚长也。复，其见天地之心乎？"

复卦从象上看是雷在地中，先人在荒寒的天地之间感受到大地中的雷动兴复消息，但此时不宜行动挥霍掉这微弱的雷阳，而应该安静蛰伏，以养阳气。先王们会顺应天时，修道养身，以培养召回极微的正阳之气，使其潜滋暗长，不惊不扰。《礼记·月令》记载，当时要"土事毋作，慎勿发盖，毋发室屋及起大众，以固而闭"，如此安稳过冬。国家对民众不作动员，与民休息，商旅蛰伏，先王也不省视四方之事。所以说"雷在地中，复；先王以至日闭关，商旅不行，后不省方。"

春秋时代，晋楚鄢陵大战前夕，晋厉公占卦来预测战争结果，得到复卦。史官的解释是，复卦是一阳初生，势不可挡，南方处境困难，南方为离，离为眼睛、为太阳，这代表楚国君主的眼睛将要受伤。复卦内卦为震木，一如利箭，意味着晋军的利箭射中了楚王的眼睛。结果果如所料，开战之后，晋军将领射中了楚王的眼睛，楚军伤亡惨重，霸权地位因此削弱。晋国通过这次战役巩固了霸业，国力强盛。

春秋时代的郑大夫太叔还解释过复卦。当时，楚国主持会盟，郑国派太叔出使楚国。楚国认为太叔级别不够，拒绝太叔入境。太叔对人说，楚王快要死了吧。人们问他的依据，他说，复卦爻变为颐卦的爻辞是"迷复，凶"，这是阴气走到极处、无路可走而返归阳正的意思，但一般人很难找到正道。楚王不修政德，恃强凌弱，迷失自我，可以想象他的前途会非常黯淡。结果，郑国国君去参加会盟，刚走到边境汉水，就得到楚王去世的消息。

五代的刘龚占到过复卦。当时，他建立了南汉政权，命司天监周杰占卜国运。周杰占得复卦，爻变为丰卦。周杰说，这两卦中都有土数，共是十五，三个五相连是五五五，汉朝的寿命是五百五十五年。刘龚听了有些怅然。后来，南汉亡国，共经历了五十五年。两土即两个五，看来周杰为保全性命而说成了五百五十五年。

复卦一言难尽。它深刻地影响了个人乃至国家社会的命运，比如回家的欢乐，复兴之路的艰难，中国南北方的关系，等等。阳气正气的恢复非一朝一夕之事，需要我们慢慢地努力。跟一夜之间"千里冰封、万里雪飘"不同，文明阳刚的积累是一点一滴的，所以个人有"病来如山倒，病去如抽丝"的体会。南北方冬来春来，有滴水成冬、大地渐暖的体验。

"朋来无咎"，在这个意义上，一旦明白他人处于复卦状态，提供资金支持是不会有错的；一旦知道自己处于种子状态，接受他人的供养也是不会有错的。"出入无疾"，在这个意义上，复卦揭示了复兴的速度，不能激进，不能指望毕其功于一役，故持久战是必然的。冯友兰为西南联合大学纪念碑撰写碑文时再三感叹："稽之往史，我民族若不能立足于中原、偏安江表，称曰南渡。南渡之人，未有能北返者。晋人南渡,其例一也;宋人南渡;其例二也;明人南渡,其例三也。风景不殊,晋人之深悲;还我河山,宋人之虚愿。吾人为第四次之南渡,乃能于不十年间,收恢复之全功,庾信不哀江南,杜甫喜收蓟北,此其可纪念者四也。"

舜帝时的国歌或说流行歌曲名为《卿云歌》:"卿云烂兮,糺缦缦兮。日月光华,旦复旦兮。"中国有名的复旦大学得名于此。

钱锺书、张岱年、汤用彤等人从黑格尔、斯宾诺莎的思想中看到了跟复卦相近的东西。

西方科学家卡普拉则以复卦命名其专著 The Turning Point(《转折点》,复卦英译为 Return 或 The Turning Point。有的版本还把复卦设计为封面),以复卦作为开场白,用复卦初爻所象征的转折点意义,来说明人类正处在是走向生存还是走向毁灭的重大历史转折关头。书中论述了易经复卦和谐转变的思想及阴阳思维对于当代人类文化的范式意义。

四、时空禀赋

复卦的要义在恢复、复古、反复、复兴。中国的卦运即是复。复卦人阴柔至极而阳强,阴气重,男人女相,男命复卦则有阴柔、温情的一面。据说复卦人一般会有两次婚姻。复卦的意象是太阳回归,复卦人也跟太阳、光明有关,跟时代、社会命运相连,有财运官运,给周围以希望。从卦象上看,复卦人有内心孤独的一面,但他们不惧怕外界的动荡,甚至动荡的环境对他们更有利。

死后复活的耶稣是复卦人。"你们祈求,就给你们;寻找,就寻见;叩门,就给你们开门。因为凡祈求的,就得着;寻找的,就寻见;叩门的,就给他开门。""我就是道路、真理、生命,若不藉著我,没有人能到父那里去。你们若认识我,也就认识我的父。从今以后,你们认识他,并且已经看见他。"

发现行星运动三大定律、为"太阳中心说"提供有力证据、"天空的立法者"开普勒是复卦人。"我沉湎在神圣的狂喜之中……我的书已经完稿。它不是会被我的同时代人读到就会被我的子孙后代读到——这是无所谓的事。它也许需要足足等上一百年才会有一个读者，正如上帝等了六千年才有一个人理解他的作品。"

抗战名将薛岳是复卦人。叶挺曾盛赞薛岳指挥的万家岭大捷"挽洪都于垂危，作江汉之保障，并与平型关、台儿庄鼎足三立，盛名当永垂不朽"。张治中则夸他是"百战将军"。

美国作家亨利·米勒是复卦人。"在写作时，我的目标是建立一个更大的现实……目的是为了生活……我反对黄色淫秽和暴力的东西……我的目标始终朝着真实的内心和谐和内心的安宁与平静。"

大科学家、现代电子计算机之父冯·诺伊曼是复卦人。他的名言："若人们不相信数学简单，只因他们未意识到生命之复杂。"

细菌学鼻祖、法国生物学家巴斯德，历史学家、语言学家、第一位古埃及文专家让·弗朗索瓦·商博良，为波兰争取自由解放的诗人和社会活动家密茨凯维支，提出能量守恒与转化定律的英国物理学家焦耳，拍摄日全食、证实爱因斯坦相对论的英国天文学家爱丁顿，印度独立运动的领袖之一、巴基斯坦的开国领袖真纳，医学家、中国现代妇产科学的奠基人之一林巧稚等，是复卦人。

五、释爻

由太阳光复，人们观察这一时空的特征是复正、改正。如前人所说，每一爻象的系辞都非偶然，而是有其道理；有些人甚至相信，系辞的每一字都不可更改，不能增减。愿意尝试的人，可以跟着前人的努力去玩味辞和象的高度吻合性。我们认为，系辞是千百年的人生自然之象的经验结晶，随意改动确无必要，重要的是把握它；在判断自己的事务或命运时，则将象和辞反复对照，就能得到关于自身的必然和应然状态。

第一种状态:"不复远,无祗悔,元吉。"

先人一般在冬至日是不出门的。我们都有这样的经验:有时候出门了,在路上未走多远就想起来,经人提醒,或四顾苍茫,明白不出门好,于是就返回了家中,返回时不仅没什么懊悔的,反而极为开心。先人会想到,在路上四处张望时,可能只有土地公公看到了自己的这一行为,他会原谅的,不用后悔,"无祗悔"。

这一爻辞的引申含义是告诫人们不要在错误的道路上走得太远,只要及早返回到正道中,便会吉祥。还可以说,这一阶段在事物开端之时,即震惊察知,故能克己复礼,纵有过失,也失之不远,而能复回善道,这种迁善改过以修其身确实是大吉。

这一爻辞在后人的观察中,跟爻象、卦象惊人一致。因为一阳来复,不应该大动,即使动了,初爻变后成为坤卦,坤为郊野、归藏,因此动也不远,故说"不远复"。事实上,不只这一爻辞,在很多易学家看来,几乎全部的易经卦辞、爻辞都符合卦象、爻象之义理。当然,很多字、辞的解释多种多样,如"祗"被理解为"土地神"、"大"等义。即使我们逐字逐句地理解,也只能在自己的系统内即一种主观角度去理解。我们今天是不可能做到字词的还原,因为"系辞"的辞不是词、不是义,而是具象和抽象的象。因此,断辞或观象,最重要的是把握它,而非以语言描述它。这一意思,我们在后面会反复强调。

第二种状态:"休复,吉。"

这也是冬天出门返回的经验,在返回时有休止,有折损,有快乐,最终是吉利的。

下震卦变成兑卦,兑有毁折、快乐的意思,全卦复变成临卦,停下、面临,故先人系辞:"休"。也可以说,行动时有声(震)、有悦色(兑),可以说这是完满而归,是美滋滋乐哈哈地回来,是结束公务的休息恢复,是停止过错的吉利……

第三种状态:"频复,厉,无咎。"

再有所动,下卦变成了离卦,全卦变成明夷卦,此一时空点在郊原,象为辗转行动于郊原。因此说这一时空模型是多动,频繁往复,此时来往于道路易受风寒,也可以说皱着眉头回来,虽然有些危险,但事情到底成功,达到了目的,不受责难。引申为改过无咎,或者说,"失败是成功之母。"

第四种状态:"中行,独复。"

经验状态是,在路上往往有很多人,但走着走着,就剩下自己一个人了。或说走了一半的路,也要有独自回头的勇气和行动。引申为践行中道,独自恢复善道。

从爻象看,这一六四爻居二五之中,行动起来即变爻后,上卦也变成了震卦,全卦变成了震卦,即在中间走来走去,"中行";而在全卦的阴爻中只有这一六四爻跟初九阳爻相应,因此是"独复"。这种解释有附会之嫌,但历代研究者对此类比附深信不疑,如果我们想到先哲在没有足够多的词汇使用,在漫长的千百年中只能对着卦象及卦象背后的经验世界,我们应该对后来者的附会性解释抱有同情。

第五种状态:"敦复,无悔。"

在经验层面,返回者经过了行动上的反复,也经历了一系列心理活动,此时极为平实从容,不再担心什么了。老老实实地回来,就不会后悔。引申义是,行者心中敦厚、端正,如此行事,没有什么可怕可担心的。

从爻象上看,这是六五爻,全卦地位最好的爻。且上卦为坤,坤为厚德,能够顺应时势,重新认识自己,既然在此时明白阳气生长、改正、革命不可阻挡,他是能够顺时而为,也就不会有悔恨。

第六种状态:"迷复,凶,有灾眚;用行师,终有大败;以其国,君凶;至于十年,不克征。"

这是复兴之极的状态,极而反动、盲目的状态。或说是太顺利以至于得意忘形的状态，是私欲锢蔽、善端灭熄、迷而不复的状态。我们都有这样的经验，回家的路上迷失了，有人在夜晚左冲右突地走不出来，"鬼打墙"；有人大白天在平原上也如迷失的羔羊；有人甚至在迷路中摔死饿死了；有人被抢了……总之，凶，有灾祸。对军人来说，如果此时盲目出征，最终会大败。对国家来说，如此时折腾，君主会有凶险。可以说，把对外用兵、对内挑动民众的行为当作复兴国家之路，会大伤元气，以至于十年都不会振兴。

先人观察此爻，大概想到了有扈氏的故事。夏启把三皇五帝的禅让制度推翻，建立家天下，有扈氏起兵讨伐，想恢复公义。人们说他盲目，知义不知宜，大败不说，且自己的国家都被灭了。先人大概还想到了夏朝、商朝国君的故事，他们滥用国力，以致凶险。

我们现代人也有这样的经验，人生社会经常像从一场"噩梦"中醒来，发现自己的人生被耽误了十年二十年，国家也被耽误了十年。

从爻象上，此时离初爻最远，以阴柔居复之终，可以说是迷失其道而不知恢复者，是凶险的。此时宜反省、宜蛰伏、宜颐养。因为变为颐卦，需要颐养。如果妄动，尤其是行兵作战，则会大败，有全军覆没于远方山丘之象，颐卦也说，"舍尔灵龟，观我朵颐，凶"。

山雷颐卦·动而止：从口福到养生
（元旦）
12月28日—1月3日

一、时间节气

这五天多时间里，太阳又向北移动了，天地间的阴阳比再度发生变化，阳气增加一分。天地卦象为山卦外、雷卦内，是谓颐卦。这一卦卦象空肚皮、口腔、胃口，需要也可以吞食大量的食物。人和动物在吃东西时，经常是嘴巴里下动上不动，这正好是下卦雷动、上卦山止的卦象。

二、释卦

颐字也是会意字，从"页"，从"臣"，前面表示头部，后者表示竖起的下巴，本义是面颊、腮部。先哲用吃东西时上下齿发出的又齿音表示，读 yí。颐卦之人小心谨慎，容易怀疑，却也有豪气。

这个时空点跟复卦一样是古人的欢庆时节，也同样是今人的公历年庆时期；如果一个人占到这样一个时空点，他的人缘也不错，那么可以断定他会有美食宴席的口福。这一时间段也是从享受到提醒人们怎样做人的好机会。人们此时结算是自律，追债是天经地义，乡谚：

"年初借我的一升种子粮,秋收时不还,这到年底了,该还了吧?""农忙时你帮过十天,这点儿意思,不成意思,算是个意思吧。""有借有还,再借不难。"……由此抽象,颐养卦涉及人跟世界的关系,如何在其中借贷、养育共生。

因此,颐养卦引申为人们养生的模型。在经验层面,人们看到颐卦就知道,这是一个好兆头的卦,可以参与很多大吃大喝的机会,当然最重要的是要自谋生路,自己解决吃饭问题。所以先人"系辞":"贞吉,观颐,自求口实。"

我们引申养生的特点有三。第一,"贞吉":颐卦状态的生命万物,要保持颐部的充实贞固,用现代人的话,牙口好,肠胃好。第二,"观颐":要注意观察自己的颐,明白自己需要吃什么、吃多少、怎么样吃。第三,"自求口实":要通过自己的努力解决吃的问题,也就是都能自求口实。在很大的程度上,自求口实乃是指不外求于物,而寻求自己的元气做颐养之物。

颐卦的"彖辞"是:"颐,贞吉,养正则吉也。观颐,观其所养也;自求口实,观其自养也。天地养万物,圣人养贤以及万民,颐之时义大矣哉!"

颐卦的"象辞"是:"山下有雷,颐;君子以慎言语、节饮食。"

颐卦山下有雷之象,春雷在山下震动之时,万物皆萌芽生长,先哲观察这种现象,以为言语祸害皆自颐口而出,所以要人谨慎之以修其德性;以为病痛皆自颐口而入,故要节制饮食不使其过度,以养其生。祸从口出,病从口入。颐卦义理为动而止,如何动而止,先哲想到了慎、节:慎言慎行,节饮节食。

全部的颐养之道在于自觉地顺应天地人,这是动而止的要义。所谓的动而止,就是曾经被养;自养得不错之后,也应该有所止,并努力供养社会和他人;否则就是乱动、盲动、诉诸本能、目光短浅。老子有名言:"是以圣人常善救人,故无弃人;常善救物,故无弃物。"

在这方面有心得和自觉的还有美国的"钢铁大王"、慈善家卡内基，他曾说："富人若不能运用他聚敛财富的才能，在生前将其财富捐献出来为社会谋取福利，那么死了也是不光彩的。"在《财富的福音》一书中，卡内基宣布："我不再努力挣更多的财富。"他说过："一个人守着财富死去，是最可耻的。"

颐不仅有了面颊、下巴等意思，有了保养意思，也有颐指气使等更生动的意义。

闻名中外的皇家园林颐和园，得名即有颐字。与颐相关的典故有许多。历史上，陈涉起义后一时阔气起来，称王享受，他的小时伙伴去看他，见到那些场面惊得本能地说了一句："伙颐，涉之为王沉沉者！"可惜陈涉没能明白动而止的道理。

三、时空节点

我们要强调命卦的原理，其实只要将十九世纪跟二十世纪的人比较、将八十年代跟九十年代的人比较、将属马的跟属猴的人比较，就明白，这百年、十年、一年之间的人的命运性格之不同是谓必然。本书涉及的命卦系统则是将这时间再度缩小，一个太阳年内每五六天时间之不同导致的性格命运之不同。我们也可以比喻说，六十四种命卦人，就像是六十四个星球上的人，一如地球人跟外星人之不同，这六十四类星球上诞生的人必然有所不同。我们的工作在于给它们勾画出大体的轮廓来。具体到颐卦，我们从卦象即知，颐卦之人易长寿，吃喝不愁，注意保健。他们被别人养，也会自己养自己，同样会养他人。在汉语语境里，颐音通"疑"，颐卦人的性格小心谨慎，对事情将信将疑。当然，他们也有颐指气使的一面，不乏豪气。从卦象上看，他们的前半生平平，后半生安顿下来；或者说，在他们求养于外人时一般，在自养、养人时才华、抱负才能得到施展。

四、时空禀赋

中国宋代的理学家周敦颐出生不可考。他的名字中有颐，可以说是名者命也。他的人生跟颐象相关。大理寺的程珦在南安认识了才二十九岁的周敦颐，见他"气貌非常人"，与之交谈，更知其"为学知道"，同他结为朋友，随即将两个儿子程颢、程颐送至南安拜其为师受业。周是北宋著名哲学家，是学术界公认的理学派开山鼻祖。"两汉而下，儒学几至大坏。千有余载，至宋中叶，周敦颐出于舂陵，乃得圣贤不传之学，作《太极图说》、《通书》，推阴阳五行之理，明于天而性于人者，了若指掌。"此即"天地养万物，圣人养贤，以及万民"。

中国宋代的理学家程颐出生不可考。他的名字中也有颐，他的一生也确实跟颐象相关。他的言语多有特点，对节饮食的关注到了极端的地步。他的名言即有："饿死事小，失节事大。"

匈牙利诗人裴多菲是颐卦人。他的名诗："生命诚可贵，爱情价更高，若为自由故，二者皆可抛。"

法国贵族、现代奥林匹克运动的发起人顾拜旦是颐卦人。他的健身养生意识在今天已经深入人心。他说过："奥林匹克最重要的不是胜利，而是战斗。"

中国画家齐白石是颐卦人。他的名言："作画妙在似与不似之间，太似为媚俗，不似为欺世。"

二战后援助欧洲的"马歇尔计划"的制订者、美国陆军上将G·马歇尔是颐卦人。他说过："一个真正的将领无论环境如何艰苦，都能够展现才华，转败为胜。"

中国作家沈从文是颐卦人。他临终语很得颐卦之义："我对这个世界没什么好说的。"

教育家、原清华大学校长梅贻琦是颐卦人。他的名言："所谓大学者，非谓大楼之谓也，有大师之谓也。"

以一本小说而能"自求口实"的作家塞林格是颐卦人。他富有而能终生不入聚光灯下，落实了"慎言语，节饮食"。

长命百岁的英国经济学家科斯是颐卦人。他的名言："在一个开放的社会，错误的思想很少能侵蚀社会的根基，威胁社会稳定。思想市场的发展，将使中国经济的发展以知识为动力，更具可持续性。而更重要的是，通过与多样性的现代世界相互作用和融合，这能使中国复兴和改造其丰富的文化传统。假以时日，中国将成为商品生产和思想创造的全球中心。你们中的一些人，或许将有机会看到这一天的到来。"

古罗马作家、演说家和政治家西塞罗，《金枝》的作者、英国人类学家弗雷泽，法国画家马蒂斯，英国作家吉卜林，《印度之行》的作者、英国作家福斯特，民国总理后又做县长的唐绍仪，中国报业家史量才，音乐家王洛宾，日本战犯东条英机，美国科幻作家阿西莫夫等，也是颐卦人。

五、释爻

颐养有六种方式。从爻象上看，下三爻为动爻，为自养状态；上三爻为静止，为养人状态。按古典中国人的观察，人之谋生而动，不免为欲所累，多不能自求所养，而总指望外援，这是失谋生之道，故下三爻都有凶象。静能生定，定能生慧，故静得其正，养人或说为众生谋福祉，即使求于人，也是好的，故上三爻都是吉象。

第一种状态："舍尔灵龟，观我朵颐，凶。"

舍弃你自己的灵龟元气，看我大吃大喝，这是凶险的。

初九爻跟全卦组成的象一如灵龟，龟是不吃东西的，导引服气，静养自己，因此长寿。但初九爻动，想大吃东西，结果毁了自己和全体；因为动则卦象变成剥卦，那就会出极大的剥夺和伤害。

乡村社会冬天经常会有宰猪杀鸡的吃喝宴请之事，有些人眼巴巴地去看人家，口水流下来，不仅得不到被邀请的待遇，而且会遭人哄赶。相比之下，"过屠门而大嚼，虽不得肉，贵且快意"。

在人群中，我们经常看到那些有潜质有才华的人舍弃了自己的所长，到处求人，所谓"捧着金饭碗讨饭吃"，久而久之，变成了废人。对企业而言，则是不练内功，粗放经营，到处投机，有金矿却去别处投机……

对人来说，这种没有度过口腔期的人是凶恶的饕餮者。孟子说"吾善养吾浩然之气"，但有些人舍弃了自己的浩然之气，去吞食别人的、社会的资源。这种人，轻则破坏了自己身心的有机和谐，重则给他人和社会带来了危害。

第二种状态："颠颐，拂经，于丘颐。征凶。"

这是古典中国人乡村生活的常态，即靠天吃饭，"颠颐"。跟春夏等季不同，在冬天要保障日常供给，得在丘地开荒种植、增加收成，或埋下粮食蔬菜以待来年，像小山丘似的有积累，"拂经于丘颐"，免得坐吃山空，到开春青黄不接时就没有吃的了。如果去抢别人的，会有凶险，"征凶"。直到现在，人们仍有冬天储备的习惯，如储藏大白菜、萝卜等。我在大学生活时，也有冬天跟同学去偷食堂储藏的大白菜的经历，那是充满凶险的。

从卦象上看，这一种颐养状态主动出击就变成了损卦，难以得到颐养。顺应变化，也是损卦，但这种变化，是为道日损，将会成就大业，无为而无所不为。引申义很多，如有人以为颠是"颠倒"，有人以为颠是"慎重"，还有人说此卦讲颐养，是指靠着上九来养……

第三种状态："拂颐，贞凶；十年勿用，无攸利。"

日子过乱了，饥一顿饱一顿，生活没有规律，饮食乱七八糟，违背颐养正道，这种人生活的兆头是凶险的。这样的人难有作为，即使有作为也不会达十年之久，因为他们于己于人无利。用现代人的经验说，靠歪门邪道过活，或者说只追求自身的食色之欲，去检查一下，他的身体指标样样凶险。这样的人十年都得倒霉，没什么好处。

从卦象上看，此时乱动、盲动就变成了贲卦，伪饰之人。那些在人前装模作样的人、那些标榜成功人士的暴发户，在身心道义方面即是如此，因为他们破坏了自己和整体的和谐。由于此时处于颐养状态，很多人把手头有的食物挥霍一空，也是拂颐之举。年初月初即大吃大喝，或故作阔佬装大方，结果成为月光族、年光族，以前农村有这种年初吃光喝尽，到了正月十五即借粮的人家，有人家甚至把种子粮都吃了，到春耕时借不来种子，至少一年的时间就要忍饥挨饿。

在卦象上，这一时位是指三公大臣、指精英阶层，如果这些人违背了自养并服务于国家社会的道义，而是大事搜刮，大肆挥霍，就会使国家和人民失去生存；由这样的人带来的凶灾有十年之久。

第四种状态："颠颐，吉；虎视眈眈，其欲逐逐，无咎。"

要知道靠天吃饭是吉利的，靠山吃山，靠水吃水，像老虎那样观察猎物，紧跟着猎物，如此捕获猎物，这是没有错的。在乡村生活经验中，这种状态是指人有责任感了，能够利用各种资源去养活家人，故他们言行上虽然表现得急功近利一些，亦无咎害。

卦象上看，这一时位指诸侯，上卦是山，山中之王为虎。这一只饥饿的老虎目前只是想塞饱肚子，它"颠颐"，看看上面和前面，这是吉利的。老虎也清楚地知道动而止的道理。它动，卦象变成离火光明。它以明离之境，冷静地看天地万物，它知止，故能吉利。它等待时机，不动声色，但它的眼睛表明了欲望，只有当目标来临时，它才会一颠一扑，这样的状态是没错的。人们的所求不过糊口，之所以吉利，因为上天布施光明，足以养民。这种颐养，在庄子那里，是谓"朝彻"："朝彻而后能见独，见独而后能无古今，无古今而后能入于不死不生。"

第五种状态："拂经，居贞吉，不可涉大川。"

这是指古典中国人最典型的颐养之道，农为家国之本，此时在冬天有空闲精力注意平时疏忽的园地，能开荒而广泛种植，居家平安。不可远行以求颐养。颐养不可能指望像商人那样跋山涉水、风餐露宿，这也是中国人常说的"在家千日好，出门一时难"。在外吃不好喝不好，家里的饭菜最香。

第六种状态："由颐，厉吉，利涉大川。"

只有由着口腹的要求，吃饱了肚子，才能心情舒畅，才好做事；满足口腹之欲虽然不易，甚至艰难危险，但终究吉利；这样的人遵从生活的需要，他能够跋山涉水，能够像跋山涉水一样克服困难。古典中国人"为腹不为目"，见人问候语"您吃了吗？"讲道理时说："人吃饱了肚子不饿，有饭大家吃。"……都是如此"由颐"。

这是说，遵循生活正道，先艰难而终吉利。有利于涉水渡河。

对当代人来说，颐卦最后两爻有着极为特别的意义。因为世界上众多的经济体已经度过短缺经济，全球化、技术的进步使人们的流动性空前加剧，从颐养的角度看出现了新问题。比如营养过剩，走遍天下、吃遍天下等，但事实上人们应该记取颐养大道至简的道理。"由颐"，是口腹之欲不可过度；"居贞吉"，是生存不以忙碌为高标而以休闲静处为高标……

水雷屯卦·动而险：种子萌芽
1月3日—1月9日

一、时间节气

从光复开始，太阳向北又移动了十来天，到此屯卦阶段。这一时期在节气上是小寒，中国大陆最冷的日子。因此，这一时空有着艰难的底色。根据小寒的冷暖可预测未来天气。"小寒天气热，大寒冷莫说"，"小寒不寒，清明泥潭"，"小寒大寒寒得透，来年春天天暖和"，"小寒暖，立春雪"，"小寒寒，惊蛰暖"等。根据小寒的阴雨（雪）情况，预测未来天气："小寒蒙蒙雨，雨水还冻秧"，"小寒雨蒙蒙，雨水惊蛰冻死秧"。

二、释卦

但先民们发现这时的阳能其实在增加，物候上的表现是大雁开始北飞，就是说大雁也敏感地感受到阴阳的顺逆变化。小寒的物候有："一候雁北乡，二候鹊始巢，三候雉始雊。"阳气已动，所以大雁开始向北迁移，喜鹊感觉到阳气而开始筑巢，野雉在接近四九时会感阳气的生长而鸣叫。

此时卦象中，上卦为坎、为云水，下卦为震雷，据说人们把震云二字念多了,就念成了一个 zhūn 音,即屯的本音。云水象数的出现意味着此时雨水的重要性。随着经验的积累,人们认识到,这几天尤其小寒节气如果有雨水,会意味着来年有屯聚的可能,即"小寒无雨,小暑必旱"。

有阳气震动,有云水滋润,人们意识到万物的新生。人们就此思考万物萌动的涵义,最为重要的,是认识到草木有本心,万物顽强的生命力感应到了太阳北移,阳气渐长。把这个万物萌动的卦象用一个字来代表,就是冬至后当时大地上的小草,它的头伸出来了,但很弱小,根部则因条件的变化可以向大地深处伸展,故这个小草扎根伸头的形象,屯字,发音震云,就成为这几天的时空名字。

先民认识到,自然生命的本能跟太阳一天又一天的规律性移动形成了呼应,在屯卦时期产生了欲上先向下的冲动。因此,对农耕文化来说,屯卦提醒人们要做好准备,要为开春准备好种子和农具。人们说,这是新的开始,是要祭祀待客、以求亨通的时候,是前途光明、利于正定的时候;这个时候不要出远门,适宜修固城寨、建好自己的队伍。屯卦的"系辞"是:"元亨利贞。勿用有攸往,利建侯。"人们引申说,这一卦是指建立侯国。

屯,《说文解字》小篆中的一横为地,地上短小,地下曲长。它表达了两方面概念:如果仅从字的上面看,竖画短小,说明受到压制,生长困难,而从字的下面看,笔画曲长,表示在受到客观条件限制,不能向上长时,就向下主动延伸。屯字有包、卷、围之意,如人们说打盹,就是眼皮围住眼珠。如把刀砍卷了,就说是钝了。

现实事物与"屯"的概念相吻合的是北方冬麦。在寒冷的冬天,麦苗无法生长,但它并没有停止自己的生命过程,而是将自己的根部不断往温暖的土壤深处伸展,为来年春天的生长打下坚实的基础,这应该是"尾曲"之义。坎水有险难之意,这个时空正说明事物初始的艰难,然而顺应天时就会欣欣向荣。万物初生虽难,但前途无量,故先哲说这个时空点是"元亨利贞"。初生之时宜于稳扎稳打，不宜盲动，故说"勿用有攸往"，这个时空点宜于屯聚，建立队伍，故说"利建侯"。中国北方冬麦的生长也有屯聚之象。此外北方村落多有以屯命名者，如刘家屯、皇姑屯等等。

屯卦的"象辞"是："屯，刚柔始交而难生，动乎险中，大亨贞。雷雨之动满盈。天造草昧，宜建侯而不宁。"屯卦时空，阳刚与阴柔第一次交会而困难重重，在险难中行动，盛大亨通而守正。雷雨交加，滋养万物，充盈天地。天始造化，万物萌发，草创之始，冥昧之时，宜于付诸行动建功立业，而从此难以宁静；或者说，在不宁中求得大安。

屯由此又演生出其他含意：万物始生；充满，万物天地之间；困难，创业维艰；囤积、屯垦。水雷屯的卦象，在历史上有很多，比如陈胜、吴广到大泽乡遇雨，正是一群受压迫骚动不已的阳刚汉子遇坎水的经典之象。他们反抗，成为推翻暴秦的导火索。

屯卦的"象辞"是："云雷，屯；君子以经纶。"云与雷为屯，君子由此领悟，当凝重如云，迅疾如雷，沉着、果敢以整顿秩序、经纶事业。

先哲对创业的研究分析是平实的，他们肯定屯业的"元亨利贞"，但更深知其中的艰难。要成家立业，要安身立命，处处都有波折。尤其是男女婚姻，那种向世间、命运乞求他心中的人早日到来，爱不得时的孤苦，相爱时的甜蜜与不时的嗔怨，又阴阳交战、其血玄黄的哭哭笑笑，真是屯如、邅如、班如、涟如。

孟子对此更有一种文学式的表达："故天将降大任于斯人也，必先苦其心志，劳其筋骨，饿其体肤，空乏其身，行拂乱其所为，所以动心忍性，增益其所不能。"

三、时空节点

公元前 676 年晋献公即位，晋国日益强盛。当年，从公侯之家沦为庶民的毕万漂泊无定。他想到晋国寻求发展，请辛廖大夫占卜吉凶。得屯卦，初爻动，变卦为比卦。辛廖为之解卦，说是大吉卦，毕万的后代将会昌盛，恢复先祖的光荣。毕万在这种信念中发展，在晋国立功受封大夫，拥有领地魏邑。当时晋国的一个先知郭偃预言，毕万的后代必然发达。晋献公死后，四个儿子争立国君，使晋国陷入动乱。公元前453年，晋国被韩、赵、魏三家瓜分，史称"三家分晋"。周威烈王二十三年（前403年），周威烈王封三家为侯国。

春秋时代的晋公子重耳占到过屯卦。当时，他在外流亡多年，为能否回国而占卦。重耳得到屯卦，爻变为豫卦。有人说，这不好，说明遭遇坎坷和险阻，事多无成。但司空季子不以为然，认为是大吉之卦。两卦都有"利建侯"，还有比这个卦象更吉利的吗？他的一番话深得大家赞同。

四、时空禀赋

屯卦象征打雷下雨，雨水聚积在一起。我们可以戏说，屯卦人有聚敛的特征，多出生于平民阶层，起步艰难，只有百折不挠、努力向前，才能建功立业。从卦象上看，他们似乎适宜积累，在家乡或家乡附近建功立业，不宜出远门。当然，苏东坡、徐霞客等人一生或主动或被动地远行，是少数例外。屯卦人有财运，从卦象、卦序上说，这是一个得天地宠爱的命运。

中国宋代大诗人苏东坡是屯卦人。在才俊辈出的宋代，苏东坡在诗、文、词、书、画等许多方面均取得了登峰造极的成就。他是中国历史上少有的文学和艺术天才。他有诗："不识庐山真面目，只缘身在此山中。"

法国圣女贞德是屯卦人。她被审问："你是否觉得自己受到上帝的恩典？"她的回答是："如果没有的话，希望上帝能赐予我；如果我已得到，希望上帝仍给予我。"

科学史上最有影响的人之一、为太阳中心说提供强有力支持、在科学领域建功立业、发现万有引力的英国科学家牛顿是屯卦人。他的名言："我不知道在别人看来，我是什么样的人；但在我自己看来，我不过就像是一个在海滨玩耍的小孩，为不时发现比寻常更为光滑的一块卵石或比寻常更为美丽的一片贝壳而沾沾自喜，而对于展现在我面前的浩瀚的真理的海洋，却全然没有发现。"

中国地理学家徐霞客是屯卦人。人们说他："曾有霞仙居北坨，依然虹影卧南旸。"

将《圣经》译成中文、编著《华英字典》的苏格兰传教士马礼逊是屯卦人。有人问他："你认为你能改变四千年来，中国根深蒂固的拜偶像的习惯，让他们接受福音吗？"马礼逊回应说："我不能，但神能！"

出生于医生家庭、学海军并最终在中国社会启蒙领域建立大功的严复是屯卦人。他曾说："华风之弊，八字尽之：始于作伪，终于无耻。"

联邦德国总理阿登纳是屯卦人。在他的领导之下，德国在政治上从一个二战战败国到重新获得主权，进而成为西方世界的一个平等伙伴；在经济上医治战争的创伤，并通过实施社会市场经济，创造了德国的"经济奇迹"。作为德国公认的最杰出总理，他在德国现代史上已深深地打上了阿登纳的印记，其影响至今仍到处可见。为此，人们把这一时期称之为"阿登纳时代"。

国民党右派戴季陶是屯卦人。他早年做报社主笔时因为"鼓吹杀人"而入狱，妻子探监安慰他说："主笔不入狱，不是好主笔。"戴季陶在1925年孙中山逝世后，发表了《孙文主义之哲学基础》、《国民革命与中国国民党》两本小册子，系统提出了"戴季陶主义"，成为国民党官方学说的主要理论依据。

大科学家霍金也是屯卦人。他的一生乃至身心即是屯象。他说过：

"我即使被关在果壳之中,仍自以为是无限空间之王。"

德国语言学家、童话作家雅各布·格林,《先知》的作者、黎巴嫩诗人纪伯伦,英国前首相艾德礼,好莱坞影星梅尔·吉布森,前南越总统吴庭艳,民国代总统冯国璋、出身贫寒的"新疆王"的盛世才、蒋介石的爱将陈诚、桥梁专家茅以升、作家史铁生、海尔集团创办人张瑞敏等,是屯卦人。

五、释爻

先哲观察这一时空的六爻之象,艰难的开端引起他们很多联想,比如一个村落部族从游牧到定居,睦邻友好,通婚通商,械斗争战的经历。

第一种状态:"磐桓,利居贞,利建侯。"

原意大概是,人们寻寻觅觅来到这里,这里的环境好,进退自如,方圆百里有三里屯、六里屯、刘家屯……看来这里养人哪。既来之,则安之,我们也就在这里安居,在这个有巨石盘踞的地方安营扎寨,建造村落,建设我们的家园。

生命要向上伸长,但此时卦象中,二、三、四、五爻组成了一个大艮,山一样大的石头,生命只能徘徊、盘旋,但无论如何,生命在这一阶段是适合安居,交朋友,建立队伍。故爻辞说:"磐桓,利居贞,利建侯。"到今天,乡村人家留客,也会说:"就在这里盘桓几天吧。"

第二种状态:"屯如邅如,乘马班如。匪寇婚媾,女子贞,不字,十年乃字。"

原意是,看村头有许多骑马的人聚在一起,欲进不进的,问问他们;他们不是强盗,是来求婚的;算算我们的女孩子,年龄不到,十年后才能出嫁啊。

生命虽然有所长进,但在卦象中仍属弱势,因此犹豫不前,如乘马徘徊,难于前进。这种创业就像乡村人家的经验,经常有陌生人来到村子里,希望从这个山好水好人好的地方娶一个好女子,大家从虚惊一场到热心地帮他们着想……

第三种状态:"即鹿无虞,惟入于林中,君子几,不如舍,往吝。"

原意是,人们追鹿进入到深山老林之中,不仅没有收获,反而会迷失道路。因此,如果没有管理山林的人当向导,君子就应当机警一些,不如舍弃这个机会,继续追下去会懊悔不及的。

先哲在屯卦中看到上卦的山林之象,第三阶段在山林边,正好想到人们逐鹿的经验。鹿是先民打猎的主要对象,它经常出没在山下的树林中,因此山脚也被称为山麓。鹿较之猪牛羊等动物更成为富贵的象征,有鹿可食可衣称为"有鹿",由其发音,人们领到的俸禄即如此。再后来,人们就将鹿看成是国家政权的象征了。因为鹿更少了,只有在国家庆典中才能煮食在鼎中,供参加典礼的人食用。这样逐鹿就成了干大事,逐鹿中原就成了夺取中央政权的事业。

第四种状态:"乘马班如,求婚媾,往吉,无不利。"

原意是,我们家族的小子也快长大了,我们得为他的个人问题着想,选派几个得力的人,他们骑马骑得团团转,到邻村去求婚吧,结果吉祥得很,没什么不利的。

从卦象上看,此时的创业就像一个人骑着下卦的震马来到了上卦的坎水边,有些困难,因此如果能够找到帮手、朋友、自己的另一半,家业就明朗了。引申开来,这是睦邻友好,婚姻外交。

第五种状态:"屯其膏。小,贞吉;大,贞凶。"

原意是,我们的财富年年增多,日益发展壮大。我们积累得少的时候,兆头是吉利的;积累得越多,家大业大,兆头反而凶险了。或者说,做小事都亨通吉祥,涉及大事就危险了。

从卦象上看,此时的创业有所收获,九五贵位,阳能屯聚,就像小猪长了肥膘。但全卦是创业卦,整体弱小的前提制约了创业者;因此,小有收获、小有作为是有利的。如果因为自己有了一点收益就开始张扬,即使合于正道,也难免凶险。这一卦象顺应而变,全卦化为复卦,复为安蛰不动之象、征人还家,所以爻辞说"小贞吉";如果主动变,全卦变成了复卦,雷在地中,这是不能与人与世相争的象,因此爻辞说"大贞凶险"。中国人讲人怕出名猪怕壮,是一种形象而务实的说法。因为创业者虽然有能力有条件了,但各方面的准备未跟进,如眼光、阅历、心智等等,故需要注意防范潜在的危险。

第六种状态:"乘马班如,泣血涟如。"

原意是,我们发展了,富有了,引来了外敌的侵略,大家扬鞭出征应战,一场大战下来血流成河,哭声惨叫声一片。

创业至此,先哲从卦象上看到了上卦的坎水,一如人的血泪,看到了卦变为风鼓,中间互卦为虎,骑马创业势如骑虎,陷入绝境,因此忧惧,血泪长流。这是创业到极点、日暮途穷的时候。从站稳脚跟开始,到以联姻、交友等手段扩大势力,多次受挫,坚持至此,仍艰难曲折。故先哲感叹:"乘马班如,泣血涟如。"东晋南渡,中原名士曾有新亭之游,有人感叹:"风景不殊,举止有山河之异。"一句话使得在座的很多人相视流泪。这正是屯卦第六阶段的历史图像。

风雷益卦·动而入：行贿与受贿

1月9日—1月14日

一、时间节气

这段时间，尽管天气依然寒冷，但细心的人发现，孩子在这一时期体重增加了。先哲更是从太阳北移的阴阳比例中发现这一时段的卦象是风雷的结合，风雷相互激荡，雷动风入，相互增益。越冬作物返青至乳熟期，需要多供水。玉米、棉花等播种成苗，也要求充足的水分，此时雨水极为关键。有人还发现，风总是伴随云雨，风雨流入震雷，溢出来，其宝贵和功用是不言而喻的。因此，宋代禅师在《景德传灯录》中说："春雨一滴滑如油。"明朝诗人解缙写诗说："春雨贵如油，下得满街牛，滑倒解学士，笑坏一群牛。"

二、释卦

因此在命名这一卦时，取名"益卦"。益字固然是器皿里的水多得溅出来的图像，其实也是风雷卦的抽象符号，即下卦雷震的数字是四，跟器皿的皿相通，上卦风卦跟水相通，器皿如洗脸盆里的水被风吹得溢出来、被震动得溅出来，这个图像就是益，风雷卦命名为益。

益卦时期会有什么事呢？经过了屯卦时的积累准备，人们此时可以有所作为了，也需要突破狭隘的屯聚范围，到远方的大江大河去寻找机会。甚至从具体的事实来看，此时生产生活日用需要用水了，人们要到远处的江河引水。看到村里的小伙子长大了无所事事，人们会开导说："年轻人，好男儿志在四方。"因此人们系辞说："益，利有攸往，利涉大川。"这是一个利于出行的时空，一个利于远途跋涉的时空。

益卦时空的"彖辞"是："益，损上益下，民说无疆，自上下下，其道大光。利有攸往，中正有庆。利涉大川，木道乃行。益动而巽，日进无疆。天施地生，其益无方。凡益之道，与时偕行。"

人们解释说，益卦时空，就是减损上面而补益下面，这样民众的喜悦无限；从上面降到下面，其道大为广阔光明。"利有攸往"，因为卦象的两大主爻九五和六二居中得正而有喜庆；"利涉大川"，因为巽风木震动故能运行。益下卦为震、为动，上卦为巽，日日前进没有尽头。上天施予雨露，大地受益化生，其增益遍及万方。凡是增益之道，应时机而行动。

从卦序上看，坤卦之后是光复、恢复的复卦时空，复卦之后是颐养时空，然后是静极思动、开始建功立业的屯卦时空，因为有所行动而导致了风雷激荡、事业的增益，这就是益卦时空。

人们看风雷益卦之象，损上益下，得到启发，比如把树木砍伐了，用来制造工具，本来是向天长的树木，变成了可以经营土地的工具，这也是益啊。据说神农氏就是因此发明了农用工具："斫木为耜，揉木为耒，耒耨之利，以教天下，盖取诸'益'"。

益卦时空的"象辞"是："风雷，益；君子以见善则迁，有过则改。"

风雷激荡，相互增益。君子效法这种精神，就是见贤思齐，见善则迁，有过则改，有错则纠，如此可以行修而名立，建功立业。

三、时空节点

一个有超越想象的人对风雷关系会感到亲近。毛泽东晚年诗作不多，有四首直接用风雷意象。其一《七律和郭沫若同志》："一从大地起风雷，便有精生白骨堆；……"其二《满江红·和郭沫若同志》："四海翻腾云水怒，五洲震荡风雷激；……"其三《念奴娇·井冈山》："独有豪情，天际悬明月，风雷磅礴；……"其四《水调歌头·重上井冈山》："风雷动，旌旗奋，是人寰。……"毛泽东的命卦虽然是复卦，但其名字组成的运卦却是风雷益卦。他一生主张斗争，战天斗地，"与天斗，其乐无穷；与地斗，其乐无穷；与人斗，其乐无穷。""八亿人口，不斗行吗？"

益卦跟损卦相反相成，可以说是天地人伦的消息。阴消阳息为增益，万物得以生长；阳消阴息为减损，万物逐渐衰老。先人以为这是理解世界的关键。孔子曾经三复斯意："'益'之始也吉，其终也凶。'损'之始凶，其终也吉。""益损者，其王者之事与？事或欲以利之，适足以害之，或欲害之，乃反以利之。利害之反，祸福之门户，不可不察也。""夫自损者益，自益者缺。"

老子则说："物或损之而益，或益之而损。""祸兮福之所倚，福兮祸之所伏。"

扬雄《太玄赋》开篇即称："观大易之损益兮，览老氏之倚伏。省忧喜之共门兮，察吉凶之同域。"

日本国名的汉字卦为益卦。日本是风雷激荡的国家，多地震，多台风飓风。忽必烈曾经前后两次派海军横渡海洋去征服日本，但都遇上台风而覆没，日本也就避免了被蒙古大规模屠杀。日本人认为有神灵相助，故把台风称为神风。

四、时空禀赋

益卦的意象是风雷激荡，我们可以说，益卦人跟权威相连，有改天换地之象。从卦象上看，益卦人适宜到大江大河、大风大浪中闯荡，他们天生有权益，也善于维护自己的权益。益卦人个性强，有权力欲，特立独行，易卷入争斗；性爱争斗，扩张心强；争强好胜，勇做第一；无论男女，都有阳刚之气。我们还可以想到，益卦人注重大我，轻小我，他们有公益心，他们爱热闹，在朋友中的口碑不错。

中国明代官员海瑞是益卦人。他一生以刚为主，自号刚峰，天下称为刚峰先生。他生前死后都引起巨大的震荡，历史学家写的《海瑞罢官》则成为拉开当代中国"文革"序幕的导火索。

《论法国革命》的作者、爱尔兰政治哲学家伯克是益卦人。他说："我认为，与制度结合的自由才是唯一的自由。自由不仅要同制度和道德并存，而且还须臾缺不了它们。"

经济学家、美国首任财长汉密尔顿是益卦人。有人说："如果说杰斐逊提供了美国政治论文的必要华丽诗篇，那么汉密尔顿就撰写了美国的治国散文。没有哪位开国元勋像汉密尔顿那样对美国未来的政治、军事和经济实力有如此的先见之明，也没有哪个人像他那样制订了如此恰如其分的体制使全国上下团结一心。"

清末民初的革命家、思想家蔡元培是益卦人。他是光复会骨干，主张暗杀的革命家；又是大美学家、大教育家。其长北京大学，风云际会，极具益卦之义："损上益下，民说无疆，自上下下，其道大光。"

清末民初的革命家、思想家章太炎是益卦人。他是民国国号的创始者。鲁迅说他："考其生平，以大勋章作扇坠，临总统府之门，大诟袁世凯包藏祸心者，并世无第二人；七被追捕，三入牢狱，而革命之志终不屈挠者，併世亦无第二人。这才是先哲的精神，后生的楷模。"

日本近代启蒙思想家福泽谕吉是益卦人。他强调："一人之自由独立关系到国家之自由独立。"而要达到个人的自由独立，就必须要具备数学、地理、物理、历史等现代科学知识。他的代表性语言是独立自尊。他是日本明治维新时代的精神导师，他的《劝学篇》等著作，在当时的日本几乎人手一册。他同时也是日本侵略亚洲路线的基本设计者，堪称"日本近代第一位军国主义理论家"。

在冷战时期风雷激荡的美国总统尼克松是益卦人。他吟过毛泽东的诗："一万年太久，只争朝夕。"

诺贝尔和平奖得主史怀哲是益卦人。他增益落后的非洲，被称为"非洲圣人"。

《第二性》的作者、法国作家、女权主义的代表人物波芙娃是益卦人。十九岁时，她发表了一项个人"独立宣言"，宣称"我绝不让我的生命屈从于他人的意志"。法共总书记马歇说："波伏娃远不同意共产党人的所有观点，她同我们的争论是毫不动摇的，但我代表法国全体共产党员向她致意，因为她始终代表着我们社会进步思想发展的一个重要时刻。"

英国外交官阿美士德，美国富商、革命家、《独立宣言》的第一个签署人汉考克，病逝于重庆钓鱼城下的"上帝之鞭"、蒙古大汗蒙哥，清末洋务派代表人物、人称"鬼子六"、"贤王"的奕䜣，民国军阀、广东首脑陈炯明，中国台湾经济起飞的关键人物之一、原台湾"行政院长"俞国华，美国哲学家、心理学家威廉·詹姆斯，法国元帅霞飞，《野性的呼唤》和《热爱生命》的作者、美国作家杰克·伦敦，德国纳粹空军元帅戈林，《宽容》的作者、美国通俗作家房龙，《彼得大帝》和《苦难的历程》的作者、苏俄作家阿·托尔斯泰，善于逢场作戏、被称为"影帝"的捷克总统胡萨克，《挪威的森林》的作者、日本作家村上春树等，是益卦人。

五、释爻

风雷益卦的爻辞整体意义不可考，一些人猜想是指武王死后、周公东征、平定武庚叛乱、东迁洛邑、告诫成王等事。但串连"系辞"，我们仍可以理解其原始义是工程建设中最经常出现的六种情况。

第一种状态："利用为大作，元吉，无咎。"

农耕社会的人在此时可以大展身手，有利于大兴土木搞建筑、修筑、水利建设、耕作，等等。故这一爻的"系辞"是："利用为大作，元吉，无咎。"利于土木建设和农耕大事，这是至为吉祥，没有咎害的。笔者小时生活在农村，每年冬天政府征发劳役，村民都要出工参加工程建设，清淤池塘、兴修水利，等等。

此时震雷大动，得到上卦风的助益，因此大有作为，一派蓬勃兴旺之象。

第二种状态："或益之十朋之龟，弗克违，永贞吉；王用享于帝，吉。"

人们在做工程时，甲方乙方都会给对方送礼，一度叫回扣、好处费，这是不能推辞的，也不能得利忘形，只有永远贞定守正才吉祥。如果王侯也收到献礼，那么他用来祭祀天帝，是吉祥的。

正如风雨增益大地是不可违背的好征兆一样，有人赠送了价值十朋的宝龟，这也是不能推辞的吉祥。实际生活中也发生过这样的事，六二的时位虽然不高，是大夫之位，但有人给了他十朋灵龟一样的财富智慧，这是不能违背而永远珍惜就吉利的事。至于地位高的君王，如果处在此阶段，他把增益之资用来祭祀天地鬼神，是吉利的。

周公在《大诰》中说："予不敢闭于天降威，用宁王遗我大宝龟，绍天明。"即是说周文王赐给他们大宝龟，叫他们继承天命，他们不能违背周文王的遗愿。

第三种状态："益之，用凶事，无咎；有孚中行，告公用圭。"

原意大概是，做工程时出现了凶险情况，这是警戒人要小心谨慎啊。坏事一旦变成好事，反而增益锻炼了人，没有咎错。心中有诚信，中道而行，禀告公侯大人时用圭这样的信物以示郑重。

古典中国人知道，"三"意味着变数，凶多吉少。在收益中也会有灾年凶年。先哲观察第三个阶段的卦象，这个时候的风雷益象像是在一个大离卦的中间，离中虚，掉进土坑之中了。在土坑之中没有什么大碍。所以说益之以凶事，无咎。在土坑中到处是土，两土叠加为圭，可以测量日影长短，日影守信。圭是珍贵的玉器，表示信物，所以说"有孚"。顺应此道，即是中行。

第四种状态："中行，告公从。利用为依迁国。"

原意大概是，工程做得很顺利，人们中道而行，告诉王公，王公同意。这样的集体精神、人心凝聚，可以充分利用，比如用以迁国迁居。这是指发展壮大，向王公报告成就和计划，王公同意。这样的大好形势是可以利用来增益心志，鼓舞人心，以获得乔迁之喜的。在我的记忆中，乡村冬天的劳役，有不少外村人跟本村人一起劳动，久而久之，有人跟本村人打成一片，双方一说即合，迁居到本村。这样的事不少。工程建设有助于人员的流动、迁徙。

随着增益的时位上行，人们的眼界开阔，发现在利用资源，有时需要换一个环境。农耕社会的部落、国家确实如此，处在不断迁移之中。农民有了家底，会搬家；现代人有了家底，会移民；城市有了家底，会拆迁改造……

益卦的下卦震为车，互卦坤为土地人民，上卦巽为号令，本卦有迁民之象。此时的第四阶段的变化是巽化为乾，全卦变成无妄卦，天下震动，即迁国之令下达。看到这一爻，人们就会联想到盘庚迁都、周公分邦建国。

无论是个人还是国家，条件和能力，都有迁移的需要了。这个阶段的人是以柔居柔，辅助大家长，或诸侯辅佐王公；他们笃行中道，制定好的政策措施，将自己的观察、思考报告王公，获得王公的信任和遵从，从而迁居。人们说："人往高处走，水向低处流。"万事万物的增益至此都不免迁移。三代之时，商朝为了政治经济文化的需要，曾经五迁国都，到盘庚时仍需要增益心志以动员全民迁移。

第五种状态："有孚惠心，勿问元吉；有孚惠我德。"

这是中国人做工程的最佳状态。甲方乙方诚心相待，将心比心，以心换心，对方也会心中感动，不必疑问，这是至为吉祥的。人们也会以诚信惠及、回报我的德行。

此时相互增益到了一个新阶段，这个时位的人是天子位，更有能力、胸怀为众人服务。他的变化是减损自己孵化出新的生命，散财有道，乐生利生，教化四方，不用问具体的使用，不必追踪过程，就知道这么做于人于己是有益的，一开始就是大吉大利的。施与受在此形成了良性的关系，受者会感念施者的恩惠。先哲由此象观察并引申出很多道理，包括对待俘虏，对待罪犯，施用恩德，既往不咎，不追问细行，往往是十分吉利的事。

第六种状态："莫益之，或击之；立心勿恒，凶。"

这是做工程的糟糕状态。人们经常看到要么一方迟迟不完工，要么一方迟迟不付款。工程未能增益，反而成了累赘，打击、拖垮了当事人。这是信念动摇，立心不定，凶险啊。

这是增益的极致，极则反，故人们在此阶段经历了不愉快和凶险之事。那种欲为人民谋福祉的人，如果没有持之以恒的信念，一会儿热血沸腾，一会儿一蹶不振，得不到众人的帮助，反而受到打击，这样的情形可谓益之第六阶段的最后一象，凶险。

用现代的话语表述，这一爻的故事大概指周公之后，周人改动其民族政策，殷遗民在周人的分化瓦解中跟周人离心离德，甚至编排"守株待兔"、"拔苗助长"、"朝三暮四"等故事来歧视殷商人的后裔，以至于几百年后，殷商人跟周人仍格格不入。

象中变化后为上卦坎卦，坎为猜忌、凶险，由顺入的巽风卦变成坎卦，全卦则变成屯卦，艰难之象。一个劳苦功高的人如果没有恒心，不能保持一贯的忠诚，即是此阶段之象。

震卦·动而动：经受考验的震动
1月14日—1月20日

一、时间节气

震卦在时序上的出现是太阳北回路上第三十天左右，即经过全年的十二分之一。如以八卦年计，震宫主导第一个四十五天，震卦在震宫中出现是三十天前，位置正好是黄金比例。

二、释卦

我们知道震卦是大八卦之一，对它的命名要早于六十四卦，即在用震卦分值着一月十四至二十日五六天左右的时空之前，它还统值着从冬至到立春这四十五天的时空。它的本名是"辰"，是借蚌的形象来表示一种时空特征，震动的、有雷的、有力气的、刚烈的，后来演变为绿色的、东方的、树木、肝胆、种子、春天。太阳早上照到蚌壳，就是"晨"字。人们用手拿着蚌壳去割草，能够欺侮小草，这就是侮辱的"辱"字。把草铺成睡席，就是"褥"字。用蚌壳去耕种，就是"耨"字。用蚌壳去伐木、开荒、种地，就是原始的"农"字，后演变为"農"。对于春天辰的震动意义，人们联想极为丰富，如生命都在春天怀胎，于是有了"娠"字，胎动即为妊娠反应。

在先哲的观察思考中，震卦是宇宙诞生的原始能量，宇宙大爆炸的起点就是震卦状态，如此雷击波动，动荡、破碎、破坏，拉开了新世界、新生命的序幕。

这一时空之末也是节气中的大寒日子，大寒是天气寒冷到极点的意思。寒潮南下频繁，是我国大部地区一年中的寒冷时期，风大，低温，地面积雪不化，呈现出冰天雪地、天寒地冻的严寒景象。跟豫卦时空的笨拙不同，此时人们走在路上已经习惯了喀吱作响的震动。大寒节气一般跟农历的岁末时间重合，故大寒时间多是人们过年时间，农谚所谓："大寒大寒，杀猪过年。""过了大寒，又是一年。"大寒的物候是："一候鸡乳，二候征鸟厉疾，三候水泽腹坚。"就是说到大寒节气便可以孵小鸡了；而鹰隼之类的征鸟，却正处于捕食能力极强的状态中，盘旋于空中到处寻找食物，以补充身体的能量抵御严寒；在一年的最后五天内，水中的冰一直冻到水中央，且最结实最厚。

古典中国人在此时空会形成一些生活习惯，比如让孩子们踩芝麻桔杆，因为"芝麻开花节节高"；除夕夜，人们将芝麻秸洒在行走之外的路上，供孩童踩碎，谐音"踩岁"，同时以"碎"、"岁"寓意"岁岁平安"，求得新年好口彩。这也使得大寒驱凶迎祥的节日意味更加浓厚。中国人发明了火药，很少用于战争，而多用来制作鞭炮，以呼应天地变换之际的雷声。在除旧迎新的日子里，人们要请客祭祖，主客入席就餐前要放鞭炮，并从放鞭炮中试验大家尤其是孩子的胆识，是否能担大任。今天的乡村生活中，过年时，孩子们对放鞭炮的态度和行为千姿百态，人们从中可以观察孩子的心性，有的孩子吓得哭了，有的孩子反而开心地笑个不停，有的孩子吓得手上的碗筷和汤勺都掉在地上了……总之，一次吃饭、一次震动就考验了人。直到今天，人们仍说，看一个人，平时无所谓，关键的时候，比如吃饭、受震动惊吓，就看出高低贵贱了。一切跟震动有关，人们得出结论，震卦时空是请客吃饭的，是亨通的。

三、时空节点

从时令上说，从冬至数九到此时，是三九过后进入四九的日子。虽然有"三九四九冰上走"的说法，但此时阳能再度加强，天空中出现了雷声，与大地下的雷动形成共振共鸣，在上古中国气温较高一些的情况下，一些小河的冰面开始震动开裂。大地回暖，春天不远了。王安石有诗："爆竹声中一岁除，春风送暖入屠苏。千门万户瞳瞳日，总把新桃换旧符。"

震卦的形式，一阳两阴，如此重复，一动两静。先哲观察此卦象，阳能由内卦震动而出，消化其上的阴质，仍有余力推动外卦共振以波及周围，这是一个对外在时空能够产生影响的卦象。事实上，无论天上的雷震、地震、社会动荡，都在释放大量能量的同时，又同时给予时空新生的机会。诗人说过"九州生气恃风雷"。因此人们得出结论，震卦是亨通的。

人们观察震卦，又称"洊雷卦"，发现它实际上是一种能量波动，震的本质是波。因此，它的发动虽然惊心动魄，但人们没有必要害怕它。事实上，在大地震之后，在大雷震过后，人们的心态反而有一种畅通感，有一种新生感，压抑阴暗的气息为之一空。

如果我们考察古典中国人的发明，可以肯定，砭石骨针的发明运用得自震卦的启示。大震卦象正是一根骨针之象，六十四卦的震卦象正是骨针行针之象。电闪雷鸣，是天空给大地输送能量。人们细心观察雷震现象，发现就像是天给地做针灸治疗一样，每一次闪电就像一根针，并且以极大的能量进入地层。遗憾的是，战国秦汉的思想家们尚未意识到这一震卦运用，借用他们的语言说："圣人磨砺砭石骨针，以顺天行气，活经通络，疗治百病，盖取诸'震'。"

先哲称赞震声的善德是教化。他们在描述震卦象时，不无幽默地说，震卦时空是一个考验人胆识的时空，祭祀吧，请客吧，这是亨通的。当迅雷不及掩耳地来到时，有人虽然像看到老虎一样为之一惊，但随即能够谈笑自若；当振聋发聩的变故声音惊彻百里时，有人仍能够镇定如常，他不会吓得丢掉手上的器具，一如心如止水的主祭者不会吓得丢掉盛食的匕匙和迎神的美酒。震卦的"系辞"就是："亨。震来虩虩，笑言哑哑；震惊百里，不丧匕鬯。"

震卦的"彖辞"是："震，亨。震来虩虩，恐致福也；笑言哑哑，后有则也。震惊百里，惊远而惧迩也；（不丧匕鬯），出可以守宗庙社稷，以为祭主也。"

先哲为此考察震卦，将应变的状态写入卦辞。卦象中有艮手，为守、为获；有坎，为法、为标准，有颐养致福之象，有屯难建侯之象。由此可见，震卦虽然有危难，但也有机会。而考验一个人是否堪当大任，其实就在于他应对变故的心性和能力。先哲说，那种不会吓得丢掉酒杯的人，能够建功立业，成为宗庙社稷的祭主。尧曾考验舜："纳于大麓，烈风雷雨弗迷。"后来的纣王也曾考验过周文王、曹操考验过刘备，都是从震动心性入手。

震卦的"象辞"是："洊雷，震；君子以恐惧修省。"

雷声相续，这就是震卦之象。君子以此领悟，要获得良好的应变能力，得心存恐惧以修己省心。据说孔子听到迅雷烈风，必变容以严肃对待，反省己德，过则改，无则勉，因此能够孔武有勇，处变不惊。

四、时空禀赋

震卦跟动荡、破碎、破坏、战争、颠簸等相关，是新世界的诞生。我们可以说，震卦人有创新意识。震卦人聪明、活跃，有脾气。其人生在动荡中获得成就，如权力、财富。他们中气十足，从声音到行迹，都能给人震撼。他们也易跟人论战、交手，容易伤害他人，尤其是亲人。从卦象上看，我们还知道，他们要么不动声色，要么喜怒溢于言表。他们心直口快，少耐性。

中国清代大词人纳兰性德是震卦人。王国维称道他说："纳兰容若以自然之眼观物，以自然之舌言情，此由初入中原，未染汉人风气，故能真切如此，北宋以来，一人而已！"他的名句："人生若只如初见，何事秋风悲画扇。等闲变却故人心，却道故人心易变。"

蒸汽机的发明者、英国科学家瓦特是震卦人。他的名言："最好是把真理比作燧石，它受到的敲打越厉害，发射出的光辉就越灿烂。"他去世时的讣告如是说："它武装了人类，使虚弱无力的双手变得力大无穷，健全了人类的大脑以处理一切难题。它为机械动力在未来创造奇迹打下了坚实的基础，将有助并报偿后代的劳动。"

《论法的精神》的作者，全面分析三权分立原则，第一个将古代中国划入"专制政体"的西方思想家孟德斯鸠是震卦人。他以专制政体为三种基本的政府形态之一，使得专制政体成为十八世纪政治思想中的一个核心主题。不仅如此，他被认为是"从否定方面将中国列入一种世界模式的第一人……为法国和欧洲提供了与以往不同的中国形象"。

法国剧作家莫里哀是震卦人。莫里哀去世后，路易十四曾问布瓦洛，在他在位期间，是谁在文学上给了他最大的光荣。布瓦洛回答："陛下，是莫里哀。"法兰西学院赞扬说："他的荣誉什么也不缺少，我们的光荣却缺少了他。"

无政府主义者、法国哲学家蒲鲁东是震卦人。他的名言："财产是盗窃。"

苏俄诗人曼德尔施塔姆是震卦人。有人说他："……他不仅从来没有自己的财产，甚至没有长期的邻居——他过的是近乎于流浪汉一样的生活……我知道他最大的弱点就是——缺乏生活能力。他就是一个这样的人：他从来不会为自己的生活创造条件，他生活在一切制度之外。"

诗人徐志摩是震卦人。他死于飞机失事，蔡元培挽联："谈话是诗，举动是诗，毕生行径都是诗，诗的意味渗透了，随遇自有乐土；乘船可死，驱车可死，斗室生卧也可死，死于飞机偶然者，不必视为畏途。"

启蒙思想家、抗战时落水的作家周作人是震卦人。当周作人做汉奸的消息传遍全国时，艾青写诗说："周作人，在我们最需要他的时候，背叛了我们！"

中国教育家、北大校长蒋梦麟是震卦人。马寅初在大陆受批判时，他在台湾因同样原因受批判，他说："我现在要积极地提倡节育运动，我已要求'政府'不要干涉我。如果一旦因我提倡节育而闯下乱子，我宁愿'政府'来杀我的头，那样在太多的人口中，至少可以减少我这一个人！"

中国哲学家唐君毅是震卦人。1958年元旦，由他起草，牟宗三、张君劢、徐复观等人署名的《为中国文化敬告世界人士宣言》发表，标志着现代新儒学的崛起。《宣言》明确提出，中国文化是中国人安身立命的精神家园，只有在中国文化中才能使中国人的文化生命有所安顿。中国文化之所以能成为现代中国人的精神家园，在于它今天仍然有着生命力。要感受到中国文化生命力的存在，就需要对中国文化作一种同情的理解。

声如洪钟、振聋发聩的美国民权运动的领袖马丁·路德·金是震卦人。他有名言："我有一个梦想。"

日本作家三岛由纪夫是震卦人。1968年，三岛由纪夫组织了"盾会"，声称要保存日本传统的武士道精神。1970年11月25日，他带领四名盾会成员在日本陆上自卫队东部总监部，以"献宝刀给司令鉴赏"为名将师团长骗至总监办公室内，绑架为人质。在总监部阳台向八百多名自卫队士官发表演说："日本人发财了，得意忘形，精神却是空洞的，你们知道吗？"但是没有人响应，甚至大声嘲笑三岛是疯子。他最后自杀身亡。

中国台湾民进党前主席施明德是震卦人。他在囚满二十五年出狱所说的第一句话："忍耐是不够的，必须宽恕"。

跳楼自杀的法国哲学家德勒兹是震卦人。德勒兹的书出版时，福柯向德勒兹祝贺说："应该从弗洛伊德主义的马克思主义中摆脱出来。"德勒兹回答说："我负责弗洛伊德，你对付马克思，好吗？"

美国公众的良心、美国作家和评论家苏珊·桑塔格是震卦人。她拥有一大堆桂冠，比如"美国公众的良心"、"文学批评的帕格尼尼"等，然而她却这样解释自己为什么经常发表对时政的看法，是因为"我有一种道德感，不是因为我是一个作家，而是因为我是一个人"。

英国作家安妮·勃朗特，美国独立战争的领袖之一、捕捉雷电、发明避雷针的科学家富兰克林，南北战争的名将罗伯特·李，作家爱伦·坡，中国武术家霍元甲，民国年间科玄大论战的代表人物张君劢，诗人、篆刻家乔大壮，中国台湾经营之父王永庆，希腊船王欧纳西斯等，是震卦人。

五、释爻

震卦六爻的意思很简单，是人们对震雷来临时状态的描述。不过，引申开来则有很多含义。比如，震不是指雷声，而是指地震，指人间的大变动。

第一种状态："震来虩虩，后笑言哑哑，吉。"

原意大概是，天上打雷了，好害怕呀，有人猛然一惊，随即自己都觉得好笑，看看别人相视而笑，这是吉利的。

引申义有，雷震之始，令人惊恐；迅雷过后，嬉笑自如，吉利。这一阶段是写人的本能反应，在应变的最初时期，人们小心谨慎才会有喜悦成功之事。因恐惧修省而致福，这是一种可资遵循的法则。所以说:"震来虩虩,后笑言哑哑,吉。"大学者干宝认为这一爻可指周文王被纣王处分,先有被囚的惊惧,后有得到方国之权的喜悦。后来小说中的武松景阳冈遇虎更是这一爻的生动写照。

第二种状态:"震往来,厉;亿丧贝,跻于九陵,勿逐,七日得。"

大雨中的雷声隆隆真是危险,有人跑路时丢了很多财宝,登上安全的高地,不用追寻,自有人捡拾了,广而告之,最多七天后就能失而复得。

这是淳朴的乡村社会的经验。在天灾人祸的大变动中,会丢失东西,有人捡到了,相互广而告之,东西失而复得,并从此加深了乡亲间的关系。

干宝认为是周文王初被囚时,他的臣子到南方寻找财宝以献给纣王。

当年楚王把弓丢失了。侍从要去寻找,楚王制止道:"楚人失之,楚人得之。不必找了。"孔子评论说:"为什么要把'楚人'与'人'区别开来呢?不妨说:'人失之,人得之。'就符合仁义了!"老子再评论说:"为什么要把'人'与'天地'区别开来呢?不妨说:'失之,得之。'就符合天道了!"

第三种状态:"震苏苏,震行无眚。"

雷声使人不安,但因雷声而警觉就没有灾难。

在应变中间,卦象中有艮山坎水,爻象是阴质居阳位,当有势力而不得其正,故在大变动中应当处变不惊,保持清醒的头脑,慎谋善断,这样化解就没有灾难。或者说,雷震使苏醒者惴惴不安,但震行是天经地义,本身没有过失和灾祸。因此,万事万物的波动纵然一时因位不当而惴惴,但人们不必害怕它、担心它,而应该关注它、参赞它。

第四种状态:"震遂泥。"

看啊,有人在大雨中被雷声震得一下子掉在泥水中了。

从卦象上看，此时有山、有水、有土，泥潭之象明显。人们观察，这一阶段是多惧之时位。变故之大，即使有权势者都不足以抗拒，因为这一次震动坠陷入泥潭里，就像人们常说的落地雷那样惊人地劈入泥地。从历史上看，宋高宗泥马渡江，可谓大变动时代的震"遂泥"。他也终于没能进取，使得正气沉沦，江山不复。

第五种状态："震往来厉；亿无丧有事。"

看雷电闪来鸣去，很危险；估计没什么大的丧亡，但有点儿小损失吧。

此时位乃天子之位，一家之长，但以阴质居阳位不得其正，万众瞩目，临变之际的行动往来皆有危险，但他能够笃行中道，以此行事，没有什么大损失，仍可以主持大局。因此，人们对此阶段变动的描述是，虽然变动来去，但已经是强弩之末，不会有太大的事了；应变时保持一种镇定，就不会丧失什么东西，但总有人总会有什么事情发生。

第六种状态："震索索，视矍矍，征凶；震不于其躬，于其邻，无咎；婚媾有言。"

原意大概是，有人在震天撼地的雷声中害怕得发抖，两眼不敢正视，四处乱望，这样的人出行会有凶险。雷雨没有把他怎么样，却把他的四邻伤了，比如他邻居的墙塌了，房子震垮了，树劈了，他没有错；但要是这样的人家谈婚论嫁会有口舌之争的，人们会说他家命硬克人、"方人"。

引申义很多。这是震动之极将趋于静止的时候，但震动之厉还是会使人不安，而且有时候会再来一下闪电，像长长的绳索，照亮了夜空，将黑暗中的一切都照见了。贪心的人会去征杀抢掠，他不知道很快来临的黑暗的凶险。

地震中发难财的人跟这一爻相关。

对这一阶段的应变，人们还想到那些不恭敬的人，比如有名的帝乙，据说他就是因为不敬神而被雷劈死了，因此天打雷劈是人们对邪恶之报应的说辞。这一阶段也是人们对逆天行事者的命运描述，即震雷不击谦恭之人，而击向他那贪心邪恶的邻人。没错。

人们还观察到，如果举行婚礼时遇上打雷，则会引起议论，这是很不吉利的。因此，有的地方，人们举行婚礼时遇上打雷就相当于自动解除婚约。

火雷噬嗑卦·动而明：从吃喝到刑罚
（国际海关日）
1月20日—1月26日

一、时间节气
"噬"的本义是吃，其中的"筮"是指用蓍草占卜，弃其叶而取茎来用，引申出弃粗取精之义。"嗑"的本义是牙咬硬物，原有聚合义，人多，聚在一起话也多，表示话多（俗话称"唠嗑"）；又有接触器皿发出声音的意思，故表示咬东西时发出的声音。嗑跟噬结合，即表示消化。

二、释卦
噬嗑卦的"彖辞"是："颐中有物，曰噬嗑。噬嗑而亨，刚柔分，动而明，雷电合而章。柔得中而上行，虽不当位，利用狱也。"

从卦象上看，它是在颐象之大口里多了一物，完全是正在吃东西的写照，人们吃饱了肚子不饿，这种吃饭哲学是人类最早的收获。民以食为天，因此这一卦象表明有食物消化，是亨通之象。上卦离，为火、为电，下卦为雷。大地上打雷，天空中有闪电，雷鸣电闪，以涤荡腥膻，将乌云咀嚼化为春雨。人们感叹说，阴阳刚柔暂时分开，但彼此又有一种相互的需要和吸引，一旦走到一起，就会雷鸣电闪，成为天地间的大乐章，是谓"刚柔分、动而明、雷电合而章"。

从天人之象转向社会，人和人的隔阂因噬（宴会、饭局）嗑（交谈）而起，也因噬嗑而得到化解。以吃喝看，人们最容易独占、吃独食，这就容易出现利益纠纷。噬嗑卦象一如张口咬住食物不松口，就像乌龟咬住人的手指头，其力有千钧之重。人们说"王八吃秤砣，铁了心了"，就有指噬嗑贪心独占导致的不平、纠纷。

人们还想到，在吃吃喝喝、请客吃饭之外，人与人之间的恩怨是非也在此时要做一个了断，以使大家相互之间保持和谐；一个共同体也经常有违规犯罪者需要教训、消化，以保证社会的平安通泰。所以说，这一时空是噬而嗑之的化合亨通，适合断案。乡村社会的经验是，在此一元复始、万象更新的日子里，忙过其他事之后，也会想起平时的一些恩怨来，心里过意不去，就要请客吃饭，把对方请来，当着天地、祖先、中间人，把话说清，抬头不见低头见，免不了的磕磕碰碰，今天说清楚了，就让它过去吧。中间人也会主持公道，你欠他一点，他让你一点，对吧……祭祀吧，吃喝吧，用刑吧；奖惩分明，礼节在此显示，是非恩怨在此了结，一笔勾销。噬嗑卦的"系辞"就是："亨，利用狱。"

人们还发现定期交易，会物尽其用、货畅其流，促进了社会的分工、发展和繁荣。传统农耕社会，各个地方都有自己的集市，赶集，既是交易，也是生活的阶段性调整需要、一种文明的认同。因此，先秦时代的思想家说："日中为市，致天下之民，聚天下之货，交易而退，各得其所，盖取诸'噬嗑'。"

因此看到噬嗑卦象，人们就想到了有饭吃，人吃饱了就有力气，就能够劳动创造；人们还想到了雷电交加，击碎乌云，万物在雷雨之后生机盎然；人们也想到了当政者将罪大恶极的人绳之以法，大快人心；人们还想到了集市，分散在各地的人带着自己要交易的货物来到集市上，熙熙攘攘，一派繁荣之象。因此，一个文明单位，无论个人还是国家社会，都要观察有用和有病的事物，去消化它。先王效法这一卦时的精神实质，用以赏罚分明，以全事功。社会效法，则形成集市，使人们各得其所。噬嗑卦的"象辞"是："雷电，噬嗑；先王以明罚敕法。"

人们从噬嗑卦象中总结出很多哲理。最重要的，这是一个成长之路的卦象，是一个寻找、认同的卦象。从个人吃饭、集市交易到社会、国家司法、天地雷电，其特征无不在于刚柔分、动而明、合而章。卦象中，下卦为震、为足，上卦为离火、为脑、为眼、为心，因此，这一卦也说明了人的成长，要用自己的脚丈量人生大地，用自己的头脑、眼睛和心灵观察、思考人生世界，当行动和思想结合时，就会谱写出动人的人生乐章。

直到今天，中国人仍承袭了古典中国人的这一社会属性。人们讲究吃喝，在饭桌上增进感情、了断恩仇，甚至有不吃喝就生分见外的说法儿。托人办事，也得请人吃喝，否则人家会公开说，要"研究研究"，即"烟酒烟酒"。这一陋习如今也正在改变中。

从认同的角度来看，农耕社会两三代人同堂吃饭，最讲究孝敬，让长辈先动筷子，大家学到的是孝。现代社会，一家人争先恐后地给孩子夹菜，甚至第一口菜喂给孩子，孩子学到的只是以自我为中心，是自私。这一卦动而明，行动要附丽文明，认同才能真正落实。

三、时空节点

国际海关日（1月26日）设定在噬嗑卦和随卦时空的交汇处。海关是市场交易的重要关口，这正是噬嗑卦之义。海关的责任之一是"打击假冒和盗版"，这是海关执法的重点和商贸发展的需求。这也是噬嗑卦的义理："先王以明罚敕法。"

宋代平江有个姓解的人擅长占卦。有一天，他用易经来预测天下大势，得到噬嗑卦，爻变为睽卦。他分析说，这表明天下将有战事了，而且是东北方的敌人向南侵犯，这场战争对君王不利。后来，宋徽宗与金订立盟约，夹攻辽。辽灭亡后，金兵南下攻宋，北宋灭亡，宋徽宗、宋钦宗父子被俘，即中国历史上有名的"靖康之耻"。

甲午战争时，日本高岛预测战局，卜得本卦，六五爻变，爻辞："六五，噬干肉，得黄金，贞厉，无咎。"他断言："此卦'颐中有物'之象，我海陆军包围清国海军，犹如'颐中有物'也。今占得五爻，战机正熟，击敌之坚，可有意外之获也，谓之'噬干肉，得黄金'。虽所行危险，可保无害，谓之'贞厉，无咎'也。"战局是，日本伊东海军中将，以水雷击破铁索，侵入港内，击沉定远等数舰，中国将领丁汝昌自杀，镇远等军舰悉归日本所有。

四、时空禀赋

噬嗑卦时空的自然意象是电闪雷鸣，是红与黑。其人文意象则是汉字"财"的本位卦，故当代中国人发财者几乎都要吃吃喝喝，要饭桌上谈买卖，发财致富。吃喝有财，不吃喝无财。这也是中国人的一种文化。噬嗑卦也跟是非、纠纷相关，人们追求财富的过程总是与是非、纠纷、诉讼相连。从卦象上看，噬嗑卦人从事公检法行业较好。噬嗑卦人性格较为固执，生活中多是非、争吵。从卦辞上看，他们要注意吃喝，以免有中毒事件发生。

《工具论》的作者、英国哲学家培根是噬嗑卦人。他被马克思称为"英国唯物主义和整个现代实验科学的真正始祖"。他的名言："知识即力量。""读史使人明智，读诗使人灵秀，数学使人周密，物理学使人深刻，伦理学使人庄重，逻辑修辞之学使人善辩。凡有所学，皆成性格。"

《红与黑》的作者、法国作家司汤达是噬嗑卦人。他运用了科学研究的方法来探讨爱情，提出了一种新颖的爱情理论。如同给植物分类那样，他把爱情分为四种类型：激情之爱、虚荣之爱、肉体之爱和趣味之爱。他认为，爱情是人类特有的精神现象，"爱情是文明的奇迹"。他把爱情视为一种激发人的力量的美好情感："爱情在伦理学上是一切感情中最强烈的激情。"

《拉奥孔》的作者、德国剧作家莱辛是噬嗑卦人。他的人生曾经荒唐过，后来他给父亲写信说："我已经因为这种无意义的生活浪费了三年时间，现在是我走上正轨的时候了。"

《唐璜》的作者、英国诗人拜伦是噬嗑卦人。他是一个时代的英雄。历史学家卡莱尔认为他是"欧洲最高尚的人士"，鲁迅说他："立意在反抗，指归在动作，是一派诗人的宗主。"他的遗嘱说："我的财产，我的精力都献给了希腊的独立战争，现在连生命也献上吧！"希腊政府为他举行了国葬。

欧洲开明专制君主的代表人物、普鲁士国王腓特烈大帝是噬嗑卦人。他的名言："我是这个国家的第一公仆。""纵然行事方式各异，但人人都是可到天堂的。"

日本明治维新的领袖之一西乡隆盛是噬嗑卦人。他有诗言志："几经辛酸志始坚，丈夫玉碎耻瓦全。一家遗事人知否，不为儿孙买美田。"他青年时还引用改编过的一首诗："男儿立志出乡关，学不成名死不还。埋骨何须桑梓地，人生无处不青山。"

意大利共产党领袖葛兰西是噬嗑卦人。在葛兰西身患重病时，法西斯当局通知他，只要向墨索里尼亲自递交宽恕申请书，就可获释。葛兰西的回答是："这是建议我自杀，然而我没有任何自杀的念头。"

前苏联导演爱森斯坦是噬嗑卦人。对他的电影，戈培尔说："世界观不坚定的人，看了这部片子就会成为布尔什维克。"

麦克阿瑟是噬嗑卦人。他跟杜鲁门关系不睦，以至于黯然退场。他的名言："老兵永不死，只是渐凋零。"

中国经济学家吴敬琏是噬嗑卦人。他以"吴市场"广为人知。

法国喜剧作家博马舍，《友谊地久天长》的作者、苏格兰诗人彭斯，格式塔心理学创始人之一克勒，德国数学家希尔伯特，民国初期的社会活动家陶成章，《人性的枷锁》的作者、英国作家毛姆，《自己的房间》和《到灯塔去》的作者、作家伍尔芙，耗散结构理论的奠基人、比利时物理学家普里高津等，也是噬嗑卦人。

五、释爻

关于吃喝的悲喜剧太多了，人们总结出六种刑罚的状态。

第一种状态："屦校灭趾，无咎。"

脚上拖着木枷，看不到他的脚趾头，没有大的害处。

人们观察此爻，从吃东西出发，想到了因吃带来的种种纠纷。最经常的，是人们不知规则、不知边界，去偷吃别人的。乡村社会一年四季，都有偷盗现象，多与食物有关。有时候，人们抓住了小偷，总是恨恨地说："再偷，打断你的手，打断你的腿。"刑罚由此而来。村里、官府会把小偷抓起来，给他脚上戴着木刑具，给他一个教训，不过没有大的灾祸。

第二种状态："噬肤，灭鼻，无咎。"

吃大肉，肉掩其鼻，安逸得很，没有害处。

人们有条件了，可以大吃大喝了。卦象兑口半现，为毁折，乘刚变化为愉悦，中间互卦为艮、为鼻，一时高兴吃得把鼻子都遮没了。农村的猪牛羊吃食时多有此动作。人们大块吃肉也有此吃相，因为吃得香，脸上、鼻子上都是饭渣、油脂。人们祭祀时会把精美的肥肉放在鼎中，祭祀完后吃肉，也会碰到鼻子。还有一种情况，因为抢吃的犯下罪了，被判以在脸上、皮肤上刺字、挖去鼻子的惩罚。人们说"不要脸不要鼻子的"，即是农耕文化传下来的习惯法，以此惩戒。爻辞是"噬肤，灭鼻"，从卦象中看，两种意思都有，但因为这一阶段处得中位，故还不算有大错，没什么灾殃。

第三种状态："噬腊肉，遇毒；小吝，无咎。"

吃食再进一步，人们有条件吃更好的东西了，吃起腊肉来。但不幸，吃腊肉遇毒，或者咸得要死，或者又苦又涩，使人不舒服，不过仍没有什么大灾。卦象上阴质居艮之中，为腊肉之象，互卦坎为毒害，故说肉中有毒。变卦为离明之象，故无咎。

第四种状态："噬干肺，得金矢；利艰贞，吉。"

吃到美味的有骨头的干肉，里面还发现了铜箭头。或者说，干肉不易吃，人们会用铜箭头扎进去，肉才能撕开。这一现象让先哲难以忘怀，因此觉得这是要在艰难中坚守正道的意象，如此才会吉利。上卦离为火、为乾，下二阴为肉，离为干戈，金矢之象。这一阶段在全卦中正是"颐中有物"的写照。

第五种状态："噬干肉，得黄金，贞厉，无咎。"

仍是吃干肉，不过这次虽然得到的是黄金。这是有危险的兆头，但没有什么害处。卦象正是黄金之象，上卦离为乾，变为乾金，全卦为无妄卦，得到无妄之福。日本人高岛在甲午海战时占得此爻，断定日方大胜，果然如此。

第六种状态："何校灭耳，凶。"

那个人肩扛着枷锁，遮住了耳朵，凶险啊。

人们观察社会，因为争夺食物等资源，带来了犯罪，这一阶段是其极限。上卦离为干戈、为环、为木枷，中间互卦为坎，坎为忧、为桎梏。离本为明，然而争夺资源、贪污腐化则为聪不明、刚愎不仁，至此大祸临头。这一时位的人本来位高权重，贪腐极易。一旦变动，象变动为震卦，声震千里，其贪婪、其处罚也算惊天动地。传统五刑"刖、劓、黥、宫、大辟"，即在此噬嗑卦里多有体现。

泽雷随·动而悦：带肉到高丘祭祀
1月26日—1月31日

一、时间节气

雷在泽中，震动而在水面随之有反映。卦象的性质是动而悦。上卦兑泽为少女、为月亮，下卦震雷为长子、为腿脚。后人猜想，这一象是月光下青年男子追逐少女，而少女随之欢悦的画面。人们为此造字，将月、手、脚步等象结合成一个字，演变为"随"。随，因此有跟从、脚趾等意。其实，在上古，"月"字有肉意，"隋"字就是把肉撕开祭祀，人们带着肉到高丘祭祀，有人跟随去看，这一意象大概就是随的本义。人们祭祀要么在泽水边，要么在高丘处，在人们的印象中，电闪雷鸣一般在高处看到、在水面消失。泽雷之象即是随了。随时而祭，随喜。随喜一般不会有错，"元亨利贞"。

二、释卦

震东兑西，震春兑秋，时序和空间都是随之而来。春秋就是上古一年的代名词，有震东兑秋卦象的随卦自然有一年"元亨利贞"的"系辞"了。人们研究随卦的时空，这时是"五九、六九，河里水吼"，一些地方冰消雪化了，气温转暖。春雷震动了冰泽，泽水荡漾。时序走到了这一卦,天地人心之间,开始春意融融,瞻望一年了。

人们也因此把有震雷之山和泽水结合的地带称为随。现在的湖北随州是上古时代的重要地区,神农氏在此活动过,"汉东诸国,随州为大"。其取名大概因为北有烈山、厉山,南有云梦泽,空间是泽雷象的缘故。

人们观察随卦卦象,也注意到,随卦是典型的刚来而下柔的卦。凡是那些处于困象、未济之象、否塞不通、同化决断的卦象,一旦发生刚来而下柔,即随之成为震刚在下、柔泽在上的亨通随卦。因此人们说这是一个吉祥的卦,是欢乐的卦,是所作不失、行动即有收获的卦。这是一卦的特点就是动而悦。

乡村社会看一个人是否有前途,就是看他的性格中是否随和,在外是否交到朋友,即"过人"。这个人会过人,极而言之,跟人有过命的交情,就是指他能随,能随从人,也有人随从。这样的人有前途,走到哪里都有贵人相助,"元";这样的人不愁吃喝,"亨";这样的人有财运,"利";这样的人运气好,"贞";这样的人没有害处、没有咎错,无咎。随卦时空的"系辞"即是:"元亨利贞,无咎。"即说这一卦也具有"元亨利贞"的品性,没有什么灾祸。

人们引申说,这一卦象内动之以德,外悦之以言,则天下人受到感慕,能够随从;既见随从,能长之以善("元"),通其嘉礼("亨"),和之以义("利"),干之以正("贞"),这样就能成功而有福报;若无此"元亨利贞"四德,则有凶咎。春秋时期,穆姜占得随卦,有人告诉她这是"元亨利贞"的好卦。这个有自知之明的女人说:"有四德随而无咎,我皆无之,岂随也哉。"她事后确实不得好死。

随卦因此讲相随的现象和智慧。这种相随的现象引起人们的注意,人们为此发明牛车马车载重远行,牛马会跟随方向,不需要人们随时照看即可自动前行。先秦时代的思想家说:"服牛乘马,引重致远,以利天下,盖取诸'随'。"

随卦的"彖辞"是:"随,刚来而下柔,动而悦,随。大亨,贞无咎,而天下随之,随之时义大矣哉。"

随卦的卦象,上下两卦的阳刚之爻都处于阴柔之爻下面,震动而兑悦,这就是随。大为通达之象,兆头好,没有害处,天下万物都随时而行。随卦所蕴含的顺应时势的意义真是伟大啊!

大而言之,天下随时,季候分明;如果季候反常,则会给世界带来灾难,生物界和人类文明因此多次遭到毁灭式崩溃。中而言之,一国一家,随波逐流,所谓"世界潮流,浩浩荡荡,顺之者昌,逆之者亡"。小而言之,人亦"日出而作,日入而息",随时而行,随遇而安,随机而得;如果不能动而悦随,而是乱动而灾随,那么身体不仅出现病变,甚至亡身亡家。

随卦的"象辞"是:"泽中有雷,随;君子以向晦入宴息。"

人们为此总结说,君子效法随时的精神,白天出外劳作,夜晚就回家休息。如果时代昏暗,君子也隐以宴息,如伊尹、诸葛亮等人那样,待阳刚君子来,则可以破门而出,建功立业。苏东坡有词:"行藏在我,用舍由时,万物何妨等闲看。"

三、时空节点

这种相随的现象,在历史和现实生活中,就是随遇贵人,或得贤能跟随,己有随物,物能随己。从卦象上看,三个阴爻处于从属地位,随卦贵而得位,正是创业之卦。创业时期的特点是,无论贵贱,论功行赏,人们可以在此时期有所行动而改变自己的地位。

先哲考察随卦之象,因此对追随者和有随从者提出了这样"元亨利贞"的关系准则,尤其是对带团队者是一个参照。最为明显的,是汉高祖刘邦和项羽两人,因为四德之有无,而有了不同的将才队伍,有了不同的结局。有了跟随,就要努力坚守正道,这样才没有灾咎。否则就像鲁迅讽刺的"猛人",自己失去四德,被小人们包围,成为笑柄。所以说，"随之时义"是重大的。

随卦也代表流行。

石敬瑭称帝后，其大将张从宾谋反。石敬瑭让马重绩占卦，占得随卦。马重绩解释说，这是一个好卦。随卦中有大离卦之象，离为南、为火、为虚弱，内卦为震卦、为木，震木生离火，可知震木之气要被损耗。张从宾的势力在我们的南面，他要有所行动，必定会损失惨重。随卦中有风吹树木之象，外卦为兑、为金、为西方、为秋天，意味着秋天，张从宾的谋反必然失败。后来，到了秋七月，张从宾果然失败。

四、时空禀赋

随卦人随性而为，优柔寡断，又不乏赌徒心理（爻辞说因小失大或因大失小）。随卦人的人生典型表现在或者追随他人，或者为人追随，如宋庆龄、顾维钧等人的人生极具此卦之义。他们宜与人合作，忌三心二意。他们机会多，能够帮助人。最早的随卦人文意象是娥皇、女英的故事。她们姐妹追随舜，舜多次遇难而得二妃之助，后来舜至南方巡视时，死于洞庭湖畔，二人泪染青竹，竹上生斑，人们称为"斑竹"，也称为"湘妃竹"、"潇湘竹"。随卦人的性格偏好可从这一故事中得到部分说明。

日本江户幕府时代征夷大将军德川家康是随卦人。他说过："在年轻的时候，我忙于奔走战场，没有时间来研究学问，所以到老来一无学问。但我曾从他人处学到老子说过的一句话，直到现在也忘不了。那就是'知足者常乐'。"

《常识》和《人权》的作者、美国作家潘恩是随卦人。他的名言："让我们为宪章加冕，北美的法律就是国王……推翻国王这一称号，把它分散给有权享受这种称号的人民。"拿破仑极为推崇潘恩，告诉潘恩他枕下总放着一本《人权》，称潘恩为"共和国的火炬，一切传奇中最伟大的人物"。后来，拿破仑背弃共和，实行独裁，潘恩讥之为"前所未有的江湖骗子"。

奥地利作曲家莫扎特是随卦人。他说过："以为我的艺术得来全不费工夫的人是错误的。我确切地告诉你，亲爱的朋友，没有人会像我一样花这么多时间和思考来从事作曲；没有一位名家的作品我不是辛勤地研究了许多次。"

在近代史上开创东方黄种人打败西方白种人的先例，得到"东方纳尔逊"之誉的日本海军元帅东乡平八郎是随卦人。他随身携带的印章上刻着"一生伏首拜阳明"。

法国作家罗曼·罗兰是随卦人。罗曼·罗兰说："伟大的心魂有如崇山峻岭，我不说普通的人类都能在高峰上生存。但一年一度他们应上去顶礼。在那里，他们可以变换一下肺中的呼吸，与脉管中的血流。在那里，他们将感到更迫近永恒。以后，他们再回到人生的广原，心中充满了日常战斗的勇气"。

中国台湾经济奇迹的重要推手、政治家、经济学家李国鼎是随卦人。中国传统有五伦："父子有亲、君臣有义、夫妇有别、长幼有序、朋友有信。"李氏在儒家五伦的基础上，于1981年因应现代社会提出第六伦：群己关系，就是人与陌生人的关系、人与自然的关系、人与团体的关系。他倡导社会应进行心灵改革，重建工业化之后人类精神文明的价值理念。

波兰钢琴家鲁宾斯坦，《爱丽丝梦游仙境》的作者、英国作家卡罗，中国近现代美术史上开派巨匠、"千古以来第一用墨大师"黄宾虹，历清末、北洋、民国的中国外交家顾维钧，中国台湾著名流行歌手邓丽君，俄国作家契诃夫，美国总统富兰克林·罗斯福，前苏联作家、《解冻》和《人·岁月·生活》的作者爱伦堡等，是随卦人。

五、释爻

人们观察动而悦的随象，最典型的社会现象有男女相随、官吏找靠山之随，因此，分析他们出现的情况，可以做出参考。

第一种状态："官有渝，贞吉；出门交有功。"

官职有变，这是好兆头啊，出门结交，很成功，有收获。

这是经验之谈，官场有变动，人们有了机会，出门遇到的人都会客气地恭维，"这次有你吧"，或"这次你有机会啊"，如果心存诚善地交往，就会有大的收获。引申义很多，如说追随主官而坚守正道，跟着主官变动而变动，如此出门交往会有收获。伊尹、姜太公等人地位极低，而随人创业，获得了成功。

卦象内卦为震足、为官、为出行、为变动，动而变为坤、为郊野。以阳刚居阳位，可以说居正贞吉。中间互卦为艮、为门，追随是要走出家门的，只有出门才有机会。要建功立业，不能指望天上掉馅饼。

第二种状态："系小子，失丈夫。"

跟小人来往密切，像是绑在一起，像是穿一条裤子，这样就失去了正人君子。

卦象跟随义相关的是中间互卦为巽，绳索牵系。机会开始多了，鱼和熊掌不可兼得，人要面临一个选择问题。这个时候就像一个丈夫外出的小妻子，不免心系身边的少年。人们也注意到战场上掳获时，先绑住容易绑的弱小者，结果让身强力壮的成年人跑掉了。人们还观察到，一些有才华的人选择了帮闲，而失去了人生的正道，暂时也能够扬名。因此，人们就以这一现象为"系小子，失丈夫"。

第三种状态："系丈夫，失小子；随有求得，利居贞。"

跟大人关系密切，失去跟小人的来往；这样的交往、跟随，有求必得，这是利于安居的好兆头啊。

随着人生阅历的增长，人们知道要有舍才所得，有所不为才有所为。因此，这一阶段是"系丈夫，失小子"，选择知道了轻重，知道了正路，就很容易获得。

第四种状态："随有获，贞凶；有孚在道，以明，何咎！"

跟着人家有大收获，这个兆头凶险；不过，带着诚信上路，经常保持清醒头脑，何咎之有呢？

用乡村俗话："跟着富人吃香的喝辣的，跟着贵人要风得风要雨得雨，宰相家的看门人也有七品……"这样的跟随有收获也伴随着危险。卦象在外卦兑之下，有进退之象。动而全卦为屯，有艰难之象。互卦为复（反复）、为坤、为迷。坎为忧、为月。人们观察这一随象，结合人生社会世相，知道这一时期有收获，也有些凶险，只有自明，不迷失自己，坚守正道就不会有问题。

这一阶段是诸侯之位。这一时位的人有了自己的追随者，但功高凶随，名高谤随，因此要心存诚善，不违正道，使自己的美德显明，那就没有什么危害。董仲舒所说"正其谊不谋其利，明其道不计其功"，是对这一卦象的极好解释。

第五种状态："孚于嘉，吉。"

施诚信而又随和、美善，吉利。

此时自己成为真正的主宰，这是大家长之位，是湖海航行的船长之位。这个人处在至尊之位，位正而中，因其诚信而得到大家的赞美。人们跟随他，也是吉利的。

第六种状态："拘系之，乃从维之；王用亨于西山。"

原意大概是，这个人一生随和，坚持不懈地跟君子大人、美德在一起，"拘系之"；终于得到大家的认可，"乃从"；他享有崇高的德望，大家都接受他，"维之"；君王也起用他到西山祭祖，"王用亨于西山"。

也有人引申说，即使君王也有不得不跟随顺从的时候，先是紧紧地束缚着，后来得到释放，君王才有机会到西山祭祖。

人们在观察这一卦象时，看到了其中有兑，兑为西、为巫，互卦有艮，艮为山，以及绳系行进等元素。战争中常有这种俘虏不服而被捆绑祭祀的情形。人们更想起周文王被纣王囚禁的故事。他被纣王拘押，才有了随从纣王处置的印象，得到释放。周文王回到周地，就到西山祭祖。这一重大的历史事件得以展开，也是因为周文王深通随顺之道。

天雷无妄卦·动而健：当女人不在场时
（世界湿地日，世界麻风病日）
1月31日—2月6日

一、时间节气

动而健，时序正好是立春前后。对古典中国人来说，虽然正月初一是一年的岁首，但立春的意义同样重要，即它是人们生肖的分野。立春跟属相有关，从立春开始，新出生的人跟另外一种动物有心性上的相似。此前出生的人如果属马，此后出生的人就属羊了。

二、释卦

人们观察到此太阳出来时较之冬天的彼太阳不太一样了。此时阳气充足，吹面不寒，阴冷之态消失。人们明显地感觉到白昼长了，太阳暖了。气温、日照、降雨，处于一年中的转折点，趋于上升或增多。"立春一日，百草回芽。"农谚提醒人们"立春雨水到，早起晚睡觉"，大春备耕也开始了。这个时候人们有打春、报春、咬春的习俗，尤其以鞭打春牛为典型。对生活时序充满希望的人们因此说，行动得天之助，自然健行不已；如女人般阴沉的前提已经消亡了，虽然不能妄想一步登天，但仍能够努力，勇往直前。"一年之计在于春，一生之计在于勤。"这一时空是"元亨利贞"的。

　　立春时节的物候是："一候东风解冻，二候蛰虫始振，三候鱼陟负冰。"说的是东风送暖，大地开始解冻。立春五日后，蛰居的虫类慢慢在洞中苏醒。再过五日，河里的冰开始溶化，鱼开始到水面上游动，此时水面上还有没完全溶解的碎冰片，如同被鱼负着一般浮在水面。

　　在立春这一天，举行纪念活动的历史悠久，至少在三千年前就已经出现。当时，祭祀的"句芒"亦称"芒神"，是主管农事的春神。据文献记载，周朝迎接立春的仪式，大致如下：立春前三日，天子开始斋戒；到了立春日，亲率三公九卿诸侯大夫，到东方八里之郊迎春，祈求丰收。……到了清代，迎春仪式更演变为社会瞩目、全民参与的重要民俗活动。

　　立春前后几天的天人之象属于天雷之象，它也因此是明亮的。那种充满希望、一往直前的状态确实一扫女人气，即使女人也是巾帼不让须眉，英姿飒爽，阳刚硬朗。这种状态给人们的启发是什么？其实然、应然状态是什么？怎样从社会万象中总结、抽象出简明的道理放在这一时空之下供人们参考？古典中国人做了不少尝试。刚开始时人们将它取名为"孟卦"，即一年工作正式开始了的意思，也是基础的意思，因为这种取名大概是实然。人们希望不仅仅只有基础，还要向前发展，故说"无孟"。"孟"还有明的意思、梦的意思。无孟即又有糊里糊涂的意思。

　　从无孟这一基础出发，人们思考命运，开始观察天雷卦象中的有序和无序、希望和无望、必然和偶然、理性与激情。这些如今都可以各自写出大部头的思考，被浓缩到天雷卦中。震雷是长子、乾天为老父，行动而强健，再再说明此卦是妄：女性不在场。

　　文明社会对男女的认识也经历了曲折的过程。女人的重要不言而喻，现在女人或女性元素不在场，这到底表示有序还是胡乱，需要认真思考。女人不在，男人会横冲直撞，胡乱行事；同样的，女人本身也有着非理性的一面，在男人看来不可理喻的行为。男女比例失调是文明社会一个重要的问题。经过反复较量，男权取得了统治地位，本来谦卑自抑的女性此时再度受到压抑，行动不免反常。农村中，对女人、精神敏感者的压抑是习俗性的，因此，她们理所当然会有反叛、反常之举。其中一个现象就是自杀、发疯，而天空中雷声不断、大雨倾盆之际，常有女人在雷雨中歌哭、惨笑、疯跑、亡身。直到今天，农村妇女仍是自杀率最高的群体。

因此，无女的"女亡"二字加起来成为"妄"，成为胡乱、失常的意思，成为想入非非的意思。这是一种辩证的观察思考。由女性缺席导致的动而健有可能带来横冲直撞的灾难。先哲们长久地观察天雷卦象，几经周折，最终把卦名定为"无妄"。因为天雷妄是实然状态，但其道理即应然状态是无妄，即在此时空中要关注女性，如此才有"元亨利贞"四德，真诚而不虚妄，健行而不狂妄。无妄才能行得正，才能致福。而那些心眼不正的人，出门也看不清方向，这样的人是不利于出行的。无妄卦的"系辞"即是："元亨，利贞；其匪正有眚，不利有攸往。"

先哲因此把天雷卦定性为人生社会、宇宙自然中变化莫测的卦，在强调要真诚之外，无妄又有想不到、意外的意思。天下雷行，正是天有不测风云，人有旦夕祸福。在战国时代，人们积累了更多的历史经验，对无妄之意更有体会。"世有无妄之福，又有无妄之祸，今君处无妄之世，以事无妄之主，安不有无妄之人乎？"

从卦序上看，风雷激荡的益卦时空之后，是震动不已的震卦时空，在动荡中产生利益、纠纷，是谓噬嗑卦时空，然后是寻找依靠安全的随卦时空，然后是有意外、但仍须丢掉幻想的无妄卦时空。

三、时空节点

但是，变化之卦被纳入时序空间之中，仍能探测其阴阳之利。无妄卦的"象辞"是："天下雷行，物与无妄；先王以茂对时，育万物。"当天下雷动之时，万物也就随之发展自己。人们观察到，当雷声在天边传遍，万物的精神似乎为之一震，而不妄为，像做好了某种准备，花朵、小草也生机勃勃。因此先王体会这种现象，会以勤勉应对天时天道，繁育万物，使人间欣欣向荣。

古典中国人精准地给无妄卦观象系辞："先王以茂对时，育万物。"即人类和自然的相处之道在于成己成物，先王即管理者的责任或志向在于给当代后世提供好的环境。现代人曾经任意妄为，给生息栖居的城镇钢筋水泥土化，终于意识到错误，而有了改正。今天，中国很多地方的城镇都有了绿地、湿地公园建设，这是极得无妄精义的。湿地与森林、海洋并称全球三大生态系统，被誉为"地球之肾"、"天然水库"和"天然物种库"。今天的世界湿地日（2月2日）正在无妄时空之内。

国际麻风病日（每年一月最后一个星期天）也在无妄时空内。麻风病的最重要的特征之一是侵犯周围神经，导致周围神经的功能损害，往往表现为肢体畸形，这是生命的无妄之灾。设立麻风病日的目的在于让全世界的人都知道麻风病是可以治愈的，人们对麻风病的恐惧和歧视不应再继续下去，社会和家庭都应当关爱麻风病患者，让他们在爱的关怀之中尽早得到合理的医治，并早日走出疾病的阴影，回归到温暖的社会中。

唐代的刘辟占到过无妄卦。当时，刘辟刚刚考中举人，请有名的卜者盲人葫芦生为其占卜自己的仕途。葫芦生占得无妄卦，爻变为随卦。葫芦生说，这表示你有官禄，而且在西南方；但要注意，你最后不得善终，具体时间则在二十年后。后来的发展一如所料，刘辟功成名就，在西川为官。二十年后，刘辟请求增加管辖地，皇帝没有恩准。于是刘辟再度拜访葫芦生，葫芦生仍占得无妄卦，爻变为随卦。葫芦生问刘辟是否是二十年前的人，对方答说是。葫芦生对刘辟说，卦辞是守正则吉，违背正道则凶，如果你不注意，必然有杀身之祸。刘辟不听，回到西川后起兵反叛。最后，唐宪宗将其擒获斩首。

四、时空禀赋

无妄卦时空上天下雷，指"惊天动地"之象。无妄卦人常有意外之事，如晴天霹雳，让人目瞪口呆。妄行则有意外之灾，得意忘形而取灾。真的丢掉虚妄、幻想，反而有意外之喜。无妄卦人情感丰富，朋友多，跟异性关系亲密，"勿药有喜"，身体自愈能力强。其人生既有意外之灾，也有意外之财，事业在外，宜动不宜静，即爻辞说"不耕获利有攸往"。

德国作曲家舒伯特是无妄卦人。他曾说过："世人最喜爱的音乐，正是我以最大痛苦写成的。"

法国革命家、空想社会主义者布朗基是无妄卦人。他的名言："不断地斗争，不顾一切地斗争，一直斗争到死为止，这是一个革命者的天职。"

俄国前总统叶利钦是无妄卦人。他自称："我认为我最大的错误，就是在开始改革的时候，我认为我们只需要三四年就可以建立一个全新的社会；但现在我明白了，这个时间太短，可能改革最需要的就是时间，二十年或者四十年，甚至更长。我们对改革抱有太多急于求成的幻想。"

美国前总统里根是无妄卦人。撒切尔夫人称道说："里根不开一枪便赢得了冷战。"他的名言："政府并不是解决问题的方法，政府本身才是问题所在。"他遭暗杀后对妻子说："亲爱的，我忘记低头了。"

《尤利西斯》的作者、意识流小说家乔伊斯是无妄卦人。他年轻时说过："我是也许终于在这个不幸的民族的灵魂中铸造了一颗良心的这一代作家之一。"

俄裔美国作家安·兰德是无妄卦人。她的名言："人是一个英雄人物，以自己的幸福作为生活的道德准则，以实质性的成就作为最高贵的行动，以理性为自己唯一的主宰。"

中国作家何其芳是无妄卦人。他曾说："我最大的快乐或酸辛在于一个崭新的文字建筑的完成或失败。""我惊讶，玩味，而且沉迷于文字的彩色，图案，典故的组织，含义的幽深和丰富"。

德国作曲家门德尔松、美国诗人兰斯顿·休斯、首个进行单人不着陆的跨大西洋飞行的飞行员林白、漫画家洛克威尔、中国教育家徐特立，跳太平湖自杀的作家老舍，翻译家朱生豪，抗战名将孙连仲，中国香港武侠小说家金庸，中国台湾漫画家蔡志忠，死于手术台上的苏俄军事家伏龙芝等，是无妄卦人。

五、释爻

人们研究变化莫测的模型，发现大致有六种状态。立春之节鞭打春牛、求耕种的收获等意象有了表现。重要的在于，人们的行为必须合乎自然法则，不可违道而行，轻举妄动；动出乎天为无妄，动出乎人则为妄。

第一种状态："无妄，往吉。"

不轻举妄动，顺乎正道，做好准备，如此前往，吉利。

人们开始行动时多是本着真诚的态度，这是吉利的。很多人的青春都充满了理想、希望，他们似乎都看到了自己心怀志向，他们也知道自己卑微、人微言轻，因此没有过高的期望，如此做事，服务于周围和社会，是有利的。这一阶段也确实充满了朝气，吉利。

第二种状态："不耕获，不菑畲，则利有攸往。"

在这一阶段，人们的机会多了一些，有了意外之财、无妄之福。我们看到有人没有去耕种，照样有收获，没有去垦荒却得了一块熟田。这个时位的人运气来了挡不住，出门很吉利。中国人多有这样的经验，看到一个人遭遇特别之事，无妄之事，比如看到一个人脚踩到牛粪上，会笑着劝他："哎，你的财运来了，快去摸彩票吧。"

当然，这是小概率事件，指望这种不劳而获的人生，是不可能富有的。因此，从另一种角度考察，我们在变幻莫测的命运的底端，不要以为耕种就有收获，垦荒就能得到熟地，抱着"无妄"的原则，就有利于出去做事。

第三种状态："无妄之灾。或系之牛，行人之得，邑人之灾。"

人们具备了一定的生存条件，解决了生存，小康后会一时大意起来，这就有无妄之灾。就像村人把自己的牛拴到路上，被过路之人顺手牵走了，结果，附近乡邑之人都受到怀疑。同时，这个地方就会被人盯上，无论哪一种情况，都是大家倒霉，居民的灾祸。

第四种状态："可贞，无咎。"

有了经验教训的人在此时位反身而诚，坚守正道，这样就不会有错失。这一时位是诸侯王公之位，是富贵、权贵，他们接近如虎狼的君王，容易动辄得咎，因此要发扬高尚的德行才会无咎。

第五种状态："无妄之疾，勿药有喜。"

这一时位说明是一个掌握大资源的人，容易发生无妄之灾，如营养失调、营养过剩引起的毛病，虽然小危险却仍没有什么大灾。

人们在卦象中看到了药石之象，因此说这一卦有无妄之疾，但经验告诉大家，很多突如其来的小病小灾也会自行消散，而且过后有喜庆之事。就像女人怀了下一代会突然呕吐一样，但这是"勿药有喜"的。对其他占据资源、时位较高的人来说，遇到类似的无妄之灾，也应该沉着冷静，大中至正，以诚德感服，泰然处之，而不要轻易地去尝试无妄之药，病急乱投医，不仅小病自愈，就是非分者也会自消其念。

这种变化还可以现代发达社会的民生民权民意表达来说明。当一个社会的资源开发到一定程度，社会生活水平提高，民智已开，无论是要求富人纳税还是抗议官员腐败，民众的表达对执政者来说都如同突如其来的无妄之疾，但执政者不必因此惊惶失措，采取极端措施围堵镇压，而是让其宣泄表达，使民权民意表达形式成为真正的减压剂，如此社会会很快回到正常轨道上来，皆大欢喜。

第六种状态："无妄，行有眚，无攸利。"

不要轻举妄动，妄行有灾，没什么好处。

变化到了极限，用一句政治家的术语，事物正在起变化，但这种变化超出了已知的经验范畴，因此人们的应对就处于必然性失明状态，除非以不变应万变，否则这种应对注定不利。

这一卦象处在极位，刚居阴位，失位之爻，故穷极不利。不能妄动，动则不利，反而遭害。这种无妄之行，是困穷之极的灾害，如比干、子路为国而死，如尾生与人约桥下、见面而亡。而天才少年王弼千年前即说："处不可妄之极，惟宜静保其身而已，故不可行也。"

变化之极，成为第六种灾害性模式，这诚然令人伤感。但"亢龙有悔"，物极必反，人们观察这种历史经验，概莫能外，没有人以为自己聪明或幸运得能够逃脱。除非如先哲所言，静损自身，守正待时。

二、从立春到春分

古代中国人将四象分成八节，即大八卦时，将天地间无数的象、数、义、理归并到八卦中，比如震卦为动、为长子、为木、为四；离为火、为明、为三、为船；兑为泽、为少女、为口舌、为悦、为二；乾为天、为父、为龙马、为健、为一；巽为风、为入、为长女、为木、为五；坎为陷、为险、为智慧、为坎坷、为六；艮为门、为山、为反思、为修身、为止、为七；坤为大地、为顺、为八，等等。

记住这些象或义，对于现代人似乎有些繁难，但其实这中间是有内在逻辑的。尤其是在直觉敏锐的心思或头脑里，这些意象几乎是把握事物的方便法门。古代中国人就是以此观其象而系其辞，进而把握住时空的本质或精神，用于指导日常生活。

2月6日至12日前后，该轮到坤地卦与离火卦的和合，即地火明夷卦。在此时空内，光明被黑暗的大地遮蔽、夷伤。这是一个艰难的时候，故曰："利艰贞。"

2月12日至18日前后，雨水节气的前几天。此时山南花开，山火和合，山上的贝壳与鲜花——这一古老与新生的结合，即是"贲"字的本义。因此，象征文明、才华、装扮、英雄美人、男欢女爱等意象，也自然成为贲卦的题中应有之义。难怪西方的情人节在此时空内。

2月18至23日前后，雨水节气。雨水降落，预兆了一年收成可能有望，这是既济卦。坎水与离火、离船的和合，象征水已烧开，船已靠岸，既济。

2月23日至3月1日前后，春耕开始。男人们在田野里忙碌，女人们在家里收拾。人们忙碌多时，抬眼一看，远处村落里或自己熟悉的房屋上炊烟袅袅升起……这一时空最大的象，就是巽风卦与离火卦和合的家人之象，是谓家人卦。

3月1日至7日前后，是惊蛰时节。惊蛰始雷，雷火和合，雨润万物，给大地增肥，豆类植物疯长。豆类含有丰富的植物蛋白，食豆令人肥，多食豆类使人丰满。此时的命名就是满山的豆荚，是谓"豐"，即简体字"丰"。丰卦时空宜于祭祀、请客吃饭，因为这是亨通时期，连君王也要关心。君王要主持祭祀以祈丰年，祭祀、请客宜在中午进行，不用担心什么雷雨，如果雷雨来了，那更是好兆头啊。丰卦的"系辞"即是："亨，王假之。勿忧，宜日中。"

3月7日至12日前后，惊蛰过了，但是春耕不能歇，牛的作用由此凸显。这是离火卦与离火卦的和合，象征光明、灵性、精神。役使公牛，更要照顾好母牛。畜牝牛，吉。离卦既指这五六天，也指从立春到春分的四十五六天时间。"国际妇女节"、"中国保护母亲河日"，均在离卦时空内。

3月12至18日前后，天气暖和了，以至于鸟兽脱去旧毛，长出新毛。人们把去了毛的兽皮叫作"革"，而制革离不开用大锅煮水去毛，上泽下火就这样被命名为革卦。革卦时空的君子能够顺乎天应乎人、治历明时。

3月18至24日前后，过了春分，气候温和，雨水充沛，阳光明媚，"春分麦起身，一刻值千金"，春管、春耕、春种即将进入繁忙阶段。以家、族为单位的人力不足以应对春忙，故家家都会请人帮忙，并且相互帮忙。人们超越一家一族的狭隘视野，志同道合，把农活完成。这是天火同人卦。"国际消除种族歧视日"在此时空内。

地火明夷·明而顺：保存火种的艰难时刻
（国际气象节）
2月6日—2月12日

一、时间节气

这一时期，阳能再度加强，在六爻时空中越过上卦，改变卦体，而给下卦增加一份阳能。上卦为坤地，下卦变成了离火。

二、释卦

立春过后，天气转暖，人们不必整夜燃火取暖，反而更经常的做法是，用灰土把火堆埋上，慢燃，天亮时仍有火种保存。这也是地火的典型形象。

地下有火热的能量，这种现象人们在冬天感受尤其强烈，地下水、地窖里储存的蔬菜此时都温热。光明的事物暂时潜藏，光亮多少受到伤害。这一时空的卦象因此以离明为体，光明受到伤害，正是明夷之象。同时，卦象中，下卦离也是鸟的形象，上卦坤则是鸟的尾巴，整个形象是空中之鸟下落之势。明夷卦亦即有受伤之鸟的意象。

人们从这一卦象展开思考，内心明白对外相处才能够顺利。这是一种用晦而能护明的卦，是艰难时刻。在黑暗时代，当光明受到伤害时，是应该在艰难中守着正道。古典中国人给这一卦系辞就是三个字："利艰贞。"

任何人、任何社会都有这样的时空。立春过后，天气会出现倒春寒现象，阳能虽然坚定不移地北来，但表面上的气温反而会有所下降。虎落平阳、凤入鸡群，无所施展，光明入于地中，正义不得伸张。从卦序上看，丢掉幻想的无妄卦时空之后，就进入了黑暗地带，进入了光明受伤的明夷卦时空。

明夷卦的"彖辞"是："明入地中，明夷。内文明而外柔顺，以蒙大难，文王以之。利艰贞，晦其明也。内难而能正其志，箕子以之。"

因此，内心守着文明，外表现出柔顺，和光同尘，以蒙受大难。这是周文王被纣王囚禁时所用的态度。利于艰难地守着正道，韬光养晦。内部蒙受灾难，而能守着正大的志向，这是箕子在黑暗时代所用的态度。

明夷卦的"象辞"是："明入地中，明夷；君子以莅众，用晦而明。"

人们观察、效法这一卦象，在治理众人时，就要能晦其明，不露锋芒，用晦如用明，如此能够带领众人成就大业。我们也可以说，众指资源，君子在明夷时空要积累资源、韬光养晦。

三、时空节点

这种"利艰贞"的情形，对个人来说，从腿脚到肚腹、头脑，都会受到伤害，因此，人们给明夷象系辞时，多以身体语言表述。对上古三代的人们来说，印象最深的黑暗时代莫过纣王时期，纣王时的人与事也因此成为这一卦的关键词了。

西晋末年的郭璞就占得明夷卦。当时，战乱纷起，郭璞和家乡百姓希望找到有利的避难之所。对各个可能投奔的地方占卦，得到的都是明夷卦。他感叹说，百姓真是遭罪，这意味着大家将流离失所，生活在荒凉的丛林社会，命运像鱼儿一样居无定所啊。后来的遭遇果如所料，他们所到之处经常遇到盗贼的掠扰，生活极不安定。

南北朝时的吴遵世占到过明夷卦。当时，北魏孝武帝即将登基，让吴遵世占卦。吴遵世先占到否卦，后占到明夷卦，爻变为贲卦。吴遵世说，这意味着可以登临天下，只是不能长久。后来，孝武帝登基，两年后即被宇文泰毒杀。

但人生社会艰难时刻远非如此，人们也因此从明夷卦得到了智慧，受到了鼓舞，增强了信心。王阳明被贬龙场，他先想回家省亲，中途因避刘瑾祸逃至闽界，在武夷山拟"远遁"时，遇寺中道士劝阻，并为之占筮，得明夷卦，因此坦然决定到西南方赴谪，从而在龙场悟道，为明代政治和文化大放光彩。"险夷原不滞胸中，何异浮云过太空。夜静海涛三万里，月明飞锡下天风！"

国际气象节（2月10日）设定在明夷卦时空之内。明夷卦最重要的义理在于观察天气世象，以明白天气和世道何时通达，何时穷窘。"天上钩钩云，地下雨淋淋"，"燕子低飞蛇过道，大雨就来到"，"朝霞不出门，晚霞行千里"，"傍晚天空红，水手乐无穷"……这是天气。"时来天地皆同力，运去英雄不自由。龙游浅水遭虾戏，虎落平阳被犬欺。得志猫儿雄过虎，落毛凤凰不如鸡。"……这是世相。

四、时空禀赋

对明夷时空的人来说，他们外表忠厚，内心火热。卦象上的光明在另一世界，对东方人来说，光明和生机在西方；故明夷卦人有西方人的特点，易跟西方人或有西方文化背景的交朋友。他们思想活跃，夜晚头脑更为清醒，适合夜间工作。虽然他们的仕途坎坷，财富中等，但他们的家庭关系不错。从卦辞上看，他们一生中多有流浪和挨饿的经历，西方的人道主义精神在他们身上也很突出。

中国汉代名将霍去病是明夷卦人。他的名言："匈奴未灭，何以家为？"

中国唐代大诗人杜甫是明夷卦人。郭沫若称赞："世上疮痍，诗中圣哲；民间疾苦，笔底波澜。"他的名句："安得广厦千万间，大庇天下寒士俱欢颜。""无边落木萧萧下，不尽长江滚滚来。"……

中国全真教道教领袖、远赴西域劝说成吉思汗清心寡欲的丘处机是明夷卦人。在成吉思汗的铁蹄践踏欧亚大陆的黑暗时期，他劝说成吉思汗，使"四百州半获安生"，幸免于难的百姓"不啻乎百千万亿"。清朝皇帝称赞他："万古长生，不用餐霞求秘诀；一言止杀，始知济世有奇功。"

《乌托邦》的作者托马斯·莫尔是明夷卦人。他被斩首而死，伊拉斯莫为他的死去而深感悲痛："他的灵魂之纯洁胜过白雪，在英国从来没有过像他这样的天才，而且将来也不可能再有。"伊拉斯莫把他誉为"适合于任何时代的人"。

《艰难时世》和《远大前程》的作者狄更斯是明夷卦人。他的墓碑上写道："他是贫穷、受苦与被压迫人民的同情者；他的去世令世界失去了一位伟大的英国作家。"

美国总统林肯是明夷卦人。他的名言："你能在所有的时候欺骗某些人，也能在某些时候欺骗所有的人，但不能在所有的时候欺骗所有的人。"

抗战期间的国民政府主席林森是明夷卦人。他没有看到中国抗战的胜利。

梦中发现了化学元素周期表的门捷列夫是明夷卦人。他的名言："一个人要发现卓有成效的真理，需要千百万个人在失败的探索和悲惨的错误中毁掉自己的生命。"

中国教育家、作家许寿裳是明夷卦人。他曾说，"有国家而无国民，有法令而无自觉，人道无光，性灵悉死，兽界耶？枯骨耶？"1948年2月，一生仁厚慈祥的许寿裳在台北寓所惨遭歹徒杀害。

诗人、大戏剧家布莱希特是明夷卦人。他在《致后人》中写道："我的确生活在黑暗时代！一个坦率的词是一种荒唐。光滑的前额提示着一颗坚硬的心脏。那笑着的人仍未听见这可怕的消息。……这年月,吟风弄月也是罪孽,因为沉默包含着太多的恶行!那边,泰然自若、穿街过巷的人,莫非有意回避他那身处危难的友人?……"诗人吁请后人:"当你们谈论我们的弱点时,请你们也想想这黑暗的时代,这造就了我们的弱点的时代。"

《日瓦戈医生》的作者,苏俄诗人和作家帕斯捷尔纳克是明夷卦人。他吟诵道:"但生命的书已翻到最珍贵的一页,这一页比什么都神圣。已经写下的就应该实现,就让它应验吧。阿门。你看,时代的流逝像寓言,在流逝中会化为火焰。为了证明其博大深远,我将甘愿受苦,走进坟墓。我走进坟墓,三天后复活,所有的时代将从黑暗中涌出,像木排,像商队的木船,依次拥来,接受我的审判。"

《在已知和未知的世界漫游》的作者、法国科幻小说家凡尔纳,《我是猫》和《明暗》的作者、日本作家夏目漱石,发明了电灯等产品、给世界带来光明的爱迪生,《大街》的作者、美国作家刘易斯,中国末代皇帝、共和国公民溥仪等,是明夷卦人。

五、释爻

在三代,艰难黑暗的典故太多了,人们挑选了六种意象以配明夷六爻。

第一种状态:"明夷于飞,垂其翼,君子于行,三日不食。有攸往,主人有言。"

太阳落山了,光明消逝了,鸟儿天上飞,无力振翅膀。君子在路上奔走,三天都没有饭吃。这样流亡的义行,因为主人有责罚,或者说,会遭到主人们的闲言。

卦象上有离火炎上为坤阻抑之象,即是飞鸟飞翔垂翼之象,离为空腹,离为三,三日不食。因此,人们对这种情况编了一首诗来说明,来慨叹君子遭遇的艰难。这一种情况,伤痛在两脚,用现在的话说,以脚投票,以应对艰难时世。

人们甚至想到历史上伯夷、叔齐的故事。他们饿死在首阳山，这一种情况也正是他们的写照。而叔孙豹的一生为此卦此爻所制，实在是比俄狄浦斯更为悲惨。

叔孙豹是春秋时鲁国大夫，晋国的范宣子向他请教什么是死而不朽，并夸自家是世代相传的权贵。叔孙豹说，这么做官是叫世禄，不是不朽，"大上有立德，其次有立功，其次有立言，虽久不废，此之谓不朽"。有副著名楹联："五百年间气，三不朽伟人。"即是说他。但以叔孙豹之贤，仍未能逃脱命运的限制。他出生不久，父亲卜筮，得到明夷之谦，即明夷的第一爻。父亲请先知卜楚丘解卦，卜楚丘预言这个孩子会出奔国外，将会回来继承父亲的亚卿之位；他还会领着一个叫"牛"的进谗言的人回来，牛最后使他挨饿三天而死。叔孙豹长大后，极为优秀，成为当时一流的外交家、名臣，但另一个一流的天才季札也看到了他的命运，并提醒他若不改变将不得善终。活了八十多年后，叔孙豹以富贵之身竟活活饿死。"三日不食"，实在是造化弄人。

第二种状态："明夷；夷于左股，用拯马壮，吉。"

在困难时期，人们受的伤害进了一步，这一次是伤到左大腿。为什么会伤到左腿，一是因为实有其事，某人受伤的情况广为流传；二是卦象上，下卦离为南，上卦坤为西南方，向西南方行，左腿在外，易受伤。但人们努力应对。爻变后，离变为乾，乾为马，人们能够用强壮之马，用有力的后援去拯救，从而化险为夷，可以说吉利的。

这一种情况，人们想到的是周文王。他被囚之际，手下给纣王进献宝马、财宝、美女，从而得到纣王的赦免，乘马离开。

第三种状态："明夷于南狩，得其大首，不可疾，贞。"

卦象有甲士兵车南征之象，这一爻变动，下卦离变为震，也是战斗之声。全卦变为复，不可疾出。故人们说，这是把光明、实力隐藏于向南方狩猎之中，而获得了对方的首脑人物。但在此时，仍不可急忙从事，暴露本来面目。

周文王对纣王表示臣服，晦其明，因而得到方伯征伐的权力。他南征灭掉崇侯，拉开兴周大道的序幕。但此时仍不可急切，当固守以积累实力。

第四种状态："入于左腹，获明夷之心，于出门庭。"

从人身而言，这一次伤害是左腹，左腹即是心脏所在。人们在黑暗中明了伤害者的心思，长叹一声出门而去，以避免更大的伤害。

这一情况据说指微子或商容，他们都是贤者，却不见容于纣王，只好离开朝廷。或说是指比干，他被剖心，知道纣王一意孤行，不再纠结，而出门求救。

第五种状态："箕子之明夷，利贞。"

这一卦象，居至暗之地，而有柔中之德，持中而动，坤卦化为坎卦，坤为虚，坎为心病，故为佯狂。爻变既济，是成功之象。这一种情况因此不是指残暴的君王，而是指箕子这样的元老贤良。箕子这样的人在纣王身边生活，面对黑暗时代，其明德隐藏起来了，这是利于守着正道的。

第六种状态："不明晦，初登于天，后入于地。"

在黑暗时代要韬光养晦，最初位高权重，最后辞官归隐于山林大地，这是指君子而言。如是小人，则是先吉后凶的断言。

黑暗之极，爻动化为艮，艮为童蒙，也是虎狼野兽遍地，率兽食人。变卦为贲，艮为门，离为甲兵、为火，兵围城阙，火焚高台。贲为人文之卦，人文为之一新。这是黑暗之极而转向光明前的征兆，所谓黎明前的暗夜。

这是指主宰者不能光明正大地治国治民，反而黑暗到极点。因此，他虽然一开始寄托众人的期望，如登上天的意气风发，最后却失败得很惨，如埋入地下。这一情况显然指纣王。他当年"资辨捷疾，闻见甚敏，才力过人，手格猛兽"，继位时也受人景仰，但后来，"知足以拒谏，言足以饰非"，由不明智迅速走向了黑暗残暴，结果被武王革了命。

山火贲卦·明而止：山南花开和男欢女爱
（西方情人节）
2月12日—2月18日

一、时间节气

这个时候在二十四节气中是在雨水之前，草木萌动，有的地方山南花开，阳气生发。卦象上也从荒寒的大地压住火光，变为大山压住火光，上卦为艮山，下卦为离火。山有阻隔，有向阳之利，光明温暖虽然仍受阻，但有了装饰，有了呼应。

二、释卦

这时候，是北方大地"七九"时节，小麦田绿了，杨柳树发芽了。南方则花枝招展。这是一年中极美的日子，诗人说过："野火烧不尽，春风吹又生，远芳侵古道，青翠接荒城……""最是一年春好处，绝胜烟柳满皇都。"因此人们最初命名此卦为"繁"，上面花草，下面繁华，后来又觉得这个字不足以表明天地间的优美壮美，就改用了一个贲字。

人们外出，能见到山南的花草，心情舒畅，用花草和美丽的贝壳来装扮生活。山是草木百兽所聚之地，山下有火，万物皆被其光彩，这种南山北离的山火卦被人们称为贲。上有花卉，下有朋贝，组成的字跟山火相似，正好是山火卦时期的常见事物。

人们从这一时空中的天文地貌中感受到，如果萧索荒芜的视野里有了绿色，有了花朵，心情会舒畅，这种美的力量渐渐为人感应到。因此，人们在处理人情物事时，会想到要有装饰感、建制感、形式感。人们说，这个时候可以祭祀、请客，这是亨通的时候，但莫要期望太高，出行有小利，跟女孩子约会不要鲁莽，不要有奢求。这一卦的"系辞"即是："亨，小利有攸往。"

从卦序上看，黑暗时代的明夷卦之后，就是充满希望的贲卦时空。贲卦是绿色的草、白色的花朵，是大地的装饰，光明受伤并不可怕，黑暗、严冬也并不可怕，诗人臧克家说过："只要春风吹到的地方，到处是青青的野草。"

贲卦的"象辞"是："贲，亨；柔来而文刚，故亨。分刚上而文柔，故小利有攸往。刚柔交错，天文也。文明以止，人文也。观乎天文，以察时变；观乎人文，以化成天下。"

人们说，如此柔者文饰刚强者，通达无碍；如此刚者上行以保柔弱，故有所行动即有小利。像这样阳刚阴柔，互相交错，日月星辰运转其中，是自然之象，是天地间的文章。而规范、装扮人间行为，则是世道人心的文章，这就是文明以止。贲卦的特点就是明而止，对能量、资源等的利用要有节制，不能贪得无厌，要可持续发展。人们因此说，"观乎天文，以察时变；观乎人文，以化成天下"。

有人说，在后天卦序里，贲卦由噬嗑卦而来，噬嗑是合的意思，但天下万物不能苟合，故需要以贲饰来规范或赋予其形式感。人们在生活中自然而然地养成了礼仪、习俗，圣贤观察、总结、推广，以教化天下，以成就社会之盛美。可以说，噬嗑卦讲生存，贲卦讲发展。噬嗑卦讲吃喝饮食，贲卦讲男女美色。这一时空对人们来说，除了想到国政、狱情，更易为人们想到的是婚姻，是对人身体的美化。对人间男女遇合来说，婚姻赋予了最重要的形式感。对人身来说，从头到脚，都需要美的外表。因此，英雄美人、美容行为乃至婚姻关系是贲卦的经典写照。

贲卦的"象辞"是："山下有火，贲。君子以明庶政，无敢折狱。"

因此，在小小的贲卦里，人们总结出很多东西来。其中不免牵强附会，比如看到卦象是山下有火，以为是火燎群山之象，人们想象猛火燎山，玉石俱焚，草木皆尽，以此为戒，从而明察各项政事，不敢以威猛断狱。就是说，山下火焰把山上草木万物照得通明，如同披彩，这就叫装饰。君子像火焰一样，使众多的政务清明，但却不能用修饰的方法来断官司。

事实上，火烧山的景象是不多见的，更多的时候人们看到山下有火是通过烟焰知道，这是渺无人迹的地方有人烟、有生机之象。这种贲卦时空因此是文明的象征。

贲也引申为健美、有力。"虎贲之士"指勇猛之人。心猛然跳动，则是愤然的愤字。

孔子晚年占到贲卦。他孔武有力，周游列国，大名远扬，正是他的命运写照，而跟他的心志相去甚远，因此愀然不乐。但孔子终究乐天知命，据说因此放弃游说君王，潜心诗书，教育弟子。"归与，归与，吾党小子狂简，斐然成章，不知何以裁之。"

三、时空节点

西方人的情人节（2月14日）正处在贲卦时空内。在这一天，人们会赠送礼物给情人或心仪的人，例如送巧克力、贺卡和花等，用以表达爱意或友好。情人节已成为欧美各国青年人喜爱的节日，并在世界其他地方流行开来。

四、时空禀赋

贲卦之人才华横溢，有名声，表面平和内心火热。"贲"字加"心"

即为"愤",他们以平和掩饰自己的激愤。贲卦人尚白,他们喜欢装点、文饰,内心追求纯粹。他们的生活跟旅行相关,"利有攸往",尤其适宜山林之间,对装饰有天赋,财富事业都不错。贲卦也是男欢女爱的卦,贲卦人情感强烈,追求爱情。

唐代女皇武则天是贲卦人。

日本日莲宗创始人日莲是贲卦人。他敦促人们重返法华经的慈悲精神,通过唱诵"南无妙法莲华经",开启生命中无限的潜能,以此挑战自己的命运。他认为,每个人都有能力克服生命中的一切挑战,过着有价值的人生,并为所居住的地区、社会以及全世界带来正面的影响。

法国国王路易十五是贲卦人。他曾说过:"我死后,哪管洪水滔天。"

英国经济学家马尔萨斯是贲卦人。他的名言:"人口增长超越食物供应,会导致人均占有食物的减少。"

环球旅行考察生物演变、进化论的奠基人达尔文是贲卦人。他认为"一生中主要的乐趣和唯一的事业",是他的科学著作。他的《物种起源》作为一划时代的著作,提出了生物进化论学说,从而摧毁了各种唯心的神造论和物种不变论。除了生物学外,他的理论对人类学、心理学及哲学的发展都有不容忽视的影响。恩格斯将"进化论"列为十九世纪自然科学的三大发现之一。

奥地利哲学家、科学家恩斯特·马赫是贲卦人。他是建立现代世界观的核心人物之一。他的著作不仅被物理学家所阅读、所争论、所使用,而且也被数学、逻辑、生物学、生理学、心理学、经济学、科学史和科学哲学、法学、社会学、人类学、文学、建筑学和教育学中的大思想家所阅读、所争论、所使用。1910年到1914年之间,斯德哥尔摩的诺贝尔委员会收到许多科学家的来信和呼吁书,提名恩斯特·马赫为诺贝尔物理学奖的候选人。在这些书信中,H·A·洛伦兹赞扬马赫的"美妙的工作",特别是在声学和光学方面的贡献尤为重大。他又补充说,"所有的物理学家"都知道马赫的历史和方法论著作,并且"许多物理学家尊称他为大师,是他们的思想导师"。几年以后,爱因斯坦在1916年对马赫的悼词中,更为引人注目地说:"我甚至相信,那些自命为马赫的反对者的人,几乎不知道他们曾经如同吸他们母亲的奶那样吮吸了多少马赫的思考方式。"

第一个出访多国的中国政治家、外交家李鸿章是贲卦人。日本首相伊藤博文视其为"大清帝国中唯一有能耐可和世界列强一争长短之人"。慈禧太后称赞他是"再造玄黄"之人。他年轻时说:"丈夫只手把吴钩,意气高于百尺楼。一万年来谁著史,三千里外欲封侯。定须捷足随途骥,那有闲情逐水鸥?笑指芦沟桥畔月,有人从此到瀛洲?"临终时他说:"劳劳车马未离鞍,临事方知一死难。三百年来伤国步,八千里外吊民残。秋风宝剑孤臣泪,落日旌旗大将坛;海外尘氛犹未息,诸君莫作等闲看。"

中国哲学家熊十力是贲卦人。少年熊十力说:"举头天外望,无我这般人。"他后来说:"人谓我孤冷,吾以为人不孤冷到极度,不堪与世谐和……凡有志于根本学术者,当有孤往精神"。

旅居欧洲的华人艺术家赵无极是贲卦人。在绘画创作上,赵无极以西方现代绘画的形式和油画的色彩技巧,表达中国传统文化艺术的意蕴,创造了色彩变幻、笔触有力、富有韵律感和光感的新的绘画空间,被称为"西方现代抒情抽象派的代表"。

俄国作家克雷洛夫是贲卦人。他的名言:"鹰有时飞得比鸡还低,可是鸡却永远不能飞得像鹰这样高。"

苏共领导人日丹诺夫是贲卦人。他在历史上留下的名言是粗暴地批判阿赫玛托娃,说她"不知是修女还是荡妇,准确点说,既是修女又是荡妇,在她身上淫荡和祈祷混合在一起"。

冷战理论的奠基者之一、美国外交家乔治·凯南是贲卦人。二战后期,他任驻莫斯科代办。战争结束后,他向美国国务院发了一封长达八千字的电文，对前苏联的社会内部和对外政策进行了深入分析，提出并最终被美国政府所采纳的对付前苏联的长期战略，也就是遏制政策，对二十世纪后半叶的世界政治产生了重大影响。他被称为"冷战时代的顶级战略家"、"构筑美国外交政策的圈外人"。

中国社会活动家、周恩来入党介绍人刘清扬，中国国歌《义勇军进行曲》的作者聂耳，作家莫言，中国台湾作家龙应台等，是贲卦人。

五、释爻

对这种美化行为、婚姻关系，对英雄美人的故事，人们也想到了六种情景或意象。古典中国人认为，人间虽尚文贲，但必须以质为本。

第一种状态："贲其趾，舍车而徒。"

看那个求亲的人，穿着新鞋，舍车不乘，徒步而行。

为了追到好的婚姻对象，人们得打扮精神一些，穿上新鞋子，舍弃华贵的车子，安步当车。如此才会练就一副好脚板，有了健美的双足，才能实现理想。农耕社会对一个男人的夸赞是能走路，脚力好，脚行快。

这一卦象里，二至四互坎为车，三至五互震为足，故舍车而徒。古代人只有大夫以上的人才可以乘车，这一卦象是没有功名者的正位，于礼义而言，也是不能乘车的。这一卦象是说人们要安于本分，培养能力，要恰如其分地发展自己。或者说，这一卦是鼓励人们多运动，不要贪图享受的卦。

《战国策》记载：齐宣王想见隐士颜斶，颜先生就谢绝，义不乘其车，既清且高。

第二种状态："贲其须。"

看那个求亲的人，怕人说他嘴上没毛，留了胡子，打扮得沉稳帅气。

有人说这是要显得既年轻又成熟。传统社会对男人胡须是很看重，一个人长没长得健壮成熟，有无话语权，也要看他长没长胡子。

这一种情况是说发展要取法乎上,要接近有实力的人。

第三种状态:"贲如濡如。永贞吉。"

看那个求亲的人,沐浴更衣过后,打扮得光彩照人。他似乎一直沉浸在对未来的美好憧憬里,但要永远贞定才吉祥啊。

这一意象可以有很多解释。化装的样子,很滋润的样子,永远守着正道,就吉利了。人们还说,如果打扮得容光焕发,沉浸在感情的波涛之中,要守着正道,就吉祥如意。人们还从这一卦象里看到那些求婚的人,跑得满头大汗,问起自己的婚姻也是吉祥。还看到矫健的勇士勤奋练功,累得满头大汗,这样也是好的。

第四种状态:"贲如皤如。白马翰如。匪寇,婚媾。"

看那个求亲的人,装扮一新,洁白一身,白马奔腾来,如飞鸟遗音,他不是抢东西的强盗,而是娶亲的新人。

也可以引申说,努力于自身的修为,到了白发皤皤时仍不停止。有了实力,有了美好的表现,他的报效之心,像白马飞翰一样急切。这并不是要侵略他人,而是想安邦定国。

第五种状态:"贲于丘园,束帛戋戋。吝,终吉。"

看那个娶亲的人,他的丘园焕然一新,他的彩礼一束束堆积,虽然刁难吝惜的事也曾发生,最终花好月圆、吉祥如意。

也可以说,山丘园囿修饰得质朴无华,再拿一束微薄的丝绢来作礼物,虽然有些吝惜,但终究吉利。这说明发展重在实质和内容。

第六种状态:"白贲,无咎。"

看那对新婚的新郎新娘,洁白的装扮如神仙眷侣,他们婚后没几天就跟平时没有两样,布衣素颜,一如温润无瑕疵的美玉。

人们观察社会的发展,在变本加厉之后,社会浮华到了极点,开始返朴归真。放弃虚浮,恢复本来面目,悠然自得,这是没错的。

对商代的人们来说,白色是他们崇尚的色调,人们在婚礼上以本色装扮,不另出花样,是安分守己,所以没有灾咎。

水火既济卦·明而险：渡船靠岸了
（国际母语日）
2月18日—2月23日

一、时间节气

　　这是雨水前后的日子，"好雨知时节，当春乃发生"。此时，气温回升、冰雪融化、降水增多，故取名为雨水。《月令七十二候集解》中说："正月中，天一生水。春始属木，然生木者必水也，故立春后继之雨水。且东风既解冻，则散而为雨矣。"雨水节气的天气特点对越冬作物生长有很大的影响，农谚说："雨水有雨庄稼好，大春小春一片宝。""立春天渐暖，雨水送肥忙。"

二、释卦

　　这个时期，春花春雨汇聚，是春和日丽的时候，是春耕的日子。随着雨水节气的到来，雪花纷飞、冷气浸骨的天气渐渐消失，而春风拂面，冰雪融化，湿润的空气、温和的阳光和潇潇细雨的日子正向我们走来。雨水的物候是："一候獭祭鱼，二候鸿雁来，三候草木萌动。"此节气，水獭开始捕鱼了，将鱼摆在岸边如同先祭后食的样子；五天过后，大雁开始从南方飞回北方；再过五天，在"润物细无声"的春雨中，草木随地中阳气的上腾而开始抽出嫩芽。从此，大地渐渐开始呈现出一派欣欣向荣的景象。

当人们把此时的阴阳数排列出来，发现阴阳各归其位，且分布均匀，阳内阴外，典型的少阳春的阴阳和合之象，是天时地利人和的理想状态。这种均衡态是人们追求的一种成功状态。而上卦为坎水，下卦为离，由外向内看，离是靠岸的船只；这象征船济渡河水，到达岸边了。因此，这是全卦的基调，阴阳调和，事功有成。

春雨降落，预兆秋天的收成。人们说，好的开始是成功的一半。人们需要强化春耕秋收的成功意识。卦象上水下火，正是烹调美食的意象，这也说明人们在此时空有所庆祝、有所享受。春耕之时，需要有所祭祀，需要庆祝春雨的到来，既济卦也形象地表明了此时人们的生活方式：在饮食上精心准备，吃好喝好，以迎接全年的劳作和生活。

从卦序上看，充满希望的贲卦时空之后，正是一个有所成功的时空，这就是既济时空。

人们在观察这一时空卦象时，虽然知道这是一个好卦，但毕竟这是一个春天的卦，前路还远。因此，需要在成功里看到不确定的危险。而卦象由内向外看，即船只面对滔滔河水，有新的挑战、新的危险，正说明成功之后仍有新的未济危险。

因此，既济表示一件事的成功结束，通达小成，利于守着正道。但一件事结束了，自然有新问题产生，就像既济卦时阴阳数在二比一的情况下和合相处，只是一种动态的均衡，必然会向新的时空行进。在事功小成之后，最初当然吉利，人们往往因此安于事之已成，而不警戒，最终出现了纷乱的状态。这一卦象的"系辞"是："亨，小，利贞。初吉，终乱。"就是说，既济卦的时空是可以祭祀、请客的，是亨通的，不过要注意，这是小康小成的好兆头，坚守正道才有利。事物的规律多半是，开始吉，最终会出乱子的。

既济卦时空的"象辞"是："既济亨，小者亨也。利贞，刚柔正而位当也。初吉，柔得中也。终止则乱，其道穷也。"

对既济卦来说，"亨"，小者亨通。"利贞"，天地的阳能阴质都处于正当的位置。"初吉"，是指六二阴爻得中位，吉祥；最"终"止步不前则限于"乱"，穷途末路，是指上六阴爻已临穷极，不能再有所发展。

有些农家，看到阳光春雨具足，轻松下来，认为全年会有好收成，从而影响到劳动生产生活的方方面面，懈怠下来，结果到秋天反而一无所获。上古三代之时，殷商高宗武丁中兴是一件大事。高宗在位五十九年，任傅说为相，政通人和，国力强盛，多次对外用兵，伐鬼方、伐周、伐羌，一时称强。但在他之后，殷商逐步衰败，由吉而走向败乱。可以说，历史和现实的经验提醒人们，既济之时要考虑患难。既济卦的"象辞"即是："水在火上，既济。君子以思患而豫防之。"

三、时空节点

国际母语日（2月21日）设在既济卦时空内。世界目前有七千多种语言，但使用其中百分之九十六的语言的人口只占世界总人口的百分之四，联合国教科文组织1999年通过决议把2月21日定为"国际母语日"，这同当年孟加拉国争取独立有关。1952年当孟加拉还属于巴基斯坦时，民众为争取把孟加拉语列为官方语而进行示威。2月21日当天，警察向一群示威者开枪，有五名示威者被杀。孟加拉独立后，为这几位"语文烈士"建立纪念碑。随着文明的发展，世界一体化进程加快，极端情况下会反而使人失去了表达和交流的能力，丧失了自我，因为差异即自我；提倡母语，不仅在保护世界语言和促进文化多样性的可持续发展，而且也增加人们的相互理解。既济卦所谓："君子以思患而豫防之。"

四、时空禀赋

既济之人多有年轻时灿烂辉煌，晚年孤独寂寥。或者说他们的前半生收成大，后来归于平淡。可以说，既济卦人要注意物极必反，功成身退。既济卦是水火相济之象，既济卦人年轻时宜选择与火相关的行业，中年后宜选择与水相关的行业。从卦辞上看，既济卦人的财富过多对他们自身有伤害："东邻杀牛，不如西邻之禴祭，实受其福。"

波兰天文学家哥白尼是既济卦人。他指出了地球呈圆状的理由。他说："所有的物体都倾向于将自己凝聚成为这种球状，正如同一滴水或一滴其他的流体一样，总是极力将自己形成一个独立的整体。""物体呈球状的原因在于它的重量，即在于物体的微粒或者说原子的一种自然倾向，要把自己凝聚成一个整体，并收缩成球状。"马丁·路德曾挖苦他说："这个傻瓜想要推翻整个天文学！"恩格斯称道他说："自然科学借以宣布其独立并且好像是重演路德焚烧教谕的革命行为，便是哥白尼那本不朽著作的出版，他用这本书（虽然是胆怯地而且可说是只在临终时）来向自然事物方面的教会权威挑战，从此自然科学便开始从神学中解放出来。"

全世界第一位以总统为称号的国家元首、美国国父之一华盛顿是既济卦人。人们称赞他说，他是一个公民，他是战争中的第一人，也是和平时代的第一人，也是他的同胞们心目中的第一人。徐继畬所著的《瀛环志略》中有云："华盛顿，异人也。起事勇于胜广，割据雄于曹刘，既已提三尺剑，开疆万里，乃不僭位号，不传子孙，而创为推举之法，几于天下为公。其治国崇让善俗，不尚武功，亦迥与诸国异。余见其画像，气貌雄毅绝伦，呜呼，可不谓人杰矣哉！米利坚合众国之为国，幅员万里，不设王侯之号，不循世袭之规，公器付之公论，创古今未有之局，一何奇也！泰西古今人物，能不以华盛顿为称首哉。"

三十岁即写成哲学名著《作为意志和表象的世界》、一生独居的德国哲学家叔本华是既济卦人。他的名言："如果不是我配不上这个时代，那就是这个时代配不上我。"

瑞典探险家、楼兰遗址的发现者斯文·赫定是既济卦人。他探险新疆和西藏，最主要的动力是那里的很多地方"从来没有西方人去过"，他想做"第一个西方人"。他通过精确的描述，第一次把这些地带纳入西方知识体系。斯文·赫定因此成为世界级偶像，激励了包括斯坦因等一批人步其后尘。长时间的探险生活，甚至使他无暇娶妻，他说："我已和中国结婚了。"

吉尼斯世界纪录最长寿的人、法国人雅娜·卡尔芒是既济卦人。1965年，九十岁却无继嗣的雅娜·卡尔芒签下份在法国常见的协议，将其独立产权的公寓卖给法兰索瓦·瑞弗律师。瑞弗当时四十七岁，同意支付她每个月的生活费直到其去世为止，这种协议有时称作"反向贷款"。交易时公寓的价格等于十年的生活费。但她活了超过三十年，瑞弗却于1995年去世，享年七十七岁，其遗孀必须继续支付她生活费。1997年去世的雅娜说，十四岁时曾在父亲的店里遇见梵高，并形容他"肮脏、衣着简窳且难以相处"。她也曾参加1885年维克多·雨果的葬礼。她是可确定最后一个活过1870年代的人。

《正义论》作者、哲学家罗尔斯是既济卦人。他提出的正义制度的两大原则是，每个人都有权拥有与他人的自由并存的同样的自由，包括公民的各种政治权利、财产权利；对社会和经济的不平等应作如下安排，即人们能合理地指望这种不平等对每个人有利，而且地位与官职对每个人开放。

前苏联领导人柯西金，清太祖努尔哈赤，中国作家贾平凹，《等待》的作者、华人作家哈金等，是既济卦人。

五、释爻

对三代时期商周之际的中国人来说，最有印象的人间大事是，小邦周战胜了天邑商，那样实力雄厚的天朝大国竟终结于西方的小部落，可见既济卦的成功是多么脆弱。人们观察既济卦象，结合历史和现实的经验，认为在此时空要多考虑患难之事，以预先防备，保证自己尽量处于既济的成功状态之中。

第一种状态："曳其轮，濡其尾，无咎。"

拉着车轮渡河，沾湿了尾部，没有灾咎。

引申拓展义很多，比如说狐狸过河打湿了尾巴，没有大灾。周人在商王朝的西边崛起时，也付出了一些代价，等等。

这是小有成功时的意象。这一卦象中有险难、有轮，下卦离动为艮山，行动到岸无咎。比如就像船刚靠岸，有经验的人知道，此时要用反作用力顶一下船，以免船撞到岸边的石头。车子过河，也要用力拉拽车轮，控制好速度，以免失控。这样做的时候，会付出一点代价，比如沾湿一下船尾、车尾，人的衣服下摆也会沾湿，但这种情境不会有大问题。

第二种状态："妇丧其茀，勿逐，七日得。"

那个乘坐车船的妇人失落了头巾，不用找，最多七天内会失而复得。

一如前述，这是古典中国人的生活经验。妇人丢东西，一传十，十传百，传播得更快，很容易在行经之路方圆多少里的范围里传播，最终物归原主。这跟路不拾遗、拾金不昧的淳朴风俗相关。至于学者专家考证修辞中的"茀"是什么，或说车帘，就有过度解释之嫌了。

成功了，人们该松一口气了。卦象中离为中女、为妇，其中互卦为坎、为车、为隐伏，动而化为乾，互卦为兑、为毁折，爻变为需，有失物于河之象。但因为以柔居中，得正，最终不会有什么损失。就像女人下了车船，丢了乘车的遮帘，不用去寻找，过不了几天就会物归原处。

这一阶段同样说明不能求全，不能因小失大，要顺其自然。

第三种状态："高宗伐鬼方，三年克之，小人勿用。"

想那高宗一时称强，但他讨伐鬼方，经三年之久才克服，虽成功了但也劳累不堪。看来不能任用小人啊，用小人必损国家。

也可以理解，高宗征服了鬼方，没有重用立过功的普通士兵，国家从此离心离德。

在成功之时资源更大，此时爻位以刚居刚，变而下卦为震，有伐国之象，坎险在前，难以骤克，离为三、为戈兵，故三年方克。人们想到成功的境界，莫不是勉力而成。老子道德经说"大器勉成"。人们观察此一卦象，因此把高宗伐鬼方的历史写在此种情况里。以殷高宗之贤，用兵也如此之难，用小人，舍内治而幸边功，穷兵黩武而扰民，必然相当疲惫，伤害国家元气。

第四种状态："繻有衣袽，终日戒。"

这是经验之谈，我们穿着华丽的衣服出门，中途发现衣服里有破洞，露出破旧的丝絮。我们一天都难得轻松，心理上介意而又戒备。

跟其他卦一样，这一卦的第四爻同样有戒惧，而卦象中不仅有毁折，也有险陷、疑虑。中间内外之交，坎离相换。离为锦衣，坎为湿水。

这一卦象说是成功中仍有不完美之处，如同光鲜的衣服会有破洞，或衣服湿了一块，整天处于戒备状态。我们自己也常有这样的体会，出门后发现自己的穿着有问题，这样一天都难以轻松如无事，而是介意、戒备。

第五种状态："东邻杀牛，不如西邻之禴祭，实受其福。"

想那商王朝经常大搞祭祀活动，看似强盛、繁华、隆重，但他们的国家千疮百孔；他们作为小邦周的东邻，杀牛来奢华祭祀，不如作为他们西邻的小邦周以最薄的祭品祭祀，后者受到了真实的福祐。

卦象上日归地下、日归于西，西方光明、东方暗淡，又有祭享鬼神之象。农耕社会常有把种子粮、把耕牛宰杀以祭享鬼神的情况，如此隆重，反而没有什么好结果，所谓打肿脸充胖子。当时的商周，一东一西，对待天地鬼神态度并不相同，一隆重，一诚挚，而周王朝更得福报。因此，对成功者来说，东边的人家杀牛，不如西边的人家按时祭祀得到实惠和福报。

前人祭享，对天地有敬畏之心，但这种敬畏随着时间的推移会淡化，反而重在人间的排场、面子，甚至名义祭享鬼神，实则自己大吃大喝，铺张浪费。既济卦对此情的描述，也是说明勤俭才能保其既济而不败。

第六种状态："濡其首，厉。"

既济的终极，极享其乐而不知节制，乐极生悲。在当时人看来，商朝的灭亡跟饮酒有关，商人嗜酒如命，且痛饮以酒濡首，无聊之极。

此时的卦象坎为水，上为头，有忧愁之象，就像渡河快到岸时却把脑袋沾湿了，就像商人嗜酒以酒濡首的样子，这是危险的。

风火家人·明而入：看见风火，自家的方向升起
（世界居住条件调查日）
2月23日—3月1日

一、时间节气

这是阳历二月底的最后五六天，天气更加暖和。春耕开始，男人们在田野里忙碌，女人们在家里收拾。当人们忙碌多时，抬眼一看，远处村落里或自己熟悉的房屋上炊烟袅袅升起，心里极为畅美。这一经典意象几乎是农耕社会的特征之一。

二、释卦

人们从卦象和生活镜相中观察到，风助火势，风自火出，外部的风来自本身的火。这和家庭与德性的关系一样，德性成全了家庭，德性也要家庭来传播。一个君子应该特别注意自己的一言一行，说话要有根据和内容，行动要有准则和规矩，不能朝三暮四和半途而废。因此，风火卦就被命名为家人卦，以观察文明社会细胞，即家庭的状态。

在人们的观念中，风是长女，离是中女，家人卦在男女大关系中指女人。农村社会把一个男子的妻子就称为"屋里头的"、"家里头的"，男主外，女主内。家中有女才叫安，心安踏实。在观察者看来，

一个社会的平安和谐与否跟家庭息息相关，如果要疗救天下的伤病，莫若反求于家庭；而如要家庭和睦，莫若注重女人在家中的作用，使她能够坚守正道，始终如一。明而顺，风火家人卦就是兆头对女人有利、利于女人坚守贞固的卦。其"系辞"即是："利女贞。"

从卦序上看，成功的既济时空之后，人们可以安居乐业了，这就是家人卦时空。

对古典中国人来说，家人卦时空给人印象最深的人物大概是"周室三母"了，即，周文王祖母周姜（太姜）、周文王生母大任（太任）和周文王妻子大姒（太姒）。人们把哺育圣人的"周室三母"简化为"太太"，这就是"太太"一词的由来。

家人卦的"彖辞"是"家人，女正位乎内，男正位乎外。男女正，天地之大义也。家人有严君焉，父母之谓也。父父、子子、兄兄、弟弟、夫夫、妇妇，而家道正。正家而天下定矣。"

先哲们认为，家人卦的时空，说明女子正确的位置是主内，男子正确的位置是主外，男女各守正位，这是天地的大义啊。"家人"中提到严君，指的是父母；父父、子子、兄兄、弟弟、夫夫、妇妇，能够如此，家道就严正，家正则天下安定。

因此，中国的经典《大学》开宗明义说："大学之道，在明明德，在亲民，在止于至善。知止而后有定；定而后能静；静而后能安；安而后能虑；虑而后能得。物有本末，事有终始。知所先后，则近道矣。古之欲明明德于天下者，先治其国；欲治其国者，先齐其家；欲齐其家者，先修其身；欲修其身者，先正其心；欲正其心者，先诚其意；欲诚其意者，先致其知；致知在格物。物格而后知至；知至而后意诚；意诚而后心正；心正而后身修；身修而后家齐；家齐而后国治；国治而后天下平。自天子以至于庶人，一是皆以修身为本。其本乱而末治者否矣。其所厚者薄，而其所薄者厚，未之有也！"

家人卦的"象辞"是："风自火出，家人。君子言有物，而行有恒。"

先哲说，风出自于火，就是"家人"卦时空。君子观察此卦时空，悟出要言之有物，行动有一定之规。

三国时代，诸葛亮病逝后，杨仪认为自己可以接替诸葛亮主持蜀国朝政，占得家人卦，心里很不高兴。因为家人卦是利女贞，要求在主持家道之事时，应当具备柔顺、谦逊、中正的德行，要反省、修身。这与杨仪的愿望相背。后来，杨仪没有实权，心中忿恨，经常上书诽谤朝政，朝廷对他降职，他受不了侮辱，自杀身亡。

三、时空节点

世界居住条件调查日（二月最后一天）即在家人卦时空之内。这一节日旨在推动各国政府和社会进一步重视人们的居住环境和条件，并通过开展种种活动，为社会解决一些问题。

四、时空禀赋

家人卦的意象是风助火威，同心协力。我们可以说，家人卦的人一生与家庭相关。他们先成家后立业，借助、依靠家族力量才能成就事业。他们最忌讳家族败落、家庭冷漠，若此则最易导致事业失败。他们喜欢在家中用餐，并喜欢自己动手。他们为人热忱，交往能力强。他们一般丰衣足食。从历史名人中可知，家人卦的人家庭意识强。有论者以为梁启超对子女的教育胜过胡适，故亲传统中国的梁启超较亲西方的胡适高明，是不知二人性格偏好有所不同，他们来自不同的"星球"。

中国唐代大诗人李白是家人卦人。他曾经自况："白孤剑谁托？悲歌自怜。迫于栖惶，席不暇暖。寄绝国而何仰，若浮云而无依。南徙莫从，北游无路。"

中国唐代大诗人王维是家人卦人。他有诗说："独在异乡为异客，每逢佳节倍思亲。遥知兄弟登高处，遍插茱萸少一人。"

中国唐代大诗人白居易是家人卦人。人们说他："童子解吟'长恨'曲，胡儿能唱'琵琶'篇。"

意大利天文学家伽利略是家人卦人。他的名言："地球还在转动。"其成就包括改进望远镜和其所带来的天文观测，以及支持哥白尼的日心说。当时，人们争相传颂："哥伦布发现了新大陆，伽利略发现了新宇宙。"今天，史蒂芬·霍金说："自然科学的诞生要归功于伽利略，他这方面的功劳大概无人能及。"

国际金融业之父、德国罗斯柴尔德是家人卦人。他成就了历史上最成功的商业家族罗斯柴尔德家族。

晚清维新运动的领袖梁启超是家人卦人。他虽然善变，不惜以今日之我攻昨日之我，但他"君子以言有物而行有恒"，成为一代大家；同时，他对子女的教育极为用心，儿孙辈多成为社会栋梁。

法国作家雨果是家人卦人。他于三十岁时邂逅二十六岁的女演员朱丽叶·德鲁埃，并坠入爱河，以后不管他们在一起或分开，几乎每天都要给朱丽叶·德鲁埃写一封情书，直到朱丽叶·德鲁埃七十五岁去世，将近五十年来从未间断，写了近两万封信。他的名言："世界上最宽阔的是海洋，比海洋更宽阔的是天空，比天空更宽阔的是人的胸怀。""在绝对正确的革命之上还有一个绝对正确的人道主义。"

印象派大师雷诺阿是家人卦人。人们公认："雷诺阿的特色在于描绘迷人的感觉，从他的画作中你很少感觉到苦痛或是宗教情怀，但常常能感受到家庭的温暖，如母亲或是长姐般的笑容。"

"轴心时代"的倡导者、德国哲学家雅斯贝尔斯是家人卦人。纳粹上台后，雅思贝尔斯因妻子的犹太身份而受到当局的迫害，这位德国著名的哲学教授随即失去了工作，他的作品被禁止出版。他的妻子不想连累丈夫的学术前途而要求丈夫放弃自己，雅思贝尔斯回答说："我如果这样做的话，我的全部哲学没有任何意义。"值得一提的还有他的"轴心时代"说。他说公元前八百年至公元前二百年之间，尤其是公元前六百至公元前三百年间，是人类文明的"轴心时代"。"轴心时代"发生的地区大概是在北纬三十度上下，就是北纬二十五度至三十五度区间。这段时期是人类文明精神的重大突破时期。在轴心时代里，各个文明都出现了伟大的精神导师———古希腊有苏格拉底、柏拉图、亚里士多德，以色列有犹太教的先知们，古印度有释迦牟尼，中国有孔子、老子……他们提出的思想原则塑造了不同的文化传统，也一直影响着人类的生活。他的结论即相当于回家："每当人类社会面临危机或新的飞跃的时候，我们总是回过头去，看看轴心时代的先哲们是怎么说的。"

捷克反法西斯英雄、作家伏契克是家人卦人。他的名言："人们啊，我爱你们，你们要警惕！"

"乔帮主"史蒂夫·乔布斯是家人卦人。紧接既济卦之后，他的英年早逝也可以说是有既济之象。他"在家人的陪伴下平静地离去"。其名言："求知若饥，虚心如愚。"

德国作家、格林兄弟之一威廉·格林，前苏联教育家马卡连柯，德国儿童文学作家凯斯特纳，美国国务卿杜勒斯，美国科学家、诺贝尔奖得主鲍林，以色列总理拉宾等，是家人卦人。

五、释爻

人们观察风火家人卦的六种状态，从最贫穷的人家开始，到二人世界，再到有长有幼的小康之家、富贵之家、王侯之家，最后是帝王之家。最应该注意的情况，是"齐家"。中国人观察到，家人关系是男女关系，在乎内外皆正，各守其职分。

第一种状态："闲有家，悔亡。"

齐家之道，在于家中要有防备，这样灾祸就不会发生。

女人贤惠，嫁了好丈夫，就没什么后悔的。这一卦象是女足动，男来就女，变卦为渐、为女，归吉。这一种就是女人有家，爻象是刚正居有家之初，说明一开始就注意言有物而行有恒。传统社会齐家之道，媳妇娶进门，翁姑告之以家道。娶妻，床头教妻，夫正则妻正。有人把"闲"（本义是以栅栏防备）字解释为娴熟，也是一种角度。

第二种状态："无攸遂，在中馈，贞吉。"

齐家之道，无须什么抱负，在家中操持好家务，照顾好一家人的饮食起居，这就是好兆头。

女人在家主持家政，并不擅自做主，甚至眼睛盯着外面，她安分守己，能够料理好家中的饮食起居，这样的结果一定是吉利的。

第三种状态："家之嗃嗃，悔厉，吉；妇子嘻嘻，终吝。"

齐家之道，管教严厉，会使得家里人承受不了而怨言丛生，带来过失和麻烦，但是从长远看，最终会得到吉祥的。如跟女人、孩子嬉玩无度，就会引起麻烦是非，终将不利。

第四种状态："富家，大吉。"

齐家之道，在于女人贤惠，有这样的女人，家里就会幸福富有，大吉大利。

这一爻象是得其位，柔顺守位，因此能够使家庭一天天富贵起来，这是大吉大利的。俗语所谓："一个成功的男人背后，有一个伟大的女人。"

第五种状态："王假有家，勿恤，吉。"

齐家之道，在于家正而得到外界认可，以至于成了当地的模范家庭，连官府、王公都知道了，前来表彰、做客，不用担心什么，这是吉利的。

君王都来家中做客访问，不用担心，因为家庭修齐得方，美名四扬，这是吉利的。直到今天，社会管理层面仍会评选"五好家庭"、"模范家庭"，地方官员或政治家也会到这类家庭做客，以示社会和谐安康。

第六种状态："有孚威如，终吉。"

治家的根本在于诚信和威严，以这样的态度去修身齐家，最终是吉利的。传统中国人认为诚信可以团结人，威信可以组织人，如此能够大吉大利。

雷火丰·明而动：豆荚长得真肥茂
（中国爱耳日、雷锋纪念日）
3月1日—3月7日

一、时间节气

时序到了三月初，气候温暖，许多地方都播种了，播种后盼望收成好。人们因此观察此时的现象，尤其是气候跟收成的关系，最终发现，如果这一卦时出现了电闪雷鸣、雷电交加的情况，那么这一年肯定会丰收。"春雷响，万物长。"更有意思的是，大自然千万年的演进，使蛰伏在地下的昆虫和小动物都知道此时该露头了，温暖的气候、地上的春草都可供其生长。"春雷惊百虫。"这一时期在节气上就是惊蛰，意思是天气回暖，春雷始鸣，惊醒蛰伏于地下冬眠的昆虫。《月令七十二候集解》中说："二月节，万物出乎震，震为雷，故曰惊蛰。是蛰虫惊而出走矣。"唐人有诗："微雨众卉新，一雷惊蛰始。田家几日闲，耕种从此起。"

二、释卦

惊蛰的物候是："一候桃始华，二候仓庚鸣，三候鹰化为鸠。"在节气的最初一候五天里，桃花的花芽在严冬时蛰伏，终于在春暖时开始盛开。"在二候的五天里,"仓庚"即黄鹂鸟感受到春天的气息而开始鸣叫,用美妙的歌喉渲染春天的气氛,"映阶碧草自春色,隔叶黄鹂空好音"。到第三候的五天里,天气渐暖,大地回春,很多动物开始繁殖。由于鹰和鸠的繁育途径大不相同,翱翔于天地的鹰开始悄悄地躲起来繁育后代,而原本蛰伏隐匿的鸠开始鸣叫求偶。古人没有看到鹰,而周围的鸠好像一下子多起来,误以为是鹰变成了鸠。

雷雨过后,很快就看到种子从地里伸出芽来,疯长。种瓜得瓜,种豆得豆。现代科学证实,当电闪雷鸣的时候,产生的闪电能使空气中的氧气和氮气化合成一氧化氮,而一氧化氮又能与氧气反应生成二氧化氮,产生的二氧化氮溶于雨水形成硝酸,并随雨水进入土壤,形成容易被农作物吸收的硝酸盐,达到给农作物补氮的效果。

据统计,每打一次雷,大约总有一吨到两吨的氮化合物会随着雨滴落到地面。这当然会有效增加土壤的肥沃度。这样的量,几乎相等于一个小型化工厂一天的产量。更为奇妙的是,植物或农作物似乎知道此时会有雷雨一样,雷电也似乎知道大地需要它们一样。这一时期的节气因此被称为惊蛰。其含义是,到这个时节开始有雷,蛰伏的虫子听到雷声,受惊而甦醒过来,结束了冬眠。惊蛰是气温迅速回升转暖、越冬作物返青和春夏播作物备耕工作的重要时节。"惊蛰始雷。"陶渊明写诗说:"促春遘时雨,始雷发东隅,众蛰各潜骇,草木纵横舒。"

雷雨发庄稼。人们甚至观察到,有了雷雨,豆苗等农作物都长得疯了似的,秋天肯定丰收。豆类含有丰富的植物蛋白,食豆令人肥,多食豆类使人丰满。这种天地人的合一之象被人们捕捉到了,此时的命名就是满山的豆荚,是谓"豐",即简体字丰。

丰卦时期是要祭祀、请客吃饭的,这是亨通时期,连君王都要关心。君王主持祭祀以盼丰年,不用担心什么雷雨。祭祀请客宜在中午进行,雷雨来了更是好兆头啊,丰卦的"系辞"即是:"亨,王假之。

勿忧，宜日中。"

中午请客、祭祀的习惯在今天的一些乡村仍保持着，古典中国人因为这样的习俗，而有了很多观察中天之日的机会。大家在一起，不免脑力碰撞，相互议论，太阳黑子就这么发现了，太阳被天狗吃的日食记忆就这么被唤醒了。君王在这样的时刻，在日食的时候要祭祀，以祈求天地的平安。

丰卦的"彖辞"是："丰，大也。明以动，故丰。王假之，尚大也。勿忧，宜日中，宜照天下也。日中则昃，月盈则食，天地盈虚，与时消息，而况于人乎，况于鬼神乎？"

丰卦因此成为事物壮盛之际的取象取义。明而动，如雷之盛大，如电火之丰美，圣明的贤王也能够保持这个丰盛伟大的状态，不用担心，就像正午的日头一样，普照大地，无所不至，凡人皆能分享成果，如此就能持盈保泰。人们为此观察丰卦的意义，"明以动"，要像太阳一样照彻天下。但是，日到中天就会有偏斜之时，月亮圆满了就会渐渐销蚀，这是天地间必然的道理。万事万物的成败盛衰，都随时增减长消，何况人和鬼神呢？

丰卦的"象辞"是："雷电皆至，丰。君子以折狱致刑。"

人们观察丰卦，看到上雷下电同时来临，气势盛大，以为君子体察此象，效法它，就像闪电一样明察秋毫，判决诉讼，像迅雷一样威严相加，执行刑罚，务使狱情尽明，无枉无纵。

春秋时代的郑国大夫伯廖解释过丰卦。当时，郑国公子曼满想做卿相，伯廖私下对人说，曼满性格贪婪，德行败坏，没有机会做卿相；易经中说，丰卦爻变为离卦，爻辞是"丰其屋，蔀其家，窥其户，阒其无人，三岁不觌，凶"，由此推测曼满的房屋虽然宽大，家庭富裕，但不过三年，必定灭亡。果然，过了一年，郑国人杀了曼满。

明代的胡宏占到过丰卦。当时，宁波太守陆阜邀请胡宏做客，胡宏为陆阜占卦，得丰卦，爻变为明夷卦。他分析说，爻辞提到"丰其沛，日中见沫，折其右肱"，"沛"指刘的家乡，"日中见沫"则是一"冯"字，可知陆太守遇到刘姓、冯姓之人会有凶险。事情的发展出乎意料，同知刘文显跟陆阜聊天争吵起来，陆阜差一点儿挨打。第二年，一位名叫冯靖的官员上书弹劾陆阜，陆阜因此被贬官到广西。

三、时空节点

全国爱耳日（3月3日）在丰卦时空内。汉语有震耳欲聋的成语。听力与语言是人类相互交流和认识世界的重要手段，然而，耳病和听力障碍的阴霾却袭扰着人类。为了降低耳聋发生率，控制失聪者数量的增长，预防工作尤为重要。这也是确立爱耳日的意义。

雷锋纪念日（3月5日）在丰卦时空内。

四、时空禀赋

丰卦的意象是电闪雷鸣，盛壮一时，但是"飘风不终朝，暴雨不终日。孰为此？天地而弗能久，何况于人乎"？丰卦之人遇其成功之时，会爆发式呈现，收获季节短暂，过后重归平淡。从卦上看，丰卦之人长相好，丰隆，命硬，有克制他人的一面："丰其屋，蔀其家，窥其户，阒其无人，三岁不觌，凶。"

文艺复兴时期的大艺术家米开朗基罗是丰卦人。他与列奥纳多·达·芬奇和拉斐尔并称"文艺复兴艺术三杰"，以人物"健美"著称，即使女性的身体也描画的肌肉健壮。他的雕刻作品《大卫像》举世闻名，美第奇墓前的《昼》、《夜》、《晨》、《昏》四座雕像构思新奇，此外著名的雕塑作品还有《摩西像》、《大奴隶》等。

短命的天才、六世达赖喇嘛仓央嘉措是丰卦人。他的名诗："在那东山顶上，升起皎洁的月亮，年轻姑娘的面容，浮现在我的心上。"

"钢琴诗人"肖邦是丰卦人。舒曼曾称赞肖邦的音乐是"隐藏在花丛中的一尊大炮"，它向全世界庄严地宣告："波兰不会灭亡。"他的遗言:"把我的心脏带回祖国。"虽然肖邦被葬在巴黎的拉雪兹神父公墓,但他要求将他的心脏装在瓮里并移到华沙,封在圣十字教堂的柱子里。柱子上刻有《圣经·马太福音》六章二十一节:"因为你的财宝在哪里,你的心也在哪里。"

英国诗人伊丽莎白·勃朗宁是丰卦人。她原来不能站立,长年卧床不起,但在迟暮的岁月里收获了爱情、奇迹般站立。她的十四行组诗是其爱情生活的写照,是英国文学史上的珍品之一。

德国革命家罗莎·卢森堡是丰卦人。她的名言:"自由始终是持不同思想者的自由。"她的男子气概是空前的,曾建议好友蔡特金,她们两人的墓志铭这样来写:"这里躺着德国社会民主党的最后两个男人。"她又自承:"我这个人太柔弱了,比我自己想象的还要柔弱。"

加拿大医生白求恩是丰卦人。毛泽东称赞说:"一个人能力有大有小,但只要有这点精神,就是一个高尚的人,一个纯粹的人,一个有道德的人,一个脱离了低级趣味的人,一个有益于人民的人……"

蒋介石夫人宋美龄是丰卦人。1949年8月16日,美国艺术家协会公布了一则消息,宋美龄当选为"全世界十大美人"之一,并且名列榜首。她的名言:"上帝让我活着,我不敢轻易去死;上帝让我去死,我决不苟且地活着。"

《中国近五千年来气候变迁的初步研究》的作者、气象学家竺可桢是丰卦人。他是自觉自悟的典范。他的同学胡适曾预言他活不长久,他自此发愤,健身养生,终得天年。他曾任浙江大学校长,他的学生在晚年回忆老校长的话:"好似杏花疏影里响起的笛声,那样嘹亮与悠扬,将日月星辰都打开了。"

电话的发明者、美国发明家贝尔,热大爆炸宇宙学模型的创立者、俄裔美籍物理学家伽莫夫,前苏联领导人戈尔巴乔夫,美联储主席格林斯潘等,是丰卦人。

五、释爻

第一种状态: "遇其配主,虽旬无咎,往有尚。"

原意大概是,人们在参加祭祀或出席朋友的宴请时,遇到了主人的贤内助,遇到了跟朋友配得上的女主人。跟她寒暄一下、参观一下没什么过失,跟着她会得到好招待。或者说,跟她打个招呼很是提神提气,提升了日常生活的感觉,即使过了八九十来天,这种感觉都不会消失,人也不会有什么过失。出门在外也会遇到喜事、贵人。

有人从日食的角度说,这一爻指太阳遇到了月亮,发生了日食,虽然不顺利,但没有损失,继续前进会有收获。

人们观察卦象,此时的阳能下卦中的二阳,如果不遇到上卦雷卦的阳能四,它就难以形成明而动的推动力,就像人们常说的光打雷不下雨一样;只有雷电相配,清新的雨水才会降临。人们还观察到,丰卦时期的雨水也就十来天时间,此一时段有利万物生长;如果时间长了,就有害了。

人们引申说,这一段时间,遇到了合适的主人,是值得发挥所长的,跟着他会有前途。万物也一样,会适时生长。

第二种状态: "丰其蔀,日中见斗。往得疑疾,有孚发若,吉。"

原意大概是,人们在日当正午时祭祀、请客,会搭起长棚,人们在丰厚的席棚里观察天象,发现大白天里也能看见北斗星,黑暗得像是夜里,这种小孔成像的道理也使人们看到了太阳黑子。有人不理解,猜疑是鬼神作怪,但不要紧,可以用诚信感发他、启发他的心志。因为太阳黑子多的年份,雨水也多,常常丰收,等秋天证实这个道理,人们就明白这是很吉祥的。

也有人说,这是太阳被遮蔽一部分,正午时能看到北斗星。前往有所疑惑,有人得了怪病,诚信开祭,深孚众望者启发教化,吉利。

人们引申说,要想丰收,也要注意天时消息。

第三种状态:"丰其沛,日中见沫,折其右肱,无咎。"

原意大概是,人们从席棚里看天象,天空也像是有块布一样遮天蔽日。有人说看到了更小的星星,从这个角度看清清楚楚。有人挤着去看,不小心摔倒,折断了右臂,没有危及生命,不算什么大灾。

有人说,这跟大丰收之年的情况也类似。泽水丰沛的时候,雨水多,雨点大,都起泡沫。有人在这样的天气里折了右臂,小心谨慎后,秋天还有了好收成。

人们引申说,要想丰收,会承担一定的风险。

第四种状态:"丰其蔀,日中见斗,遇其夷主,吉。"

原意大概是,人们从席棚里看天象,看见了北斗星,看到了太阳黑子,在众多的客人中遇到了老主顾,这是吉利的。人们在这种状态里写的爻辞跟第二种情况差不多,只不过明而动的丰收扩张态势到此时已勿须怀疑,何况遇到贵人,正是喜兆吉行。

第五种状态:"来章有庆誉,吉。"

原始意大概是,太阳又出现在天空中,大地复显光明,大家一片欢呼,这是好兆头啊。

卦象上有日出扶桑、天外来鸿、易帜喜庆之象。人们想到时来天地皆同力,扩张之势得到了人们的襄赞,有喜庆,有荣誉,这是吉利的。

第六种状态:"丰其屋,蔀其家,窥其户,阒其无人,三岁不觌,凶。"

那么宽大的房子,屋子里胡乱堆放着棚席,有些地方甚至长出草,从门缝里看那个盛极一时的人家,寂静无人,以后多年不见人影,凶险啊。

千里搭长棚,没有不散的宴席。这是壮盛之极,盛极而衰败。此时变动,上卦雷化为离火,天降其威以罚罪人。下卦离,旧日落下,新日出现,离为罗网。壮盛之极的举动将陷入罗网之中。人们看到这一卦象，想到那些破败的房子。房子空荡荡的，屋顶上散乱盖着草席，从门缝里探视，寂无一人，看样子到不了三年就有灾祸。后来的中国人也曾感慨这种丰盛一时，写诗说："眼看他起高楼，眼看他宴宾客，眼看他楼塌了。"这几乎是丰卦六爻的缩影。

离卦·明而明：善待黄牛
（国际妇女节，中国保护母亲河日）
3月7日—3月12日

一、时间节气

这是立春到春分期间最美丽的状态，明而明，万物在明媚的春光里生机盎然。人们观察这种美丽，很容易得出结论，它们都有所附丽，就像火附丽物质一样，这种体阴用阳正是离卦的特征。

二、释卦

离卦不仅当值立春到春分期间五六天时间，也泛指晚春四十五天的时空情景。这是一个包罗极广的卦象：丽，离，花，火，红，中女，南方，心脏，眼睛，船舶，容器，陷阱，车箱，渔网……人们从离卦的卦象中看到网罗之象，网罗可以捕捉猎物、可以打鱼。先秦时代的思想家说："作结绳而为罔罟，以佃以渔，盖取诸'离'。"这一卦原名为"罗"，后改为"离"，可知离的原义为网罗、围猎。

小离卦的五六天时间正是惊蛰过后，农谚说"过了惊蛰节，春耕不能歇"。可以说，大离卦的四十五天时间，同样是春耕大忙季节。这个时候役使公牛的机会多，役使母牛的机会少。但要让公牛吃饱吃好，给它们提供交配的机会；母牛怀了牛犊，要照顾好它们，这是新生的劳动力啊。此外，古典中国人观察到小离卦时期的物候是"桃花始发"，"桃花开，猪瘟牛瘟来"。因此，此时更要细心照顾好活动量少的母牛。

人们说，要丽属正道，才是有利的，才能成功。对农耕社会来说，要培养柔顺而又能任劳任怨的刚毅气概，就像人们多蓄养母牛，才能繁殖富贵，有光明美丽的前途一样。在农村，人们的生活是跟耕牛联系在一起的，没有耕牛几乎意味着没有什么收成。"惊蛰不耙地，好比蒸馍走了气。"我们今天大概难以想象，在农耕时代，多少人家因为没养耕牛、外出借牛被人刁难而伤心。人力畜力，在大地上出多少力，就有多少收成。人们耕种前会慎重地祭祀、请客，希望天地祖先保佑收成；没有耕牛的人家会借牛，这样难免请客吃饭。因此，看到离卦时空，人们说，这是好兆头的时候，这是可以算得出看得见一年收成的时候，要祭祀、请客，这个时候，养好母牛、照顾好母牛，大吉大利。离卦的"系辞"即是："利贞。亨。畜牝牛，吉。"

如果引申来说，人类文明也是从母系社会开始的。从野蛮状态进入文明状态，同样是母性、女性来引导的。没有女性的存在，男性永远不能度过他的青春期、他的蛮性阶段。歌德有诗："永恒之女性，引导我们飞升。"

离卦的"象辞"是："离，丽也。日月丽乎天，百谷草木丽乎土，重明以丽乎正，乃化成天下。柔丽乎中正，故亨，是以畜牝牛吉也。"

人们引申说，离卦时空，就是附丽，日月附丽于天上，百谷与草木附丽于土壤；重叠的明以附丽于正道，于是造化成就天下。在离卦卦象中，阴爻附丽于居中的正位，以此得"亨"，所以"畜牝牛吉"。

人们观察晚春时节的离卦，引起了很多联想。比如二阳一阴，光明中有险阻。比如明而明，所谓重明，是说明天更美好、继明、复明、发明等等。个人、家庭、社会只有不断传承发扬，才会更加美好。

离卦的"象辞"是："明两作，离。大人以继明照于四方。"

人们观察离卦，卦象都是离火光明，这是离卦光明两作的象征。那些伟大的人物，就以继续日月的光明，使德性的光辉照耀四方。

隋炀帝曾占到离卦。当时他到江都游玩，占得离卦，爻变为贲卦。隋炀帝根据卦象，将江都的离宫取名为"山火寺"，又将扬州的一个寺庙改名为"山光寺"。王观为此赋诗："不须谈贲卦，兴废古今同。"因为离卦变爻的爻辞是"突如其来如"，焚如，死如，弃如。

宋朝的辛弃疾占到过离卦。当时，他和党怀英是同窗，二人关系很好，被称为"辛党"。有一次，他们研究两人到何处做官较好，党怀英占到坎卦，辛弃疾占到离卦。党怀英说，看来我们不能在一起做官；坎水为北方，我要留在金国做官了；你占到离卦，离为南，你应该随宋王朝南下为官。二人的命运因此注定，他们选择了不同的为官之路：党怀英在金为官，成为金代著名的文学家、书法家；辛弃疾率众起义，成为南宋著名的抗金将领，中国历史上的大词人。

离卦是光明的、灵性的、精神的。中国人常说，女人是水，但女人更是离火，明亮、娇艳，如春天的桃花，如婷婷玉立向上的宇宙目的。女人的感情像火一样热烈，痴执，之死靡他。中国女人有言："上邪，我欲与君相知，长命无绝衰。山无陵，江水为竭，冬雷震震，夏雨雪，天地合，乃敢与君绝！"

三、时空节点

国际妇女节（3月8日）在离卦时空之内。这一节日又称"联合国妇女权益和国际和平日"或"三八妇女节"，旨在庆祝妇女在经济、政治和社会等领域做出的重要贡献和取得的巨大成就而设立的节日。在这一天，世界各大洲的妇女，不分国籍、种族、语言、文化、经济和政治的差异，共同关注妇女的人权。

中国保护母亲河日（3月9日）亦在离卦时空内。

四、时空禀赋

离卦的意象是两个太阳，故离卦人必须熟知"群龙无首而吉"的道理，以平等之心待人，否则有凶险之事。"离"字有隔离、离群索居等义，又有附丽之义。他们注重精神，在交际场上耀眼夺目，热情奔放，善交朋友，然而内心不免空虚。他们无所依靠，不得不独立自主。跟丰卦一样，他们人生的能量容易一下子消耗殆尽。从卦象上看，离卦之人容易上火，得炎症。

意大利探险家亚美利加是离卦人。他较早推测南美是新大陆，后人以他的名字命名美洲为"亚美利加洲"。

晚清近代维新运动的领袖之一、思想家谭嗣同是离卦人。他的名言："两千年来之政，秦政也，皆大盗也；两千年来之学，荀学也，皆乡愿也。"

日本政治家、教育家大隈重信是离卦人。他的名言："世界的道路通向早稻田。"

土耳其国父凯末尔是离卦人。他说过："在民族的政治、社会生活中，在民族的思想教育中，我们的指南将是科学和技术。"

《义勇军进行曲》的词作者，诗人、作家田汉是离卦人。他的名言："中华民族到了最危险的时候，每个人都被迫发出最后的吼声。"

《丑陋的中国人》的作者、作家柏杨是离卦人。这个"见识过地狱的人"，有着常人少有的人道主义精神。他的名言："在中国要创造一个奇迹很容易，一下子就会现出使人惊异的成绩。但是要保持这个奇迹，中国人却缺少这种能力。一个人稍稍有一点可怜的成就，于是耳朵就不灵光了，眼睛也花了，路也不会走了，因为他开始发烧。"

英国政治家、教育家哈罗德·威尔逊，前苏联宇航员、世界第一位太空使者加加林，前苏联政治家莫洛托夫，希腊政治家康斯坦丁·卡拉曼利斯，好莱坞影星莎朗·斯通等，是离卦人。

五、释爻

如前说，离卦除了火的形象外，对上古三代中国人而言，最典型的形象之一是牛。离卦六爻即是说明人们是如何围捕野牛的，有农村生活经验的人对此当有会心。

第一种状态："履错然，敬之，无咎。"

原意大概是，去围捕野牛时，做好各种准备，驱赶时，凶猛的牛跟人对峙，它们像踩到火堆上，脚步错乱，保持警戒，不要轻举妄动，没有灾咎。

人们引申说，由于急于求成而手忙脚乱，只要本着恭敬的态度，就不会有大错。因此，为了避免过失，必须恭敬地行事。这一种情况，虽然刚居正位，但处于无位之地，心常飘忽不安，以恭敬为本，就能避害无咎。

第二种状态："黄离，元吉。"

原意大概是，在捕牛时遇到了黄牛，至为吉祥。

有人以为，这是说有黄鹂鸟来到，兆头大吉大利。

卦象上居中得正，变卦为大有，正是黄离之景色，虚心、柔顺，附丽光明，大吉大利。人们以黄色为吉，不仅黄色对农耕社会意味为丰收大有之吉，而且是适中之状态。

第三种状态："日昃之离，不鼓缶而歌，则大耋之嗟，凶。"

原意大概是，日头偏西了，如果不敲鼓击缶大声吆喝，就会有老成的牛呼唤而把群牛带走，凶险啊。

有人理解为，太阳刚偏西，大家击缶而歌，以求平安，否则老弱者将受害嗟叹，凶险。

在卦象离日之上，日已过午，象中还有缶、手击、歌唱嗟叹之义。互卦大过，有老之象。人们说，美好的事物总是易逝，夕阳西下，如果不能敲缶高歌，所谓"暂凭杯酒长精神"，那就像风烛残年的老人，空自怨艾，徒然悲伤。这种情况下的美好，正是"夕阳无限好，只是近黄昏"。

第四种状态："突如，其来如，焚如，死如，弃如。"

原意大概是，围猎牛群到了关键时候，人们发动突如其来的袭击，用火烧，用火来驱赶，有的牛就被烧死，倒在地上。

人们引申说，这个时位的人可谓富贵逼人，但这种美好的状态同样不能持久。卦象上它有压迫君王之意，如果不能守着正道，那么天地之大，也会没有它的容身之地。这种美好易逝的感觉就像人们在村子里享受自然之乐，突然间，强盗们来了，烧啊、杀啊、抢啊，烧杀掳掠，把财宝洗劫一空。就像干柴烈火，突然间发出万道光芒，熊熊燃烧，但顷刻之间又烟消云散，不复存在，落得个被抛弃的下场。

第五种状态："出涕沱若，戚嗟若，吉。"

原意大概是，被驱散吓坏了的母牛和小牛泪水涟涟，哀声呼唤，很容易就可以捕获了，"吉"。

以阴质处于阳位，失正，又在两阳之间受到威逼。这一卦象中有眼泪，忧叹，这是居安思危、居中思险，故仍得吉利。人们说，眼泪像泉水一样不停地涌出，纷纷从面颊流下，忧愁悲伤地叹息，居安思危到了这种程度，必将获得吉祥。

第六种状态："王用出征，有嘉折首，获匪其丑，无咎。"

原意大概是，王公或首领下令捕捉野牛，嘉奖有功者，击杀为首的公牛，因其野性难以驯服，捕获母牛和小牛，"无咎"。

这一卦象是极佳之卦。人们从中想到了在重重光明美丽的时候，宗庙隐士们为王出征，以诛杀敌人，得到君王的赞许。因斩获的多是首脑人物，没有赶尽杀绝，故没有什么灾祸。

离卦的六种情况，敬、黄、歌、突、戚、折，也可以用来讲述一个出征成功的故事。君王用兵，在于保卫政权，以长治久安，其中虽然诛杀，但胁从小丑，概不治罪，如此恩威并用，才算得上有远见之明。《汉书》中记载，刘向向皇帝上书，说："易曰：'有嘉折首，获匪其丑。'言诛首恶之人，而诸不顺者皆来从也。"

泽火革·明而悦：煮毛皮制革
（世界消费者权益日，中国植树节）
3月12日—3月18日

一、时间节气

时序为春天之末，文人惜春，农人迎夏，阳气增加，美丽的小鸟发出了悦耳的声音。自然状态发生了明显的质的变化，天气更加暖和，以至于鸟兽脱去旧毛，长出新毛。人们把去了毛的兽皮叫作"革"，制革技术也是大锅煮皮去毛，上泽下火就这样被命名为"革卦"，以指万事万物的根本性变化。

二、释卦

人们以植物的生长、变化来命名天干：种子从壳中冲决，是为甲时；弯曲生长是为乙时；阳光照耀，是为丙时；长如丁状的嫩芽，是为丁时；再度深植根土，是为戊时。接着，植物开花授粉，这是一个特别重大的变化，即它要充分表现植物自身的特征和特质，是谓己时，与自己的"己"的本义一致。之后，再经过四个阶段，一个生命的历程完结。可以说，己日前是植物吸收营养的阶段，己日后则进入繁殖阶段了。

如果人们在天干中的己日开始孵化小鸡，到第三个己日，即第二十一天，刚好孵出小鸡。这个过程是非常可信的。因此，己日是生命自己出生的最吉祥的日子，提前出生者柔弱难以活命，迟迟不能出生者胎死腹中，只有在己日也就是自己正当出生的日子出生才让人放心。由此开始，生命也将经历如春元、夏亨、秋利、冬贞四季的变化。遵循这种必然的过程，就不会后悔。革卦的"系辞"是："己日乃孚，元亨，利贞，悔亡。"

革卦的"象辞"是："革，水火相息；二女同居，其志不相得，曰革。己日乃孚，革而信之。文明以说，大亨以正。革而当，其悔乃亡。天地革而四时成，汤武革命，顺乎天而应乎人，革之时大矣哉！"

先哲认为，变革，一如水火相攻，一如两个女人住在一起，志趣不合，而要有所变革。把握改革的时机，一举突破，如此天下信服。就是说，事物到了自己成熟的日子，才能为人所信服，革命也是如此，要合于正道，要做到文明祥和，使人们心悦诚服，才能亨通成功。革命要适当、正当，才不会有后悔。天地根本性的变革，使得春夏秋冬四时得以成立，商汤、周武王的革命，正是顺合天时天道，而与人心相应合。革命的时机是非常重要的。

革卦的"象辞"是："泽中有火，革；君子以治历明时。"

由于这种根本性革命的重要性，君子效法这一精神，就会制成历法，以明确显示四时八节等季候的推移，以作为大家生活的准则。古典中国人因此经常会有"改元"之举。他们因应变革，及时终止旧的遭人唾弃的年号，使大家相信一个新的时代、新的希望开始了，在新时代中生活重新开始，经历"元亨利贞"的过程。

北齐时代的赵辅和解释过革卦。当时齐高祖驾崩，需要找安葬之地，皇帝让吴遵世等人进行占卜，得到革卦。吴遵世解释说，革卦离下兑上，两物不相容，因此会有变动，兆头不好。但赵辅和认为，革卦对老百姓来说是凶卦，但对帝王之家来说是大吉之卦，汤武革命，应天顺民。皇帝听了赵的解释，又去看了葬地，认为风水甚好，应将高祖安葬于此，即后来的义平陵。

人们考察革命，从自然物象到社会事件，认识到革命的本质同样如泽火卦一样，是明而悦的。固然，泽火在一起，会有煎熬，泽水会干涸，离火会熄灭，但它们成全了新生事物，成就了利生、乐生的制度、产品。革命的明而悦就是要让人们知道，旧的当死，新的当立，要以革命的态度去迎接它。革命中有残酷，但残酷不是革命的目的；革命更不能不择手段，一如大火煮出的只能是一锅坏的、人人掩鼻、气味难闻的皮革。如果不是那样明确，而是阴谋、权谋，如果不是那样明快、欢乐，而是暴力、恐怖，那就不是革命，而是造反、政变……

革命是宇宙演进中的大事件，它必然会波及无辜，会带来罪恶、灾难。老子说："师之所处，荆棘生焉。大军之后，必有凶年。"因此，真正的革命者必须注意无伤弱小，革命之中、之后要注意培植根本。即使独裁者也会休养生息，如朱元璋的名言："天下初定，百姓财力俱困，譬犹初飞小鸟，不可拔其羽；新植之木，不可摇其根，要在安养生息之。"

三、时空节点

中国的植树节（3月12日）在离卦时空和革卦时空的交汇处。植树造林不仅可以绿化和美化家园，同时还可以起到扩大山林资源、防止水土流失、保护农田、调节气候、促进经济发展等作用，是一项利于当代、造福子孙的宏伟工程。为了保护林业资源，美化环境，保持生态平衡，世界上很多国家都根据本国实际情况设立了植树节。中国的植树节，以易理观察，一方面说明离卦时空的向上参天精神，一方面说明革卦的新生希望，如鲁迅说："革命并非叫人死，而是要人活的。"

革命也会出现很多盲从者、乌合之众，出现假冒伪劣之现象，因此革命需要秩序、需要整风。这是革命年代的必然现象。

世界消费者权益日（3月15日）也在革卦时空之内。1962年3月15日，肯尼迪在美国国会发表了有关保护消费者利益的总统特别咨文，首次提出了著名的消费者的四项权利，即安全消费的权利、消费时被告知基本事实的权利、选择的权利和呼吁的权利。随着消费者权利保护工作的开展，肯尼迪提出的四项权利和国际消费者协会确定的另外四项权利，即满足基本需求的权利、公正解决纠纷的权利、掌握消费基本知识的权利和在健康环境中生活工作的权利，一并成为全世界消费者权益工作的八项权利。

四、时空禀赋

革卦象征革命、秩序的打乱和重建，革卦人有叛逆精神，遇到变革时代有巨大的机会。物理学、政治学都有这方面的例证，如狄拉克所说："自从海森堡发现了量子世界的非对易规律后，第二流的物理学家可以做第一流的工作了。"革卦人不喜欢平凡，总是要推陈出新。从卦象上看，他们也喜欢皮革，关心服装的变化。他们要注意出车祸，注意给家人带来的伤害。他们的事业适合在变动中发展。

顺治皇帝是革卦人。他染上了天花而亡，"君子豹变"。他也是清朝历史上唯一公开皈依佛门的皇帝，"大人虎变"。他的名号"顺治"二字即是革卦辞义："顺乎天应乎人"、"治历明时"。

德国物理学家欧姆是革卦人。他提出了经典电磁理论中著名的欧姆定律，为纪念其重要贡献，人们将其名字作为电阻单位。他曾经受到不公正待遇，有人安慰他说："请您相信，在乌云和尘埃后面的真理之光最终会透射出来，并含笑驱散它们。"

爱因斯坦是革卦人。他确实"顺乎天应乎人"而"治历明时"。生逢物理学大发现的年代，他也推动了现代宇宙观、时间观的大革命。他的名言："提出一个问题往往比解决一个问题更重要。因为解决问题也许仅是一个数学上或实验上的技能而已,而提出新的问题,却需要有创造性的想象力,而且标志着科学的真正进步。"

英国首相张伯伦是革卦人。他却没有顺应时势,遭遇"君子豹变"、"小人革面"之羞。他的绥靖政策大张法西斯气焰,在国会辩论时,议员们面对张伯伦高喊:"看在上帝的面上,走吧!"众叛亲离、声名狼藉的张伯伦只得"引咎辞职"。

研究电磁波的先驱、俄国物理学家波波夫是革卦人。他年轻时立下志向:"用我一生的精力去装设电灯,对广阔的俄罗斯来说,只不过照亮了很小的一角;要是我能指挥电磁波,就可以飞越整个世界!"

中国宋代大词人李清照,铁路之父詹天佑,画家刘海粟、潘天寿,学者南怀瑾,七十六岁高龄做教皇的英诺森十二世,最早环绕澳洲航行的英国探险家福林达斯,"圆舞曲之父"、奥地利作曲家老施特劳斯,发现氧和其他气体、离第一次化学革命咫尺之遥的英国化学家约瑟夫·普里斯特利,《父与子》的作者、德国漫画家卜劳恩等,是革卦人。

五、释爻

第一种状态:"巩用黄牛之革。"

用黄牛皮做的绳子,把制革用的柴火捆起来。用黄牛皮绳捆柴,是还没到革命的时候。这样捆木柴捆得结实,随意取放容易,待需要添柴加火以煮皮毛时方便。

这可以说是革命的第一步,组织力量。

第二种状态:"己日乃革之,征吉,无咎。"

有了制革的基础条件,到了己日即时机成熟的日子,当革就付诸行动,这样去行动是没有错的。

这一步,是说要认清自己在革命中的角色、时机。

第三种状态："征凶，贞厉；革言三就，有孚。"

制革时容易头脑发热，急于求成，一开始就燃起熊熊大火，或说什么肯定成了，这样轻举妄动是会有凶险的，兆头不好啊。要像有经验的制革人那样，多次看看毛皮的成色和变化再下结论，那样才让人放心。

有人认为，这一阶段是说，贸然前行必生凶情，兆头危险；三令五申制革才得以推广，获得信服。或者说，变革初成，要再三俯就人心，保持诚信。

这一步，是说革命的阶段性，革命要有耐心。王安石变法仅得君命，不孚全民，结局失败，可与此爻参看。社会变革跟制革一样，经常会有人大惊小怪，自己没经验，也没调查清楚，就耸人听闻说，三年内必然发生革命，五年后肯定革命……

第四种状态："悔亡，有孚改命，吉。"

把第三种情形中的冲动抑制住，就没有什么可懊悔的。制革克服了困难，天时、地利、人和都齐了，改变了皮毛原来的命运，也改变了天命，吉利啊。

此时革命的条件具足了，革命有了收获，要及时捕捉并发布消息，这样革命是吉利的。

这一步，是说革命的大公利生，如此令人信服，而得成功。汤以七十里，周文王、武王以百里，以诸侯之位行仁政而孚信天下，革命因此成功。

第五种状态："大人虎变，未占有孚。"

这是制革成功的局面。领导制革的大人像从风的老虎一样雷厉风行，不用猜想、测算就知道他们有十足的把握，不用怀疑他们的诚信，他们是令人放心的。看哪，那些毛皮，旧毛褪去，新象大成。

革命的成功最重要的一点儿是有英明领导，这样的大人物如虎般变革，不用测算，不用占卜，就能使众人信服。他们文采风流、智慧能力光辉灿烂，人们知道结果一定吉祥。

第六种状态："君子豹变，小人革面；征凶，居贞吉。"

制革成功了，君子们像豹子一样灵活迅速地响应、信服大人的功德，小人们只是变了脸色；这时的皮革作为新生事物还较柔弱，不宜大派用场，如果轻举妄动就有凶险，如果能静养一段时间就好。

而观察革命的这一种情况，那些高级的皮革表里如一，如豹子身上的斑纹一样，是内在质地的外在表现；那些低级的产品，虚有其表，质地没有达到变化的指标，没有柔软、耐用的优点，更谈不上美丽。革命成功后的情形多如此，那些跟着革命走的人，虽然是贩夫走卒，也会建功立业，豹变为公侯。那些小人也会被拖着走，表面上成为革命的队伍或基础；他们如不改变立场，行动起来会有凶险，安居守正才吉利。或者说，革命胜利后，要换一种活法了，轻举妄动为凶，安分守己为吉。

天火同人卦·明而健：家家请人春耕忙
（世界消除种族歧视日，世界森林日、水日、气象日）
3月18日—3月24日

一、时间节气

时序为春分前后，辽阔的大地上，岸柳青青，莺飞草长，小麦拔节，油菜花香，桃红李白迎春黄。春分日是春季九十天的中分点，南北半球昼夜相等。春分，古典中国人又称为"日中"、"日夜分"、"仲春之月"。"分者，黄赤相交之点，太阳行至此，乃昼夜平分。"在日坛祭太阳，是从周代起开始的大祭。"春分祭日，秋分祭月，乃国之大典，士民不得擅祀。"所以，春分的意义，一是指一天时间白天、黑夜平分，各为十二小时；二是古时以立春至立夏为春季，春分正当春季三个月之中，平分了春季。春分一到，雨水明显增多，我国平均地温已稳定通过十度，这是气候学上所定义的春季温度。春分的物候是："一候元鸟至，二候雷乃发声，三候始电。"即是说春分日后，燕子便从南方飞来了，下雨时天空便要打雷并发出闪电。

二、释卦

春分节气后，气候温和，雨水充沛，阳光明媚，我国大部分地区的越冬作物进入春季生长阶段。"春分麦起身,一刻值千金。"此时也是早稻的播种期。"一场春雨一场暖,春雨过后忙耕田。"而越冬作物也进入生长阶段,要加强管理。春管、春耕、春种即将进入繁忙阶段。以家、族为单位的人力,不足以应对春忙,故家家都会请人帮忙,并且相互帮忙。人们超越一家一族的狭隘视界,志同道合,把农活完成。

先哲在考察天火卦时,注意到这一卦象中一阴五阳,如此阳爻向心,同亲于阴,阴静阳动,上卦五爻阳动,变为离火卦,正与下卦离火相同,且天象与火象都向上而相同。基于这些理由,人们将天火卦命名为同人卦,以彰显和同、大同之义。

这一时空的状态在后来各地的农谚中也有表达。如"春分日植树木,是日晴,则万物不成";"春分有雨家家忙,先种瓜豆后插秧";"春分在前,斗米斗钱";"二月惊蛰又春分,种树施肥耕地深";"夜半饭牛呼妇起,明朝种树是春分";"春分麦起身,肥水要紧跟"……可见,天火卦需要的是协同精神,在中国传统文化中,同人观念更进一步发展为"同仁"。

因此,这一时空最典型的意象是人们同心同力在大地上忙碌,同人于野。人们祭祀在一起,吃饭在一起,这是通达的。这样的场面不仅壮观,而且对跋山涉水有利,对渡过大江大河、远征行动有利。这是有利于君子大人的好兆头啊。同人卦的"系辞"即是:"同人于野,亨。利涉大川。利君子贞。"用现在的话说,大家团结如一人,在大地上行进,攻无不克,战无不胜,这是利于实现君子意志的好兆头。

从卦序上看,安居乐业的家人时空之后,有了丰收的丰卦时空;有了条件、前途光明的离卦时空;在追寻光明中,产生了变革,是谓革卦时空;革命需要寻找同志,是谓同人卦时空。

同人卦的"象辞"是:"同人,柔得位得中而应乎乾,曰同人。(同人曰)同人于野,亨,利涉大川,乾行也。文明以健,中正而应,君子正也;惟君子为能通天下之志。"

先哲解释说，同人卦内卦的阴爻居阴位、居中，而与外卦乾相呼应，故而"同人"。"同人于野，亨，利涉大川"，是指乾刚健而行。内卦离火绚烂光明，外卦乾天刚健，六二与九五居中得正位而相互呼应，这就是君子的正道。也只有君子，才能沟通天下人的心志，促进世界大同。

同人卦的"象辞"是："天与火，同人；君子以类族辨物。"

这一卦象是天下有火之象，而众所周知，凡在自然山川艰难跋涉者，渺无人烟、孤苦无助之际，如果看到远处有火光、烟火的信号，就知道有自己的同类。君子效法这一卦象精神，明白物以类聚、人以群分的道理，明辨事物，求同存异，团结众人以治理天下。

在同人卦时空中的春分之日，世界各地都会有数以千万计的人做"竖蛋"游戏。选择一个光滑匀称、刚生下四五天的新鲜鸡蛋，轻手轻脚地在桌子上把它竖起来。虽然失败者颇多，但成功者也不少。春分成了竖蛋游戏的最佳时光，故有"春分到、蛋儿俏"的说法。

三、时空节点

同人卦时空有多个世界节日，以辞义解释，有"同人于野"的世界森林日和国际消除种族歧视日（3月21日），有"利涉大川"的世界水日（3月22日），有"以类族辨物"的世界气象日（3月23日）。

设立世界森林日是为引起各国对人类的绿色保护神——森林资源的重视，通过协同人类与森林的关系，实现森林资源的可持续利用。

3月21日是联合国确定的国际消除种族歧视日。每年的这一天，联合国和世界许多国家都要举行活动，以纪念"沙佩维尔惨案"和呼吁人们反对种族歧视。"沙佩维尔惨案"于1960年3月21日发生在种族主义盛行的南非。当天，南非德兰士瓦省沙佩维尔镇的黑人举行大规模游行，反对南非当局推行带有种族歧视色彩的"通行证法"。南非当局对游行群众进行野蛮镇压，造成六十九人死亡、一百八十人受伤。"通行证法"规定，年满十六岁的非白人必须随身携带通行证，证件不全者随时会遭到逮捕。

设立世界水日旨在唤起公众的水意识，加强水资源保护。

设立世界气象日是为了使各国广大群众更好地了解世界气象组织的活动情况以及气象部门在经济和国防建设等方面所作出的卓越贡献，推动气象学在航空、航海、水利、农业和人类其他活动方面的应用。

三国时代的吴国末代皇帝孙皓占到过同人卦。当时孙皓丧尽民心，西晋军队虎视眈眈。孙皓感到大势已去，就让人占卦，得到同人卦，变为颐卦。占卜官员认为这是不吉的，下卦离变为颐卦下卦震，象征着日落于东方，吴国将要灭亡；上卦乾变为艮山，象征天被山折断；从君主之象演变到郊野之象，是君王流落荒野的兆头。后来，孙皓归降称臣，应验了这一解释。

后唐时期的马重绩占到过同人卦。当时，石敬瑭镇守太原，听说马重绩占卦灵验，就用他占断战争胜负，果然灵验无比，就给马重绩封官。石敬瑭势力坐大，引起朝廷不满，朝廷派兵围剿，形势危急。石敬瑭让马重绩占卦，得同人卦。马解释说，这是大吉之卦。乾卦刚健，离卦光明，刚健有为是君子的德行；离卦光明，象征君王居尊而治理天下。同人卦有与人和同之象，说明有志同道合者前来援助。易经说："战乎乾，乾西北也；相见乎离，离为南方也。"看来我们将在西北这个方位或时间跟敌军交战。跟我们志同道合的，是自北而南来帮我们的，西北属金，象征着秋季，大约是九、十月之际取得胜利。果然，这年九月，北方的契丹帮助石敬瑭击败了朝廷的军队，石敬瑭进而统一了后唐，如愿以偿称帝。

元代的张留孙占到过同人卦。张留孙是张天师的徒弟，在皇宫做医官时，深得皇帝赏识。当皇帝想让完泽做丞相时，让张留孙占卦，得到同人卦，变为豫卦。他劝皇上不要犹豫，同人卦下卦是柔得位，变卦为豫卦，也是"利建侯行师"，非常适合。果然，完泽做了丞相后，忠心为国，成为历史上有名的贤相。

四、时空禀赋

同人卦让人想到民间说法，他们关系"好得像穿一条裤子的"。古人也有诗："岂曰无衣？与子同袍。王于兴师，修我戈矛。与子同仇。"由此可知，同人卦的人重友情。同人卦的典型是刘关张桃园三结义，唇齿相依。他们有人缘，有合作精神。同人卦的人组织活动能力强，易引人瞩目，宜跟人合作，不宜跟人竞争。他们的事业有唇亡齿寒之义，一人败则大家败。同人卦的人善交际，不过他们的事业成功较晚。他们还有一个特征是跟同龄人、同学关系密切，跟部下、学生密切，跟上级、老师的关系一般。

《变形记》和《爱的艺术》的作者、罗马诗人奥维德是同人卦人。他说过："正如真金要在烈火中识别一样，友谊必须在逆境里经受考验。"

中国宋朝民族英雄岳飞是同人卦人。他的名言："文官不爱钱，武官不惜死。不患天下不太平！"他的敌人金兵感叹："撼山易，撼岳家军难。"

《人民公敌》和《玩偶之家》的作者、挪威作家易卜生是同人卦人。"你若要充分了解我，必须先了解挪威。"

法国诗人马拉美是同人卦人。他的名言："百合！你们中的一朵就足以代表天真。"

晚清近代维新运动的领袖康有为是同人卦人。他的万木草堂培育了一批维新的同仁志士。他说过："一人独学，不如群人共学；群人共学，不如合计百亿兆人共学。学则强，群则强，累万亿兆皆智入，则强莫于京。"

《七剑下天山》的作者、武侠小说家梁羽生是同人卦人。他是新武侠小说的开山祖师。人们说他："金田有奇士，侠影说羽生。南国棋中意，东坡竹外情。横刀百岳峙，还剑一身轻。别有千秋业，文星料更明。"

作为哥德巴赫猜想的提出者、德国数学家哥德巴赫，"音乐之父"、德国作曲家巴赫，法国天文学家、数学家拉普拉斯，美国发明家、现代企业管理之父、"泰勒制"的创始人泰勒，中国近代军阀、北洋政府国家元首张作霖，民国学者章士钊，桂系名将白崇禧，日本导演黑泽明，美国将军史迪威等，是同人卦人。

五、释爻

人们观察此一时序的卦象，从农活到祭祀再到军事，都有涉及同人的现象。人们联想到同人团结起来，对抗外敌的故事，将其过程分作六种状态。

第一种状态："同人于门，无咎。"

原意大概是，敌人来犯，把大家集结到城门外防守，没错儿。

引申为，跟门下人和睦相处，无咎。人们消除彼此的距离，有同心同德的要求，这样一出家门，都有善意，这是没有错的。就是说，人们不约而同地破除彼此的樊篱，打开封闭的心门，这样又有谁会来责难呢？

谢安隐居东山，天下人望其出门以同人："安而不出门，其若苍生何？"正是这一爻的写照。

第二种状态："同人于宗，吝。"

原意大概是，敌人来犯，在自己的宗室外集合大家，鄙吝啊。

人们在宗族内亲密和同，这是小气而有悔吝的。因此时人们见识地位提高了，对跟人和睦相处有了分别心，有了亲疏远近不同，只限于跟自己宗亲朋党和同，这是令人遗憾的，非正道、大道，而是吝道、小道。

封建制度，既是如此。汉七国之乱，晋八王之乱，也是同人于宗之祸。

第三种状态："伏戎于莽，升高其陵，三岁不兴。"

原意大概是，在草莽中埋伏，但来犯者先上高坡，居高临下，将伏兵打败，使我们多年不能恢复元气。

也可以说，这是对峙阶段。时位进一步提高，资源广众，但此时还不足以暴露实力，就像在草莽里隐伏兵力，只能出奇制胜。如果登上高地了望而暴露自己，这样三年都难以兴兵较量。

第四种状态："乘其墉，弗克攻，吉。"

原意大概是，登上敌方的高墙，发现敌人的势力强大，不能进攻。这样是吉利的。

随着协同、罗致的力量增强，有了企图和野心，但人们也有了涣散之心。此时的卦象动，则变卦中有涣象。因此登城向敌人进攻，没有攻克，是吉祥的。

第五种状态："同人，先号咷而后笑，大师克相遇。"

集合大家，想想过去的失败，有人忍不住号啕大哭，没关系的，化悲痛为力量，很快就会有欢笑，大军克敌制胜，相遇会师。

此时是天子之位，聚众和同更广，此时可以有所作为了。在对敌或平定天下中，最经常的情况是，因有亲友死难而号啕哭泣，后胜利而欢庆、欢呼、欢笑。大军终能克胜敌人，胜利会师。

第六种状态："同人于郊，无悔。"

在郊外结合大家防御，不会后悔的。也可以说，这是寓兵于农、耕战一体了。这样的防御不会出大事的。

人们引申说，这在卦象的天分位上，是局外人、边缘人的象征，难以得志于社会，注定不能团结名利场中的人，只能跟二三素心人知音、同气于荒郊野外，这是没有什么可悔吝的。

孟浩然有诗自况："故人具鸡黍，邀我至田家。绿树村边合，青山郭外斜。开轩面场圃，把酒话桑麻。待到重阳日，还来就菊花。"

三、从春分到立夏

牢牢地立足经验世界，进而系辞、取义、推演，这是演易、易经演变的由来。我们从易经的诸多卦名的变化中，能够看到这种历史发展的痕迹。这就是我们中国人说的"象外无理"。理，作为物象的规律存在于也作用于个体那里，不脱离物象而能独立存在。

令人惊异的是，由经验层面系辞、演易的观念和名词，甚至谐音字，都成为了经验或对象、时间或空间的本质规定，易经由此把握了世界的秘密。从皮革到革命，从贲到才华，从林到临到灵性、敏感……都说明了初始之象有如种子胚胎的全息效用，种子或部分中包括着全体。

3月24日至29日前后，坤地卦与兑泽卦和合，就是大坝拦水之象。太阳光临到北半球上空来了，树木蓬勃生长，林木开始成荫；人们知道春天封山育林、保持水土的重要，这就是"林卦"，后演变成"临卦"。临卦人跟森林有缘，有灵气，敏感，善观察。

3月29日至4月4日前后，山泽通气。此时正值青黄不接之时，有山间的春笋可以食用，手剥笋，是"损"字的由来之一。青黄不接之时，自家日用乃至待客都酌情减损。有条件的人家，用八大碗待客或祭祀，以示郑重。其实，此时用不着八大碗，两大碗就够了。损卦"系辞"说："曷之用？二簋可用享。"善意捉弄人的"愚人节"在此时空内。

4月4日至10日前后，是万物生长的时节。雨水保墒，加之人们的勤劳，冬小麦和竹笋开始拔节，几乎一天一个高度。哺乳类动物的骨节也迅速增大，体形变高。孩子们的身体也像在抽条，增高了许多。人们取象竹子而命名此卦为"节"，含信用、节制、通塞、建制等意义。中国的"清明节"在此时空内。"清明时节雨纷纷"一类的诗句所要表达的，就是想告诉人们对逝者的追思要有节制，节而顺变。

4月10日至16日前后，这是鸟类产卵、孵化幼鸟，江豚鱼产卵，庄户人家孵化小鸡的最佳时期。风吹泽水，利于孵化。船在水中浮，风筝、枯草在空中飘，供其浮、飘的条件具足。这样有信的时空即是中孚卦。

4月16日至21日前后，这是男儿钟情、少女怀春的时候。震雷卦与兑泽卦和合，呈现的是长男少女的相悦，归妹卦由此命名。这说明人类的欢爱和生育也应和着大自然的节律。

4月21日至27日前后，这是离目卦与泽水卦的和合：目视泽水，左顾右盼。也可以说是离火卦与泽水卦的和合：离火方向炎上，泽水方向趋下，两者方向相反。不论哪一说，总之是两者相反相成，以此成就了人们对水平基准、全局观的认识。上古中国最早的水平仪即是"癸"，是指在地面上修筑成垂直交叉的十字水道，十字四个方向的尽头是四股小水道，人们把水灌入，既可察看地基的水平状态。对水平基准的认识，又与人们的全局观密切相连。这就是睽卦。睽卦的特点，就是二律背反又对立统一。"世界法律日"、"世界读书日"、"世界知识产权日"等，在睽卦时空内。

4月27日至5月3日前后，是兑泽卦与兑泽卦的和合。最早叫"夲"，后来演变为"兑"，是孩子笑口张开的形象，也是少女欢乐的形象；既指夏天前期的四十五天，又指立夏前的这五六天时间。这是春夏之交的美好日子。兑卦有消耗、劳动、毁折、快乐等义。"国际劳动节"在此时空内。

5月3日至8日前后，是乾天卦与兑泽卦的和合，象征老父与少女在一起是快乐的。立夏时节，大地气温明显升高，酷暑将临，雷雨增多，泽水泛滥……上古先民在此时段发明了鞋子，对抗泥泞。雨天走路，有危险，但人们走路也像舞蹈一样。手之舞叫"舞"，足之舞叫"蹈"，即是"履"。履卦由此而来。

地泽临卦·悦而顺：封山育林
（世界戏剧节）
3月24日—3月29日

一、时间节气

这五六天开始，昼夜时间相等，且白天一天天地长了起来。太阳从正东方出，在正西方下落，日出日渐偏向东北，日落日渐偏向西北。北半球接受的光照日多，气温升高，南风日劲，相应的雨水也变多了。

二、释卦

陶渊明有诗"春水满四泽"，正是指兑体八卦时期。首先是地泽时空，太阳光临到北半球上空来了，树木蓬勃生长，林木开始成荫，人们首先用"林"字来命名地泽卦。在对林卦最初的理解中，先人认识到要禁止在此时砍伐林木，要保持水土。在上古三代，那样一个地广人稀、地大物博的环境里，人们对森林等自然的依恋和保护意识就具足了，据说周代文王时就有禁令："毋坏屋，毋填井，毋伐树木，毋动六畜，有不如令者，死无赦。"思想家孟子则说："不违农时，谷不可胜食也。数罟不入洿池，鱼鳖不可胜食也。斧斤以时入山林，材木不可胜用也。"

后来人们觉得这种命名还不够丰富地泽时空的涵义。春分昼夜，这是一个临界点；厚土临泽，也是一个临界点；人生社会，至此也面临一个新起点。面临挑战，做主临事。大地上泽水泛滥，遇到土高处停下，积成泽水湖泊，才有了泽水的盎然生机。人们过了春分，更多户外活动，迎接挑战。对这样一个欢乐平顺地接受检察、挑战的时空应该怎么命名呢？

人们在泽水平静时能够看见自己的影子，而在器皿中注水，临水自照即是"监"字的本义。传统的君王尤其注重水利建设，在春天会察看、监督堤坝是否安全。引申开来，从察看水面的情况，到察看众人的情况，即是"临"字。这种光临、亲临、登临、监临、君临天下、居高临下的意义极为丰富，人们因此用临字取代了林字。

临卦卦象，二阳在下，四阴在上，形势不可避免地阳进阴退。这一卦是亨通的。对于整个生命世界而言，都获得了太阳不断增强所给予的能量，北方大地在此时都有一个大亨通的趋势。生命很好地利用这个时段，蓬勃发展，蒸蒸日上。林卦或临卦时空的封山育林意味着新的开始，意味着祭祀、宴请和亨通，意味着红利，意味着好兆头。因此人们说这一卦"元亨利贞"。当然，经过发展壮大，到了八月（此为周历，相当于阳历九、十月时节），谷物成熟，草美马肥，正是用兵之时，敌国、强盗、强邻会来烧杀抢掠，人们提醒说"至于八月有凶"。这一时空的"系辞"即是"元亨，利贞；至于八月有凶"。孟子的话也可从另外的角度解释这一句的意思："王知夫苗乎？七八月之间旱，则苗槁矣。天油然作云，沛然下雨，则苗浡然兴之矣！"古典中国人认识到春夏水土保持的重要性，否则到八月气候干旱，那就是有凶险了。

人们判断临卦时空即临卦的"彖辞"是："临，刚浸而长，说而顺，刚中而应。大亨以正，天之道也。至于八月有凶，消不久也。"

人们判断说，临卦，就是阳刚之气逐渐增长，喜悦而柔顺，刚爻居中而上下相应；既大亨又至正，这是天之道；到了八月将会有凶险，阳气消退，阴气渐长，所以不可长久。

地泽临卦给了人们无穷的想象，圣贤和风雅之士甚至有选胜登临的传统。临，有一种生存历练的重大和庄严，有一种观照、参与的务实和自由意志。墨子，临众发政而治民。荀子，不临深溪，不知地之厚也。诸葛亮，临表涕零。曹操，东临碣石，以观沧海。范仲淹，把酒临风，其喜洋洋者也……

三、时空节点

这一时空的特点是悦而顺，卦象下"兑泽"为悦，上"坤地"为顺。这一时空涉及生存的长治久安，故这一时空跟反复察看有关，跟利生教化有关，跟可持续发展有关。临卦的"象辞"即是："泽上有地，临。君子以教思无穷，容保民无疆。"

这种高远的时空精神使人们明白，要用教育的力量，想尽办法以教化民众，以至于无穷。让自己的才华在大众中得到施展，就不会有不得志的感觉。以宽厚优容的德性来保护人民，做到尽善尽美以至于无穷。在禁渔期、禁伐期、禁猎期，人与自然共处，临卦，就是一种开放顺命的精神，是全体共治的情境。从林卦到临卦，这一卦时卦象的意义得到了拓展，但这种拓展是极具附会性的。

从禁林的水土保护到后来的厚土临泽，原始意义拓展成为一个治理的系统。用后来的话说，从民众中来，到民众中去，跟民众打成一片，就是临卦的几种状态。咸临、咸临、甘临、至临、知临、敦临，用农民的话说，从泥土里来，到泥土里去，到希望的田野里跟自然打成一片。我们从临卦时空关于治理的六种状态可以看到汉文化的这种变迁。

"世界戏剧节"（3月27日）在临卦时空之内。世界戏剧节是国际剧协1957年在巴黎发起并创建的，迄今为止已举办了三十届；半个世纪以来,先后在法国、德国、美国、韩国、瑞士、哥伦比亚等国家举办,足迹遍及五大洲,成为一个流动的、遍及全球的、具有重要意义的国际戏剧节。

临卦的意象有沼泽、水面荷花之意。临字在音上跟"林"、"粼"、"灵"等字相通。我们在此可知易经思维或中国思维的一些特点,即人的通感。从树林的林到光临的临,光临到水面则有波光粼粼,临时起意属于灵感……如此我们可知易经思维中的通感保持了本来的面目,未被理性或其他思维污染;如此通感,想象思绪无穷,出入自如,真的可以上天入地,与天地沟通。具体到临卦时空,临卦人因此敏感,有危机意识,有灵气,不受束缚;有出色之举,适合文化艺术行业。临卦人跟山水尤其是山林亲近。当然,临卦人需要随机应变,久动必陷,久静亦必陷;要能动静有度,聪明又保守。从意象上来看,临卦人在性格上以自己为中心,考虑问题有局限性。

四、时空禀赋

日本战国时代政治家、军事家丰臣秀吉是临卦人。他有诗说:"身如朝露,缥缈随梦,大阪叱咤风云,繁华如梦一场。"

发现了普通光线不能穿透物体的 X 射线的物理学家伦琴是临卦人。他说过:"我喜欢离开人们通行的小路,而走荆棘丛生的崎岖山路。"

《金翼》一书作者、中国学者林耀华是临卦人。他说过:"把种子埋在土里。"

中国历史学家傅斯年是临卦人。他的名言:"上穷碧落下黄泉,动手动脚找东西。"他的人格气象极合临卦"君子以教思无穷,容保民无疆"之义。

意大利音乐家托斯卡尼尼是临卦人。他有过目不忘的本领。他的座右铭是:"我不要听那些音符,问题在于音乐的意义,在于音响的灵魂。"他的一生符合临卦之义："至临，无咎。""知临，大君之宜，吉。"

"情色皇帝"丁度·巴纳斯是临卦人。他说过："能很好地享受性生活，拥有健康的人格，是人本能快乐的源泉，这是不争的事实。"

前苏联作家高尔基是临卦人。"知临，大君之宜，吉。"他出身贫穷，幼年丧父，十岁时便出外谋生，到处流浪。他当过鞋店学徒，在轮船上洗过碗碟，在码头上搬过货物，给富农扛过活。他还干过铁路工人、面包工人、看门人、园丁……他的名字俄文意思为"最大的痛苦"。他的名言"文学是人学"，可谓"知临"；他成为无产阶级艺术的代表、文学导师，可谓"大君之宜"……

英国首相卡拉汉是临卦人。"知临，大君之宜，吉。"卡拉汉有"阳光吉姆"、"大吉姆"等绰号。他一身兼有两个"英国之最"。他既是英国历史上最长寿的首相，也是唯一曾经出任首相、财政大臣、外交大臣和内政大臣职务的政治家，一生可谓"知临"。

自杀身亡的中国诗人海子是临卦人。他有《以梦为马》："万人都要将火熄灭／我一人独将此火高高举起／此火为大开花落英于神圣的祖国／和所有以梦为马的诗人一样／我借此火得度一生的茫茫黑夜。"

《南京大屠杀》的作者、自杀身亡的华裔作家张纯如是临卦人。她说："我曾认真生活，为目标、写作和家人真诚奉献过。"

美国桂冠诗人罗伯特·弗罗斯特是临卦人。他跟森林有缘，他的名诗《林中路》如下："黄色的树林里分出两条路／可惜我不能同时去涉足／我在那路口久久伫立／我向着一条路极目望去／直到它消失在丛林深处／／但我却选择了另一条路／它荒草萋萋，十分幽寂／显得更诱人，更美丽／虽然在这两条小路上／很少留下旅人的足迹／虽然那天清晨落叶满地／两条路都未经脚印污染／啊，留下一条路等改日再见／但我知道路径延绵无尽头／恐怕我难以再回返／／也许多少年后在某个地方／我将轻声叹息将往事回顾／一片树林里分出两条路——/而我选择了人迹更少的一条/从此决定了我一生的道路。"

德国工运领袖李卜克内西，中国法学家、社会活动家史良，画家李可染，诗人艾青，自杀身亡的中国台湾作家三毛等，是临卦人。

五、释爻

临卦的六爻之象从经验层面上升到义理层面是一个有意思的事。

第一种状态："咸临，贞吉。"

原意是，禁林，贞吉。即到了这一种状态，要禁止乱砍滥伐森林，守护好正道才吉祥。演变为咸临贞吉，即是说无心有感，并非出于做作地观临，自然而然地对待一切，笃守正道，这是吉祥的。从另外的角度说，这是以心换心、心心感应地去做事，自然吉祥。除了感化式管理，还可以理解成大家一起来管理，这样的兆头是吉利的。俗话说"一根筷子容易折，一把筷子折不断"，就有此意。

第二种状态："咸临，吉，无不利。"

原意是，禁林，吉，无不利。禁止乱砍滥伐森林，吉祥，没有什么不利。演变成咸临，吉，无不利。这一状态跟第一种情况相同，卦象都为阳爻阳能，只不过比第一种情况得到中位，故多了"无不利"的意义。就是说，顺承第一种状态的禁林而来，继续禁林，继续以心换心地对待一切，不仅吉祥，而且没有不顺的。

第三种状态："甘临，无攸利。既忧之，无咎。"

原意是，甘林，无攸利。既忧之，无咎。就是说，在此卦此爻状态里，砍伐森林，没有什么好处，既然已经考虑到了这个问题的严重性，就不会有灾难了。演绎后的意思可以引申说，甜言蜜语者不会有什么好处，那些巧言令色的宣传是无所利的。既知不利，对此有了担忧，就没什么错了。

吴佩孚说："《大诰》之篇，入于王莽之笔，则为奸说；统一之言，出诸盗匪之口，则为欺世。"

第四种状态："至临，无咎。"

原意是，至林，无咎。巡视山林，没有灾难。演绎后的意思拓展为，礼贤下士，亲民、临民而治，没有错。商汤三聘伊尹，刘备三顾孔明，即是如此。

第五种状态："知临，大君之宜，吉。"

原意是，知林，大君之宜，吉。管理山林，是大君的事，因而吉善美好。保护森林、发展林业的重要意义，古代的人们已经有所认识，在政策、法令上也有反映。早在夏代，《逸周书·大聚》中记载："春三月，山林不登斧斤，以成草木之长。"周代重视护林，《周礼·山虞》中对于采伐林木作出严格规定："仲冬斩阳木，仲夏斩阴木。"《礼记》中有"木不中伐，不鬻于市"，"禁禁其欲伐者，止止其方伐者"，"树木方盛，乃命虞人入山行木，毋有斩伐"的记载。《通鉴辑览》中记载：周文王讨伐崇国，下令行军作战中"无伐木，……违者不赦"。《管子》中记载，"山林梁泽以时禁发"，"山泽救于火"，在非采伐季节严禁"伐大木，斩大山"，"苟有动封山者，罪死而不赦"。周代及春秋、战国时期，林政已较为完备。设大司徒掌管农林生产；设山虞、林衡管理国有山林；设封人、掌固负责植树造林；设司险、职方氏、土方氏管理地方林；设载师、闾师、山师、原师掌管民有林。自周代开始植树，到秦、汉更为流行，如《国语》记载，周代"列树以表道"，说明当时已经种植行道树。

这一状态演绎为知临，大君之宜，吉。要兼容并蓄，要有自知之明，以此到大家中去，是君王所应该做的。或者说，头脑清醒地对待一切，要有自知之明地治理，这是君王之宜、之义。这样做是吉利的。

第六种状态："敦临，吉，无咎。"

原意是，敦林，吉，无咎。茂密的山林，吉祥美好，没有灾难。后来演绎为敦临，吉，无咎。拓展为，敦厚待人，在野的贤人、敦厚的长者都能帮助自己，吉祥，不会有过失。

从一种原始涵义演绎成后来的样子，从最经验的生活形态拓展为抽象的理论化的治理形态，在林卦到临卦的变化中可见一斑。其第六种状态在变化中成为"损卦"，得损益平衡之道。人们因此从敦临中还发现了治理的庙堂江湖平衡，全民共治，野无遗贤的参与等涵义或指令。这种附会式拓展，又多与卦象、数理巧合，如此演绎出的宇宙模型或生存结构，支配了时空变迁，决定了人的命运，这才是易经或者说我们的宇宙的奇妙之处。

山泽损卦·悦而止：青黄不接手剥笋
（西方愚人节）
3月29日—4月4日

一、时间节气

时序到了四月初，在卦象中是上山下泽。这一大自然中的经典形象给人的印象很深，观察有潭水、湖水的山石堤岸，基础部分无不被侵蚀，甚至被掏空了。这种减损的情况触目惊心。

二、释卦

在临卦时空中，人们要注意加固堤坝，淘挖淤泥，但情形总是事与愿违。人们观察临卦后的几天，发现了这一时段雨水增多，山洪暴发，水土流失。泽水上涨，淤泥增加。堤岸的高度减损了，泽水的深度减损了，一损俱损。英国诗人多恩有名诗："谁都不是一座岛屿，自成一体／每个人都是欧洲大陆的一小块，那本土的一部分／如果一块泥巴被海浪冲掉，欧洲就小了一点／如果一座海岬，如果你的朋友或你自己的庄园被冲掉，也是如此／任何人的死亡使我有所缺损，因为我与人类难解难分／所以千万不必去打听丧钟为谁而鸣／丧钟为你而鸣。"

大自然此时不仅有减损现象，还有增益生发现象，比如春笋出土，一夜长得极盛。如果不吃竹笋，它就窜得比人还高。山泽之间，让人联想到山间竹笋，竹笋正好跟山泽的卦象同，根部厚实，外实中空。这种圆形物，一如鼎器类的物品，即是"员"的本义，脆弱的可变化的东西，如有外力如手去接触、摘取，以手剥笋，就使物受损，损的减少义即由此而来，山泽卦因此被命名为损卦。

损卦是减损，更是一种损益平衡。人们注意到，物类竞相生长，每一类别都是食物链中的一环，它减损了下一级生物体，增益了上一级生物体。损卦时期，也是初夏，是人们孵化小鸡的好时机。孵化是有规律的，人们因此总结出"信孚"，诚信真实。人们还注意到，孵化会有损失，比如多个鸡蛋里会有几个不成功，或多只小鸡里会有几只夭折。虽然可惜，但从大自然的角度看，这也是有损有益，是一种平衡。

三、时空节点

损卦时空要求人们要明白坚守正道、损益平衡的道理。作为减损之道，此时人们用什么来祭祀、招待亲友宾客呢？两碗饭菜就可以了。在此之前的元旦等节日庆祝里，人们曾经大吃大喝过，君王、诸侯、大夫都很讲究，所谓九鼎八簋，天子用九鼎八簋，诸侯七鼎六簋，大夫五鼎四簋，元士三鼎二簋。二簋算是最简约的享祀之礼。中国人爱吃，即便乡村农家都讲究待客要八大碗、六大碗。而到了损卦时空，人们该悦而止，心诚即可，用二簋即两大碗就行了。

就是说，这是一个需要减损的时候，如果出自虔诚，当然至为吉祥无害，兆头是可以的，出行有利。具体来说，用什么来体现减损呢？用两大碗的粗茶淡饭就可以祭祀待客了。损卦的"系辞"是："有孚，元吉，无咎，可贞，利有攸往。曷之用？二簋可用享。"

人们对损卦时空的判断即损卦的"象辞"是："损，损下益上，其道上行；损而有孚，元吉，无咎，可贞，利有攸往。曷之用？二簋可用享。二簋应有时，损刚益柔有时，损益盈虚、与时偕行。"

先哲判断说，损，减损下而补益上，其道向上而行。损而"有孚，元吉，无咎，可贞，利有攸往，曷之用？二簋可用享"。用二簋祭祀待客要应和其时，减损阳刚而补益阴柔也要应和其时，减损多的而充盈少的，都要应时而动。

损卦时空的"象辞"是："山下有泽，损；君子以惩忿窒欲。"

从卦象上看，初夏时的山下有泽水，泽水悦动不已，但山受损仍努力要止住它。明达的君子观察此类现象，就要遏制怒气，杜绝嗜欲。曾国藩说："治心之道，先去其毒，阳恶曰忿，阴恶曰欲。"他为此提出养生的大本、大法即是"惩忿窒欲"。

因此，在对损卦时空进行描述时，人们说，这一时空，有诚信之道，有收获，大吉大利，没什么错。重要的是，损人利己从长远看并不完全如此，损失在很大程度上并不利己。损人者人也损之，愚人者人也愚之。

西方的"愚人节"在损卦时期。愚人节这一天，人们以多种方式开周围人的玩笑，上当者当被告知是愚人节时，才恍然大悟，所以这一天总是能够引出许多笑话。不过某些玩笑也会因开得过大而引起人们的恐慌，或改变形势衍生成为（网络）谣言与现代传说。而这一天，玩笑只能开到中午十二点之前，这是约定俗成的严格规矩。

四、时空禀赋

损卦的意象有岛屿一象，西方的"冰山理论"对冰山的观察分析跟损卦有相通相启之处，即露在外面的只是冰山之一角，虽然底层巨大，但露在外面的却是孤零零的。损卦人即有这一特点，他们深藏不露，多有较深的背景，但孤独无助。他们的人生多靠自己。他们的利益以损即侵占性为代价，或者损人，或者损己。损卦人因此是消耗生命能量或元气的。他们身体多病，对人对事较为严苛。研易之士，悟天地损益，能够与时偕行，保持不败。

中国思想家孟子是损卦人。他是"性善论"学说的提倡者。明代朱元璋因其损害了帝王的权益，命人删节了他的著作中的一些言论，如"民为贵，社稷次之，君为轻"，"君之视臣如手足，则臣视君如腹心；君之视臣如犬马，则臣视君如国人；君之视臣如土芥，则臣视君如寇仇"。

中国思想家荀子是损卦人。他是"性恶论"学说的提倡者。他的名言："不积跬步，无以至千里；不积小流，无以成江海。"

血液循环理论的发现者威廉·哈维是损卦人。他在晚年常受痛风病的折磨，时常用凉水浸脚以减轻疾病的痛苦。

法国思想家笛卡尔是损卦人。他的学说大大损害了教会的利益，他生前未能回国。他的名言："我思故我在。"他曾将早期在整合几何与代数方面的研究与贝克曼一同分享："如果有机会，你不嫌弃用到我的研究或想法时，你大可表示那是你的想法。"这只是他过于客气与谦虚的态度罢了，但贝克曼却真的当作是自己的功劳。这使笛卡儿备受侮辱，所以他谴责贝克曼的"愚蠢和不学无术"。

西班牙画家戈雅是损卦人。"近代欧洲的绘画是从戈雅开始的。"他喜欢画讽刺宗教和影射政府的漫画，贪婪的修道士、偷盗者、抢劫者、接生婆，全部被他画成魔鬼的样子。拿破仑侵略西班牙时，戈雅耳聋了，同时改变了画风，将题材转向讽刺拿破仑的假仁义和伪道德，对其进行批判。

奥地利作曲家海顿是损卦人。在他的晚年，一种多年困扰他的疾病开始恶化，以致不能继续创作。他去世后，头颅被人偷走，几经周折，一百四十五年后，他的头颅和身体才合为一体，算是有了全尸。

大艺术家梵高是损卦人的典型。他割耳朵，开枪自杀，自我减损，三十七岁时就耗尽了生命。他死前说："悲伤会永远留存。"

一生穷困、晚年精神受损以致英年早逝的俄国作家果戈理是损卦人。"笑"是他一生的主题，然而那是"含泪的笑"。晚年，果戈理听从神父的旨意焚烧了《死魂灵》第二卷的手稿，在封斋期以常人忍受不了的方式守斋，每天只吃几羹勺燕麦糊和一片面包。夜里，为了不让自己做梦，他努力克制自己不睡觉。关于他的疾病和死亡至今仍有争论。他的头颅被偷走，其去向至今是一个谜。

丹麦作家、童话大师、一生未婚的安徒生是损卦人。他的名言："如果你是一只天鹅蛋的种子，那么即使出生在养鸭场也无所谓。""我把家建在海上，那冰蓝色的液体，注定了我一生的漂泊。"

德国"铁血宰相"、一辈子都善于维持平衡的俾斯麦是损卦人。他的名言："当代的重大问题不是议论和多数人投票能够解决的，有时候不可避免的，要通过一场斗争来解决，一场铁与血的斗争。"

法国象征派诗人魏尔伦是损卦人。他为了兰波抛弃妻子，晚年穷困潦倒，整天在巴黎的咖啡馆狂饮苦艾酒，混迹于两个妓女之间，挥霍他的版税。他的名句有"这儿还有我的心，它只是为你跳动"，"请用你美丽的眼看我的温柔顺从"等。他的一生颇得损卦之义："三人行，则损一人。"

中国民主同盟发起人张澜，清末民初的外交家颜惠庆，悲剧性的国学大师黄侃，国民党将领何应钦等，都是损卦人。

悲剧性的天才人物、智商超过二百五十以上的威廉·詹姆斯·席德斯是损卦人。他在四岁时就已精通法文、九岁就在哈佛大学做四维空间的讲座，但成年后却没有常人期待的成就，四十六岁时死于脑中风，死时一贫如洗。

心理学家、智商高达一百九十四的先哲、发现人类需求层次理论的马斯洛是损卦人。他把需求分成生理需求、安全需求、社交需求、尊重需求和自我实现需求五类，依次由较低层次进到较高层次。

《笑忘书》和《生命中不能承受之轻》的作者、捷克作家米兰·昆德拉是损卦人。他的名言："为什么上帝看到思考的人会笑？那是因为人在思考，却又抓不住真理。因为人越思考，一个人的思想就越跟另一个人的思想相隔万里。"

《情人》的作者、法国作家杜拉斯是损卦人。她写过深具损卦卦义的话："我的面容已经被深深的干枯的皱纹撕得四分五裂，皮肤也支离破碎了。它不像某些娟秀纤细的容颜那样，从此便告毁去，它原有的轮廓依然存在，不过，实质已经被摧毁了。我的容颜是被摧毁了。"

日本海军大将山本五十六是损卦人。据说他在日本偷袭珍珠港时说过："我恐怕已唤醒了一个沉睡的巨人，他现在正怒不可遏。"

德国总理、东西德统一的功臣科尔，美国前副总统、环境学家、《难以忽视的真相》的作家戈尔，电影演员马龙·白兰度等，也都是损卦人。

五、释爻

损卦讲损道，以损下益上为教训，以损当损为原则。从实际生活的角度出发，我个人判断是观察乡村人祭祀、请客时的六种状态而系以爻辞。

第一种状态："已事遄往，无咎；酌损之。"

原意指祭祀之事，祭祀大事，得赶快去参加，这就不会错；对于祭品，倒可以酌情减损。

这一爻象引申为，在刚开始亏损减省的时候，要赶快酌情止损，就没有错。还可以说，人们刚开始发现了泽水上涨，漫过山根，就要赶紧行动，这样才不会出问题，要酌情减损水量。

第二种状态："利贞，征凶；弗损益之。"

原意大概是，减损时的兆头是有利的，但如果跟人打架论理甚至征伐则凶险；这样就不是损人利己，而是有益于对方。乡村经验是，人们祭祀时献上菲薄的祭品，本来没什么不对，但一旦有人议论，自己也好面子而和他人争论起来就很不好看了。

这一阶段的减损之辞也可以这样理解：这是有利于坚守正道之时，而征伐他国则凶；如征伐则对于他国非但不能损伤，反而有利。还可以说，人们看到山泽相连，经过第一阶段的减损，此时需要守住基本的底线，贞固才有利；如果继续放水也有凶险，应该不要减损水量了，而要增益。这一阶段跟第一阶段正好构成损益平衡。

第三种状态："三人行则损一人，一人行则得其友。"

这仍是人们的经验之谈。在祭祀的时候，人们三三两两地聚谈吃饭，一般情况下，如果是三个人一起去的，多半有一人不见了踪影；如果一个人去，他会在祭祀场合找到朋友。人们看山泽卦象，一般情况下，泽水过大，人们就会减损；如果减少多，人们又会补充泽水以存储备用。

第四种状态："损其疾，使遄有喜，无咎。"

在祭祀的时候，经常遇到有人愁眉苦脸，精神不振；安慰他，打消他的顾虑，使其眉开眼笑，这样没错。

此时山根与泽水相接，山根之土石有被侵蚀的危险，为了解除此危险，要速速取土填补，增益之，才有好处。这样做是没有错的。

这一卦象的要义在于有损即补，随损随补；贵在神速，防止损失扩大化。

第五种状态："或益之十朋之龟，弗克违，元吉。"

在损卦时空，即青黄不接的季节乡村人祭祀、请客，也会遇到意外之财，有人赠送了价值十朋的宝龟，却之不恭，这是极其吉利的事。

此时位于山的中部，如果受损，将会一损俱损；如果受益，将会使大家受益。因此，各路资源向此倾斜，人们在卦象中看到了离卦和颐卦，都有龟象。此时朋友帮忙，就像是有人送给自己价值十朋的宝龟，无法推辞，也不能拒绝，大吉大利。

第六种状态:"弗损益之,无咎,贞吉,利有攸往。得臣无家。"

这是损之极的情形。乡村生活的经验是,在祭祀、请客的时候,不减损而增益,也没什么错,兆头好,出行有利,这样出手大方的人会获得单身无家想托靠的奴仆。也可以说,在损卦时空的极端状态,不仅没有损失,反获增益。没错,吉利。出门得利,得到可以公而忘家的大臣。这一种情况要义在勇于任事,惠及天下,万众归心。

如前述,这一卦似是先人根据乡村生活的祭祀、请客经验而写。但卦象不止一象,还有其他的人情物象角度,本卦爻辞也极有可能是根据大禹治水的故事而写。大禹治水并非只有后人总结的"疏导"教益,损益之道才是治水更丰富也更本质的启示。

据说孔子读易,至于"损"、"益",则喟然而叹:"子夏避帘而问曰:'夫子何为叹?'孔子曰:'夫自损者益,自益者缺。吾是以叹也!'"

水泽节·悦而险:节制
(世界卫生日,中国清明节)
4月4日—4月10日

一、时间节气

这个时候正好处于清明节气前后。古典中国人观察到,"春分后十五日,斗指丁,为清明,时万物皆洁齐而清明,盖时当,因此得名。"唐人柳宗元观察到,每逢清明节,"田野道路,士女遍满,皂隶佣丐,皆得父母丘墓。"这形成了在清明之日进行祭祖、扫墓、踏青的习俗。这个节日,既有慎终追远的感怀,有生离死别的黯然销魂,又有欢乐赏春的气氛,有清新明丽的生动景象。唐人杜牧有诗:"清明时节雨纷纷,路上行人欲断魂。借问酒家何处有?牧童遥指杏花村。"宋人高翥有诗:"南北山头多墓田,清明祭扫各纷然。纸灰飞作白蝴蝶,泪血染成红杜鹃。日落狐狸眠冢上,夜归儿女笑灯前。人生有酒须当醉,一滴何曾到九泉。"

清明时节雨纷纷,此时的气候状态处在气温不断上升而带来的光明、温暖和雨水中。这是一个决定万物生长的时节,雨水、墒情使得冬小麦和竹笋开始拔节,几乎一天一个高度;动物的骨节迅速增大,身形长高;孩子们的身体也像在抽条,增高了许多。人们说,这一时空是祭祀、请客的时空,是亨通的时空。清明的物候有:"一候桐始华,二候田鼠化为鴽,三候虹始见。"意思是说在这个时节先是白桐花开放,接着喜阴的田鼠不见了,全回到了地下的洞中,然后是雨后的天空可以见到彩虹了。

二、释卦

从卦象上看,泽上有水,可以看作湖泊泽水上空有云雨,可以看作大地上的沼泽里有雨水流入又溢出。这也是雨水季节常有的现象。有限或无限,都需要节用,否则只顾乐生以求用就有危险;人间现象也如此,生长旺盛,速度太快,会有凶险。

人们为了节约用水,或不让水流成灾,会整修堤坝储水、分洪,以进行调控节制。但节制不能过度,如果把水拦住,大地墒情不够,农作物得不到有效的营养,秋冬的收藏就得不到保证;如果人生过于刻苦,畏首畏尾,不能趁此时空发展,那就不利于人生的冬天。王弼说:"为节过苦,伤于刻薄,物所不堪。"

因此,人们把此时空的卦象命名为"节"。节字就是竹子的各段相合的形象写法。节字因此有信物、信用的意思。人们说,这一时空能节俭节制是亨通的,但过分节制,则不可引为正道。乡村社会在祭祀、请客时会议论人,常从此方面切入去谈论一个人——那个人会做人,能吃苦也能享受;这个人太刻苦,对自己都吝啬,俭朴得要命,自己吃喝都舍不得,一毛不拔,这样的人不会有好兆头的。现代人为生活所迫,也自嘲说前半辈子拿健康换钱,生一身病;后半辈子以钱养病,买健康,这正是不加节制的生活方式。节卦的"系辞"就是:"亨。苦节,不可贞。"

先哲对节卦时空的判断,即"象辞"是:"节,亨,刚柔分而刚得中。苦节不可贞,其道穷也。说以行险,当位以节,中正以通。天地节而四时成,节以制度,不伤财,不害民。"

"节，亨"，阳刚与阴柔均分而阳爻占得中位。"苦节不可贞"，这是指穷途末路了。下卦为兑、为险，上卦为坎、为险；九五当位以有节，居中得正以通上下。天地有变化，而形成春夏秋冬四季。按制度办事，就不会浪费钱财，不会伤害黎民。

节卦时空的"象辞"是："泽上有水，节。君子以制数度，议德行。"

能够心情愉悦地克服艰险，坚守正位去恭行节约，做到大中至正，就能成功亨通。天地有一定的节制，所以春夏秋冬四时才能成立。我们用节俭的道理，去制订典章制度，要做到不害民伤财。用现在的话说，对衣食住行征役多寡之数，如黄仁宇所言要进行数目字管理。

三、时空节点

清明节（4月5日）在节卦时空内，这是中国传统的祭祀节日，汉族和一些少数民族大多都是在清明节扫墓。祭扫活动既能体现对家庭的尊崇，又能表达对祖先的感恩。"君子以制数度，议德行。"人们悼亡，最常说的话就是"节哀顺变"。祭祀祖先，也提倡文明节俭。孔子讲："与其奢也，宁俭；与其易也，宁戚。"

世界卫生日（4月7日）也在节卦时空内。每年的这一天，世界各地的人们都要举行各种纪念活动，来强调健康对于劳动、创造和幸福生活的重要性。"苦节不可贞。""君子以制数度，议德行。"

三国时期的孙权占到节卦。当时，孙权听说关羽战败，就让吕范占卦，得节卦，爻变为临卦。吕范解释说，从卦位和爻动来看，这里有脖颈断裂、断头之象；从节卦来看，不出两天，关羽有断头之祸。后来的情形一如吕范所料。

清代大学者毛奇龄年少时逃亡，行前给自己占了一卦，即得节卦，爻变为需卦。他分析说，节卦象征节止，需卦象征等待，爻辞说"需于泥，致寇至"，可见与其坐而待寇，不如外出。他外逃后，追他的人果然扑了个空。毛奇龄躲了一个月，根据需卦中说的利涉大川的提示,决定渡过淮河,到山阳令朱君家避难。朱君为他举行宴会。毛奇龄想到需卦中说"君子以饮食宴乐",认为自己已经脱险,但卦辞中说"虽不当位",自己如继续沉溺于酒宴,将会失位遭受损失。少年毛奇龄就向朱君辞行而去。

四、时空禀赋

节卦时空以节为本体。节字有"节之"之义,节之的全部意象或义理即是节卦时空的特征,而此一时空出生的节卦人也因此具有节之的意象和义理。节又有盘根错节之象,这说明节卦人有家族力量,其资源盘根错节。他们权力显赫,只是要善用其位,寻找到地盘、领袖,即能成功。节还有直上云霄的形象,有段、有节点;节卦人有文采、有个性,人生发展呈阶段性特征,时高时低,时亨通时阻塞。节也有变节之义,因此节卦人也会有大的转变之事……我们说,易经思维是一种宇宙演进的模型思维,它是通感的,是全息的,从一花一沙粒中把握世界。具体到每一卦,我们当知,它还有若干卦意隐在其中,如节卦,除坎水卦、兑泽卦外,还有离火卦、震雷卦,总结节卦人的性格,这几个卦的特点,如坎坷、才华、快乐、虚心或心虚、震荡等等,也是应有之义。

意大利画家拉斐尔是节卦人。他性情平和、文雅,和他的画作一样。拉斐尔于1520年发高烧猝逝于罗马,终年三十七岁。他的墓志铭文:"拉斐尔在此处安息。在他生前,大自然感到了败北的恐惧;而当他一旦溘然长逝,大自然又唯恐他死去。"

历史上最伟大的数学家之一欧拉是节卦人。有人说:"读欧拉的著作吧,在任何意义上,他都是我们的大师。"

《利维坦》的作者、节制国家机器的英国哲学家霍布斯是节卦人。他的名言:"不带剑的契约不过是一纸空文,它毫无力量去保障一个人的安全。"

英国诗人华兹华斯是节卦人。他认为诗非等闲之物，而是"一切知识的开始和终结，同人心一样不朽"，而诗人则是"人性的最坚强的保卫者，是支持者和维护者，他所到之处都播下人的情谊和爱"。

《恶之花》的作者、法国诗人波德莱尔是节卦人。他的名言："没有一件工作是旷日持久的，除了那件你不敢着手进行的工作。""老生常谈中蕴含的无限的深刻的思想，是由蚂蚁世世代代掘成的洞穴。"

空想社会主义者傅立叶是节卦人。他是资本横行年代思考节制的先驱。他认为人的收入应"按照三种生产资料——资本、劳动和才能确定"，分配比例是："资本占十二分之四，劳动占十二分之五，才能占十二分之三"。

美国新闻业巨头普利策是节卦人。普利策去世后，他的老对头、事业上最大的竞争对手赫斯特写下这样的赞词："一位美国和国际新闻界的杰出人物已经去世了，在国家生活和世界生活中的一支强大的民主力量已经消失，一种代表民众权利和人类进步而一贯行使的强大权利已告结束。约瑟夫·普利策已经与世长辞。"

宋教仁是节卦人，是清末民初宪政的鼓吹者。他曾以叔孙通自比，"君子以制数度，议德行"，惜乎时代阻塞，被暗杀身亡。

自杀身亡的傅雷是节卦人。他的名言："真正的光明绝不是永没有黑暗的时间，只是永不被黑暗所掩蔽罢了。真正的英雄绝不是永没有卑下的情操，只是永不被卑下的情操所屈服罢了。所以在你要战胜外来的敌人之前，先得战胜你内在的敌人；你不必害怕沉沦堕落，只消你能不断的自拔与更新。"

中国两弹功臣、空气动力学家郭永怀是节卦人。1999年他被追授予"两弹一星荣誉勋章"，是该群体中唯一一位获得"烈士"称号的科学家。

奥地利指挥家卡拉扬，中国南开大学的创始人张伯苓，敦煌艺术研究者、画家常书鸿等，也是节卦人。

中国现当代历史学者刘节是讼卦人。他曾在历次运动中遭到批斗。他的名字里有节，他也表现了感人的道德气节。在他的老师陈寅恪被批斗时，他要求代替自己的老师受辱，他说："我的学问远不及我的老师，今天我能代替他，是我的光荣！"

五、释爻

第一种状态："不出户庭，无咎。"

最初的节制，此时资源有限，见识有限，世路不通，不能有所作为，需要控制自己，等待时机。这种时候，不出家门，就没什么错。就像竹子，不能一下子长高，必然有所节，把根部夯实，加粗加厚才好。

对贞节者和苦读者，民间有"大门不出、二门不迈"的说法，多有称道、敬重之意。董仲舒读书，有三年不窥园的故事。

第二种状态："不出门庭，凶。"

自己的基础条件进一步提高了，外部环境也好多了，此时见龙在田，宜于有所作为了。从卦象上看，此时动，卦变为屯卦，利建侯之象。

但生活中确实有人过于谨慎，仍不行动。因此，人们感叹，不出家门，反有凶灾的。民间所谓"人在家中坐，祸从天上来"即是此意。此时再宅在家里，就说明苦读者书呆，守节者不通人情世故。有人说先秦时代的贤士段干木，魏文侯尊重他，他却不见文侯，可以说失时之极。而有的人，身为官吏，不出家门，不办公事，尸位素餐，也是有凶险的。如果说第一阶段在于积累，苦练内功，当止则止，在于知书识理；第二阶段就在于把握时机，当行则行，所谓"二十而不狂非吾子也"。

第三种状态："不节若，则嗟若，无咎。"

卦象上看是当动不动，当静不静，阴置阳位，不能节制自己，会后悔嗟叹；能嗟叹后悔，能够反省自悟，亡羊补牢，那将没有什么灾祸。

如果说九一、九二还都是小溪、小河之乱流，这时的六三爻象就是大河破堤横流。这一爻在人则像青年或者中年，不知理，不知情，在生活中横冲直撞，无知愚昧得如动物一样地活着，所谓"三十而仍狂亦非吾子也"。这一情况也说明人有时候虽知节制却无节制的能力，因此会有遗憾，故要悔过自新，仍要培养能力。

第四种状态："安节，亨。"

随着阅历的增加，一个人获得了节制的能力，该行则行，该止则止，他也安于自我节制，得心应手，顺应天道，这是很亨通的。

这种六四之节，是得智慧之象。在卦象上是水已经入了泽。象在人则表明人知道明理，所以就能主动地顺于节，安于度，自然亨通。

第五种状态："甘节，吉，往有尚。"

阅历、能力、资源在此都到了一个新阶段，从必然走向自由，节制成为一种甜美的事，这是吉利的。勇往向前，会有好结果，会得到朋友的帮助。

诗人闻一多主张"戴着镣铐跳舞"。他说："限制中才显出圣手，只有法则能给我们自由。"

九五之节，是得到大中至正的节，是人们梦想得到的大智慧，大道德，大美。

第六种状态："苦节；贞凶，悔亡。"

在自然之象上，这一爻一如没有泽水的地带，或者说泽能容水却无水可容。这种节制之极却又是一种浪费。在社会人事上，许多人坚守理想，却怀才不遇，困穷至极，九死其犹未悔，即是此爻。

这是节制之极，自苦之极，这虽然正当却也有凶险，因为其道困穷。当然，因为他们甘愿如此，故凶也无悔。

妇女守节，苏武牧羊，文天祥等人节义，都属于此爻。

风泽中孚·悦而入：孵化小鸡
4月10日—4月16日

一、时间节气
时序为清明雨后，风吹云散，天气晴朗，气候宜人。这个时候是鸟类产卵、孵化幼鸟的时机，是庄户人家家家孵化小鸡的最佳时机，是江豚鱼产卵的时机。

二、释卦
这个时候也是船在水中浮，风筝、枯草在空中浮的时候，供其浮的条件具足。风吹泽水，利于孵化，从水中的蝌蚪到家家户户的孵小鸡，这是一个生命生育的时空，是心中至诚感动的时空。这一卦因此被命名为"中孚"，即是心中至诚之义。"孚"字就是手抱幼儿之义。

人们还观察到，江豚鱼一般于每年清明节前后从大海游至长江中下游，极为准时。如果即将发生大风天气，江豚的呼吸频率就会加快，露出水面很高，头部大多朝向起风的方向，即"顶风"出水，人们称其为"拜风"。《周易集解纂疏》中说："豚鱼生泽中，而性好风，向东则东风，向西则西风，舟人以之候风焉。当其什百为群，一浮一没，谓之'拜风'。拜风之时，见其背而不见其鼻，鼻出于水，则风至立矣。"中孚卦下兑为泽,上巽为风,巽为鱼,古人视江豚为鱼,豚鱼浮于江面"拜风",正是经典的中孚卦象。晚唐诗人许浑有句,"江豚吹浪夜还风"。

三、时空节点

人们因此说,这一时空是吉利的,就像江豚鱼有信心在大江大河里回游、"拜风"和产卵一样,这个时候有利于出去锻炼自己,建功立业;有利于守正守信,顺应天的节律。中孚卦的"系辞"是:"豚鱼,吉。利涉大川,利贞。"

中孚卦的"彖辞"是:"中孚,柔在内而刚得中,说而巽,孚乃化邦也。豚鱼吉,信及豚鱼也。利涉大川,乘木舟虚也。中孚以利贞,乃应乎天也。"

人们判断说,中孚卦,柔爻在内而刚爻得中,喜悦而巽逊、诚信,因此可教化到邦国。"豚鱼吉",诚信遍及豚鱼。"利涉大川",卦象是木浮于水上。"中孚"以"利贞",是顺应于上天。

人们从中孚卦象中还看到了孵化这一现象的全部涵义。从全卦看,阳爻在外,阴爻在内,象征蛋黄、蛋白被包裹在内,外有卵形以及守护者。上巽为木,下兑为毁折,生物是以毁折之枯枝草木来筑巢窝。巽为逊,兑为巫,母禽确实为子默祷守护。内阴外阳,阴凉而阳温,母禽确实以体温孵化子卵。巽、兑刚爻守中,母子都中实有信。

中孚卦的"象辞"是:"泽上有风,中孚。君子以议狱缓死。"

人们说,泽上有风,这是中孚卦的象征。君子观察这类现象,从中看到了议狱缓死的卦象,因为诚信于中,对待天下事就无所不尽其忠,而狱情涉及生死故为大事,君子将其至诚之意施及用刑,所以古代的圣贤不以重刑治民,而待民忠厚。他们对待犯罪者,要认真商议、判断他们的狱情,宽缓死刑。

四、时空禀赋

中孚卦意象是水上行风行船，有权力、号令之意，中孚卦人能够发号施令。中孚卦有过度、度人之义，中孚卦人的性格中也有助人的特点，甚至说他们度人易、度己难。中孚卦人的过度性较为突出。他们喜欢助人为乐，"我有好爵，吾与尔靡之"。中孚卦有诚信之意，中孚卦人做事义无反顾，有信用。他们需要注意急流勇退，"翰音登于天，贞凶"。

印度耆那教的创始人大雄是中孚卦人。他与释迦牟尼一样，是部落首领的儿子，在良好的环境中长大。三十岁时他放弃了财产、家庭（他有一个妻子和女儿）和舒适的环境，决定出走寻求真理。他是"轴心时代"的伟大哲人之一。

中国宋代的名臣包拯是中孚卦人。"柔在内而刚得中，说而巽，孚乃化邦也。豚鱼吉，信及豚鱼也。"包青天之信亦如此，及万民乃至鬼神。

意大利画家达·芬奇是中孚卦人。他以画蛋出名，据说他画蛋画了三年。他厌恶生育现象："与生儿育女有关的任何事令人厌恶，人若没有美好面孔以及美感素质将会早亡。"

国际法鼻祖、荷兰哲学家格老秀斯是中孚卦人。他说过："即使我们假设那不可能的事——就是上帝不存在，或是祂不在乎人类之事，自然法都将保持其有效性。""自然法是如此不可变的，甚至不能被上帝自己来改变。"

法国政治家和历史学家梯也尔是中孚卦人。二十六岁时他出版了《法国大革命史》前两卷；三十岁时出齐了十卷，发行一百五十万册；三十六岁时当选为法兰西学院院士。马克思曾说："梯也尔这个侏儒怪物，将近半个世纪以来一直受法国资产阶级倾心崇拜，因为他是这个资产阶级的阶级腐败的最完备的思想代表。还在他成为国家要人以前，他作为一个历史学家就已经显出他的说谎才能了。他的社会活动编年史就是一部法国灾难史。"

　　法国作家左拉是中孚卦人。他的《我抗议》为军人德雷福斯请命，所谓"君子以议狱缓死"，成为一国人权运动的重要文献。他的名言："只有努力去减少人家的苦难，你才会快活。""一个社会，只有当他把真理公之于众时，才会强而有力。"

　　美国《独立宣言》的起草人之一、国父杰斐逊是中孚卦人。他参与的《独立宣言》意义深远，影响当时和后来。"鸣鹤在荫，其子和之；我有好爵，吾与尔靡之。"

　　民国实业家卢作孚是中孚卦人。他的名字里有孚，他的一生跟中孚时空的六爻相关。他的名言："最好的报酬是求仁得仁——建筑一个美好的公园，便报酬你一个美好的公园；建设一个完整的国家，便报酬你一个完整的国家。这是何等伟大而且可靠的报酬！它可以安慰你的灵魂，它可以沉溺你的终身，它可以感动无数人心，它可以变更一个社会，乃至于社会的风气……"

　　革命家、大书法家于右任是中孚卦人。其晚年的《望大陆》正是"信及豚鱼"："葬我于高山之上兮，望我大陆；大陆不可见兮，只有痛哭。葬我于高山之上兮，望我故乡；故乡不可见兮，永不能忘。天苍苍，野茫茫；山之上，国有殇。"

　　英国历史学家汤因比是中孚卦人。他以对历史的宏大研究得到世人的称道。他认为，人性中爱的一面将战胜其贪欲和侵略性的一面。他说："一个人取得成就既归功于他的才能和优点，也得益于机遇。每年他失去的同龄人越来越多，而他的年龄却越来越长，他就体会到自己的命运和他人命运的不同，体会到他们的早逝是多么不合理和野蛮。"

　　法国文学家法朗士是中孚卦人。他的名字即有着对法国挚爱的信念。

　　残障教育家、海伦·凯勒的老师安·沙利文，法国社会学家涂尔干，中国教育家、南开大学的创办人之一严修，民国时的科学家、社会活动家丁文江，革命家、托派领袖之一郑超麟，学者任继愈，匈牙利思想家卢卡奇，美国小说家亨利·詹姆斯，电影艺术家卓别林，《等待戈多》的作者、爱尔兰作家贝克特，法国学者拉康等，是中孚卦人。

五、释爻

人们观察生物发情、孵化、发育现象，总结六爻卦象。

第一种状态："虞吉，有它不燕。"

这是说，在孵化之时，有了天时地利，还要有小环境。生物孵卵，如燕子、鸡鸭等孵化时，最怕蛇一类的天敌。避敌得亲，才能成功孵化，孵化也才能信时而成。有了如虞官一样的保护是很吉利的；如果遇到了蛇一样的天敌，就不能燕然、安宁可喜。

第二种状态："鸣鹤在荫，其子和之；我有好爵，吾与尔靡之。"

此时环境更好了，白鹤孵出了一群小鹤，大鹤在幽暗的夜间鸣叫，一群小鹤应和着它。我也有了甘美的酒食，我要跟你们一起喝下。

第三种状态："得敌，或鼓或罢，或歌或泣。"

在守信守时的过程中，遇到了敌人，此时或擂鼓前进，或疲惫撤退，或悲泣，或欢歌。这就像是孵化时遇到敌扰，母禽会大叫大嚷。在通往成功的道路上有欢乐有悲歌。

第四种状态："月几望，马匹亡，无咎。"

月儿到中天了，马儿没有匹配的对象，或者马儿发情跑了，没有错失。

人们观察此时的孵化状态，接近大功告成，却也有得有失，如孵化过程中会有臭蛋出现，错不在自己。人们更以这样的生活经验来表述有得有失的状态：在月亮渐圆的夜晚，马儿发情跑走了，因为它要寻找对象，这都是自然的，没有错。

这一原则说明中孚诚信还没有到极限，它还有余地。

第五种状态:"有孚挛如,无咎。"

孵化时出现的孪生现象,一个蛋里孵出了两只小鸡,这没什么错失。

引申义是,诚信的品德感应、牵系着你和我,具有诚信之德并以其牵系天下人心,天下的人也以诚信相和应,这也是没有错的。

这已实然说明诚信成功的普遍性和广泛性。

第六种状态:"翰音登于天,贞凶。"

孵化成功,到处宣扬,声高于天,这预示着凶险。

经常有这样的鸡,没下几个蛋却"咯咯嗒"地乱叫;或乱凑热闹,去孵其他鸡的蛋,结果打架;孵化成功或不成功,也到处宣扬。如此一来,吵得主人心烦,很快就会有被杀掉的危险。

雷泽归妹·悦而动：哪个妙龄女子不怀春
4月16日—4月21日

一、时间节气

当大自然在节卦、中孚卦时空提供了生物适宜的生存发展环境之后，在生物竞相产卵、生子之后，人的情欲、感觉和认同也被撩拨出来了。这是钟情怀春的时候。青年男子哪个不善钟情，妙龄女子哪个不善怀春？时序已然是情欲成熟的时候，是实现认同归宿的时候了。

二、释卦

人们观察这一时序的卦象，上雷下泽，正好是长男少女卦，是男子最帅气、女孩最纯真美丽的卦象。人们该想到为男子提亲，为女孩说媒，让男子把女孩娶回家了。有人附会说此卦为"哥哥妹妹卦"，简称"哥妹卦"，连读称为"归妹卦"。其实，"妹"是未婚的少女之称，"归"是女子出嫁的意思。"归妹"就是嫁女，女子来归、男子娶妻的故事。

在农耕社会，旷男怨女是很招人议论的。男要娶，女要嫁。女大不中留。男儿女儿到了这个时期，家人急，自己更急。尤其是女孩，经历青春少艾，跟父母的逆反使自己的身心在相当长时期得不到交流和安慰，急于寻找到依靠。这种心理超越了生存、安全等需要，而属于爱和被承认的需要。

先人观察这一状态，不仅认识到这是关涉男欢女爱的时空，也涉及急于求成的全部可能性，欲速则不达，甚至一朵鲜花插到牛粪上。终身大事，在此时空，如果没有处理好，也就贻误终生。

对归妹卦象的观察是极有意思的。人们看到，夫妻之道如乾坤朗朗，如白日山川那样明晰，但男欢女爱在归妹卦象中却是雷震响于湖泽，有雷鸣闪电大雨滂沱之象。而一般来说少女主动去追求男人，结果凶多吉少。以追求幸福始，以离异告终多。归妹归妹，因此在出嫁之义外，又有离异、女方走投无路回娘家之义。古典中国人在此种时空中多会感叹"丫头大了，心野了"，"女大不中留"，"养了个赔钱货，没啥好处"……而一旦以征讨要债的心态嫁女儿，对男方的彩礼就会左右不满意，这对自己的声誉、对自己的女儿都是危险的，没什么好处。归妹卦的"系辞"是："征凶，无攸利。"即对男欢女爱来说，如有占便宜之心，是凶险的，没什么利益。

归妹时空的"象辞"是："归妹，天地之大义也。天地不交，而万物不兴。归妹，人之终始也。说以动，所以归妹也。征凶，位不当也。无攸利，柔乘刚也。"

人们说，归妹卦，体现了天地间的大义，天地间阴阳不相交合，则万物不能兴发。归妹，是人生的周而复始。下卦为兑、为说，上卦为震、为动，所以为"归妹"。"征凶"，是因为所处位置不当；"无攸利"，是因为阴爻在阳爻之上。

这一卦象是悦而动。这是急于求成之象。爱情婚姻被称为终身大事，也是因为人们在怀着愉快的梦想行动时，得到了种种意料之中又意料之外的结果。先人观察此象，也想到，从女子出嫁来说，相当于自家与对方资源的配置，所谓有机会，也有风险；如果妄动去办事或以出征掠夺的心态做事，会受损失，有凶险，没什么好处。

归妹卦的"象辞"是:"泽上有雷,归妹;君子以永终知敝。"

人们说,泽之上有雷,就是"归妹"。君子由此领悟,恪守夫妇大义,清楚见异思迁之敝。一求白头偕老,百年好合,夫妇永终;二防夫妻反目,不合多弊,同床异梦。

三、时空节点

归妹卦时空也是谷雨时节。"谷雨,谷得雨而生也。"谷雨前后,天气较暖,降雨量增加,有利于春作物播种生长。人们说"雨生百谷","谷雨前,好种棉","谷雨不种花,心头像蟹爬"。自古以来,棉农把谷雨作为棉花播种指标,编成谚语,世代相传。谷雨的物候:"第一候萍始生,第二候鸣鸠拂其羽,第三候为戴胜降于桑。"这是说谷雨后降雨量增多,浮萍开始生长,接着布谷鸟便开始提醒人们播种了,然后是桑树上开始见到戴胜鸟。

春秋时代晋献公占到过归妹卦。当时他想把女儿嫁到秦国,请史官占卦,得到归妹卦,爻变为睽卦。史官认为不吉利:归妹卦的爻辞说无利可图,即爻变却无相应之事,追求的东西没有得到;变卦有反目成仇的意思,秦晋之好将变为秦晋之仇;这中间还有无路可走之象,死于高粱之虚之象。晋献公不听史官的意见,将女儿嫁给了秦穆公。后来,秦穆公攻打晋国,晋国大败,晋惠公被俘,只好将太子子圉作为人质留在秦国。不久之后,子圉逃回,在惠公死后即位。秦穆公帮助重耳复国,子圉逃到高粱地后,被重耳所杀。

四、时空禀赋

归妹卦意象为湖泊上的雷雨,如果从易经思维来看,归妹卦人的性格耽于情欲,他们容易冲动。从卦象上看,他们情窦早开,恋爱早。他们需要注意别因儿女情长耽误了事业。我们还可以判断,归妹卦人朋友多,喜欢热闹,但同时他们有独立精神。归妹卦人在事业上有机会，因为跟泽雷随卦相反，他们一样或者要追随人或者为人追随。归妹卦人男命者似乎多能娶名花。

中国大数学家祖冲之是归妹卦人。他说过："迟序之数，非出神怪，有形可检，有数可推。"

伊斯兰教的伟大先知穆罕默德是归妹卦人。他二十五岁时娶了海迪彻。他将他的错误归罪于自己，而将他的成就归功于安拉。他一再坚持将《古兰经》与他的言论和行为分开来对待。他一直反对别人将他看作神。他死后，他的一个长年伙伴对等候在麦地那清真寺外的人说："人们，真的，不管谁曾崇拜过穆罕默德，他知道穆罕默德死了；但不管谁曾崇拜过神，他知道神活着。"

俄国女皇叶卡捷琳娜是归妹卦人。据说老皇帝问她："一个省农民起义怎么办？"她不假思索回答："立即枪毙那个省长！他是如何欺压剥削，才能让老实巴交的农民造反的！"

《简·爱》的作者、英国作家夏洛蒂·勃朗特是归妹卦人。其小说主人公的名言："如果上帝赋予我财富和美貌，我会让你难以离开我，就像我现在难以离开你一样。可上帝没有这样安排。但我们的精神是平等的，就如你我走过坟墓，平等地站在上帝面前。"

英国经济学家李嘉图是归妹卦人。他也是成功的商人、金融投机专家，四十二岁时即有条件退休了，可谓得归妹卦义，"君子以永终知敝"。

拿破仑三世是归妹卦人，马克思为他写过《路易·波拿巴的雾月十八日》："黑格尔在某个地方说过，一切伟大的世界历史事变和人物，可以说都出现两次，他忘记补充一点：第一次是作为悲剧出现，第二次是作为笑剧出现。"

俄国沙皇亚历山大二世是归妹卦人。他曾说过："俄罗斯只有两个盟友——陆军和海军。"

《艺术哲学》的作者、法国学者丹纳是归妹卦人。他的名言："每一个形势产生一种精神状态,接着,产生一批与精神状态相适应的艺术……今日正在酝酿的环境一定会产生它的作品,正如过去的环境产生了过去的作品。"

中国考古学家陈梦家是归妹卦人。他娶了名媛赵萝蕤。"眇能视,利幽人之贞。""文革"中,他被强迫长跪在院里,被人吐口水,有人还将吃剩的饭菜往他头上浇,罪证是攻击革命烈士闻一多"不洗澡,不换衣服,身上臭得要命"。他苦心收藏的明清家具、藏书被没收。他愤然道:"我不能再让别人当猴子耍。"1966年8月24日服安眠药自杀未果,同年9月3日他自缢身亡。

希特勒是归妹卦人。

赫鲁晓夫是归妹卦人。他说过:"以前当我是一个工人的时候,你可以说我不懂;当我是车间主任的时候,你也可以说我不懂;但现在,我是苏共中央第一书记,我就懂。"

美国银行家摩根,西班牙画家米罗,英国女王伊丽莎白二世,中国建筑学家梁思成,剧作家吴祖光,美学家王朝闻,中国香港导演李翰祥等,是归妹卦人。

五、释爻

第一种状态:"归妹以娣,跛能履,征吉。"

嫁女而将其妹妹一同陪嫁,跛脚而能行走,出行,吉利。悦以动,但事情并不好,少女及其娣妹同嫁一夫,没能专美,一如跛脚有所偏废,不能正行,但尽一己之力,这样做是吉利的。

如果把归妹当作一个话题,这一句话还可以解释为,小妹出嫁是嫁给了别人做小妾;这种结局虽很不理想,就如同一个残疾的跛子那样不称心如意,但跛子总比两条腿全残要好,虽跛,尚能走路,故人们说也是吉祥的。从先民的婚姻制度来推测,后一种解释似乎更符合原义。因为姐妹同嫁一夫,在古代是正常的,不存在"跛能履"的说辞；倒是自家的妹子跟别人家的女子分享一个丈夫，且是娣妾的位置，这是有些遗憾的"跛能履"，当然还算是好事。

人们还为此引申，说明在男女婚恋的第一阶段，仅凭自己的力量找不到合适的伴侣时，可以借助外界因素促成婚恋。

第二种状态："眇能视，利幽人之贞。"

跟第一种情况一样，办事急于求成，结果仍不理想，如同是只有一只眼睛，好在仍能看东西；因为有了前一爻的教训，此时跟跛行不同，是眇视，而眇视的特点是，更容易集中精神，就像隐修的幽人那样专一，这是利于幽居隐修者坚守正道的。

这一种情况引申为，在男女婚恋的第二阶段，只要持之以恒，坚守正道，就能心想事成。

第三种状态："归妹以须，反归以娣。"

人们说，嫁女而用其姊陪嫁，结果被退回来，又用妹妹去做陪嫁。

后人对此种状态做了很多附会，其实农耕社会多有如此经验，想把老大难的姐姐陪嫁出去，结果被发现，民谚所谓"偷鸡不成蚀把米"，一如此爻之义。

这一状态正说明，在急于求成的婚姻中，往往事与愿违。

第四种状态："归妹愆期，迟归有时。"

一个意思是，出嫁时超过了婚龄，迟迟不嫁是因为有所等待。还可以解释为，送妹妹出嫁拖延了日期，但时间不会太久，会有好日子的。

这一种状态还可以引申为，为了找到自己的意中人，不惜长期等待。

第五种状态："帝乙归妹，其君之袂不如其娣之袂良；月几望，吉。"

以帝乙妹妹的尊贵，出嫁时她的衣袂还不如陪嫁的娣妾之衣漂亮。那一天月亮快到十五团圆了，吉利啊。

帝乙归妹是商周时的大事，大概也是三代时的婚姻典范，给人们留下了很深的印象，一直启示着后人要有健康的婚姻观念。商王是想笼络周文王，将太姒嫁给了他。太姒美丽贤惠，为周文王生了包括武王、周公、康侯等八个儿子。"太姒嗣徽音，则百斯男"，为周王朝的兴旺发达、生息繁衍做出了重大贡献。

这一爻说明要舍弃功利观念，舍弃虚荣，跟自己心心相印的伴侣在一起，像快圆满又不盈满的月亮那样，朴素、谦逊、平实才是吉祥的。

第六种状态："女承筐，无实，士刲，无血，无攸利。"

像女人挎了个筐，筐里什么也没有；男人去杀羊，却看不到出血；有名无实，没有什么好处。

古代婚后三个月要祭祖庙，祭品和羊血是必不可少的。但是祭祖必须是嫡夫人，娣夫人就没有这个缘分了。"筐无实"、"羊无血"是说没有带任何祭品，当然也就不能参加祭祖活动了，故说"无攸利"。

这一爻还可以附会指男女婚后没有孩子，乡土文化里，婚后三四个月人们就观察女方的肚子，如果没什么变化，人们会说"没什么本事，肚子是瘪的，没结了果子"。那些大腹便便的孕妇则令肚子瘪的女人无地自容。

这一状态引申指有名无实的婚姻，即少女陪嫁做偏房、做娣夫人，难有正果。

火泽睽卦·悦而明：左顾右盼测水平
（世界法律日，世界读书日、图书和版权日、知识产权日）
4月21日—4月27日

一、时间节气

阴阳数在阴阳二进化中的展开成六爻卦象，上火下泽，从性质上讲这一时空是悦而丽明的。这一时空情动于中、形诸于外，美丽得应接不暇。对古典中国人来说，除了耕种、狩猎、祭祀与战争这些大事外，其他的，如研究、思考、观光、商旅等都是小事，在这时候做小事是吉利的啊。南北朝时的吴均在其名文中说："风烟俱净，天山共色。从流飘荡，任意东西。自富阳至桐庐，一百许里，奇山异水，天下独绝。水皆缥碧，千丈见底。游鱼细石，直视无碍。"杜甫有诗："荡胸生层云，决眦入归鸟。"毛泽东也说："万里长江横渡，极目楚天舒。"……这都是睁大眼睛观看天地万物。

二、释卦

先哲考察这一卦象，发现了上卦离目与下卦泽水构成的美丽风景。目视泽水，左顾右盼。而当时的水准仪即是癸，在地面上划上垂直交叉的十字水道，十字尽头是四股小水道，人们把水灌入，即可看到地基的水平状态。八十年代，我在农村生活时，经常看到父亲和村里人以此方式测度地基是否平准。火泽卦就是说，两只眼睛虽不长在一块，不能交互接触，但可以测度水平。这一象因此称为"睽"。

这一卦象还有几重意思。离火在象中最为炎上，泽水最为润下，性向上完全背离。离火代表中女，泽水代表幼女，二女同居不同心，又无长女统率因此乖戾，这是离心现象。因此，这一卦象反映了时空的发散、离散、悖反。还有人说，此时应和着时空和自然节律的青春少女的天癸来了，这种注意到癸水来临的现象就是睽。跟大自然的美景在此时争相呈现一样，人在此时也有着情感的强烈呈现。

因此，先哲思考睽象，懂得了相反相成的道理。如果离心离德，事与愿违，失去大的背景和共通的基础，那么只有做小事才吉利。虽然人们的心志行为各有不同，相互睽隔，但如能够抱着欢悦的态度去克服违乖之事，又能附丽于明哲之人之业，柔顺而一顺百顺地前进，努力向上，得以从容中道，应和阳刚，那么做小事就是吉利的。睽卦的"系辞"是："小事吉。"

睽卦时空的"象辞"是："睽，火动而上，泽动而下。二女同居，其志不同行。说而丽乎明，柔进而上行，得中而应乎刚，是以小事吉。天地睽而其事同也，男女睽而其志通也，万物睽而其事类也。睽之时用大矣哉！"

人们说，睽，火向上跃动，泽向下流动，二女居于一卦中，其志向不同，行动方向相反。下卦为泽、为说，上卦为离、为丽、为明；阴柔进取而上行，上卦阴爻居中而与下卦居中的阳爻相应，所以"小事吉"。就像眼睛能通过相互违背的十字水渠观察平准一样，天地是上下互相违背的，但其生成万物的事功相同；男女外表上互相睽异不同，但他们的心志也可以相通。万事万物睽异，但它们的事功仍是类同。可以说，睽违对立而统一，其应时而用的意义是重大的。

箭与弓虽然睽违不同，合起来的作用却是难以想象的。人们为此发明了弓箭。"弦木为弧，剡木为矢，弧矢之利，以威天下，盖取诸'睽'。"

睽卦时空的"象辞"是："上火下泽，睽。君子以同而异。"

君子观察睽卦火性炎上，泽性润下，两相乖违之象，由此领悟当求同而存异。孔子说："君子和而不同。"

三、时空节点

世界法律日（4月22日）在睽卦时空内，其宗旨是帮助创建"一个新的法治社会：强者面对公正、弱者得到保护、和平得以永续"。

世界读书日、世界图书和版权日（4月23日），世界知识产权日（4月26日）在睽卦时空内，这正是"君子以同而异"。

世界读书日的宗旨："希望散居在全球各地的人们，无论你是年老还是年轻，无论你是贫穷还是富有，无论你是患病还是健康，都能享受阅读的乐趣，都能尊重和感谢为人类文明作出巨大贡献的文学、文化、科学思想大师们，都能保护知识产权。"

世界知识产权日是由世界知识产权组织设立，旨在促进社会各界树立尊重知识，崇尚科学，保护知识产权的意识，营造鼓励知识创新和保护知识产权的法律环境。

四、时空禀赋

睽卦有海上日出、有眼睛左顾右盼等意象，从中可以了解睽卦人的特征。他们有官运，但不会太大。海水被离火太阳伤得一片血红，睽卦人也有受伤害之事。他们敏感，心思细密，自己受伤，也易对他人造成伤害。左顾右盼则既意味着睽卦人的眼睛大，也意味着他们是矛盾的统一体，还意味着他们做事往往事与愿违。从睽字中还可以推断，睽卦人的视觉感好，照相、摄影不错。睽通窥探，睽卦人知道的故事多、隐私多。

《沉思录》的作者、罗马帝国皇帝奥勒留是睽卦人。他说："一日之始就对自己说：我将遇见好管闲事的人、忘恩负义的人、傲慢的人、欺诈的人、嫉妒的人和孤僻的人。他们染有这些品性是因为他们不知道什么是善，什么是恶。但是，我，——作为知道善和恶的性质、知道前者是美后者是丑的人，作为知道做了错事的人们的本性是与我相似，我们不仅具有同样的血液和皮肤，而且分享同样的理智和同样一份神性的人，绝不可能被他们中的任何一个人伤害，因为任何人都不可能把恶强加于我，我也不可能迁怒于这些与我同类的人，或者憎恨他们。因为，我们是天生要合作的，犹如手足、唇齿和眼睑。那么，相互反对就是违反本性了，就是自寻烦恼和自我排斥。"

英国政治家克伦威尔是睽卦人。他建立了共和国，却又颠覆了它，建立军事独裁统治，自任"护国公"。他在当时新旧交替的政治激荡中，对过去是激进的，要求改革，不是保守的封建王权论者；对未来则是保守的，主张王权，不是激进的共和主义者，是一个矛盾的历史人物。

英国文学家莎士比亚是睽卦人。他借哈姆雷特之口道出的名言："生，还是死，这是一个问题。"他的成就超越一切时代。苏格兰散文家托马斯·卡莱尔1840年在论及英国国王日益式微之后，写道："这里我要说，有一个英国的国王，是任何议会不能把他赶下台的，他就是莎士比亚国王！难道他不是在我们所有人之上，以君王般的尊严，像一面最高贵、最文雅并且最坚定的旗帜一样熠熠发光？他是那么无坚可摧，并且从任何一个角度讲都拥有无人可及的价值。"

《人类理解研究》的作者、英国哲学家休谟是睽卦人。他曾说过："人们普遍承认，在各国各代人类的行动都有很大的一律性，而且人性的原则和作用乃是没有变化的。"

《汤姆·琼斯》的作者、英国作家菲尔丁是睽卦人。他曾说："一本好书会指引你走上正途，一本烂书会误导你堕入地狱。"

中西文化交流的先驱者徐光启是睽卦人，其墓前石坊的对联是："治历明农百世师经天纬地，出将入相一个臣奋武揆文。"

"三大批评"的作者、提出"二悖背反"观念的哲学家康德是睽卦人。他的名言："有两样东西，人们越是经常持久对之凝神思索，它们就越是使内心充满常新而日增的惊奇和敬畏：我头上的星空和我心中的道德律。"

法国画家德拉克罗瓦是睽卦人。人们说他是"浪漫主义的狮子"。一位法国艺术家曾说："德拉克罗瓦的画我倒不怎么欣赏，不过他写的回忆录却很出色，人们会在这方面记住他的。"

近代以来，最早睁眼看世界的中国人之一魏源是睽卦人。他的名言："师夷之技以制夷。"

"民主集中制"的提出者、革命家、前苏联的创始人列宁是睽卦人。他曾经说："忘记过去就意味着背叛。"

德国物理学家、诺贝尔奖得主、量子力学的创始人普朗克是睽卦人。他认为："科学和宗教这两者并不是对立的，在每一个善于思索的人的心目中，它们是相互补充的。"

哲学家维特根斯坦是睽卦人。他跟自己的时代、社会睽隔。他的名言："对于不可言说之物必须保持沉默。"

不见容于社会、自杀身亡的中国女演员阮玲玉是睽卦人。她的遗言："人言可畏。"

天才的物理学家、科学史上以其名字命名的"不相容原理"的发明者泡利是睽卦人。泡利一生最遗憾的是，他是那个时代被公认为最聪明的物理学家，却没有做出划时代的发现。他的名言："我觉得爱因斯坦不完全是愚蠢的。"

天才的音乐家梅纽因是睽卦人。年方十三岁的梅纽因，在柏林爱乐乐团伴奏下一口气演奏了巴哈《E大调小提琴协奏曲》、勃拉姆斯《D大调小提琴协奏曲》和贝多芬的《小提琴协奏曲》，使在座的爱因斯坦感叹道："我现在才知道，天上果然有上帝。"

《洛丽塔》的作者、百科全书式的俄裔作家纳博科夫是睽卦人。他曾经说："我发现一大批自负的作家，例如加缪、洛尔迦、卡赞扎基斯、劳伦斯、托马斯·曼、托马斯·沃尔夫，和可以说数以百计的其他'伟大'的二流作家，写的无非是一些过眼云烟的二流作品。一些可怕的庸才，例如高尔斯华绥、德莱塞，一个叫作泰戈尔的，另一个叫作高尔基的，还有一个叫作罗曼·罗兰的，却一向被当成天才，使得我对所谓的'巨著'大惑不解。例如托马斯·曼那本愚蠢的《死在威尼斯》，帕斯捷尔纳克那本写得糟透了的肥皂剧式的《日瓦戈医生》或福克纳那些玉米棒子芯似的编年史，竟被称为'杰作'。海明威、康拉德、吉卜林、王尔德：写书给少年人看的作家。艾略特、庞德：一个不是很一流，一个绝对是二流。再来一次！我不觉得在那本最简明易懂的小说《尤利西斯》中，有很多令人不解的地方。"

原子弹之父、物理学家奥本海默是睽卦人。他一生坎坷，并为制造原子弹而内疚不已："无论是指责、讽刺或赞扬，都不能使物理学家摆脱本能的内疚，因为他们知道，他们的这种知识本来不应当拿出来使用。"

建筑学家贝聿铭是睽卦人。他认为："建筑和艺术虽然有所不同，但实质上是一致的，我的目标是寻求二者的和谐统一。"

世界历史上最后一位伟大的骑兵统帅、前苏联元帅布琼尼，法国元帅、傀儡政权维希政府的首脑贝当，中国近代军阀吴佩孚等，是睽卦人。他们都与时代相睽隔，其中吴佩孚还是亮相美国《时代》杂志封面的首位中国人，被称为"Biggest man in China"。

五、释爻

这种相反相成的睽违状态，使人们想到了那些奔走在道路上的流亡者——仆人、主人，想到了跟自己交恶的人。少康流亡也是中国上古三代时的大事件，其艰难曲折的过程流传下来，也一定给了人们很深的印象。人们看到睽卦卦象，不免想到少康。睽也跟"孤"紧紧相连，在古典中国人看来，睽卦时空的美丽也是脆弱的，脆弱得像孤儿一样，失去了依靠，手忙脚乱，接应不暇。而考察睽的本末，莫不始于猜嫌而成于乖隔。

第一种状态："悔亡；丧马勿逐，自复；见恶人，无咎。"

原意大概是，孤身一人上路，没什么可懊悔的；丢了马也不要去追，它自己会回来；见到恶人不用害怕，没什么麻烦。

在睽之初，阳气正旺，极力外冲。好在阳刚守正，如不为人心所惑，道心自复，虽然事与愿违，但没什么可后悔的。就像自己的马跑掉了，不用去追赶，它会自己回来。遇到恶人，也不会有什么灾祸。人们说，失马逐之则愈逐愈远，恶人激之则愈激愈睽，故勿逐而听其自复，见之而可以免咎也。处睽之初，其道当如此。

人们看到此爻时，想到少康时代的事。天下睽乱，少康等人逃亡避祸。这一爻可能就是少康开始流亡时的遭遇，一度懊悔，踏上流亡之路时悔恨消失了。马跑了，没去追赶，它自己回来了。遇到了恶人，没什么灾咎。

第二种状态："遇主于巷，无咎。"

原意大概是，在巷子里遇到了旅店的主人，马也回来了，平安无事。

在睽违之时，人们要紧的是寻找依靠，明哲也会寻找从属，这一爻跟六五爻正应，因此能够相遇。主、从相遇相依，可以无咎。人们有自己固有的轨迹，因此能够不失道，巷子虽小，仍然可行，并可遇依靠。

第三种状态："见舆曳，其牛掣；其人天且劓。无初有终。"

原意大概是，孤身上路，像做梦一样。看哪，一辆拉货的车，拉车的牛很吃力，牛角一俯一仰，赶车的人是个被烙了额、割掉鼻的奴隶；开始时拉不动，最后拉走了。

人们观察卦象，看到了牛、鼻、毁折等象，想到了曾经看到的道路上的景象。或者少康流亡途中，看到此事，后来给他人讲自己的"长征"、"革命经历"时，提到了这件事，并引申说自己跟那个奴隶一样"无初有终"。

六三在天下睽违时，应于上九，但下有九二第二种睽隔阳刚的牵制，上有九四横梗于前，牛车只能慢慢前进。进退维谷，身心受伤，但本着刚毅宽宏的气度，去解决天下的睽违，终能克服艰难。所以最初不好，终有结果。

第四种状态："睽孤！遇元夫，交孚，厉无咎。"

原意大概是，孤身一人啊。但遇到了大丈夫一样的善人，以诚相待，情况虽一度危险，但没有麻烦。

这一种情况夹在六三和六五等两阴中间，下无应援，独自落单。就像与世违逆的孤儿，他有所行动、变正以应初九，即在生活中遇到了大丈夫，一个有担当的人，诚信相交，就能化解事情的睽违。有危险，但没有灾咎。

第五种状态："悔亡，厥宗噬肤，往何咎。"

原意大概是，在路上没什么后悔的，看见人家同宗族的人在吃肉，前往分享，哪有什么灾祸。

也有人说，卦象中三五同功而异位，第三种睽隔情况是艰难受伤害的，处在第五种情况里没有后悔的时候，他的宗族、家国仍有着噬肤受伤之痛，他只有奋勇直前，才可济天下之艰，故往有庆也。

第六种状态："睽孤！见豕负涂，载鬼一车，先张之弧，后说之弧（壶）；匪寇婚媾，往遇雨则吉。"

这是睽隔违逆之极。人们在象中看到了猪、土、车、毁折、雷雨、归妹的意象，想到了当时华夏与鬼方经常交往的风俗画面：一个走投无路的孤儿，在路上看到猪的身上都是泥污，还看到一辆大车载满怪模怪样的鬼方人。他起初拉开弓箭要射，后来放下了弓箭，解下酒壶敬酒，原来这些鬼方人不是强盗，而是来和亲求婚的。走吧，要是遇上一场雨就更吉利了。

　　对于后者，有乡村生活经验的人应该不陌生，两拨儿人猝然相逢，有猜疑，有火气，有紧张，如一起走，遇上下雨，人的天性或自然反应流露，则会松弛下来，一下子亲密如自家人。这种遇雨则祥的情形，火气大浇灭，在睽违之极，就是阴阳跟对方和合的祥和状态。

兑卦·悦而悦：民忘其劳的欢乐
（国际劳动节）
4月27日—5月3日

一、时间节气

这一时序是本体卦兑卦，性质悦而悦，是一个小孩子笑口张开的形象，最为集中说明此时的环境美好和欢乐心情，既指夏天前的四十五天，又指立夏前的五、六天时间。这是春夏之交的美好日子，人们说，这是亨通的，可以祭祀、请客的，是好兆头的时空。兑卦的"系辞"是："亨，利贞。"

二、释卦

但最早这一卦不叫兑，而是叫"夺"。对孩子、上古时代的人们来说，他们没有后来的"群己权界"意识，看到美好的东西不免占有，这就是夺。人们在反省反思时会恍然大悟，春夏时空把人们从居室里、懒散里召唤出，人们的户外活动多了。繁华即诱惑，它夺取了我们敏感的心地，这也是夺。从时序上说，春天左顾右盼的美景至此时已经顾不过来了，繁花似锦完全转移了人们的视线。南北朝的王子敬说："从山阴道上行，山川自相映发，使人应接不暇。"现代诗人何其芳说:"我的裸足微颤于盈盈不尽的奇遇,欲伫又行的惴惧轻失了沿途的清新,如傭的双臂垂着沉沉的惊异:不能环抱无边的温柔,流着的欢欣。"这也是夺。无论是先天时序的夏初景象,还是后天位序的西方和秋天景象,人们都从中看到了繁茂、丰美、纯洁、口才、青春、毁折、夺取、交易、危险的意象。美好的东西夺走了我们的注意力,它也毁了、消耗了我们;同时,我们在据为己有的心理中不免也玷污、毁坏了它。湖泽是美好的,但泽水也有危险。好花不常在,红颜薄命,青春易逝……

从夺到兑,音义相当,但后者拓展性更强、更包容、更形象。兑现,呈现的是愉快、美好的时空,而取用、毁折、出轨一类的意义隐去了。从临卦时空的山林之象,到损卦时空的消耗或青黄不接,到节卦时空的开源节流,到中孚时空创造的美好环境,到归妹卦时空的思春应春,到睽卦时空的睽隔争执,到兑卦时空的争夺、劳作和快乐,我们可以理解,这其中有时空演进的本质或必然性,有先人无逻辑又合逻辑性的命名。

人们看到此一时序,想到泽水上涨外流,使得万物生机勃勃、向上向外生发。年轻人向往大自然,要到外面的世界闯一个天地。泽水溢出,润泽四方,笑口常开,感染大家。泽水河畔的羊群以及牧羊女,蓝天白云倒影进泽水里……这是欢乐美丽的时光。

人们说,这是愉悦的卦。此时的人们有足够的能量和信心,跟外界进行交换,吐故纳新,出而后悦,兑出成功后的愉快心情。"兑"有交换、交易的意思。

兑卦时空的"彖辞"是:"兑,说也。刚中而柔外,说以利贞,是以顺乎天而应乎人。说以先民,民忘其劳。说以犯难,民忘其死。说之大,民劝矣哉!"

因此,人们说这是亨通利乐、坚守正道的卦:喜悦可见,快乐照临。这一时空有内质,阳刚居中正,又能柔顺地表现于外,以喜悦的态度去利乐有情,去守着正道。所以说这是顺乎天应乎人心的。这种悦乐的意义,为圣王效法,他们使人民高高兴兴前进,人民忘记了劳苦;他们使人民高高兴兴犯难冒险,人民也会忘记了死亡的危险和痛苦。喜悦之理,幸福之情,推之极大,人民就会相互劝勉了。

这种利乐思想也是一种施政原则。《诗经》中说:"庶民攻之,不日成之。经始勿亟,庶民子来。"大意是说周文王要筑高台,老百姓们像儿子替父亲做事一样积极踊跃,很快就筑成了。

兑卦时空的"象辞"是:"丽泽,兑。君子以朋友讲习。"

这一卦象是上下两泽互相附丽,这是喜悦幸福之象。君子观察此象,会像对待朋友一样的对待周围的人,会交流分享,使人上进。

三、时空节点

国际劳动节(5月1日)在兑卦时空内。兑字有"言"则为"说",有"心"则为"悦",这正是"说以先民,民忘其劳"。1889年7月,由恩格斯领导的第二国际在巴黎举行代表大会。会议通过决议,规定1890年5月1日国际劳动者举行游行,并把这一天定为"国际劳动节"。人们说,这个日子是愉快的休息,是对平日劳作的报偿。歌德说:"一个有真正大才能的人在劳动中感到最高度的快乐。"休谟说:"正是劳动本身构成了你追求的幸福的主要因素,任何不是靠辛勤努力而获得的享受,很快就会变得枯燥无聊,索然无味。"伏尔泰更明确:"劳动是快乐之父。"

北齐的颜恶头占到过兑卦。当时,有人请他占卦,他占得兑卦,爻变为履卦。颜恶头分析说,这是为他的父亲占卦;从卦象上看,他的父亲会死而复生,苏醒后会对大家说一些话,但过不了多久,还是要去世的。其中和后来的情形一如颜恶头所断。

四、时空禀赋

兑卦的意象是湖泊、相连的湖水，或雨水不断的湖泊、少女、快乐、劳动、夺取、毁掉等。这从中可知兑卦人的一些特点，有破坏能力，有动手能力，有桃花运，性格上有开心的一面，甚至从相貌上会有体现，兑卦人多有两个小酒窝，很"喜幸"。我们还可以判断，兑卦人有才气、灵性、细腻而温和。兑意味着唇舌，兑卦人有口才。

明成祖朱棣是兑卦人。他毁掉了侄儿的江山，夺取皇位。

威灵顿公爵是兑卦人。他在滑铁卢战役中击败了拿破仑。他的名言："决定胜败的战场在伊顿公学的操场上。"他喜欢说的一句格言："我只是个堂堂男子汉。"

朝鲜民族英雄李舜臣是兑卦人。他挫败了日军的入侵。其名言："必死即生，必生即死。"

致力于西学东渐的传教士汤若望是兑卦人。他曾被判绞刑，由于当时北京接连五天发生地震，加之"太皇太后（顺治母后）力主开释"，才幸免于一死。人们说他："抱救主而牺牲救世之怀，籍历以达其传教风志。"

美国总统门罗是兑卦人。他提出"美洲是美洲人的美洲"，"在已经获得，并维持自由独立情况下的美洲大陆各国，今后不得被任何欧洲列强当作将来的殖民对象"，反对任何欧洲国家干涉美洲事务。这就是人们所熟知的"门罗主义"。

德国数学家高斯是兑卦人。他曾经极为窘迫，"对我来说，死去也比这样的生活更好受些。"为了不使德国失去最伟大的天才，德国著名学者洪堡联合其他学者和政界人物，为高斯争取到了享有特权的哥丁根大学数学和天文学教授，以及哥丁根天文台台长的职位。这一努力也标志着科学研究社会化的一个良好开端。

法国数学家亨利·庞加莱是兑卦人。他英年早逝，人们却评价他说:"有些人仿佛生下来就是为了证明天才的存在似的,每次看到亨利,我就会听见这个恼人的声音在我耳边响起。"

日本裕仁天皇是兑卦人。他发动了侵华战争。"即使天皇仅是一枚橡皮图章,但他是唯一处在对军队有发言权地位的人。而且在现实中,许多人都是高喊着'天皇万岁'才敢于献出生命的。"

商人辛德勒是兑卦人。他在第二次世界大战时期纳粹德国屠杀犹太人的暴行中,倾力拯救犹太人。他以生产军需品为名,聘用犹太人在他的工厂工作,从而拯救超过一千二百名犹太人。幸存的犹太人用自己保存下的一颗金牙,也是他们战后仅存的唯一财富,为辛德勒铸成了一枚戒指,并在上面刻了一句犹太法典上的希伯莱经文:"救一条命等于救全世界。"

以色列总理、"铁娘子"梅厄夫人是兑卦人。她的名言:"女士若要事业和家庭兼顾得宜,必然较困难,一位女士要负起一种双重的责任。职业女性若没有丈夫在支持,她的负担将是一般男士的三倍。"

不完备定理的创立者、伟大的逻辑学家哥德尔是兑卦人。他的晚年是自我毁折。他的名言:"有些事实被认知为真,但不必然可证。"

俄裔经济学家库茨涅茨是兑卦人。他认为,现代社会的产业结构由劳动密集型向资本密集型,并最终向技术或知识密集型产业转换。

熵概念的提出者、信息论创始人、美国数学家申农是兑卦人。他对信息的定义是:信息是用来减少随机不定性的东西,或者说信息是确定性的增加。

蒋经国是兑卦人。他亲手结束了"蒋家王朝"。

伊拉克总统萨达姆·侯赛因是兑卦人。他被自己的贪欲俘获,毁在自己手里,一如兑卦之义:"孚于剥,有厉。"

五、释爻

这种利乐有情、分享取用的六种状态可以做很多引申,既可以把兑理解为喜悦、和悦相处,也可以把兑理解为游说。

第一种状态:"和兑,吉。"

原来说的是以美好的方式、休闲随意的方式取用,这是吉利的。后来的意思差不多,相和而相悦,这是吉利的。或者说,应和对方的意思游说,吉。这种初九爻状态者的地位低,但位正,因此和气以吉。以和颜悦色的态度去做人处事而得吉,肯定不会有错。这是一种自然生发、人人具有的快乐人生态度。

第二种状态:"孚兑,吉,悔亡。"

九二爻得刚中之美,能信而悦,则是吉利,没什么可后悔的。这是一种创造性的快乐人生态度。

第三种状态:"来兑,凶。"

六三爻以阴居阳,位置不当,巧言令色以取悦于人,有凶灾。这是一种盲目乐观的状态,是直截了当地来夺取的方式,是外来小人讨好的状态,结果很不好。

第四种状态:"商兑未宁,介疾有喜。"

对喜悦能保持一定的警惕,有所思量,心绪不宁,须排除凶险疾恶才会有喜庆的结果。也可以说,愉快地协商,未能安宁,剔除出了彼此间的一些误解,大家心情都很喜悦。这是一种坚持取法乎上、勤勉以待的快乐人生态度。

第五种状态:"孚于剥,有厉。"

九五居中得正,有大笑大喜之象,更有剥丧之象。在天大的喜悦中,自身有被剥除的危险。有人说,这是指那种甘心情愿为剥所俘获的状态,这是有危险的。还可以说,这是施信于失信之人,有危险。这是一种处悦厉行、警钟长鸣的人生态度。

第六种状态:"引兑。"

原辞"景夺",跟引夺是一义,暗中取用。后来爻辞义更为丰富。幸福之极归于平淡含蓄。这是把握了快乐真谛的态度,就像一个阅历丰富的老人,看到真正的快乐未能光大,他也并不着急,他引而不发,含蓄而令人愉快地表达自己的观点。

天泽履卦·悦而健：发明鞋子，脚踏实地
（中国青年节）
5月3日—5月8日

一、时间节气

时序再向前移，阴阳比例得到的六爻之象为天泽之象，上天下泽，苍天与湖泽相伴，一如老父与少女在一起。人们说，这是欢乐的，有歌舞相伴，是学习传承的，是要有所献祭、有所招待的。礼仪、礼节、礼乐，人生识礼明理，即在此象。这一卦象称为"礼卦"。

二、释卦

云南大理的得名即有这样的自然之象取义。大理最大的象即苍山、洱海，合起来正是天泽礼卦。大理最早的名称即是"大礼"，演变为"大理"；又一说，大理的苍山、洱海，长条形的山、海、山的格局，两阳夹一阴，合起来正是天然的离卦，从离演变成礼、理，今称大理。

天泽之象中有立夏。古代中国人的《月令》说："斗指东南，维为立夏，万物至此皆长大，故名立夏也。""立，建始也，夏，假也，物至此时皆假大也。"在天文学上，立夏表示即将告别春天，是夏天

的开始。人们习惯上都把立夏当作是温度明显升高,炎暑将临,雷雨增多,农作物进入旺季生长的一个重要节气。

立夏时节,万物繁茂。夏收作物进入生长后期,冬小麦扬花灌浆,油菜接近成熟,夏收作物年景基本定局,故农谚有"立夏看夏"之说。水稻栽插以及其他春播作物的管理也进入了大忙季节,故农耕社会极重视立夏节气。周朝时,立夏这天,帝王要亲率文武百官到郊外"迎夏",并指令司徒等官去各地勉励农民抓紧耕作。立夏的物候是:"一候蝼蝈鸣,二候蚯蚓出,三候王瓜生。"就是说这一节气中首先可听蝼蛄在田间的鸣叫声,接着大地上便可看到蚯蚓掘土,然后黄瓜的蔓藤开始快速攀爬生长。

立夏之后,中国南方进入了雨季。此时雨水多,大地泽水泛滥。先人在此时段发明了鞋子,以履泥泞,卦象上天下泽,悦而健行,是要以柔驯欢悦的态度去行走。雨天走路,有危险,但人们走路也像舞蹈一样。手之舞叫舞,足之舞叫蹈,即是履。天泽礼象的舞蹈之义在履象中更丰富、更形象,天泽礼被定格、定辞为天泽履。

天泽履,履就是愉快践行的意思。人们说,赤足行路,一身是胆。可是,光有胆量不够,危险无处不在,锋利的碎石、荆棘、尖刺,等等。所以穿上鞋子走路就安全许多、轻松许多。即使所去的地方一如泥泞,一如无路的大地,有可能踩到未知的恐惧和危险,甚至踩到老虎尾巴,但不要紧,只要和悦刚健,有礼有节,也不会被老虎大口吞下,反而能够成功亨通,顺利抵达目的地。乡村社会对危险之事习惯于用老虎来比喻,那个人胆子大,敢摸老虎屁股;这个人不小心,踩了老虎尾巴,可是居然没事。大概与老虎打交道的印象根深蒂固,一代代传下来了,以至于一辈子没见过老虎的乡村人谈论起危险来仍以老虎来比方。履卦的"系辞"是:"履虎尾,不咥人。亨。"

鞋子的发明对农耕社会的人来说是一件大事。从鞋子的发明和运用中,人们发现了很多道理。有一双鞋子多么不易,而鞋子又多么易坏、易碎，履践过的地方可以放心复踩、跟随，如此即是道、是路。在道路上可以看到前人留下的敝履，从一履、两履中计算我们走过的路程，于是就有了一里、两里。人生可以道里计，人生也不可以道里计；人生之道需要特别的践履，那就是礼；人要克己复礼，人生要遵礼而行，如此愉快健行，就有利有宜。

履卦时空的"彖辞"是："履，柔履刚也。说而应乎乾，是以履虎尾，不咥人。亨。刚中正，履帝位而不疚，光明也。"

人们在对愉快践行的思考里，明白这是以柔顺的精神，去履行刚强难行的事情。以和悦中正的态度应和乾刚中正。这样就是踩了老虎的尾巴，也不会被吃掉，而得成功亨通。人生如能刚健中正，就是到了至尊之位也没有灾疚，前途一片光明灿烂。

履卦时空的"象辞"是："上天下泽，履。君子以辩上下，定民志。"

人们考察天泽履象，尊卑显明，各有其能；效法它的精神，就分辨上下礼仪，安定民心。

三、时空节点

中国青年节（5月4日）在履卦时空之内。"君子以辩上下，定民志。"这一节日源于中国1919年反帝爱国的五四运动，五四运动是中国近现代史的转折点。青年节期间，中国各地都要举行丰富多彩的纪念活动，青年们还要集中进行各种社会志愿和社会实践活动，还有许多地方在青年节期间举行成人礼仪式。

四、时空禀赋

履卦的意象有天空下的湖泊，有鞋子，有礼仪，等等。由此推断履卦人好动，人很活跃，四处游走，他们的腿脚也易受伤。我们还可以说，他们的身体一般，但破坏性强。他们孤独，对传统、前贤甚至后生容易冒犯，从而自己也会受到伤害。他们也注重礼仪，注重君子之风，自身信义却有所欠缺。

法国政治家罗伯斯庇尔是履卦人。"夬履，贞厉。"好事者为他写的墓志铭是："过往的人啊！不要为我的死悲伤，如果我活着你们谁也活不了！"

清朝康熙大帝是履卦人。他少年时除鳌拜冒险而极其顺利，一如履卦之义："履虎尾，不咥人。亨。"

英国生物学家T·赫胥黎是履卦人。他自称是"达尔文的斗牛犬"。他的名言："尽可能广泛地涉猎各门学问，并且尽可能深入地择一钻研。"

波兰作家显克维支是履卦人。他的名言："尽管世界和人生是坏透了，其中却有一件东西永远是好，那便是青春。"

德国作曲家勃拉姆斯是履卦人。他继承了前人的传统，自称："在我背后不断地听到巨人（指贝多芬）的脚步声。"

俄国作曲家柴可夫斯基是履卦人。他说："至于我对音乐里俄罗斯元素的关注，是由于我常年生活在异国。在我年幼的时候，俄罗斯民族音乐无法描述的美丽就已经充满了我的生命。"

德国旅行家、地理和地质学家李希霍芬是履卦人。翁文灏称他："对于中国主要地质构造及地文之观念，其伟大之贡献，实无其他地质学家，足与伦比。"

汪精卫是履卦人。他确实面临脚踏实地的问题，一生也确实穿错鞋了。跟他相比，他的夫人陈璧君过于刚强。他以书生文人的柔弱履践政治刚位，卦辞说"履虎尾，不咥人"，那也只是指他早年参加革命的命运，至于"利贞"才能"履帝位而不疚"，他没有守住贞节。爻辞中还有"眇而视，跛而履，履虎尾，咥人凶"的字样，可算他晚年的写照："武人为于大君。"他也确实奉日本军阀为大君。"夬履，贞厉"，他确实沐猴而冠，穿了一双鬼怪之履，而有了身名俱灭的危险。

精神分析学说的创始人弗洛伊德是履卦人。他认为人类被压抑的欲望绝大部分是属于性的，性的扰乱是精神病的根本原因。他在理论上阐述了人格的发展是基于个人的童年经验。在他的哲学著作中，他主张一种无神论的世界观。他被颂扬为"二十世纪无神论者的试金石"。"视履考祥，其旋元吉。"

近代共产主义运动、无产阶级的精神领袖，德国哲学家、思想家马克思是履卦人。"视履考祥，其旋元吉。"他的名言："代替那存在着阶级和阶级对立的资产阶级旧社会的，将是这样一个联合体，在那里，每个人的自由发展是一切人的自由发展的条件。"

印度诗人泰戈尔是履卦人。"履道坦坦，幽人贞吉。"他的名言："如果你因错过太阳而流泪，那么你也将错过群星。"

历史学家顾颉刚是履卦人。"履道坦坦，幽人贞吉。"他认为："汉人是许多民族混合起来的，他不是一个民族。""常有强壮的异族血液渗进去，使得这个已经衰老的民族时时可以回复到少壮，所以整部的中国历史的主要问题就是内外各族的融合问题。"

日本前首相田中角荣，演员奥黛丽·赫本，瑞典诗人马丁松，中国作曲家马思聪等，是履卦人。

五、释爻

对履卦时空，人们看出了舞蹈、履践的状态，跟在泥泞里走路危险而践行时的手舞足蹈相似，人们在暗夜行路也是危险而健行。暗夜行路是乡村社会具足的生活经验，其中检验了胆识，也节省了时间，这样的经验经大家交流，确定了六种状态。

第一种状态："素履，往无咎。"

意思极为丰富，如穿错鞋，走错路，跟人相错相撞，等等。总之，刚开始实践，还是在摸索之中，但只要初心不改，就没有灾祸。

本着朴素的态度而行，是没有害处的。心地纯朴，品行端正，处处小心行事，按本分行事，只是专注于自己奉行的志愿，那么无论到什么地方都没有灾祸。

这一阶段，有才能，地位低，却也安于低的地位。这是踏步前行的第一步，还不曾被富贵诱惑，仍然本着自己平素的志向前进，所以不会有过失。

第二种状态："履道坦坦，幽人贞吉。"

意思是开始适应道路了，在暗夜走路，坦坦荡荡……

小心行走在平坦宽广的大道上，就像处于黑暗幽居中的人能够安于正道也明辨道路一样，人们要不失贞正之道，这样才有吉祥。

第三种状态："眇能视，跛能履。履虎尾咥人，凶；武人为于大君。"

这是第三阶段了，人们有些得意，粗心，自负了。六三爻以阴居阳，失位不正，不谦逊而行，就像独眼人，也能看到，但所看不明；就像跛足之人，也行走，但所行不远。以此而行，将为物害，如做危险的事，就好像踩了老虎尾巴而被咬伤，凶险至极。也像孔武有力之人，莽撞无知，却要做一个大国之君，顽固刚愎，必有危险。

这种状态是说行人生之道，贵在有自知之明，要知道自己能走多远。

第四种状态："履虎尾，愬愬，终吉。"

这一阶段，吃一堑，长一智。行人生之道，在九四多惧之际，伴近九五之君，伴君如伴虎，就像踩着虎尾巴，但能遇险知惧，战战兢兢，最后仍吉利。

第五种状态："夬履，贞厉。"

这一阶段，人再度虚浮起来，意思也丰富。在暗夜行路，快到终点了，得意忘形，走在大路上也怪模怪样的了，或者鞋子缺了口、破了坏了，或者跌了一跤，或者被坏人当作目标，总之，吃了大亏。这一阶段在人文之象上，处至尊之位，容易刚愎自用，莽撞行事，这样即使守着正道，也容易有危险发生。

第六种状态："视履考祥，其旋元吉。"

履践之极，能够检视自己走过的道路，详细察看一下吉凶祸福，反省改正，顺应自然之道，这样是吉祥的。

人们常说"我过的桥比年轻人走过的路多，吃过的盐比年轻人吃过的饭多……"，因此懂得人生的道理。农村人还说"男人在外走，就看女人的一双手"，即是看女人给男人做的衣服、鞋子是否合适。这也是"视履考祥"的意思。

曾子有云："吾日三省吾身。"一如此爻。

四、从立夏到夏至

在古代中国人的易经模型中，六十四卦的卦时具有无限可迭代的特征。比如乾卦，既可指一个太阳年的三百六十五天时间；也可以缩小一倍，指上半年的一百八十多天时间；还可以再缩小，指上半年最后四分之一时间，即从立夏到夏至的四十五六天时间；还可以再缩小，指夏至前的五六天……如此递减，最后可以缩小到专指一年中的某一天、某一天中的中午前的几小时时间。如此缩小，时间可精确到以秒计算。当然，时间也可以按此模式如此递进放大，如三十年为一世，六十年一循环……

今天的分形理论、全息理论，其核心之义是系统的自相似，系统中的部分跟系统整体在结构、功能等方面具有相似性。这些理论所描述的，正是易经千百年来所运用的。

5月8日至14日前后，夏天开始。其卦象为坤地卦和乾天卦的和合：三阳盛势，畅通无阻。人在天地间，这是通达无碍之时，天、地、人组成一个"泰"字。因此，泰卦有扶助、安定、通达等义。"母亲节"、"国际红十字日"、"国际护士节"等，在泰卦时空内。

5月14日至20日前后，是春忙过后的间歇期。人们有时间可以从事畜牧业了，开始放牧牛羊、饲养家禽，这就是山天大畜卦。乡土中国，人们见面时的问候语常常是"家里养了多少头牛、多少头猪"一类，因为牛、猪一类的家畜代表了一户人家财富的多少。当然，这种问候也可以上升到国家层面，"问国君之蓄"，其意义自不可与庄户人家可比。由此可见，畜牧业在上古中国所具有的重要作用。因此，"大畜"、"小畜"也成了官职名。大畜，与"大仓"、"大府"、"大藏"同。"国际博物馆日"在此时空内。

5月20日至25日前后，是小满时节。此时是农作物灌浆成熟的关键期。农作物渴盼雨水！有了雨水，增产才成为可能；没了雨水，减产是注定的，搞不好还会颗粒无收。"小满不满，干断思坎。"云在天上，是待下的雨，而"雨"、"天"二字组成了"需"字，这就是需卦。"国际生物多样性日"在此时空内。需卦，也跟生命赖以维系的饮食相关。

5月25至5月31日前后，经过灌浆的农作物需要风将其三干催熟，以使其颗粒饱满。此时正是巽风卦与乾天卦的和合，是谓风天小畜卦，即指农事。小畜卦与文化、农业、小康生活相关。

5月31日至6月6日前后，是震雷卦与乾天卦的和合，此时也正是男人一年精神、力气最为充沛的时候。男人像木桩一样硬朗，扛起木板，就是"壮"，是谓大壮卦。"专气致柔，能婴儿乎？"婴儿的第一声啼哭，是其最嘹亮、最阳刚一生的伊始，以故"国际儿童节"在大壮时空内。

6月6日至6月12日前后，芒种节气，也是农村最忙的时候。人们此时需要补充营养，有肉吃，才有力气干活。熏制好的腊肉，挂在屋梁下，即便省着吃，到了五六月份鲜有吃不完的。因此，到了大忙时节仍有肉吃，堪称"大有"之家。人们观象系辞，将火、天二卦的和合时空命名为大有卦。大有卦，确与财富相关。

6月12至17日前后，是农村抢收、抢种的"双抢"时节。抢收时，人们要提防邻居或他族来偷窃或劫掠农作物果实。自然，人们也要时刻注意天气的变化，有可能给"双抢"带来的困难。总之，这是一个决战的时刻。兑泽卦与乾天卦的和合之象，蕴含着决战之象，这就是夬卦。"世界防治荒漠化和干旱日"在此时空内。

6月17日至22日前后，是夏至。最长的白天来了！乾天和合，故而"父亲节"节多在此时空内。"天行健，君子以自强不息。"乾卦，多与责任、主见、健行、思想相关。

地天泰卦·健而顺：天地交通
（西方母亲节，世界红十字日、国际护士节）
5月8日—5月14日

一、时间节气

这是立夏时节，春夏之交。人们将阴阳数排列，发现卦象是上地下天，正好是天地之交。观察周围，一切阴阳、雌雄相交，万象通达。人交而生子嗣，畜交而生崽群，天地交而生万物，总之为"衍"，代代之衍谓之"泰"。这是一个交通之时，是大通之时，通达通泰。对人类社会来说，这是一个可以祭祀、请客送礼的吉祥时空。此时的祭享仪式给人留下了很深的印象，即木棍搭成的供桌，放上水果，久而久之，水果名字及其形象"柰"，成为了这一时空的卦名。几经变化，柰变名为"泰"，人们用泰字来命名这一卦象。泰字既是天（即三横）、人、地（即川字、水字）三元素的组合，又是人在上、雨水河水在脚下、两旁有人扶的形象，这再再说明泰字的安定、通达之意。

二、释卦

阴阳数变化至此，内卦三阳之壮足以开启通泰时空。这一时空健而顺行。卦序上也可以看到，在兑卦时空之后是履卦时空，即劳作之后有脚踏实地，因脚踏实地而觉得通泰，万里可达。这就是泰卦时空。

人们说，上地下天是通达的。这一时空的阴阳属性是内阳外阴，自然属性是内健行、外柔顺，人文属性是内君子、外小人，社会属性是君子道长、小人道消。在这一时空里，对大自然来说，天地交而生万物。按此规律从事农牧渔猎，可以获得丰收；按此规律预测天象，可以避免天灾损失；按此规律改造自然，可以事半功倍。这一时空的地天之交最为通泰。对人类社会来说，有此阴阳男女通泰就能万世不绝。为此，在古典中国，一些传统节日，如泼水节、清明节、灯火节、端午节、乞巧节、中秋节等，一些活动，如闹花灯、篝火舞、划彩船、采茶歌等，都是为男女交往提供条件与方便，以实现社会种群的繁衍通泰。对人世的活动来说，在一来一往中产生好处、利润，成果巨大。如商品成交而生利，小钱变大钱；如五谷加工后与酵母相交而生发面，可以做多种食品等；如盖房子，屋架就是二木相交，而能顶千斤。对人的交往来说，这种时空意味着要有上下交往，从交往中产生的共识、忠诚、友谊，往往具有巨大的创造力量。

因为"小往大来"，小的投入，有了大的回报。小人去张罗事务，大人们来主持仪式。小人出外，君子大人们进来，如此大人中心、小人边缘的结构，国家社会才会安定。同时，从上下卦的角度看，小者在上、大者在下，其实然和应然状态是，大者要有开阔的胸襟，尊重身份低微者，尊重其才华和权利，如此结构，才会使国家社会长治久安。泰卦的"系辞"是："小往大来，吉，亨。"

成功之道就是"泰道"，阳气在下，阴能在上；强健于内，外表柔顺；先君子而后小人。泰卦时空的"象辞"即是："天地交而万物通也，上下交而其志同也。内阳而外阴，内健而外顺，内君子而外小人，君子道长，小人道消也。"

泰卦时空的"象辞"是："天地交，泰；后以财（裁）成天地之道，辅相天地之宜，以左右民。"就是说，天地阴阳之气互相交感沟通，是泰卦之象。君王效法它的精神，从而要裁制天地之道，使其成功发展，辅佐天地自然所宜，以帮助民众。也有人说，天地阴阳之气交感，让人想到夏后氏开启私有财产制度。承认人性之私，将财产造就成天地之间的标准或大道，根据天地气候之变化相宜，辅助百姓按时搞好四时农业生产，因此保佑百姓，使百姓身心得以安康。在此基础上，"三阳开泰"演变成"三羊开泰"，即是说民生要得到切实的保证。

春秋时代的晋国公子重耳曾经占到了泰卦。重耳在外流亡多年，经历诸多磨难后，来到秦国，秦穆公派兵护送他回国。回国前，重耳的部下为他占到泰卦，解释说，这是天地配享、小往大来的兆头，阴谋者正在衰亡，阳者正在生长，意味着重耳回国必能掌握晋国。

三、时空节点

世界红十字会日（5月8日）在履卦和泰卦的时空交汇处，以纪念其创始人亨利·杜南。在这一天，国际红十字会及其在各国的分会都以各种形式纪念这一日子，以表示红十字运动的国际性以及红十字人道工作不分种族、宗教及政治见解的特性。

国际护士节（5月12日）在泰卦时空之内，是为纪念现代护理学科的创始人弗劳伦斯·南丁格尔于1912年设立的。每逢国际护士节，世界各国卫生界都会举行纪念活动，重温南丁格尔"忠贞职守，尽力提高护理专业标准，勿为有损之事"的誓言，激励广大护理工作者秉承优良传统，竭尽全力帮助患者恢复健康，减轻病痛，为增进人类和谐、和睦、尽心尽力、尽职尽责。这其中有泰卦义理："小往大来"，"辅相天地之宜，以左右民。"

母亲节（5月11日）亦在泰卦时空之内。母亲节起源于希腊，古希腊人在这一天向希腊神话中的众神之母赫拉致敬。在十七世纪中叶，母亲节流传到英国。现代意义上的"母亲节"起源于美国，由安娜·贾维斯（1864—1948）发起。第一个"母亲节"于1908年5月

10日在西弗吉尼亚和宾夕法尼亚州举行。在这次节日里，康乃馨被选中为献给母亲的花，并以此流传下来。而中国的母亲花则是萱草花，又叫"忘忧草"。跟泰卦时空相对应，母亲的心是最通泰包容的。母爱是世间最无私的情感，母爱的胸怀是世上最宽广的空间。自有文明以来，人类就对母爱给予了最美好的赞辞。意大利人说："母亲的心是儿女的天堂。"德国人说："母爱最高尚。"伊拉克人说："没有比巴格达城更美丽，没有比母亲更可信赖。"中国人千年来吟诵："慈母手中线，游子身上衣。临行密密缝，意恐迟迟归。谁言寸草心，报得三春晖。"

春秋时代的阳虎占到过泰卦。当时，晋国准备讨伐宋国，阳虎占到泰卦，爻变为需卦。他认为，爻变的爻辞是"帝乙归妹，以祉元吉"。帝乙是宋国的先祖，可以说宋国大吉，我们讨伐宋国怎么能取胜呢？后来，晋国听取了阳虎的建议，停止攻宋。

西晋末年的郭璞占到过泰卦。当时，郭氏族人向南避难，因为有盗贼把守要道，就为前行是否平安占卦。郭璞占到了泰卦。他说，这是大好事。这么多人避难，卦辞说"拔茅茹以其汇，征吉"，而且泰卦有沟通的意思，前行应该没事。后来的遭遇一如所料。当到达盗贼把守的地方时，他们发现盗贼们已经离开了；而没有跟随郭璞的人却遭到了抢劫，很后悔没有听从郭璞的话。

魏晋时期的苻坚占到过泰卦。当时，杜洪占据长安，苻坚给杜洪送了很多礼物，杜洪认为苻坚看中了长安，准备抵抗。苻坚见杜洪识破其企图，也准备开战。大战前，他占到泰卦，爻变为临卦。他认为，泰卦卦辞是"小往大来，吉亨"，失去的小，得到的大，我们定能攻占长安。果然，两军交战后，杜洪战败，苻坚顺利地进入长安并将其定为国都。

西晋末年的张轨占到过泰卦。当时，张轨是西晋的将军，在局势动荡、朝政混乱之际想独霸一方，就占卦，得到泰卦，爻变为观卦。

他非常高兴，认为这是他将成为一方霸主的兆头。后来他如愿出任凉州刺史，开始了他的家族在凉州长达七十多年的统治。张轨成为前凉政权的开创者。

四、时空禀赋

中国人说"三阳开泰"，即是说泰卦时空是极为通达的，其本质在于天地的充分交汇，天地彼此相助，使天地出现生机。泰卦人也因此是辅助、辅佐之才，有母性般的宽厚。当然，泰卦人也很随性，多灵机处事。他们适宜于文化产业，凭自己的努力做事；善于积累，执著较真；外表温和，内心冷静。从卦象上看，他们要注意居安思危，乐极生悲。

拜占庭帝国皇帝查士丁尼一世是泰卦人。他去世时，人们一片欢腾，举国上下同庆。

美国废奴运动领袖布朗是泰卦人。他的名言："我相信，像我所做的那样，为那些受人轻视的穷人们进行工作，并不是错误的，而是正确的。现在，如果认为有必要叫我为正义事业付出生命，把我的鲜血和我的孩子们的鲜血，以及千百万个奴隶的鲜血混合起来——我同意。"

《牛虻》的作者、英国作家伏尼契是泰卦人。她认为，一个人的理想越崇高，生活就会越纯洁。

《最后一课》的作者、法国作家都德是泰卦人。他的名言："让他人接受一种看法的最好方式，就是让他们相信这个看法来自于他们自己。""仇恨是弱者的愤怒。"

现代舞之母、美国舞蹈家玛莎·葛兰姆是泰卦人。她生前被称为美国"国宝"，被誉为世纪舞蹈家、一代舞蹈巨匠，与毕加索、斯特拉文斯基齐名。一个以苦为乐、以表演为灵魂、以创作为生命的舞蹈女神。

红十字会创始人亨利·杜南是泰卦人。他的名言："我们必须衷心地向各个国家、各个阶层的人们发出呼吁，无论是伟人们还是最贫困的劳动者。因为所有的人都能在各自的领域里，用不同的方式力所能及地做些事情，来帮助开展慈善工作。"

现代社会护理事业的创始人南丁格尔是泰卦人。她被称为"伤员的天使"和"提灯女士（神）"、"提灯天使"。她为护士拟定的誓言："余谨以至诚，于上帝及会众面前宣誓：终身纯洁，忠贞职守，尽力提高护理之标准；勿为有损之事，勿取服或故用有害之药；慎守病人家务及秘密，竭诚协助医生之诊治，务谋病者之福利。谨誓。"

西班牙超现实主义画家达利是泰卦人。他的名言："我同疯子的唯一区别，在于我不是疯子……每天早晨醒来，我都在体验一次极度的快乐，那就是成为达利的快乐。"

中国香港实业家霍英东是泰卦人。他本名霍官泰，后来自己改名，以期许自己"英姿勃发于东方世界"。

美国总统杜鲁门是泰卦人。"内君子而外小人。君子道长，小人道消也。"

物理学家费曼是泰卦人。他是美国最伟大的物理学家，据说"费曼能做任何事情，所有的事情"。

印度哲人、灵性导师克里希那穆提是泰卦人。他认为："人人皆有能力靠自己进入自由的了悟领域，而所谓的真相、真理或道，都指向同一境界。"

伊朗宗教领袖霍梅尼是泰卦人。他的名言："不要东方，也不要西方，我们只要伊斯兰！"

美国著名记者迈克·华莱士是泰卦人。他的名言："采访肤浅的人别找我。我宁愿辞职也不会这么干。"他形容自己的采访是"走在虐待狂和知识分子的好奇心中间的一条线上"。他的口头禅是"原谅我"，并说"当你听见这句话时，意味着令人不快的问题快要来了"。

西班牙作家塞拉，德国化学家李比希，中国画家张大千，《草叶集》等诗歌的中文翻译者赵萝蕤，作家王小波等，是泰卦人。

五、释爻

这种小往大来的通泰让人们想到了农业的开荒，想到了小邦周出兵请回大邑商的帝乙之妹的故事，因此在通泰的六种状态里写下了这些故事。

第一种状态："拔茅茹，以其汇，征吉。"

从卦象上看，初九爻心志在外，跟其他二阳同类同行，这是吉祥的。联想到种庄稼，必须除草。而茅草的生命力很强，拔出来如果不集中起来，落在地里还会死而复生。因此，必须"汇"起来，晒干烧掉，这对种庄稼是吉利的。

人们相邀汇聚一起，去开荒，拔取茅草。茅草的根相牵连，也是同质汇聚。战士出征，命运相连。这类开拓，心志在外，志同道合，团结吉祥。这种原初经验可以无限引申，比如说军事上远交近攻。先清除敌国的同盟军，这对征伐敌国是吉利的。

第二种状态："包荒，用冯河，不遐遗；朋亡，得尚于中行。"

此时的目标已确定，要去垦荒、扩大种植面积，因此要过河，不要有所荒废、遗弃；在这样的过程里，会有一些损失，有人掉队放弃，但没有关系，坚持中道行事，自有朋友来相助。

由于字句的简单，"包荒"的"包"又有"匏"之意，即葫芦的意思。人们也想到了用大葫芦绑在身上过河的事，一队人马如此过河，有人被落下，有人丢下钱财，有人来不及招呼朋友，人人勇往直前，如此才能赶上大部队。

无论原始义是哪一种，望文生义可谓易经思维的一大特点，原始义或演绎都有其意义。这一爻也具有农耕社会特征，即耕战合一、农耕生活与军事行动的集体性。

第三种状态："无平不陂，无往不复；艰贞无咎，勿恤其孚，于食有福。"

处于乾天之终，象征泰极而将有否事。在世间，没有平坦常安而不起陡斜倾危的坡；没有发生过的事而不返复回来的。对前途不管多么艰难，仍要坚守正道，就不会有错；不用担心别人失约，不用担心他人是否有诚信，只要自己坚守就于食有利，是有福报的。

这一卦象也可说是拓荒或行军道上诗一般的动员令。前进啊前进，没有平坦就不会有斜坡，没有出征就不会有复还；当你处在艰难的境遇中，艰难不也预示着没有灾祸？不要顾惜到手的坛坛罐罐，我们前去寻食，一定会得到幸福。

这一爻象可以引申无限，以大禹来说，他带着人们的怀疑去治水，历经千难万险，其妻涂山氏抱子望眼欲穿，但他三过家门而不入，最终平息洪灾，舜帝让位给他。可以这样说，禹之"食"，乃四海也，但来之不易。

第四种状态："翩翩，不富，以其邻，不戒以孚。"

六四爻处于有资财之位，它可以有所作为，施财于众，本身不保有财富，如此推恩，所以不用加以警戒，上下左右之间诚信相孚。这一爻还可以解释为因为地位高了，人也轻浮了，而轻浮者不会富有，还会影响邻人。我们从这一爻位中的悖反意思里可以体会康德的"二律背反"，体会乾卦同样是第四爻位的告诫："或跃在渊"。

人们也从卦象中看到行军途中的白描场景：像飞鸟一样联翩急行，不带辎重，虚怀若谷，路上的友军来不及戒备，坦诚相见，讲求信用，秋毫无犯。

人们还从卦象中看到了通达的应有情怀：一身轻松，散财有道，与民沟通，毫不设防，心甘情愿。

第五种状态："帝乙归妹，以祉元吉。"

这一爻处至尊之位，而有通泰的精神。就像帝乙将他的妹妹，下嫁给了周王，因此获得幸福。这种大吉不仅是帝乙和周王两家，历史上的"和亲"几乎都象征着两国交好，国泰民安。

这一爻象也可以说是迎亲的队伍唱的歌谣：帝乙嫁了他的妹妹，还加封了我们周人的首领；我们获得了赏赐，一切都大吉大利。

第六种状态："城复于隍，勿用师，自邑告命，贞吝。"

泰卦时空的终点，人心久处安逸而渐渐萎靡涣散，上下之情难通，就像一座坚固的城墙，年久失修，复崩溃为土，城墙倒塌在久已干涸的护城壕里。这是一种信号，此时决不可对外用兵。高层传来了不用兵的命令，这样的兆头不好。

这种泰极否来的情形几乎是世道、家道、王朝的必然现象，一人、一家小康之后都会失去血性、精神和气魄，他的欺软怕硬也是泰卦之极的表现，"勿用师，自邑告命，贞吝"，别招谁惹谁，别招事，他这样告诫自己。但这样下去不会有好结果，一国也是如此。宋人在《东京梦华录》中说当时的鼎盛："太平日久，人物繁阜，垂髫之童，但习鼓舞，斑白之老，不识干戈。"结果，宋人遭遇了"靖康之耻"。

山天大畜·健而止：六畜兴旺
（国际家庭日，国际博物馆日）
5月14日—5月20日

一、时间节气

先哲看此时序卦象，上山下天，山在天外，天在山中。这是人迹罕至之地，是深山密林之地，是洞天福地。适宜生物自然生长，天敌一时难以制约，因此壮大。在深山中有野牛、野象、老虎、野猪等大动物。

二、释卦

人类驯化动物，将其圈养，也是用艮山一类的木栏杆禁止动物跑失。因此山天卦象即是畜养之象，人们喂养牲畜，让它们吃得膘肥体壮。这一时空的卦象被命名为"大畜"。既是牲畜，又是蓄积。万物在此时长粗长大。这一时期正是春忙过后，人们有闲暇照顾、放牧牛羊了。从卦序上看，兑后为"履"，履后为"泰"，通泰时空之后必有大的蓄积，此时即为大畜时空。

人们观察此一时空的卦象，明白了养贤的重要，明白了积累的重要，认为这一时期蓄积的既大且多，才能利生、坚守正道。有大蓄之才,就无须在家里求食,可以向外发展,为天下服务,也为天下所养,这才是吉利的。这一时空的卦象表明可以突破难关,开创未来,纵使大江大河,也可以越过。农耕社会里,人们放牧牛羊,经常跋山涉水,要带上干粮,早上出门,晚上才能回家,中午甚至晚上都只能在外吃饭。大畜卦辞是:"利贞。不家食,吉。利涉大川。"

观察这一时空的角度就是蓄养,若吃着官饭的人,遵循着从蓄养家畜中明白的道理,那是很吉利的,有利于事业的顺利发展。这一时空跟小畜时空相应,一考察畜牧业,一考察农业,从中领悟生存的道理。农耕社会最常见的吉利语是"鸡鸭成群"、"六畜兴旺"等,六畜即指牛马猪羊犬鸡。《礼记》中说:"问国君之富,数地以对,山泽之所出。问大夫之富,曰有宰食力,祭器衣服不假。问士之富。以车数对。问庶人之富,数畜以对。"这样的情形在今天的社会依然存在,城里有钱人会被打听,他家里有几辆车……农村人则被打听,他家里有多少头猪、多少只羊……

在上古中国,"大畜"、"小畜"也是官职名,大畜即"大仓"、"大府"、"大藏"、"大司农",负责财货,以供军国之需;小畜即"少府",负责山海池泽的税收,以供天子之用。日本至今有大藏省。

大畜卦时空的"彖辞"是:"大畜,刚健笃实,日新其德。刚上而尚贤,能止健,大正也。不家食,吉,养贤也。利涉大川,应乎天也。"

人们说,这一时空的阴阳之德是健而止,刚健笃实,光辉昭著,其德又能日新又新;人文之属性是阳刚处上而又尚贤;能蓄止刚健,是坚持正道的大畜;不在家中求食也吉利,是说明社会重视贤德;利涉大川,这是应合天时而努力去创造、开拓。

大畜卦时空的"象辞"是:"天在山中,大畜。君子以多识前言往行,以畜其德。"

因此,天在山中是丰大而繁多的大畜之象。君子效法这一精神,多多地体认前代贤哲的言行，以蓄积其德性。

三、时空节点

国际家庭日（5月15日）在大畜卦时空内。家庭在建立精神安宁、巩固文化和社会关系以及对后代的成长中有着重要作用。家庭作为社会的细胞，可以保护青年和未来一代免遭社会的不良现象的腐蚀。男女的结合是符合人性的，它不但能加深双方的关系，而且使他们相互完美，并奠定牢固的家庭基石。通过他俩又可建立起新的亲戚关系，而这一裙带关系在人类历史长河中、在加强社会基础中发挥着重要的作用。这就是家庭和家教的意义，是谓大畜。

国际博物馆日（5月18日）在大畜卦时空内。1974年6月，国际博物馆协会于哥本哈根召开第十一届会议，将博物馆定义为"是一个不追求营利，为社会和社会发展服务的公开的永久机构。它把收集、保存、研究有关人类及其环境见证物当作自己的基本职责，以便展出，公诸于众，提供学习、教育、欣赏的机会。"这正是大畜义理："君子以多识前言往行，以畜其德。"

清代的大学者李恕谷曾占到过大畜卦。当时，他的朋友郭子坚邀请他到南方去玩，打算给他找个小妾，以便生个儿子延续香火。临行前李恕谷占了一卦，是大畜卦，爻变为中孚卦。他当时不解其义，只知道是吉利的兆头，就应邀南行，果然娶了一个生肖为猪的女子为妾，并在寅年生了一个儿子。后来他学了易经，才明白了占卦和解卦的意义。

四、时空禀赋

大畜卦人博学多识（"君子多识前言往行"），有财运。大畜的意象是天上的云山，风吹即散，故大畜卦人做事多密不透风，财富也转为固定资产为好。其人生多跟储藏、积蓄、酝酿、孕育等意象相关。

他们耽于幻想，思考多，有城府，喜欢未雨绸缪，反复酝酿，于无声中落到实处。有意思的是，他们多不在家做饭（"不家食吉"），喜欢养植花草、养小动物。

牛痘接种的创始人、英国医生詹纳是大畜卦人。当时天花在欧洲广泛流行，十八世纪死于此病者达一点五亿人以上，连国王也未能幸免。詹纳经过二十多年刻苦研究，终于证实对人接种牛痘疫苗，能使人获得对天花的永久免疫力，从而挽救了无数生命。

英国空想社会主义者欧文是大畜卦人。他最著名的著作为《新社会观》、《新道德世界书》。1823年，他以全部财产在美国印第安纳州建立了一所"新和谐村"，进行共产主义"劳动公社"的实验。他的人生深得大畜卦义："何天之衢，道大行也。"

《论自由》的作者、英国哲学家密尔是大畜卦人。他的名言："如果整个人类，除一人之外，意见都一致，而只有那一个人持相反意见，人类也没有理由不让那个人说话。正如那个人一旦大权在握，也没有理由不让人类说话一样。"

德国哲学家费希特是大畜卦人，他说过："科学家一旦做出成绩，就应该忘记自己所做的事情，而经常去考虑他应该做的事情。"

法国作家巴尔扎克是大畜卦人。他创作的《人间喜剧》共九十一部小说，写了两千四百多个人物，是人类文学史上罕见的文学丰碑，被称为法国社会的"百科全书"。他的人生深得大畜卦义："君子以多识前言往行，以畜其德。"

奥地利外交家梅特涅是大畜卦人。梅特涅是十九世纪保守主义的巨擘，在位三十余年（1815—1848），被称为"梅特涅时代"。他说过："读书总是嫌不够的……要想作出一种深刻的、特别是公正的批评，学问是非常必要的。"

英国哲学家罗素是大畜卦人。他是英国哲学家、数学家、逻辑学家、历史学家、无神论论者，也是上世纪西方最著名、影响最大的学者和和平主义社会活动家之一。他生前获得了诺贝尔文学奖,因为其"多样且重要的作品,持续不断的追求人道主义理想和思想自由"。他是"言论自由最勇敢的斗士,卓越的活力,勇气,智慧与感受性,代表了诺贝尔奖的原意和精神"。他的人生深得大畜卦义:"君子以多识前言往行,以畜其德。"

中国小说家张恨水是大畜卦人。他被尊称为现代文学史上的"章回小说大家"和"通俗文学大师第一人"。他说过:"穷和忙,哪许可我替古人掉眼泪。"

蒋经国夫人、俄裔华籍蒋方良女士是大畜卦人。陈水扁主政时曾发布褒奖令,称赞她的德行。

现代设计学校先驱、德国建筑学家格罗佩斯是大畜卦人。他的名言:"从房屋的使用功能、新材料和结构方式中,发展新的建筑形式。"

"脸书"的创办人、1984 年出生的美国年轻人扎克伯格是大畜卦人。据称他的公司市值已高达一千八百亿美元,扎克伯格本人也因这一成功创业,成为世界上最年轻的亿万富翁,同时他也是最积极从事慈善事业的美国富豪之一。

物理学家居里,中国实业家唐廷枢,越南共产党领导人胡志明,《星球大战》的导演乔治·卢卡斯,柬埔寨红色高棉领导人波尔布特,美国第一个女外交家奥尔布赖特等,也是大畜卦人。

五、释爻

人们总结蓄养家畜的经验时说,事情有了危险的苗头,就应阻止其发展下去就如同车子同轴相钩连处脱离,车子就会有倾覆的危险一样。良马竞选,进行训练,有利于未来急难时所用;每天驾车演习,到用时没有不利的。为了驯养,给小牛扎上笼口,大有好处。这何不是大自然界里放之四海而皆准的亨通之道呢!上述经验感受即大畜六爻爻象之辞。

第一种状态："有厉，利已。"

有大畜之才，但在初期必须待时，如不知停止，贸然前进，则有危险。因此跟乾卦"潜龙勿用"之意同，对大畜卦人来说，一开始就盲目前进是有危险的，没什么好处；宜于停止，安分守己，以养其德。

这一状态是说有才而位低者，当度自己能力，多识前言往行，以养德待时，否则贸然过刚而进，必然有灾。

第二种状态："舆说輹。"

积累得有一些资源，不安于内而有所动，想有所发挥了，但条件仍不成熟，一如出行时车子脱去了车轴。好在这一状态下当事人持中安分，没有过错。

人们看到这种状态，为了达到健而止的大畜，主动将行动的条件排除，将车厢连接车轴的木钩件卸掉，待在家中不外出，坚持守中，安分守己，是没过错的。

第三种状态："良马逐，利艰贞。日闲舆卫，利有攸往。"

这一状态是几乎可以大展宏图了，就像良马那样驰逐前进，此时宜注意应于艰难中守正自律。平时要训练自己，对骑射等保卫家园之事绝不陌生，如此积累，才能利有所往。闲时娴熟于武备，这一状态几乎是农耕文明的法则。在耕种养殖之外，要进行军事训练，兵民合一，这就是今天还存在的"民兵"。

第四种状态："童牛之牿，元吉。"

这是大畜成功的状态。这一状态是从训练开始的，就像把小牛圈养在牛栏里，给它戴上笼口，使其服帖而不发野性，这样做是大吉的。

第五种状态："豮豕之牙，吉。"

至尊之位。连小猪都长牙了，这样的生养蓄积是大吉大利的。也有人认为，这一句意思是，小猪会跑了，要用木桩拴起来以防跑掉。这样做是吉利的。

《大学》之道："自天子以至于庶人，一是皆以修身为本。"杨诚斋说:"尧以人心惟危,故逸乐慢游之过绝,汤以礼制心,故声色货币之念消,皆豶豕之牙之义也。吉而有庆,孰加于尧汤乎。"

第六种状态:"何天之衢,亨。"

大畜之极,可以担当大任,亨通成功,其道大行于天下,万众同被其泽。这一爻象状态既如前述是感叹大畜成功的四海皆准的道理,也可以说是先人在大畜成功之后的感恩。"何天之衢,亨",老天给予的洪福何其广大啊!这种感恩,东西方人并无例外,一如西人"哈利路亚"一类的赞美。

水天需卦·健而险：等待雨水
（国际生物多样性日）
5月20日—5月25日

一、时间节气

这是小满时节。《月令七十二候集解》："四月中，小满者，物致于此小得盈满。"这时中国北方地区麦类等夏熟作物籽粒已开始饱满，但还没有成熟，约相当于乳熟后期，所以叫"小满"。"小满不满，麦有一险。"南方地区的农谚则赋予小满以新的寓意："小满不满，干断思坎。""小满不满，芒种不管。"把"满"用来形容雨水的盈缺，即小满时田里如果蓄不满水，就可能造成田地干裂，甚至芒种时也无法栽插水稻。小满的物候是"一候苦菜秀，二候靡草死，三候麦秋至"。即是说小满节气中，苦菜已经枝叶繁茂；而喜阴的一些枝条细软的草类在强烈的阳光下开始枯死；此时麦子开始成熟。

二、释卦

小麦在此时需要灌浆成熟，需要雨水。有了雨水，每亩地增产一二百斤是常事；如果没有雨水，就会减产，乃至颗粒无收。但大自然与天体运动之间的关系匪夷所思，万物在千万年的演进里，有着气候年周期的记忆。小麦记得此一时段阴阳比例构成的雨水情况，本能地选择在此时灌浆。这样的大自然奇观举不胜举。夏季的雨水对当时的主要农作物黍、稷的成熟至关重要。

这一时空的卦象确实是水天卦。先人们的记忆也接近麦苗，他们跟麦苗一样抬眼望天，直接把上水下天卦象中的水写成雨字，把天写成人站在田头望天求雨的形象，后者演变成雨，水天卦因此就是需卦。一个等待、需要的卦。这是一个健而险的卦。"需"字可从雨水与天、人的结合看其来源，甲骨文中的需字也正是人遇雨沾身、停留守候之状。

需卦是一个生长期的时空，自然之象是仰天等待雨水，人生之象则是少年时期等待饮食。雨水与阳光给植物提供了饮食的所需，植物给食草动物提供了饮食所需，动植物又给人类提供了饮食所需。在生长期，自然最重要的是饮食之道。人们说，老天爷是多守信的啊，你需要雨水就给你生命的活水，这是光明的、广大的时空，是可以祭祀、宴享的时空，是贞固吉利的时空，是可以跋山涉水的时空。需卦的"系辞"是："有孚，光，亨，贞吉。利涉大川。"

需卦时空的"象辞"是："需，须也。险在前也，刚健而不陷，其义不困穷矣。需，有孚，光亨，贞吉。位于天位，以正中也。利涉大川，往有功也。"

人们说，水天需，就是需要等待。刚健不会陷于危难，正义不会遭遇穷困。要具备诚信、光明、通达、守正等精神，就能吉利。如此可以冒险，利涉大江大河。

需卦时空的"象辞"是："云上于天，需。君子以饮食宴乐。"

云气上升到天上，这是需卦的象。君子在此时机尚未成熟的时候，需要等待，唯有守着正道，不急于躁进；安心以饮食调养身体，宴乐团聚众人，以养心志，团结奋斗，方为上策。

从卦序上看，大畜时空之后正可以有条件远行，有条件"饮食宴乐"，有机会以逸待劳……这就是需卦时空。

三、时空节点

据说杨振宁、李政道等物理学家们在工作之余时经常以占卦为乐趣。1961年6月21日，李政道和杨振宁的同事A.Pais教授，因事问卜易经："存不存在一种普遍适用的原则，它统一强作用、电磁作用与弱作用？"他得到回答的那部分是需卦。这一劳作之余的花絮可说是最好的慰藉：等着吧，犒劳自己吧，因为在需卦时空。

国际生物多样性日（5月22日）在需卦时空内。生物多样性是地球上生命经过几十亿年发展进化的结果，是人类赖以生存之必需。人们对生物多样性概念有许多误解，多样性不是一个关于野兽和植物的简单概念，而是一个事关人类生活质量和发展质量的重要概念。

四、时空禀赋

需卦的自然之象是天上之水。天上的河流，即银河。社会人文之象则指分居状态，外人干涉状态，一如传说中银河两岸的牛郎织女。传说或神话思维其实也是人文社会之象的表达，农耕文明中河岸都是有情人分隔的象征、感情的见证。这种天文、人文之象在需卦人那里，则意味着其人感情有波折，而用情很深。需卦人是需要、等待的人生，是跟爱人共同创业的人生，能够一展才华。需卦人另有一个突出的特点，人生跟饮食相关，"君子以饮食宴乐"。

宋高宗赵构是需卦人。民间传说他"泥马渡江"，建立南宋政权。其命一如需卦卦义："光亨贞吉，利涉大川。"

明代改革家、"一条鞭法"的倡导者张居正是需卦人。他曾经辞谢皇帝的赐宴："一宴之资，动之数百金，省此一事，亦未必非节财之道。"他曾说："愿以深心奉尘刹，不予自身求利益。"

美国作家爱默生是需卦人。他的名言："每个真正的人都是一个事业、一个国家和一个时代；他们需要无限的空间、无数的人和无限的时间去完成自己的使命；子孙后代似乎像一排门客，跟随在他的身后。伟人恺撒，他是为后来时代而生的，我们从他那里得到了罗马帝国。基督出生了，成千上万的人紧紧依附着他的才华成长起来，人们认为他就是美德，就是人存在的原因。制度是一个人的身影的延长。"

奥地利作曲家瓦格纳是需卦人。他认为，音乐用理想的纽带把人类结合在一起。

瑞典科学家、现代生物学分类命名的奠基人林奈是需卦人。他的名言："在最平凡处寻找奇妙事。"

美国商人哈默是需卦人。在前苏联发生饥荒的时候，他建议："我有一百万美元的资金，可以在美国紧急收购一百万蒲式耳的小麦，海运到彼得格勒，卸下粮食后，再将价值一百万美元的毛皮和其他货物运回美国。"列宁亲自认可了这笔交易。

福尔摩斯的塑造者、作家柯南道尔是需卦人。他曾经说："生活是很枯燥的。我的一生就是力求不要在平庸中虚度光阴。这些小小的案件让我遂了心愿。"

前苏联诗人布罗茨基是需卦人。他一生深得需卦之义，曾以"寄生虫"的罪名被判刑，"君子以饮食宴乐"；后流亡到西方，"利涉大川"。他把中国唐人孟浩然的诗翻译成为："春天，我不想起床，聆听鸟儿鸣叫／我长时间回忆，昨天夜晚狂风呼啸／被风吹落的花瓣不知道该有多少。"

美国音乐人鲍勃·迪伦是需卦人。"君子以饮食宴乐。"他的歌："一个男人要走过多少道路，才配称作是大丈夫？一只白鸽要飞越多少海洋，才能安眠于沙滩？炮弹要掠过天空多少回，才能永远的停火？……一个人要抬头看多少次，才能见蓝天？一个人要有多少只耳朵，才能听见人们的哭喊？多少人死去他才能知道，已经有太多的死亡？……一座山峰屹立多久，才会被冲刷入海？那些人要活多少年，才能最终获得自由？一个人能转回头看多少次，假装他什么也没有看到？……"

前苏联作家肖洛霍夫，物理学家、人权活动家萨哈罗夫，前南斯拉夫总统铁托，证明"哥德巴赫猜想"的中国数学家陈景润，蝴蝶效应的发现者罗伦兹等人，也是需卦人。

五、释爻

人们观察需卦时空，观察雨水降落或等待的状态，联想到军备行动，得到六种辞句。我们可以说，需卦爻辞是先人观察夏天下雨的最典型的六种情境：郊野、沙滩、泥泞、沟渠、雨中饮食、雨中来客。

第一种状态："需于郊，利用恒，无咎。"

最初的等待，远离坎险，犹如在城邑之外、旷野之地，需待时机。惟其阳刚得位，位卑而体健，宜有恒心等待，而不可肆意妄动，则可无咎害。

这一卦象意味着雨水降到郊野的庄稼地里，大雨说来就来，老天爷是准时守信的，这利于人们持之以恒地强化对天时的记忆。

人们引申这一爻位，对军队管理训练而言，是要驻扎在郊外，不妨碍百姓生产生活；行动方便，不会打草惊蛇；甚至能够军垦，增加生长；有利于训练，养兵千日，用兵一时。

第二种状态："需于沙，小有言，终吉。"

在需要等待时，不贸然前进，就像在沙滩上等待。沙场决战，危险的河水在前。纵使稍有微词，或受到别人的议论、讽刺，但安守常态，最终吉利。

这一卦象表明雨水落到沙土地里，有人说怪话，可下雨终究吉利。

第三种状态："需于泥，致寇至。"

在需要等待时，迫近危险之中，就像在泥泞里等待，引来了盗贼。对军事行动而言，这一阶段是渡河后陷入泥沼之地，在敌人面前暴露了实力。

这一卦象就像无节制的暴雨落下，使庄稼地一片泥泞，像天上来了一伙强盗。

第四种状态："需于血，出自穴。"

此时在坎险之中，一如处在危险的血泊之中，只有顺命听从救援的到来，才能从危险的陷阱中得救。对军事行动来说，这一阶段是血染沙场，战斗将结束，百姓都倾巢而出观看。

这一卦象是雨水落到沟渠里，顺着穴居的房屋流下来了。

第五种状态："需于酒食，贞吉。"

至尊之位，在需要等待时，只有需于酒食，团聚众人以守正道，而获吉庆。这一阶段，对军事行动而言，是需要犒赏三军将士的。

这一卦象说明风调雨顺，有望好收成，人们可以享受酒食之乐，这是吉利的时光。

第六种状态："入于穴，有不速之客三人来；敬之，终吉。"

在等待的终极，此时有若处于深穴老巢，遭遇到不请自来的三个客人；恭敬相待，最终会吉祥有利。农耕社会的经验，天下雨了深居简出，但此时在外行走的人为避雨突然叩门，是谓不速之客。如此敬待客人，增进了情谊，故爻辞说吉利。对军事行动来说，攻入敌人的老巢，观望的百姓推举三个代表来打探情况，因此需要敬之而安民心。

当年周文王演易，在穴居中等待时机。纣王派去监视他的人突然闯入，周文王以敬化解其猜疑。这一爻可谓周文王故事的生动写照。

风天小畜·健而入：风助农事
（世界无烟日）
5月25日—5月31日

一、时间节气

这一时期农作物经过雨水浇灌，完成了灌浆，需要热风将其催熟催干，以使颗粒饱满。如果雨水绵延，作物成熟期延后，农民要从大自然夺食就难了。

好在农作物得天之助，阴阳变化至此，象数正好是风行天上。白居易诗："夜来南风起，小麦覆陇黄。"农作物的成熟过程获得充足的暖风，一天一个样。

二、释卦

这一时空就跟农业生产相关，人们最初命名为"少埶"，即种田之意。种植的本义为"执"，执为"艺"，人们至今称农事、花事为农艺、园艺，后来定名为"小畜"。大畜时空之后是需卦时空，需卦时空的交游又有新的积累，又有收获，这就是小畜。这种卦序，仍说明时空演进的某种本质或规律。现代人的"波浪理论"可谓是另一种观象系辞，波峰可谓大畜、小畜时空，波谷可谓需卦时空，而小畜后面的大壮、大有时空则是新的波浪。

这一时空也是值得庆祝的、祭享的。这一时空要风不需雨,人们理想的时空正是,密云不雨。人们观察的结论是:"云往东,一场空;云往北,天空黑;云往南,水潭潭;云往西,马溅泥。"《经解》中也说:"凡云自东而西则雨,自西而东则不雨。"小畜卦的"系辞"是:"亨,密云不雨,自我西郊。"

就像山天大畜卦象的物助一样,此时风天卦助大自然,也是一种积累、蓄积。跟大畜的畜牧业有所分别,人们就把此时的卦象命名从"少蓺"改为"小畜"。而风在很大程度上也是雨水的前兆,一旦时机不对,雨水提前降落,不利反害。因此人们对风天之象进行思考,意识到此时的小畜如走钢丝。我们可以想象,当年周文王联系到自己的处境,则又从自然收成联想到自己的国力积累。他为此写道:小畜,只是稍有积蓄,这是亨通的。在小畜之时,浓云密布,就像是从我们西方吹来,却不降雨。

小畜时空的"彖辞"是:"小畜,柔得位而上下应之,曰小畜。健而巽,刚中而志行,乃亨。密云不雨,尚往也。自我西郊,施未行也。"

这就是说,风天小畜卦象,柔顺得位而上下相应,因此稍有存蓄。刚健而逊顺,刚居中其志得以施行,所以通达。有密集的乌云而没有降雨,因为阳气还在往上走,还要努力积累。风从我所属的西郊刮来,尚未布施天下,有待功行圆满。

小畜时空的"象辞"是:"风行天上,小畜。君子以懿文德。"

风行天上,这是小畜卦的象征。君子效法它的精神,努力蓄积才德,务使尽善尽美。

三、时空节点

世界无烟日(5月31日)在风天小畜卦时空内,这是为了引起国际社会对烟草危害人类健康的重视而设定的主题日。

四、时空禀赋

小畜卦的自然之象是天上的风,人文之象是农耕生活中男耕女织的情景。跟大畜时空有所不同,小畜时空因涉及更细致的生存,会有纠纷现象。象中五阳一阴,本具纷争之义。人文生活中男耕女织也有反目现象,故古典中国人系辞时注意到此义。我们因此可以说,小畜卦人有开拓而积累文明之品质,但也有跟情人、爱人发生纠纷的一面。小畜卦也是有财富成就的。事业上,小畜卦人则以幕后或副职、偏职为主。

中国大词人辛弃疾是小畜卦人。他有名词:"楚天千里清秋,水随天去秋无际。遥岑远目,献愁供恨,玉簪螺髻。落日楼头,断鸿声里,江南游子。把吴钩看了,栏杆拍遍,无人会,登临意。休说鲈鱼堪脍,尽西风,季鹰归未?求田问舍,怕应羞见,刘郎才气。可惜流年,忧愁风雨,树犹如此!倩何人唤取,红巾翠袖,揾英雄泪。"

俄国革命家、著名的无政府主义者巴枯宁是小畜卦人。他的名言:"任何无产阶级专政都会变成对无产阶级的专政并导致一种新的、更为强大和有害的阶级统治制度。"

《二十年目睹之怪现状》的作者、小说家吴趼人是小畜卦人。胡适曾说:"故鄙意以为吾国第一流小说,古惟《水浒》《西游记》《儒林外史》《红楼梦》四书,今人惟李伯元(《官场现形记》作者——笔者注)、吴趼人两家,其他皆第二流以下耳。"

法国语言学家、探险家、汉学家伯希和是小畜卦人。人们说:"如果没有伯希和,汉学将成为孤儿……他不但是法国的第一流汉学家,而且也是所有西方的中国学专家的祖师爷。"

《教我如何不想她》的作者、享大名后仍去法国留学的学者刘半农是小畜卦人。"君子以懿文德。"他的诗:"天上飘着些微云,地上吹着些微风。啊！微风吹动了我头发，教我如何不想她？"

中国诗人柳亚子是小畜卦人。他有诗说："北望中原涕泪多，胡尘惨淡汉山河。盲风晦雨凄其夜，起读先生正气歌。"

美国舞蹈家邓肯是小畜卦人。她的名言："最自由的身体蕴藏着最高的智慧。"

美国总统肯尼迪是小畜卦人。他说过："不要问你的国家为你做了什么，而要问一问你为你的国家做了什么。"

美国海洋生物学家卡森是小畜卦人，她的《寂静的春天》一书引发了美国以至于全世界的环境保护事业的兴起。她说："我们关注宇宙中自然奇观和客观事物的焦点越清晰，我们破坏它们的尝试就越少。""我们必须与其他生命共同分享我们的地球。"

日本首相中曾根康弘是小畜卦人。由于他的政治立场经常摇摆不定，所以被日本传媒冠上"风见鸡"的外号（"墙头草"的意思）。他的名言："寒流和暖流交汇之处，必有丰富的渔场。"

美国国务卿基辛格是小畜卦人。他说过："谁控制了石油，谁就控制了所有国家；谁控制了粮食，谁就控制了人类；谁掌握了货币发行权，谁就掌握了世界。"他还说："权力是最好的春药。"

华人作家倪匡是小畜卦人。他的名言："我晚节不保就是了！儿女情长一定英雄气短。"

五、释爻

跟大畜的畜牧业经验不同，小畜时空是农业经验，是小商小贩经验。

第一种状态："复自道，何其咎，吉。"

人们从这一卦象上看到了返还之意。人们想到了发了小财的商人此时走在回家的路上；回家了，在路上回忆所遇到的忧患，现在想来又有什么灾难呢？一切都是多么吉利啊。

对农耕而言，回归自然之道，靠天吃饭，靠自家传下来的耕作方法而劳作，这会有什么灾祸呢？吉利啊！这种情况说明，在进行积蓄时，要能够恢复大道的规范，就像返回到自己本来的道路上，会有什么灾难呢？吉祥。

董仲舒曰："鲁桓忘其忧而祸逮其身，齐桓忧其忧而立功名，推而散之，凡人有忧而不知忧者凶，有忧而深忧之者吉。易曰：'复自道，何其咎。'此之谓也。"

第二种状态："牵复，吉。"

农耕时代的经验，在田里干了一天农活儿的人，会相互招呼着，该回家了，于是三三两两地回家，这就是"牵复"。人们从卦象中还看到了财富，想到发了财的商贩赶着牛羊回家，这也是"牵复"，这是多么吉祥的画面啊。

这一种情况引申开来，在稍有积累时，带领别人一起回到大道上来，这样是吉利的。

第三种状态："舆说辐，夫妻反目。"

人们在卦象的变动中看到了毁折，联想到人阔变脸、小成即堕。其具象则是，夫妻两人拉车行走在乡间的小路上，车轮坏了，辐条散了，夫妻反目了。

这是小康之家经常出现的现象，夫妻二人或为钱或为情而反目。

第四种状态："有孚；血去惕出，无咎。"

人们从家庭变故的卦象里走到这一步，抓住了对方的把柄，闹得头破血流，发泄完了，但双方的出发点是为了解决问题，这样的发泄也没什么咎错。

这一爻象可以说是心怀诚信，就能免去伤害，远离惕厉的危险，没有灾害。

第五种状态："有孚挛如，富以其邻。"

人们从这一爻象中看到了蓄积使邻居受益的卦象，现实中也有这种情况,自己有了积蓄,团聚在周围的邻居水涨船高,跟着发财。农耕社会的小康之家,最有德望的莫过于让周围邻居跟着沾光,所谓先富带动后富、均富,共同富裕。

这一种情况引申则是处至尊之地,心怀诚信,紧密合作,充满至诚之心,并且推广、影响到他的近邻。

第六种状态:"既雨既处,尚德载;妇贞厉,月几望,君子征凶。"

雨下了,又停了,这是厚德啊,肯定能有个好收成。但在这样雨过天晴的时候,不能轻举妄动,到处都是泥泞。对妇女的兆头并不好,要守正以防范危险,因为月亮快圆满时就会亏缺,风雨过后的人愿意寻找安顿,对君子来说,这时要出行、有所作为就凶险了。

这是对小康之家的提醒和告诫。一般而言,小康之极,人就会变异,人阔则变脸。爻变为需卦,卦象也是需要等待的卦,故宜守正,不要轻举妄动。

雷天大壮·健而动：婴儿的第一声啼哭
（国际儿童节，世界环境日）
5月31日—6月6日

一、时间节气

时序在五月底六月初，经过一阳来复、二阳临事、三阳开泰，时空渐呈饱满状态，对万物来说进入丰饶的季节。在这一季节，地天泰卦时的健行通达顺畅，山天大畜时的健而知止的粗大蓄积，水天需卦时的等待和专注，风天小畜时健而入的精致蓄积，都已经度过，万物的生长有了健行而雷动的基础，该健而动了。

二、释卦

猪长大，浑圆、有力，声音跟幼仔时都有不同。人也如此，到了三十岁左右，说话中气十足，有如雷鸣，正是力士的象征。树木更是高大粗壮，材堪大用。人们观察此时空的象数，上雷下天，跟大的、壮实的形象相连，命名为"雷天大壮"。有人说，只有力士扛得起木材板子，力士跟木材板子合在一起，力士像木材板子一样硬朗，就是一个威武的雄壮之象，就是一个壮字。一个壮字还不足以表达雷天卦时的万物充实，故以泰壮命名，后来演变成大壮。

人们从大壮的诸多形象中观察其性格命运。大壮者容易冲动。大壮者容易成为猎物，人怕出名猪怕壮。好了，这一卦的应然状态就是利贞，越是伟大强壮，越是应该收敛固藏。看卦象，四阳在内，二阴在外，不正是对外示柔之道吗？大象一类的大壮之物不是温驯的吗？雷天大壮就是要人们珍惜生命，珍惜来之不易的积累。有德不自居，有功不自夸，有力不自霸。

　　故大壮时空就是观察如何强大，以及如何面对强大的状态。跟大畜相似，人们把畜牧业和狩猎的经验用于观察大壮时空。

　　大壮时空的"彖辞"是："大壮，大者壮也；刚以动，故壮。大壮，利贞，大者正也。正大而天地之情可见矣。"大壮，强大者壮盛；刚健而能奋起，所以强盛。大壮，适宜守正，是说如此才能长久存在。既坚守正道，又能强大，以此正大的原则就可以看到天地万物的情态了。

　　大壮时空的"象辞"是："雷在天上，大壮，君子以非礼勿履。"君子立身处世，依礼而行，否则决不去做。

　　春秋时代的先知史墨曾感慨说："社稷无常奉，君臣无常位，自古以然。故《诗》曰：'高岸为谷，深谷为陵。三后之姓，于今为庶。'在易卦雷乘乾曰大壮，天之道也。"

　　孟子的"富贵不能淫，贫贱不能移，威武不能屈"之说，即大壮之相；其我善养吾浩然之气，即大壮之体。"其为气也，至大至刚，以直养而无害，则塞于天地之间。其为气也，配义与道；无是，馁也。是集义所生者，非义袭而取之也。行有不慊于心，则馁矣。"即大壮之性。

　　君子内养浩然之气，自然会有"富贵不能淫，贫贱不能移，威武不能屈"的气节，故"非礼弗履"，君子之大壮也。

三、时空节点

　　国际儿童节（6月1日）在大壮卦时空之内。中国人常说，小伙子睡凉炕，全凭火力壮。婴儿的第一声啼哭标志着肺开始工作，肺即是五行之木和八卦之震雷，它向天地昭告生命的出世，是谓雷天大壮。婴儿的哭声是世间最雄壮的声音。"专气致柔，能婴儿乎？"老子观察婴儿受到启发："含德之厚，比于赤子。毒虫不螫，猛兽不据，攫鸟不搏。骨弱筋柔而握固，未知牝牡之合而朘作，精之至也。终日号而不嗄，和之至也。"

世界环境日（6月5日）在大壮卦时空之内。中国人常说，危邦不入，乱邦不居。环境对生命的重要性不言而喻，由此发展出现代人的"不宜人居"的观念，但更重要的是古典中国人说的"非礼勿履"，这才是大壮卦时空内的环境日的义理。

四、时空禀赋

大壮卦人多有才艺和名声，易于成名，身体强壮。六月初儿童节期间出生的人，正是太阳年阳能极旺之时，生逢壮盛之时，他们的体质先天不错，心智上有些孩子气。易经是从象中得出结论，我们可以随卦见象、观象系辞即得出结论。如这雷天大壮卦，从时间、节日中可推断大壮卦人的身体和心智。我们还可以推断：他们体质好，有病也可以不药而愈，其覆卦天雷无妄中也有"无妄之疾，勿药有喜"的话。我们还可以从卦象上雷下天中推断，他们的内心深处，有压迫压抑感，有负担，爻辞也说"羝羊触藩"；他们要寻求突破，如但丁、惠特曼那样给予一个时代空前的力量感和自由感。

人类史上极重要的军事家、元太祖成吉思汗是大壮卦人。有人认为："他不是通常尺度能够衡量的人物。他所统率的军队的足迹不能以里数来计量，实际上只能以经纬度来衡量。"有人称他是"历史上最环保的侵略者"。因为杀人无数，他让大片耕地恢复成为森林，让大气中的碳大幅减量达七亿吨！

文天祥是大壮卦人。他的人生得大壮卦义："羝羊触藩，不能退，不能遂，无攸利。艰则吉。"他的名诗："辛苦遭逢起一经，干戈寥落四周星。山河破碎风飘絮，身世浮沉雨打萍。惶恐滩头说惶恐，零丁洋里叹零丁。人生自古谁无死？留取丹心照汗青。"

《神曲》作者、意大利诗人但丁是大壮卦人。恩格斯评价说："封建的中世纪的终结和现代资本主义纪元的开端，是以一位大人物为标志的，这位人物就是意大利人但丁，他是中世纪的最后一位诗人，同时又是新时代的最初一位诗人。"

《聊斋志异》的作者蒲松龄是大壮卦人，他的座右铭："有志者，事竟成，破釜沉舟，百二秦关终属楚。苦心人，天不负，卧薪尝胆，三千越甲可吞吴。"

"看不见的手"的发现者、《国富论》的作者、英国经济学家亚当·斯密是大壮卦人。他的名言："我们不能借着向肉贩、啤酒商、或面包师傅诉诸兄弟之情而获得免费的晚餐，相反的我们必须诉诸于他们自身的利益。我们填饱肚子的方式，并非诉诸于他们的慈善之心，而是诉诸于他们的自私。我们不会向他们诉诸我们的处境为何，相反的我们会诉诸于他们的获利。"他的理论被称为"自由放任"，即"让他做、让他去、让他走"。

俄国诗人普希金是大壮卦人。他是现代标准俄语的创始人，被誉为"俄国文学之父"、"俄国诗歌的太阳"。他说过："比海洋阔大的是天空，比天空阔大的是人的心灵。"

《草叶集》作者、美国诗人惠特曼是大壮卦人。他是美国文坛中最伟大的诗人之一，有自由诗之父的美誉。他说过："大地给予所有的人是物质的精华，而最后，它从人们那里得到的回赠却是这些物质的垃圾。"

《苔丝》作者、英国作家托马斯·哈代是大壮卦人。他的名言："人总得慷慨一点，才配受人感谢。"

英国经济学家凯恩斯是大壮卦人。他曾被夸为"资本主义的'救星'"、"战后繁荣之父"等。他的名言："通过连续的通货膨胀，政府可以秘密地、不为人知地剥夺人民的财富，在使多数人贫穷的过程中却使少数人暴富。""市场保持非理性的时间总比你能支撑的时间要长。"

"核物理女王"、著名实验物理学家吴健雄是大壮卦人。她的名言："不要因为你家的碗没有洗，就不去做实验。"

美国影星玛丽莲·梦露是大壮卦人。她说过："我从来没被狗咬过，只被人咬过。""当我还是个小女孩的时候，没有人说过我漂亮。每个小女孩都应该被称赞漂亮，即使她不漂亮。"

日本首相犬养毅，《亚细亚的孤儿》的作者、中国台湾作家吴浊流、中国作家冯雪峰、张作霖之子张学良等，是大壮卦人。

五、释爻

第一种状态："壮于趾，征凶，有孚。"

威猛有力表现在脚步上，这样去征伐行事，有凶险。必须本着诚信的精神，才可保无咎。这一爻，初阳方壮，其心常动，趾所以行也，以刚而动，未必中理，征而得凶，既凶而穷，天理乃复，故曰"征凶，有孚"。因此要收敛，要保持理智诚信。

秦穆公三十三年（公元前627年）春，偷袭郑国的秦军路过周天子都城的北门。年纪幼小的周大夫王孙满，观看了秦军经过王城的举动，便报告周王说："秦师轻而无礼，必败。轻则寡谋，无礼则脱。入险而脱，又不能谋，能无败乎？"不久，秦军回师途中，被晋军袭击于崤山谷道，全军覆没，将军被俘。

《左传》中记载斗伯比从莫敖走路时高抬脚判定其必败，正可作此爻注脚："莫敖必败，举趾高，心不固矣！"后来果然言中。易经之义和这一典故使汉语里出现了"趾高气扬"等成语。

第二种状态："贞吉。"

卦象上看刚居柔位，又居内卦之中，刚遇柔位则止，不以壮为壮，可谓吉祥。这一爻是说有条件了，要行中正之道。

第三种状态："小人用壮，君子用罔，贞厉。羝羊触藩，羸其角。"

小人物有多少力会使多少力，君子虽有力气、虽处于强盛也不轻易使用，或者说，君子会张网以待。君子会像发明捕鱼的网一样进行发明创造，使用自己的智慧，提高了生产力。

壮盛之态到此地步，要守正以防危险，就像公羊用强壮的角顶篱笆，自己的羊角被卡住，被人轻易捕获一样。

老子说："刚强者死之徒。"

第四种状态："贞吉，悔亡。藩决不羸，壮于大舆之輹。"

经过了前几个阶段，此时的壮盛积累了经验，它守正吉祥，没有悔恨，犹如篱笆被公羊撞开，羊角也卡不住了。其强势有如急驰的战车，横冲直撞。当然，人们还留下的印象是，公羊撞开了篱笆，却一头冲向了战车的轮子。

第五种状态："丧羊于易，无悔。"

此时的壮盛之态将有丧失，一项如日中天的事业不免得中有失。人们想到这一点，用壮羊的命运作比喻：羊长壮了，会消逝在生活的变易里，会在人们的交易中消逝，这是正常的，所以没什么可后悔的。也有人说，羊在田野里丢失，不用后悔。据说这一爻也指王亥在有易部落贩卖牛羊时的一次小的损失，这对王亥复兴大业来说没什么可后悔的。

李镜池说："这是因饲羊而联系到周人的一件历史大事。周人居豳（邠）时，被狄人侵迫，太王以皮币、犬马、珠玉送给狄人而求和。但狄人不肯，一定要占领周人的土地，太王只好带领周人迁居岐山。在避狄迁居中，狄人抢掠了大量的牛羊。"

第六种状态："羝羊触藩，不能退，不能遂，无攸利。艰则吉。"

大壮之极者会有进退两难之情，一如公羊牴角进了篱笆，不能后退，也不能前进，没有什么好处。在艰难的处境中要坚守、等待时机，才会吉祥。

火天大有 · 健而明：夏天仍有肉吃
（世界海洋日，中国爱眼日）
6月6日—6月12日

一、时间节气

从泰、大畜、需、小畜、大壮一路走来，人们进入到丰收时节，不言而喻，这是大有时节。《月令七十二候集解》："五月节，谓有芒之种谷可稼种矣。"意指大麦、小麦等有芒作物种子已经成熟，抢收十分急迫。晚谷、黍、稷等夏播作物也正是播种最忙的季节，故又称"芒种"。"春争日，夏争时"，"争时"即指这个时节的收种农忙，"芒种栽薯重十斤，夏至栽薯光根根"。

二、释卦

人们常说"三夏"大忙季节，即指忙于夏收、夏种和春播作物的夏天管理。"芒种"也称为"忙种"、"忙着种"，是农民朋友的散播播种。"芒种"到来预示着农民开始了忙碌的田间生活。"有芒的麦子快收，有芒的稻子可种。"芒种的物候是"一候螳螂生，二候鵙始鸣，三候反舌无声"。在这一节气中，螳螂在去年深秋产的卵因感受到阴气初生而破壳生出小螳螂；喜阴的伯劳鸟开始在枝头出现，并且感阴而鸣；与此相反，能够学习其他鸟鸣叫的反舌鸟，却因感应到了阴气的出现而停止了鸣叫。

这个时节，人们看卦象，上离火下天乾，健行而明丽。人们说"五谷皆熟为有年"，大有之年，即大丰收。

"有"，在甲骨文中是一个象形字，好似在屋檐底下吊着一块肉。所以人们称"月"为肉旁。肉是"鱼"、"野味"、"六畜"、"走兽"等的统称。先人懂得，有了物品，才能交换，才能割肉吃。肉多了才称得上"大有"。引申之意有三：一是获得了大丰收，粮食用大车载之而回；二是猎获颇丰，满载而归；三是收获颇多，政治、经济、军事、文化均有大的收获。唐人储光羲《观竞渡》诗："能令秋大有，鼓吹远相催。"明代大艺术家徐渭《先除夕二日雪甚如婴儿拳》诗："明年从大有，连岁却馀殃。"

对农耕文明的小农之家来说，食肉是富有富贵的象征。农忙时亟需有肉吃补充精力。一般说来，年内没食肉为穷，节日能食肉为小有，天天食肉为大有。人们把肉腌好挂在屋梁下，即使省着吃，到五六月份鲜有不吃完的。如到了此六月大忙之际仍有肉吃，堪称大有之家。

大有卦时之拥有者盛大富有，无所不有，所以亨通成功。人们看大有之卦，一阴得五阳之应，确乎富有之象。大有卦的"系辞"是"元亨"，即是说这一时空是天地元气流行的亨通时空。毛泽东有名言："农村是一个广阔的天地，在那里是可以大有作为的。"广阔天地，大有作为，影响了中国整整一代人。

大有卦时空的"彖辞"："大有，柔得尊位大中，而上下应之，曰大有。其德刚健而文明，应乎天而时行，是以元亨。"人们说，"离"又是日头、时间的象征，"火天大有"就是光天化日之意，以柔爻获得尊贵的位置大行中道，上下相应，所以称为大有。它的德能刚健而文明，顺应天道而与时偕行，因而最为通达。

大有卦时空的"象辞"是："火在天上，大有；君子以遏恶扬善，顺天休命。"

日光照耀万物，火在天上，这是大有的象征。君子效法它的精神，由此领悟制恶扬善，顺应天道而休美天命。

三、时空节点

全国爱眼日（6月6日）在大有时空内。

世界海洋日（6月8日）在大有时空内，2009年是联合国首次正式确定的"世界海洋日"。联合国希望世界各国都能借此机会关注人类赖以生存的海洋，体味海洋自身所蕴含的丰富价值，同时也审视全球性污染和鱼类资源过度消耗等问题给海洋环境和海洋生物带来的不利影响。

春秋时代的鲁桓公占到过大有卦。当时他的小儿子成季要出生，鲁桓公就让卜楚丘之父占卦。卜楚丘之父说，这次出生的应是个男孩，他的名字叫"友"，将来会掌权，成为王室的辅佐，成就不亚于您；但从卦象看，在他之后鲁国就不再强盛了。为此，卜楚丘之父又占一卦，得大有卦，爻变为乾卦。他说，这意味着这个男孩像君王一样受到百姓的敬仰。后来，成季出生时，手上果然有个友字。鲁桓公就以友字为其命名。成季的政绩非凡，国人都像尊敬国君一样尊敬他。

春秋时代的晋文公占到过大有卦，爻变为睽卦。当时，周天子被狄人击败，逃到郑国。晋国大臣建议文公去护驾，晋文公不敢去，让人占卦，得到大有卦，变为睽卦。史官分析说，这占卜非常吉利。大有卦辞中说"公用亨于天子"，既战胜狄兵，又得到天子的宴请，这是多好的事啊。睽卦有日在中天、照耀大泽之象，表示天子虽然离开了朝廷，还是要回到大有卦的。于是晋文公听从建议，帮助周天子复位，得到了"尊王"的美名。

五代十国时期的刘龑占到过大有卦。当时，刘龑建立南汉政权，定都广州。南汉四年，楚军进攻南汉。刘龑占到大有卦，认为这是大吉之卦。卦辞"元亨",可以说大获所有。又说柔得尊位大中,而上下应之,惩恶扬善,顺从天命,说明刚健而文明在我,敌人的甲兵将被我毁灭。刘龑就大赦境内的罪犯,改年号为"大有",派大将抵挡楚军。果然,战争的进展一如所料,楚军几乎被全部杀死。

四、时空禀赋

大有卦人突出的特点是跟财富紧密相关,其一生事业也多集中在财富上。他们也会为财富所苦,但他们中年后肯定会获得较大财富。他们的财富外显而醒目,有财富名声。晚年后,财富会对他产生伤害,散财是出路。以观象系辞的直觉思维,顾名思义,大有卦人不仅与财富相关,也跟多才多艺相关。大有卦象有离火,这一命卦人多有精神追求、内心生活丰富的一面。

俄国沙皇、彼得大帝是大有卦人。他专门出版了一本生活教科书《青春宝典》,其中从品德的培养一直到青年人应该如何做客,以及工作和居家的行为方式,诸如此类都有明确的规定,甚至还具体到用餐时一定要使用餐巾,不能"发出吧嗒吧嗒的响声"。马克思评价说:"他用野蛮制服了俄罗斯的野蛮。"

德国作曲家舒曼是大有卦人。他说过:"要尊崇过去的遗产,但也要一片至诚地欢迎新的萌芽。"

印象派画家高更是大有卦人。他提出了人类命题:"我们从哪里来?我们是谁?我们到哪里去?"

美国作家索尔·贝娄是大有卦人。他说过:"滥情和残忍——两者总是同时并存的,就像化石和石油。"

中国诗人、作家、建筑学家林徽因是大有卦人。她和梁思成的生活成为一个时代的传奇。据说新婚之夜,梁思成问她:"这个问题我只问一遍,以后再也不提,为什么你选择的人是我?"林徽因说:"这个问题我要用一生来回答,准备好听我回答了吗?"

德国作家托马斯·曼是大有卦人。他针对别人谈论他的流亡生活时说："我在哪里，哪里就是德国。我带着德意志文化。我与世界保持联系，我并没有把自己当作失败者。"

印度尼西亚军事独裁者苏哈托是大有卦人。他曾通过贪污、垄断、补贴等手段来为自己的家族及亲信致富，据估计，其家族的资产总值达一百五十亿美元。

中国学者毛喻原是大有卦人。他被称为"中国的存在主义者"，除了《永恒的孤岛》和《时代思想辞典》等著译几十种，他还会木刻、制陶、烹饪、酿酒、平面设计等十多种技艺，人生可谓大有。

德国作曲家里夏德·施特劳斯，匈牙利政治家纳吉，土耳其作家帕慕克，中国台湾武侠小说家古龙、歌手张雨生等，是大有卦人。

五、释爻

跟大壮卦相比，先人对大有卦似乎偏爱许多，大壮时空系辞多为经验教训，大有时空则多是无咎、吉，最后甚至感慨系之，自天祐之！这也说明大壮卦多处本能状态，大有卦在反思自由状态。

第一种状态："无交害，匪咎；艰则无咎。"

是盛大富有的开始，这一时位较低，尚没有利害之交。这是丰收在望时的爻辞，在这种状态里，跟人友好相处，不相互为害之事，不会有忧患。如常念创业艰难，坚守正道，就没有忧患。农村人经常有丰收在望之际种植物和养殖物被偷的现象，在他人眼里那多半是平时人缘不好，当然"气人有笑人无"也是人之常情。总之，无论如何，要想大有，得警惕预防。

《尚书·蔡仲之命》所说："慎厥初，惟厥终，终以不困。"意思是说谨慎对待事物的开初，也要考虑它的终局，终局因此不会困窘。

第二种状态："大车以载，有攸往，无咎。"

大有的条件有所积累、有所行动了，就像牛车装载了财物，有所前往，能够胜任，没有咎错。

这一爻辞可以有很多意思，比如说人们收割时要相互帮助，在乡村田间，大车、小车、人挑、马拉，来来往往。还比如说人们丰收了，要有所馈赠，要周济贫穷。据学者考证，正是因为丰收，才产生了最早的人类慈善意识、公益意识。

第三种状态："公用亨于天子，小人弗克。"

原意是公侯可参加天子的国宴，平民则不可。农耕社会的经验，在收获中踊跃交纳公粮国税者、从事公益者会得到名位上的提升，会被授予如"种田能手"、"劳动模范"一类的称号，或成为地方上的缙绅阶层，成为那些小人、百姓中的公侯，这是大有的一种状态。

引申之义则更为丰富。这时处大有三公之位，得到天子的信任，会发生很多事情：如他能够享受到天子酒食的款待，在身份低微的小人状态时就不能如此；如他富贵了以后，小人不能加害他。这句话大概是最早的富则仕或富傍官的记载，富而求贵，得到公侯的身份藉以通天。

第四种状态："匪其彭，无咎。"

这是最需要警惕的状态，因此虽居大有之势，而谦卑守正，不倚仗自己的盛大，不张扬鼓吹，就不会有灾咎。

《诗经》说："既明且哲，以保其身。"

第五种状态："厥孚交如，威如，吉。"

这是柔居君位，以诚信交接上下，威望自显，吉祥。

这一句可以说是诗的语言！他的诚信，是那么与我们相应，那么庄严，真是吉利。

第六种状态："自天祐之，吉无不利。"

这是以刚安居柔位，安享大有，动而化为大壮，雷动天上，金声玉振。他的福报有如上天降赐，大吉大利。大有时空的这一句话就像大畜时空最后的感叹："何天之衢，亨！"

泽天夬·健而悦：麦熟抢收决战时
（世界防治荒漠和干旱日）
6月12日—6月17日

一、时间节气

时序六月中旬，接近夏至。阴阳比例中阴数剩下一个，五阳上冲，这种结果早已决定。乾为天、为健，兑为泽、为悦。泽气上升，决注成雨，雨施大地，滋润万物。五阳去一阴，去之不难，决（去之意）即可，故名为"夬"（guài），夬即决。卦象上泽下天，犹如天上有湖泊泽水，天有一个小缺口，这也是玉玦的典型形象。人们因此把此时卦象定名为夬卦。从卦序上看，大壮、大有之后有激烈的争夺之象，有一泻千里之象，这就是夬卦时空。

二、释卦

对古典中国人而言，这一时期正是麦熟抢收之际。农村人叫双抢，不仅抢收，还要抢种。为什么要抢收？既是怕天降雨让麦子烂了、发芽了，又是怕邻村、邻国来偷割。公元前720年，即鲁隐公三年的夏天，郑国就派军队把周天子的麦子抢割了。夬卦时空因此意味着紧张对决，意味着家族、乡亲，本乡本土、本国的利益在此时会有一次决定性的结算。人们看着村外田野里麦熟的味道，恨不能一夜之间就颗粒归仓，但是危机来了，有人来到村子内的公地上大声呼号，有坏人来抢我们的粮食了，大家要团结一心啊；要注意危险，我们的处境不利，必须赶快武装起来，主动出击才有利，才能保住大家的丰收果实……

这几乎是农耕社会的常态。由此引申，人们从夬卦中看到了上与下的对决、君子与小人的对决，思谋决胜之道。要在朝廷公开表明态度，在公开的舞台上表示信心，以示公正、无私。要以诚信相号召，并且以危机相警惕。要广而告之，告诉民众。在不便展开军事行动时，要以德取胜，积极努力，拿出单刀赴会的勇气，就有成功的希望。

夬卦的系辞是："扬于王庭，孚号有厉；告自邑，不利即戎；利有攸往。"

夬卦的彖辞是："夬，决也，刚决柔也。健而说，决而和。扬于王庭，柔乘五刚也。孚号有厉，其危乃光也。告自邑不利即戎，所尚乃穷也。利有攸往，刚长乃终也。"

人们强调说，这一卦是决胜之卦，如阳刚君子决战阴柔小人，健行而悦。"宣布（小人罪行）于王庭之上"，因为一个柔爻乘凌在五个刚爻之上；"以诚信号召大家戒备危险"，柔邪之危才会广为人知；"告知自己的邑人，不适宜使用武力"，上爻的尚武之道才会穷尽；"适宜有所前往"，刚爻才会增长到终点。

人们从卦象的果然状态里看到了应然，即从自然属性里看到了另外一种人文属性。夬卦时空的象辞是："泽上于天，夬；君子以施禄及下，居德则忌。"

泽上于天，一决注便成雨，泽以润下为义，君子之施禄及下，恩泽下逮之谓也。因此君子效法此卦的精神，就会施恩泽谋福祉于民，居德自傲是君子所忌。

夬卦时空的卦象还给先人以灵感，这样一个决绝的信号需要广泛地传达，这样大家才好遵从号令，团结一心。而把命令、消息刻记下来，一个完整的物件有了缺口，这不正是夬卦之象之义吗？书契由此诞生，代替结绳记事，推动了文明的演进。故《易经·系辞传》说："上古结绳而治，后世圣人易之以书契，百官以治，万民以察，盖取诸夬。"

三、时空节点

世界防治荒漠化和干旱日（6月17日）在夬卦时空和乾卦时空的交汇处。从泽天夬卦到乾卦，正是阴消阳长至极阳之际，一如夬卦之义："扬于王庭，孚号有厉；告自邑，不利即戎；利有攸往。"这是决战时刻，确实要防治阳盛导致的荒漠化。用现代的语言，发展之后、积累之后，要实现转移支付，要实现资源分布的均衡，如果占据资源以为成功，则犯了天地间的大忌。"君子以施禄及下，居德则忌。"事实也是，在人间社会现象方面，心灵的荒漠化和干旱多源于对资源的垄断。

晋朝的关朗占到过夬卦。当时，有人问他百年国运，他就占到夬卦，爻变为革卦。关朗看了卦象后，感叹说，看来当今王朝不过再传二世而已；过二十四年，天下大乱；这之后，有两个英雄将中原分为两半；再之后，有明主在西北方出现；然而这个王朝后期会出暴君，天下再度动乱，等待新的明主出现。后来的结果如其所断言，从晋朝、到南北朝，到隋朝、唐朝，一百年的发展轮廓大致如此。

唐代的路晏占到过夬卦。他为官公正严明，遭到嫉恨。有一天晚上，他发现有刺客，就点烛察看。刺客对他说，虽然受命而来，但看他公正无私，自己不会杀他的。刺客离开后，路晏还是有些担心，就请人占卦，得到夬卦，爻变为革卦。爻辞说："惕号，莫夜有戎，勿恤。"看来有惊无险，不用太担心了。

夬字通其音怪，在人文意义上，此卦人士性格较为古怪，他们的言行不同一般，他们做事情酝酿较多，长于谋划，一旦想清楚，则极为果断。如果没有施展表达的机会，他们就失势了。他们口才好，能说会道，易轻诺寡信。但如果他们要追求人生通达顺畅，则宜有公益慈善之举，成人之美，给他人提供资助和机会。散财于身边地位低的小人物或者女人。否则，容易因开罪、不满足小人物和女人而招致诉讼是非。

从爻辞和历史名人中还可以得出如下近乎附会的判断，夬卦人在身体上容易有皮肤病，"臀无肤"这句话即有此义。其另一义则指此卦人好动，坐不住，引申为难以坐享其成，如坐享其成则难以善终。"无号有凶"则指此卦人口才好，能说会道，如不说话，好运气也就没有了。

四、时空禀赋

《汤姆叔叔的小屋》的作者、美国作家、南北战争的"发起者"之一斯托夫人是夬卦人。《汤姆叔叔的小屋》对社会发展的影响是深远的，为美国废奴运动赢得了两百万同情者和支持者。1862年，林肯总统在白宫接见斯托夫人，评价她的书时，在扉页上题词："写了一本书，酿成一场大战的小妇人。"门罗评价说："她不仅在世界著名妇女中是出类拔萃、名列前茅的，而且在决定美国人民命运的最关键的历史时刻，她的影响超过其他的任何一个人。……当然，废除奴隶制不是也不可能是一个人能功成业就的事，它是众人的事业，但是，《汤姆叔叔的小屋》所产生的影响是最伟大的、最深远的。"她说过："这小说是上帝自己写的，我只不过是她手里的一支笔。"

日本政治家山县有朋是夬卦人。他一手打造了现代化的日本"皇军"，开创了日本军部干涉政治的先例，直接参与策划和指挥了对中国清王朝和沙皇俄国的战争并取得胜利。

爱尔兰大诗人叶芝是夬卦人。他的名言："一种可怕的美已经诞生！"他的墓志铭："投出冷眼／看生，看死／骑士，策马向前！"

英国物理学家麦克斯韦是夬卦人。物理学史认为牛顿的经典力学打开了机械时代的大门，而麦克斯韦电磁学理论则为电气时代奠定了基石。1931年，爱因斯坦在麦克斯韦百年诞辰的纪念会上，评价其建树"是牛顿以来,物理学最深刻和最富有成果的工作"。

博弈论大师纳什是夬卦人,他提出著名的均衡概念在非合作博弈理论中起着核心的作用。他的理论和人生都深得夬卦卦义。他举止古怪,离经叛道,曾经想放弃美国国籍,几乎遗弃了同居女友和亲生儿子,与深爱他的贤妻艾莉西亚离婚……

抗战名曲《黄河大合唱》的作者、中国音乐家冼星海是夬卦人。他的名言:"每个人在他生活中都经历过不幸和痛苦。有些人在苦难中只想到自己,他就悲观、消极,发出绝望的哀号;有些人在苦难中还想到别人,想到集体,想到祖先和子孙,想到祖国和全人类,他就得到乐观和自信。"

"闪电战之父"、德国军人古德里安是夬卦人。他的名言:"我没有时间俘虏你们!你们要放下武器,离开道路,免得挡道!"

中国哲学家张申府是夬卦人。他的名言之一:"人死留名,豹死留皮。"丧尽了古今多少豹,害尽了古今多少人。这位见过罗素的中国哲人和时代人物在晚年还有一句话:"我吃亏在于没有写出一部大书。"可以说,他的这一晚年反思深得夬卦之义。

电学史上的第一个定量定律即库仑定律的发现者、法国物理学家库仑,《安妮日记》的作者安妮·法兰克,前英国首相艾登,中国学者夏丏尊、童话作家郑渊洁,《雪国》作者、日本作家川端康成,海湾战争的发动者、美国前总统老乔治·布什等,是夬卦人。

五、释爻

夬卦的六爻系辞即是先人对临战、决斗中的典型现象的描述。

第一种状态:"壮于前趾,往不胜为咎。"

在战斗中,只是逞血气之勇,趾高气扬,去了就失败,招致罪责。

第二种状态:"惕号,莫夜有戎,勿恤。"

此时地位改变,有了人马,能够号召大家,从早到晚,乃至深夜都随时准备军事行动,这样处变不惊、庄敬自强者,是不用担忧他的。

人们说,军事行动开始,部队未遇险后驻扎下来,人们还保持警惕,设警卫哨,这种情况一般不会有事。或者说,警觉呼号,即便夜晚有军情,不必担心。

第三种状态:"壮于頄,有凶。君子夬夬,独行遇雨,若濡,有愠,无咎。"

在战斗中,经常看到有人壮怀激烈,溢于言表,流于形色,这是危险的。真正的君子必须坚定信念,尽自己的本分,就像急行军时,哪怕只有自己一个人行路,遇到大雨湿透了衣服,令人气恼,但没有灾祸;君子坚定意志,不怕风言风语,矢志不移,自然没错。

第四种状态:"臀无肤,其行次且;牵羊悔亡,闻言不信。"

在战斗中,经常看到伤员,也许是屁股受伤走路一瘸一拐的。有人牵羊招待,没什么后悔的。听到一些战友的情形都不敢相信。

人们看到这一卦象,还想到牧羊的经验:如果不注意,会被羊角抵得屁股疼,走路一瘸一拐。跟羊决战,要有方法,如此才不会后悔。可惜一般人没得到教训前都不相信"牵羊悔亡"这类话。

传统社会的战争中也有牵羊投诚的做法,因为面临对决的关键阶段,容易引起怀疑,不敢相信。可以说,这一爻象之辞活灵活现地再现了决战的一些情形。

第五种状态:"苋陆夬夬,中行无咎。"

在决战中,人们看到了力量的强大,就像苋陆草那样生命力旺盛刚决,居中道而行,才没有咎错。也有人以为这一爻是写战斗中一只山羊跑进了战场,蹦蹦跳跳,它虽然处于腥风血雨中,却没有祸患。

第六种状态:"无号,终有凶。"

在决战之时,居然失去警觉,这样的后果不堪设想。引申义很丰富,夬卦也指鸟,人们说,一只得主人喜爱的鸟儿是因其鸣叫的声音好听,如果鸟儿不叫唤了,它锦衣玉食的日子也就到头了。

乾卦·健而健：六龙天行
（西方父亲节）
6月17日—6月22日

一、时间节气

最长的白天来了，夏至的日子，阳能充沛，阴质隐而不见。万物干而不燥，连草木间都有太阳的光辉，人们把这一太阳时空用一个"乾"字表示。左边是草木，中间一个日字，表示阳光使草木向上；右边是弯曲的形状，表示万物曲折向上。这个乾字，读"干"，后又读作"前"。

二、释卦

在此乾卦时空，尤其夏至日，北半球的白昼达至最长，在北极圈内甚至会出现极昼现象。"日北至，日长之至，日影短至，故曰夏至。至者，极也。"夏至是北半球一年中白昼最长的一天，中国大陆各地从日出到日落大多为十四个小时左右，有的长达十七个小时。夏至以后，太阳直射地面的位置逐渐南移，北半球的白昼日渐缩短。"吃过夏至面，一天短一线。"

夏至这天虽然白昼最长，太阳角度最高，但并不是一年中天气最热的时候。因为，接近地表的热量，这时还在继续积蓄，并没有达到最多的时候。俗话说"热在三伏"，真正的暑热天气是以夏至和立秋为基点计算的。

夏至的物候有"一候鹿角解，二候蝉始鸣，三候半夏生"。麋与鹿虽属同科，但古人认为，二者一属阴一属阳。鹿的角朝前生，所以属阳。夏至日阴气生而阳气始衰，所以阳性的鹿角便开始脱落。麋属阴，所以在冬至日角才脱落；雄性的知了在夏至后因感阴气之生便鼓翼而鸣；半夏是一种喜阴的药草，因在仲夏的沼泽地或水田中出生所以得名。由此可见，在炎热的仲夏，一些喜阴的生物开始出现，而阳性的生物却开始衰退了。

乾卦时空是太阳时空，我们后人已经很难考证乾卦最初所指的意义，是天空，还是一年的上半年，还是上半年的最后四十五天即上半年的四分之一阶段。但在此夏至前后五六天的乾卦时空，乾卦又被限定在一个极小的时空单位里，即一年的六十四分之一。

人们在这里或许领悟到，任何一个自成系统的时空，都可以无限放大，又可以无限缩小。对先哲来说，观察乾卦的夏至特征并非是最有意义的，观察乾卦的普遍意义才是最有意义的。尽管夏至几天都炎热异常，尽管一年年健行不已，但人们仍看出一天中早晚的不同，一年中春夏秋冬的不同。乾卦就是能量充沛的时空系统。

人们以"元亨利贞"来表示对乾阳健行的礼赞。"元"，少阳，春季，一年之计在于春；"亨"，太阳，夏季，万物欣欣向荣亨通无碍；"利"，从禾从刀，收割庄稼，秋季也；"贞"，一年之终，冬也，冬季生灵寂静，如贞人（巫）入于正定也。

乾卦的"系辞"是："元亨利贞。""元"，起始或基础；"亨"，生长和壮大；"利"，创造与收获；"贞"，趋正与静止。这是一个完整的天道运行轨迹。法天而行者，如日月往来，春夏秋冬，皆依其道循环不息，如浩瀚天星，皆各守其道而不相侵害。

古典中国人对乾卦给予了最美好的赞辞。乾卦时空的"象辞"是："大哉乾元，万物资始，乃统天。云行雨施，品物流形。大明终始，六位时成，时乘六龙以御天。乾道变化，各正性命，保合太和，乃利贞。首出庶物，万国咸宁。"

乾元之功是伟大的，万物赖以创始化生，统贯于天道运行的整个过程之中。云在飘行，雨在降洒，云雨施行，使万物生生不息地繁荣、发展、流行。灿烂、辉煌的太阳东升西落，按时运行。吾人当明白其道理，六度之位，以时而成，即初爻之潜、二爻之见、三爻之惕、四爻之跃、五爻之飞、上爻之亢，如同驾驭着六条巨龙在浩瀚的宇宙里自由翱翔。天道的运变使得万物各得其性命。天所赋为命，物所受为性，万物各具元气，春华秋实，利和而无有偏枯，生气正固，呈现出仪态万方、丰富多彩的世界图景。这幅图景并非混乱无序，万物协调并济，生息永恒，形成了最高的和谐，其美景堪称"太和"。乾元是万有之首，君子或当政者体天而行，以人合天，宜使天下万国皆得康宁，皆得太平。

古典中国人还说："天行健，君子以自强不息。"这就是乾卦时空的象辞。

就是说，天行刚健沛然，君子效法天道，因此精进自强，奋斗不息。天道之行，乾元之气，是伟大的，以此象征君子人格。张岱年先生把中华民族精神概括为"自强不息、厚德载物"。民国时期，梁启超在清华大学任教时曾给当时的清华学子作了《论君子》的演讲。他在演讲中希望清华学子们都能继承中华传统美德，并引用"自强不息、厚德载物"等话语来激励清华学子。此后，清华人便把"自强不息、厚德载物"八个字写进了清华校规，后来又逐渐演变成清华校训。

乾卦蕴涵人文时间意识。天道即人生之道，不少人类之子能深刻体认这种精神并自觉加以践履，如孔子发愤忘食，乐而忘忧，不知老之将至。孔子对学生们说："逝者如斯夫，不舍昼夜。"他对子贡说：

"生无所息。"就是激励学生们效法自然，珍惜时光，努力进取。曹操说："老骥伏枥，志在千里；烈士暮年，壮心不已。"歌德说："凡自强不息者，终能得救。"

乾卦在伏羲八卦中为第一卦，在伏羲六十四卦中为第三十二卦。其卦序历经演变，后来成为周易六十四卦中的第一卦。易经从连山易到归藏易再到周易，其演变有着深远的人类学意义。连山易以艮卦为第一卦，反映出先民"筚路蓝缕，以启山林"的生存状态，文明发展的阶段性成就是以山地为中心建构世界的一切；到归藏易以坤卦为第一卦，文明的发展使得先民的活动范围扩大到平原、水边等大地上。到乾卦上升为第一卦，文明之命运跟天相连，抬眼望天，生存的格局趋近无限，跟天地自然沟通。从狩猎文明，到渔猎农耕文明，再到邦国文明，易道思维既模拟了生存的边界，又数理地揭示了世界的动态秘密。

乾卦是对天行的描述，一个完整健全的时空体系。因此，人生、岁月、社会等等在配享天命天德的意义上，与乾天同运。自周文王演易，将乾卦移为第一卦，这一思维范型主导了中国文明三千多年。乾卦模型较之"成住坏空"、"否定之否定"等体系模型异质同构。

乾卦从经验上升到哲学乃至信念层面，即中国人常说的"吉人自有天相"，宅心仁厚之人有着天一样健旺的生命力。中国人因此与天齐，并相信"吉人自有天相"。

三、时空节点

乾卦最重要的意象之一是父亲，父亲节（6月的第三个星期日）多在乾卦时空内。父亲节起源于美国，在这一天，每个父亲都会接到来自他们孩子的礼物和问候。

春秋时代的晋悼公孙周占到过乾卦。当时，晋成公做国君时，占得乾卦，爻变为否卦。人们解释说，晋国将有三个国君从周王室里产生。孙周到周王室侍奉单襄公。单襄公死时把儿子叫到跟前，要他们善待孙周，认为他有君王之象，一定能回晋国做国君。后来孙周被拥立为晋国国君，即晋悼公。

南北朝的齐文宣帝高洋占到过乾卦。当时他还是魏国的权臣，想知道自己何时可以登基，就让宋景业占卦，占得乾卦，爻变为离卦。宋景业分析说，这是顺应天命的卦，爻变为离卦是火，夏季之中五月火最旺，高洋将在五月受命。高洋大为高兴。后来，魏孝静帝见高洋大权在握，就封他为丞相、齐王，但高洋不甘心，于公元550年5月废掉魏帝自立，实现了皇帝梦。

北齐王岳的母亲占到过乾卦。当时，李渊经常来王岳家住宿，王岳的母亲见到李渊住的房子有五彩之光，就请人占卦，占得乾卦，爻变为大有卦。占卦者分析说，飞龙在天，利见大人，这是大吉之卦。王岳的母亲非常高兴，让王岳追随李渊。

唐代的沈七占到过乾卦。当时，有个叫王诸的人进京参加科举，路过越州时，请沈七占卦。沈七占得乾卦，变为观卦。沈七分析说，王诸会观赏到国都的风光，本是好兆头，但会遇到动乱，因为有很多小人聚集在国都，阴气重；从变卦上看，王诸见不到皇上，恐怕会无功而返。后来，王诸走到东都洛阳时，赶上安禄山起兵反叛，唐玄宗仓皇出逃，他也只好回到江东。

明代的仝寅占到过乾卦。当时，明英宗被俘，大将石亨问仝寅英宗归来的日子。仝寅占得乾卦，爻变为姤卦。他分析说，这是很吉利的：爻辞"潜龙勿用"，相应的是"或跃在渊，无咎"；从时间上说，明年秋天正好有龙马奔腾之象，这说明皇上明年秋天就可以回国，只是回国后将失去皇位；尽管如此，皇上能恢复皇位，因为奔腾之后当有飞龙在天之日，从时间上说应在丁丑年复位。后来的历史演变正如仝寅所言，明英宗返国后，皇位为景帝所夺，八年后的丁丑年正月，英宗复辟成功。

四、时空禀赋

古典中国人直觉乾卦是龙象，乾卦人也多为人间龙象，较有灵性，长相上棱角分明、目光炯炯或眼光清澈，也有人面部较长。乾卦人对人生运行轨迹较为自觉，明白人生社会的"命运"存在，即所谓知天命，是故近乎哲人。他们多有主见，独立特行，百折不挠，坚韧不拔，正所谓君子自强不息。

《思想录》的作者、法国哲学家帕斯卡是乾卦人。他的名言："人是一根会思想的苇草。"

德国学者、哲学家、洪堡大学的创始人洪堡是乾卦人。他的名言："语言左右思想。""语言是人类情绪的摇篮、家乡和住地，因此在语言里包含和隐藏着人类的情绪。""一个国家、一个时期、整个人类要获得我们的赞美的条件是什么？其条件是教育、智慧和美德在这个社会中尽最大可能地普及和施展，使得其内在的价值提到非常高的地步。""人的目的，不是他变换的兴趣，而是他的理智不断驱促他的永远的愿望，是将对他的所有能力最高的和最完整的教育。自由是这个教育首要的和必须的条件。……社会能够提供的最高的财富是将许多个体集合到一起，但是通过国家的介入这些个体多少会丧失其特征。并非一个国家中的成员生活在社群中，而是每一个臣民与整个国家的关系，而这个国家的精神则体现在其政府中。国家的超级的力量阻止其臣民的力量自由。同样的原因导致同样的结果。一个国家的印象越大，不光是其统治者，而且其被统治者也越相似。……一个这样替其他人思考的人可能的确是错识其他人，要将其他人变为机器。"

意大利作家和政治家马志尼是乾卦人。他的名言："青年人啊，热爱理想吧，崇敬理想吧。理想是上帝的语言。高于一切国家和全人类的，是精神的王国，是灵魂的故乡。"

四维时空概念的提出者、德国数学家闵可夫斯基是乾卦人。他说："从今以后，空间自身和时间自身将必定会消失在纯粹的阴影之中，只有两者的统一才会保留着一种独立的存在。"

"死得最多的日本作家"太宰治是乾卦人。他的遗言："不要绝望、在此告辞。"他说过："死亡是最美的艺术。"

法国哲学家萨特是乾卦人。他的名言："人首先存在，碰到各种遭遇，世界起伏不定，然后限定自己。因为，人在开始时一无所有，只是后来才成为什么。""人除了自我塑造之外什么也不是。"

德国哲学家哈贝马斯是乾卦人。他认为现代性是"尚未完成之工程"。

缅甸民主运动领袖昂山素季是乾卦人。她被称为"缅甸之花"。她论及缅甸悲剧的根源："极权主义是一种建立在敬畏、恐怖和暴力基础上的系统。一个长时间生活在这个系统中的人会不知不觉成为这个系统的一部分。恐惧是阴险的，它很容易使一个人将恐惧当作自己生活的一部分，当作存在的一部分，而成为一种习惯。导致腐败的不是权力而是恐惧，那些掌权者恐惧丧失权力及无权者恐惧权力的蹂躏，都导致了腐败。"

巴基斯坦前总理贝娜齐尔·布托是乾卦人。她被称为"铁蝴蝶"。她说过："我并没有选择人生，而是人生选择了我。出生在巴基斯坦，我的一生经历了它的动荡、悲剧与胜利……因为巴基斯坦不是一个普通的国家，所以我的人生也不是普通的人生……""最好的复仇方式就是民主！"

法国作家萨冈是乾卦人。十八岁时她创作了小说《你好，忧愁》，"以最简洁的语言把握了青春生活的一切"，一举成名。她自承："我很浮浅，但浮浅就会去关注那些非常有趣的小事。"

中国支教老人白芳礼是乾卦人。他的名言："我嘛儿都没干，又让上面重视了。"

德裔作曲家奥芬巴赫，中国哲学家汤用彤，中国国民党名誉主席吴伯雄等是乾卦人。

五、释爻

乾卦的六阶段可以引申无穷。

第一种状态:"潜龙勿用。"

爻象是潜隐之龙,不宜妄动。

不少学者认为,龙指东方七宿,所谓"潜龙勿用"就是东方七宿看不见时候。时为建子之月(夏历十一月),冬至之际,龙星潜于地平线下,农活几乎没有,农人不必作为。而从一天来说,就是指天未亮时的夏日景象,太阳还没有出来,人们早起也无所事事。

中国晋代的大诗人陶渊明,又名潜,字元亮,其中的"渊"、"潜"、"元"等来源于易经,具体而言,来源于乾卦的初爻、四爻。他虽有才志,却一生"勿用",隐逸散淡。

中国晋代的学者干宝说,这一爻也象征周文王被囚在羑里时的情景。周文王虽有圣明之德,未被时用,故曰"勿用"。这种联想,也可运用于很多圣贤的一生情境,如《史记》中记载舜帝年轻时的普通日子:"舜耕历山,渔雷泽,陶河滨,作什器于寿丘,就时于负夏。"可以说这是舜的"潜龙勿用"阶段。

第二种状态:"见龙在田,利见大人。"

得到龙在田野的好兆头,是天下出现贤德之人的象征。又指君子挣脱了压抑的处境,开始步入社会生活,创造建功立业的条件。

天象为夏历正月,春分前后龙星之七宿出现在地平线上,君子、劝农官勉励农人做好准备,一年之计在于春,故说"利见大人"。而从一天来说,这大概是指夏天的早上农人下地干活时的景象,太阳在树上,太阳在田里。

按干宝等人的说法,这一爻指周文王被释放,将有所作为。如果联想舜帝,《尸子》一书中说他:"一徙而成邑,再徙而成都,三徙成国。尧闻其贤,征之草茅之中,与之语礼乐而不逆。"这是舜的"在田而利见大人"阶段。

第三种状态:"君子终日乾乾,夕惕若,厉,无咎。"

有才德的君子始终是白天勤奋努力,夜晚戒惧反省,虽然处境艰难,但终究没有灾难。

夏历三月,龙星全部出现在地平线上,呈上升势头。

这是"朝乾夕惕"成语的由来。而从一天来说,这一状态是把白天辛苦劳动和晚上保持勤勉相结合来系辞。农村人有夏天睡在屋外的习惯,白天辛苦一天,晚上睡在打麦场上,看星星,聊闲天,这个时候,仍要保持警惕,即使有危险,比如被小偷占便宜,被骚扰,或从竹床、凉席上掉到地下,有危险,但没什么咎错。

按干宝等人的说法,这一爻大概指周文王返国勤政之时。因为周文王过早显露其德,以此蒙羑里之难,故在此阶段增修柔顺以怀多福,故爻辞说"无咎"。

第四种状态:"或跃在渊,无咎。"

表示可进可退,如龙腾跃在一片风云之中,如盘旋于深渊之上,没有灾难。"象辞"说,君子人生,好比龙象,兴风布雨,或跃或潜,进退自如,有所作为而没有灾难。

夏历五月,龙星在天空之渊即银河中腾跃,农人努力耕作,不会有错。从一天来说,这是指农人夏天中午或晚上到河水里游泳洗澡的景象。

从爻象附会,这一状态大概是指周武王大会诸侯于孟津而又退兵的故事。当然,第三、第四种状态也可以联想到舜的事迹:"慎微五典,五典克从;纳于百揆,百揆时序;宾于四门,四门穆穆;纳于大麓,烈风雷雨弗迷。"

第五种状态:"飞龙在天,利见大人。"

龙飞腾在空中,这是天下出现明君的征兆,大吉大利。

夏七月,夏至初昏时分龙星在天空清晰可见,无拘无束。万物生长,天功大成。从一天来说,这是指夏天正午农人在地里忙碌时的景象，太阳在中天。

这是"九五至尊"成语的由来。

从爻象附会，此爻可指武王伐纣大功告成之事，也可指尧命舜摄天子位。

第六种状态："亢龙有悔。"

升腾到极限的龙虽然高飞远举，但会有灾祸之困，动而招悔。

九月，龙星没于地平线下，晦而不见。从一天来说，这是指夏天黄昏的景象，太阳下山了。

从爻象附会，这一爻可指商纣王的命运，他英雄一世，却亡国亡族亡身；也可指尧、舜的命运，二帝晚年，名分虽然极高而不得志，"舜逼尧，禹逼舜"。

西谚："上帝欲使其灭亡，必先使其疯狂。"

殊胜状态："见群龙无首，吉。"

群龙出现在天空，看不出首领，吉利。

我们强调，易经是经验的产物，是先人观象系辞的作品。易经中的乾卦、坤卦在"系辞"中特殊之处，在于六爻系辞之后，都有一个"用"的系辞，坤是"用六"、乾是"用九"，历来易学家都对此做了猜想，没有一个统一的答案，有人甚至以为这里有先人对历法精准的设计。从经验中看，我们大概可以猜想先人在乾卦时空，即夏至时空中对自然的感受，这是一种极致的经验，即炎阳当空，像是十个、二十个等一群太阳出现，没有大小、首尾、规矩，但这不要紧，这是老天的规矩（"乃见天则"），会很吉利。我们还可以猜想先人对夏至极昼的体验，农村人说，日头长得没有夜晚了，太阳似乎一直悬在空中，这样的日子也是吉利的。

这是"群龙无首"成语的由来，但对"群龙无首"的理解并不一致。美国一个智库曾说，世界最大的风险是，没有一个国家或集团可以担负起全球领导者的角色，也就是世界将会进入"群龙无首"的状态。亚里士多德《政治学》认为："平民政治唯一的基本原则就是以个人的价值为根据，让所有人幸福生活的平等原则。""群龙无首"现象真正可忧的，不是"无首"，而是人人自视为"龙"，互不相下。如果真能彼此尊重，道并行而不相悖，百家争鸣，未始不是一桩可喜的美事。康有为就曾以为，群龙无首而后"天下治"。

五、从夏至到立秋

明末清初的大思想家顾炎武感叹："三代以上，人人皆知天文。'七月流火'，农夫之辞也。'三星在户'，妇人之语也。'月离于毕'，戍卒之作也。'龙尾伏辰'，儿童之谣也。……"这就是说，中国曾有过人人都懂得天象的时代。"观乎天文，以察时变"，这是人人都应该具有的权利和责任。

易经，就是中国上古三代人的卦历！

易经六十四卦，靠的是推演和解读，义理自在其间，象数、爻变玄而又玄，但是只有"卦"（此处通"挂"）起来，才便于人们使用。大到天道旱涝、人世否泰，小到邻里纠纷、个体运程，无不靠易经六十四卦来做出预判，并适时干预，防患于未然。因此，我们完全可以说，易经六十四卦，就是我们今天使用的挂历，在中国港澳台地区以及海外华人社区则习惯使用黄历。我们发现，易经六十四卦是这一生活方式的最早源头。

6月22日至28日前后，是天下风起、阴气生长的时期。姤卦最初叫"狗卦"，其起源很有可能与夏天露宿野营时的男女苟且相关。同时，姤卦也关注壮女、大龄女（今日所谓的"剩女"）问题。邂逅、遭遇、苟且、藏污纳垢等意象，是姤卦想要讨论的问题。"国际禁毒日"在姤卦时空内。

6月28日至7月3日前后，江湖河水，被统称为泽水，肆意泛滥，将巽木冲下。"过"字有经过漩涡之义。但凡有过泗渡经历的人，都知道水情的凶险，如水流湍急处必有一个个漩涡打转；经历了难以想象的凶险，最终成功过河了。这就是大过卦。此卦与孤独、独自奋战、建造房屋等相关。"国际建筑日"在大过时空内。

7月3日至9日前后,是小暑节气。烈日炎炎似火烧,天地间俨然一大蒸笼,又似一只硕大无比的煮锅。这是离火卦与巽风卦的和合之象,被命名为鼎卦。鼎卦,既意味着有口福之享,又有鼎力合作之义。"国际合作社日"多在鼎卦时空内。

7月9日至15日前后,经过雨季润泽,此时河水最为浩荡。河深水急,并不时有漩涡出现,形容水的这种状况称"回水",也是"亘"字的本义之一。据说,雷、风二气相济,宇宙波借助风势而动荡不已,于是产生了无穷的生命力,也形成了宇宙间壮丽的漩涡状星系。故,此时震雷卦与巽风卦的和合之象,被命名为恒卦。"世界人口日"在恒卦时空内。

7月15日至20日前后,秋风徐徐,这是巽风卦时。巽卦多与流行、无孔不入、技巧等相关。

7月20日至26日前后,是大暑时节。经过夏雨的冲刷,此时井水水位上涨不说,也有些浑浊了。从卦象上坎水下巽木的和合之象来看,这也是井象。井卦由此而来。井、井水,是上古先民们重要的公共财产之一,因此井卦与公共事业联系紧密,比如各种慈善事业。井卦也与志愿、光景等相关。

7月26日至8月1日前后,这是夏末时节。树木依旧繁茂,可人们发现了山中有的树不对劲,或生了枯枝,或长了害虫。这是"蛊"字的由来。蛊卦以此命名。蛊卦与传统、流行、变故、蛊惑等相关。

8月1日至8月6日前后,这是立秋前的最后五天。此时"大雨时行",又逢雨后暴晒,故而水汽蒸腾,仿佛空气在燃烧;农作物也已"五谷丰登"。这是升卦。升卦最早叫"登卦",由"登"而"升",词义相近。升卦与攀登、升迁、开拓等相关。

天风姤卦·入而健：藏污纳垢
（国际奥林匹克日、禁毒日，联合国宪章日，中国土地日）
6月22日—6月28日

一、时间节气

夏至后，太阳的移动发生了根本性变化，停止北行，开始南移了。这一方向性变化大多数人并不知晓，只有过后若干天才明白过来，因为这几天的天空、地面温度变化极小，甚至还在升温。但观察和体验中的先哲却意识到了严重性，即重新定向、定位所带来的时序和能量变化。一如冬至后一阳来复，将表面阳能剥尽的时空特征一下子恢复了一大半，阴阳比瞬间颠倒；此时夏至，阳能决胜，但一阴后来，将阴能决断掉的时空特征一下子增加了一大半，阴阳比颠倒为阴盛阳衰。

二、释卦

从夏至后，阴能主导时空。可以说，这种决定性、根本性变化的时刻一年中只有冬至、夏至两次，其他时间是渐变的，此时是顿变的；其他时间是量变的，此时是质变的。

一般人并未觉察这一方向性变化，但先哲在象数的排列上确认了这一变化，也许还通过其他途径确知这一变化。比如感应到高空的大气流动，天空还没出现什么变化时，但风向风性已经变了。象数的排列是上天下风，一阴面对五阳，仍是阴盛阳衰。先人对此类情形的观察是，一旦阴盛阳衰，生物界失衡，会出现很多变异的情况，如老夫少妻、老妻少夫之事。天下风盛，则会飞沙走石，如女人发疯、疯狗狂吠。天风卦一度叫"狗卦"，日食时，阴气剥蚀阳气，天下风起，最先引起狗的不安。后来改名为姤卦，上天为君后，下风为女，合起即一姤字。这一卦入而健，既指乾男之后的女壮，又指男女相遇、阴阳交媾。乡村社会，男女之事并不封闭，尤其是夏天，多在户外露宿，男女苟且的机会就多了。

人们说，体格过于强壮的女子，不能娶之为妻。因为女子本来阴重，应该向灵性、理智层面发展才好；如果女子长的粗壮只是干活好手，本能欲望强，或像个男人一样，非旺夫相，与应有的贤良淑洁不相匹配。姤卦的"系辞"即是："女壮，勿用取女。"还有人说，壮是指年龄大，大龄女青年，在传统社会也被视为心理会出现问题之人，要敬而远之，故古典中国人如此系辞。

跟男欢女爱不同，姤卦时空探讨男女托付终身、相依为命的婚媾之事。从母系制到父系制，文明有充足的经验，虽然男权社会多有歧视女性的现象，但经验或阴阳之道使人们认识到，女人过于刚强确实不行，相遇的男女需要适度的平衡，男强女弱不行，男柔男病、女刚女壮也不行，这既是心理的要求，也是身体的要求。

对乡村社会的居民来说，寻常家庭并不引人注目。如果某人娶了壮女、悍妇，倒是大家的话题了。这样的经验积久就成为姤卦时空的特征。先人系辞，原义极为简单，但后来的人们一再引申，就有了极丰富的意义。比如苟且，邂逅、不期而遇，防微杜渐，诟病、含羞忍诟等等。这就是现代人习以为常的现象：文本的意义大于作者的或原始的意义。

姤卦时空的"象辞"是："姤，遇也，柔遇刚也。勿用取女，不可与长也。天地相遇，品物咸章也。刚遇中正，天下大行也。姤之时义大矣哉！"

人们强调说，姤是遭遇，阴柔遭遇刚强。那些女壮者，如女德不贞者、阴柔的小人、凌强的部下，都不可与之长久相处。天地阴阳相遇，能使万物繁盛章明；阳刚遇到大中至正，大道就能行于天下。姤卦时空的时机和意义是非常重大的。

姤卦时空的"象辞"是："天下有风，姤；后以施命诰四方。"

天的下面有风，这是姤卦时空之象。风起于青萍之末，无不周布，盛大得可以摧枯拉朽。天是君后，风是命令。为人君者效法这一精神，即以施行他的命令，发出他的教言、文诰，传达到天下四方。

里尔克的诗深具姤卦之义。"我像一面被辽远的空间所缭绕的旗帜／我感到将来的狂飙，而必须忍受它们／当下界万物还懵然不动／门还轻柔地关着，烟囱里是静寂／窗子还未震撼，尘土还沉重的堆积／／那时我早已料到如大海的翻腾／把自己铺开，然后又陷回自身里，／我扭脱我自己，孑然／置身在伟大的暴风里。"

三、时空节点

国际奥林匹克日（6月23日）在姤卦时空内。姤卦的关键词：相遇、交往、竞技、普及等，都可以从奥林匹克精神中找到线索。奥林匹克是一种竞技精神。奥林匹克精神是一种"更快、更强、更高"的自我挑战精神，同时它也是公平、公正、平等、自由的体育竞技精神。奥林匹克包含的这种自我挑战精神和公平竞争精神构成了当代人类自我完善和社会交往的基石。奥林匹克主义是将身、心和精神方面的各种品质均衡地结合起来，并使之得到提高的一种人生哲学。这正是姤卦大义："后以施命诰四方。"

中国的全国土地日（6月25日）亦在姤卦时空内。

联合国宪章日（6月25日）在姤卦时空内。

姤卦还衍生出藏污纳垢的垢义，国际禁毒日（6月26日）即在姤卦时空之内。国际禁毒日，全称是"禁止药物滥用和非法贩运国际日"。1987年召开的第四十二届联合国大会通过决议，正式确定每年的6月26日为"国际禁毒日"："珍爱生命，远离毒品。"

四、时空禀赋

姤卦时空是天下有风，从中可知姤卦人的特点，有邂逅之事，有意想不到的遭遇甚至苟且之事。姤通污垢，这表明姤卦人有藏污纳垢的品性，能够包容、大度。姤也通诟，姤卦人生前死后会为人诟病，他们自己也会非议他人。从卦象上看，姤卦人体质壮实，但要注意皮肤上的毛病。姤卦女命或有阳刚之气，或有王气贵气；男命则有阴柔的一面。

日本军事家织田信长是姤卦人。他四十九岁时自杀。他喜欢的歌谣是："人生五十年，与天地长久相较，如梦又似幻；一度得生者，岂有不灭者乎？"

法国启蒙哲学家卢梭是姤卦人。他的名言："人是生而自由的，但却无往不在枷锁之中。"

物理学家、认识到绝对零度、热力学温标的发明者开尔文是姤卦人。他曾经说："有两个字最能代表我五十年内在科学研究上的奋斗，就是'失败'两字。"在他的时代，他固执地认为："重过空气的飞行机器是不可能实现的。"

意大利作家皮兰德娄是姤卦人。他认为："理智没有盲目的本能来充实，那就只是一个空壳！"

"俄罗斯诗歌的月亮"——阿赫玛托娃是姤卦人。她的诗歌曾被扣上"颓废"、"色情"的帽子，她本人也被指责为"半修女、半淫妇"。她曾对前来拜访的英国人伯林说："你来自人的国度，而我们这里被高墙隔绝。"

美国盲人女作家海伦·凯勒是姤卦人。她以自强不息的顽强毅力，在安妮·莎莉文老师的帮助下，掌握了英、法、德等五国语言，完成了一系列著作，并致力于为残疾人造福，建立慈善机构，被美国《时代周刊》评为美国十大英雄偶像。她说过："世界上最好和最美的东西是看不倒也摸不到的……它们只能被心灵感受到。"

美国生物学家和性学家金赛是姤卦人。他第一次提出了每个人的性行为都是独特的，所以用"正常"和"不正常"来形容性行为并不准确，只有"普通"和"罕见"才更加贴切。他说过："一个门诊部并不等于全社会。"

何香凝是姤卦人。她曾把自己的一条裙子寄给蒋介石，附上诗一首："枉自称男儿，甘受敌人气。不战送山河，万世同羞耻。吾侪妇女们，愿往沙场死。将我巾帼裳，换你征衣去。"

因女人退位的英国国王爱德华八世是姤卦人。他的名言："如果没有我爱的女人在身边帮助和支持我，我觉得我无法负担国王的职责，所以我选择放弃王位。"

司徒雷登是姤卦人。他自称"是一个中国人更甚于是一个美国人"。他做驻中国大使期间正值国共内战，毛泽东作有名文《别了，司徒雷登》。他曾经说："我每次见到乞丐就感到我属于他们一类。"

《大地》的作者、美国女作家赛珍珠是姤卦人。她在诺贝尔奖授奖仪式上的致谢词以《中国小说》为题，她说：中国的古典小说与"世界任何国家的小说一样，有着不可抗拒的魅力"，"一个真正受过良好教育的人，应该知道《红楼梦》、《三国演义》这样的经典之作"。她翻译的《水浒传》名为《四海之内皆兄弟》。

人工智能之父图灵是姤卦人。他是著名的男同性恋者，并因此而遭到当时的英国政府迫害，职业生涯尽毁。他曾经说："一个有纸、笔、橡皮擦并且坚持严格的行为准则的人，实质上就是一台通用图灵机。"

曾被批判、羞辱的中国经济学家马寅初是姤卦人。上九爻："姤其角，吝，无咎。"他是"中国人口学第一人"。他在气势汹汹的大批判、大围攻面前公开声明:"我虽年近八十,明知寡不敌众,自当单枪匹马出来迎战,直到战死为止"。

德国化学家能斯特,英国经济学家米德,中国现代名将傅作义、原子弹之父邓稼先、电影演员赵丹等,是姤卦人。

五、释爻

在姤卦时空,人们把女壮男弱的状态写了进来,这一卦象让人们想起了瘦弱丈夫和强壮女人的生活。

第一种状态:"系于金柅,贞吉;有攸往,见凶;羸豕孚蹢躅。"

原意大概是,(男人娶妻的心态,要如同)附着在金属上的刹车,以静制动,一动不如一静,不会不吉利。如果急于求成,不听劝阻,去把悍妇娶回了家,出现"凶"情,以后的日子就如同小瘦猪被绑起来挣脱不了了。

这一原意为后来者不断演绎。如爻象中有拉扯、进退相战之象,可以附会成车子有坚固的刹车,织布机也要有坚固的收丝具,如此严格牵系,就不会越轨出事。男女之间,一开始也要约束好,如果乱跑乱动,就会有凶灾。就像养猪人家,那些瘦弱的猪野惯了,不愿被拖回来。

从经验的角度,这一系辞也可以指女方。女孩子就应该嫁一个有钱人家,大门不出、二门不迈地守着妇道,那样才吉祥。如果到远方去就会有凶险,就像瘦猪到处觅食一样。

第二种状态:"包有鱼,无咎,不利宾。"

原意大概是,家境不错,经常有鱼肉,男女过小日子没什么不好,但是因为有悍妇在家,女人太过硌色另类,不利于招待宾客。

这一种男女相遇状态是说女方要被管束,她的施展场所是在厨房里,保证有鱼有肉吃就没有错,在道义上不应该让她接待宾客。也可以理解成,这是关起门来尽鱼水交欢,没什么错,只是此时不利于接待宾客。

第三种状态:"臀无肤,其行次且,厉,无大咎。"

男女之事,女方欲强,使得男方走路打漂,直晃悠,有些危险但没有错。

引申之义则有,宾客或朋友被悍妇打伤,跟跟跄跄地走了,"厉",但是没有遭到报复,没有大咎。

第四种状态:"包无鱼,起凶。"

家道衰落,吃不起鱼肉了,夫妇起了争执,越闹越凶。

这一卦象,在自然属性上说明天无雨,会有旱情之凶;在男女之事上说明无鱼水之欢,引起了难耐的饥渴凶险;在国政上,政事为小人把持,难以亲民,故如有行动就会有凶险。

第五种状态:"以杞包瓜,含章,有陨自天。"

经过磨合,妇人改性子了,没有大鱼大肉,就用杞和瓜烹调,谨守妇道,天降意外之财。这是男女之事最美好的状态,男女之情浓时如蜜,有意想不到的美好。

传统社会的人们常以瓜果互赠表示情意:"投我以木桃,报之以琼瑶。"在社会政治之事上,用杞柳条筐盛着芳香甜美的瓜果,说明君王朴素的美德,使得野无遗贤,人尽其才。

第六种状态:"姤其角,吝,无咎。"

不小心撞到了妇人的额角,不利啊,但她不再发脾气了,没什么坏结果。也可以说,此时男女处于浓情之极,碰到了彼此的脑袋,撞到了床角,有憾惜,而无咎害。

泽风大过·入而悦：夏日渡河与建造房屋
（国际建筑日）
6月28日—7月3日

一、时间节气

时序到了六月底七月初，太阳南去给天地阴阳数再减一数，象数排列结果为上泽下风。人们就此观察现实世界，盛夏雨水不断，泽水泛滥，江河漩涡不断，将巽木冲下。"过"字就是经过漩涡之意。人们多有涉河而过的经历，有经过漩涡之险而成功的经历。这就是"大过"。

二、释卦

泽风卦象排列中，两阴在外，四阳在内，一如一个大坎卦，坎有危险、过失之义。大坎就是泽风时空的大江大河，是洪水滔天之态，冲走牲畜、木材、家园，这是大过。

从卦象中还可以看到栋梁之材，中间粗壮，两头细弱，承重弯曲，这也是大过。

人到中年，上有高堂，下有弱小，而自己的头上出现白发，腿脚开始无力，这也是大过。一家的顶梁柱出现了问题，这也是大过。

因此，人们把泽风卦命名为"大过"，即是要讨论、观察阳刚的过失，大者的过失，也要讨论过人之处的应然和果然。这一时期，人们不由自主地吃得多了，大过于需要。动物也多食，并储存粮食。植物则开始向根部储存营养。

因此，大过时空是指自然、人生社会的反常现象。无论是栋梁向上隆起，还是向下弯曲，无论是枯杨生稊、生花，还是过河时一个闪失让河水淹没头顶，人们都总结经验，做出大体预测，指明解决问题的途径。

"栋桡，利有攸往，亨。"人们说，在大过时空，就像房子的栋梁之材弯曲了；这样的危房不宜居住，此时有所往则有利，要克服恐惧，挺直腰板，才能亨通成功。人们的生活经验是看到房子的栋梁弯了，难以解决，最好的办法就是赶紧离开。有时候，人刚一出门，房子在身后轰然一声塌了，真是庆幸，所以要请客或被请客来压惊，谢天谢地，为以后亨通的生活做好准备。后来人说："君子不立危墙之下。""乱邦不居，危邦不入。""道不行，乘桴泛于海。"

农耕社会的这个经验直到今天还适用。房子结构老朽了，独木难支，迟早垮掉。很多有才华的忠良，看到体制大厦千疮百孔，还想有所作为，结果成为体制坍塌的牺牲品。这就是大过。大过时空，"疾风知劲草，板荡识诚臣"。

大过时空的"彖辞"是："大过，大者过也。栋桡，本末弱也。刚过而中，巽而说行，利有攸往，乃亨。大过之时大矣哉。"

大过，阳刚大者的过失。栋桡，底部和上部柔弱。刚爻虽有过失而居中，下巽谦逊而上兑喜悦，如此行动，则适宜有所前往而得通达。大过卦所蕴含的时势意义真是伟大啊！程子说："如立非常之大事，兴不世之大功，成绝俗之大德，皆大过之事也。"

大过时空的"象辞"是："泽灭木，大过；君子以独立不惧，遯世无闷。"

人们观察这一卦象，看到了润木的泽水此时灭木，这是大过的时空。君子观察大过卦（泽水淹木，木仍挺直之象），效法它，能够独自屹立，毫无畏惧；遯世修身，无所悔闷。栋桡意象可以从里尔克的诗中得到参照。"不要胆怯，如果有死者与你擦肩而过／同他们，平静地对视吧／无数人的忧伤，使你与众不同。／我们目睹了，发生过的事物／那些时代的豪言壮语，并非为我们所说出／有何胜利可言，挺住意味一切。"

孔子的弟子对君子的过错有如此理解："君子之过也，如日月之食焉：过也，人皆见之；更也，人皆仰之。"

三、时空节点

国际建筑日（7月1日）在大过卦时空内。如前说，大过卦时空的关键词"栋桡"即是梁木弯曲。古典中国乡村人盖房子，大致包括选址、立中柱、上梁、立门、竣工等几个步骤。其中"上梁"被人们视为建房过程中最重要的一步。梁是建筑中架在立柱上面的横跨构件，是上架木构件中最重要的部分。上梁是否顺利，不仅关系到房屋的结构是否牢固，还关系到居住者今后是否兴旺发达。俗语："房顶有梁，家中有粮，房顶无梁，六畜不旺。"上梁不仅要选吉日吉时，还有一套仪式，左邻右舍的亲朋好友都要送礼的，主人则要宴请各位施工师傅、来访宾朋。

汉武帝占得过大过卦。当时，他准备攻打匈奴，得大过卦，爻变为恒卦。太史分析说，这是大吉之象：变爻的爻辞说"何可久也"，意思是战争不需要多长时间。汉武帝很高兴，立即派两支军队出师，但很快朝廷发生了事变，这两支军队也大多投降匈奴，汉军大败。结果与太史的分析相反，这说明了对卦的解释出了问题。

宋代的崔相公占到大过卦。当时他在福州任职，天下太平，他虔诚地为自己占了一卦，得大过卦，爻变为遁卦。他分析认为很快就有动乱发生，不过有惊无险。结果，不到十天，福州就发生了动乱，乱兵冲进崔相公家中，他翻墙逃走，躲过了劫难。

四、时空禀赋

大过卦人动手能力强，他们交游广，但自己处在孤独状态里，独立，无所畏惧。他们有担当，但往往负重巨大，有力不从心之感。从卦象上看，他们不能走弯路，不能有挫败，一旦有挫败，对他们来说是灭顶性的灾难。他们的官运或前途视靠山而定，有靠山则前途无虞，否则他们会孤独寂寞蹉跎下去。当然，他们人生中会有变故事件。

元末明初政治家、诗人刘伯温是大过卦人。他说过："夫大丈夫能左右天下者，必先能左右自己。""大其心容天下之物，虚其心受天下之善，平其心论天下之事，潜其心观天下之势，定其心应天下之变。"

德国科学家莱布尼茨是大过卦人。他涉足法学、力学、光学、语言学等四十多个领域，被誉为"十七世纪的亚里士多德"，和牛顿先后独立发明了微积分。他说过："世界上没有两片完全相同的树叶。"

法国作家乔治·桑是大过卦人。雨果曾评价她说："她在我们这个时代具有独一无二的地位。特别是，其他伟人都是男子，唯独她是女性。"

波兰诗人米沃什是大过卦人。米沃什在三十多年的流亡中，过的"是一种与城市大众隔离的生活"。他自称是"一个孤独的人，过着隐居的生活"。他还说："流亡是一切不幸中最不幸的事。我简直坠入了深渊。"

《荒原狼》的作者、德国作家黑塞是大过卦人。黑塞曾熟读易经，非常推崇周易对世界变换转化规律的演示。他不仅在报纸上热情赞扬推荐，把它与《圣经》和《道德经》相提并论，而且亲自动手画过多张八卦草图。他说过："天才经常孤立地降生，有着孤独的命运。天才是不可能遗传的，天才经常有着自我摒弃的倾向。"

学者陈寅恪是大过卦人。

奥地利小说家卡夫卡是大过卦人。他说过："现在我在这里，除此以外，我一无所知，一无所有。"

意大利作家法拉奇是大过卦人。《花花公子》杂志说她："如果你不明白这世界为什么这么乱，法拉奇的采访中有答案：'那些自吹自擂的家伙们在左右着世界。'"她晚年住在纽约，过着一种与世隔绝的生活。"君子以独立不惧，遯世无闷。"

服装设计师皮尔·卡丹，中国清代大臣和珅，钢琴家顾圣婴，作家萧军，思想家顾准，中国台湾学者陈鼓应等，是大过卦人。

五、释爻

大过的意象较多，过河、盖房、婚嫁等等，是农村生活最易出现"大过失"的领域。我们看大过六爻，也以这些现象系辞。

第一种状态："藉用白茅，无咎。"

字面意思是，恭敬地用白茅垫着祭品，可以无灾咎。

也可以理解为，大过卦是指丧偶后的再娶、再嫁。这一爻是指用白色的茅草包裹死者下葬，"无咎"；引申之义则是，在大过之时，要非常谨慎地做事，心诚意诚。

第二种状态："枯杨生稊，老夫得其女妻，无不利。"

枯杨生出嫩芽，老头娶了个年轻娇妻，没有不利的。这是说在大过之时，能振衰起弊，延续生命。也可以说，此时虽有大过，但才足以济难。

第三种状态："栋桡，凶。"

栋梁弯曲有凶险。这时阳刚超过而不中，一如栋梁弯曲，难以承重，有凶险。这也说明要观察周围，不能小材大用，否则会有灭顶之灾。

第四种状态："栋隆，吉；有它，吝。"

栋梁挺拔隆起，吉利；若有其他变故，如蛇虫鼠菌在附近，则生憾惜。建筑学上栋梁上有人字架辅助使其受力均匀，如此稳准吉利。如果屋梁附近有蛇出现，说明梁木易朽，会有过失。

第五种状态："枯杨生华，老妇得其士夫，无咎无誉。"

枯了的杨树又开了花，年老的妇人嫁给了年轻的男子，没有错，也没有什么荣耀。枯杨生华，怎么可以长久呢？老妇得少男为夫，其实也是可丑的啊。这是大过之时，知识精英和权贵们最易犯下的错误。人们留下生命种子的智慧。

汉武帝曾经卜得此爻。他穷兵黩武，使汉朝大丧元气，最后不得不下《轮台罪己诏》："……古者卿大夫与谋，参以蓍龟，不吉不行。……易之卦得'大过'，爻在九五，匈奴困败。公军方士、太史治星望气，及太卜龟蓍，皆以为吉，匈奴必破，时不可再得也。又曰：'北伐行将，于鬴山必克。'卦诸将，贰师最吉。故朕亲发贰师下鬴山，诏之必毋深入。今计谋卦兆皆反缪。……"

《轮台罪己诏》正应"大过"之卦，汉武帝因此对自己过去的穷兵黩武、迷信巫蛊的所作所为颇有悔意。《轮台罪己诏》的发布，使汉朝的统治方针发生转变，重新回到了与民休息、重视发展经济的轨道，从而避免了像秦朝那样迅速败亡的结局。故"象"曰："利有攸往，乃亨。"

第六种状态："过涉灭顶，凶，无咎。"

在河水中跋涉，一度被淹没头顶，很凶险，但没什么错。这也是人们生活的经验。我们看历史名人在遭遇灭顶之灾时，叹息之余也明白他没什么大错。

火风鼎卦·入而明：夏日炎炎如鼎炉
（国际合作社日）
7月3日—7月9日

一、时间节气

七月上旬，从古到今的三四千年间都是炎热时光。这一期间正是小暑节气。七月七日小暑天。历法书中说："斗指辛为小暑，斯时天气已热，尚未达于极点，故名也。"天气已经很热，但还不到最热的时候，所以叫"小暑"。小暑是相对大暑而言的，古人认为小暑期间还不是一年中最热的时候，俗话说"热在三伏"，故称为小暑。中国三伏天气一般出现在夏至后的第二十八天，即所谓"夏至三庚数头伏"。

二、释卦

小暑时节，已是初伏前后，到处绿树浓阴，很多地区的平均气温已接近三十度，时有热浪袭人之感，暴雨也时常在小暑节气光顾中国的大部分地区。由于这段时间的雨量集中，所以防洪、防涝显得尤为重要。农谚有"大暑小暑、灌死老鼠"之说，更有"小暑南风大暑旱"，"小暑打雷、大暑破圩"的经验总结。

此时，大地上不再有一丝凉风，而是所有的风中都带着热浪；由于炎热，蟋蟀离开了田野，到庭院的墙角下以避暑热。在这一节气中，老鹰因地面气温太高而在清凉的高空中活动。所以古人说："一候温风至，二候蟋蟀居宇，三候鹰始鸷。"

三伏天里赤日炎炎似火烧。天地间如蒸笼，如大煮锅。这一感受在此时的阴阳象数比中得以体现，阴阳排列是上火下风，风助火势，最为形象的是鼎锅。阴阳符号也体现了锅盖、鼎锅、支撑的灶架、柴火的意象。人们因此把此一时空命名为"鼎卦"。南京、武汉、重庆被称为中国三大火炉城市，即是说它们在此时空的鼎炉中经受蒸、晒、烧烤。

鼎是上古时代重要的日用品，是人生重要的象。距今八千多年的河南裴李岗文化已有陶鼎出现，鼎身为圆底罐型或盆型，鼎足呈扁平或三角形，周身附加堆纹，主要用作食器，也作祭器使用。《易传》说："革物者莫若鼎。"在先民的日常经验中，鼎容纳诸物，调和百味，使生变熟，推陈出新。鼎意味着新生。因此在历史变迁中，当黄帝时代鼎出现后，它就成了祭祀天地、推算历数、卜筮吉凶、代天行命的神圣器物。到了大禹时代，鼎演化为国之重器，与政治的关系日益密切。禹铸九鼎，有着"使民知神奸"的科普教育职能，"用能协于上下，以承天休"的祭祀通天功能，和"天祚明德"象征天命的功能。

在三代，只有王公贵族之家才有青铜大鼎，这是一种大型烹饪器具。王侯奖励功臣也往往铸鼎，并铭记功德，所以鼎又是一种礼器。鼎还意味着权力，大禹功成，铸九鼎；商周两代也将其作为传国宝器。问鼎中原，就意味着向最高权力的挑战。总之，鼎象征权威富贵。所以人们说，这一卦是元吉之卦，是亨通之卦，是可以请客的卦，就像今人在夏天相互请吃烧烤、夜宵一样，这是吉祥的。鼎卦的"系辞"是："元吉，亨。"

从卦序上看，在决战一举成功的夬卦时空、健行不已的乾卦时空后，是兼容并蓄或藏污纳垢的姤卦时空，姤卦之后而有了大过时空，面对大兴土木、大过失而出现了鼎力合作的鼎卦时空。

鼎卦的"彖辞"是："鼎，象也。以木巽火，亨饪也。圣人亨以享上帝，而大亨以养圣贤。巽而耳目聪明，柔进而上行，得中而应乎刚，是以元亨。"

人们说，火风鼎，就像烹饪的形象，又巽木入离火，这样就可以烹煮食物，调和百味了。圣贤用来祭祀上帝，而盛大的宴会、丰盛的饮食也可以供养圣贤。顺天应人，因此耳目聪明，上下通达，国泰民安，所以说这是伟大成功的吉庆之卦。

鼎卦的"象辞"是："木上有火，鼎；君子以正位凝命。"

人们强调说，木上有火，君子体察此象，取法于鼎足三分，端正守位，不负使命。

据说春秋时期，有一次孔子安排子贡出门，很久了也没回来。孔子让弟子占了一卦，得鼎卦，大家都说无足不能来。颜回捂着嘴笑，孔子问："颜回笑什么？是说子贡要回来吗？"颜回答道："无足，可以乘船来嘛。"子贡果然乘船回来了。

三、时空节点

国际合作社日（七月的第一个星期六）多在鼎卦时空内。1844年罗虚代尔的公平先锋社在英国诞生，这揭开了现代合作社运动的序幕。国际合作社联盟于1895年在伦敦成立。1922年，国际合作社联盟决定将每年7月的第一个星期六确定为"合作者的节日"。1992年联合国大会通过决议，宣布1995年7月的第一个星期六为联合国国际合作社日，以纪念国际合作社联盟建立一百周年，并决定考虑将来每年都将此日定为联合国国际合作社日。汉语有习语：鼎力相助。鼎卦之义，也正是合作之义。

唐代的李纲占过鼎卦。当时，李纲还在隋朝做官，官运不佳，就请人占卦，得到鼎卦。占卦人对李纲说，从卦象上看，你应该做卿大夫一类的显赫高官，因为鼎卦有大亨以养圣贤之象；但鼎卦又有去故取新的意思，表明改朝换代之后，你的官运才会顺畅；你在为官时，如果不注意进退，就会有折足之忧。后来，李纲在唐朝为官时官位显赫、权倾朝野，但他想到了曾经占的卦，就急流勇退，称病而去，安享天年。

宋朝的晁以道占到过鼎卦。晁以道做官时每天都要占卦以判定吉凶。有一天，有个朋友来拜访，聊天时下起了小雨。晁以道说，他当天占得鼎卦，鼎卦有折足之象，这个折足应验在客人身上，你得小心啊。结果，朋友告辞后，走在雨路上摔倒，小腿几乎折断，治疗几个月才康复。

四、时空禀赋

鼎卦有火下之风、鼎锅等意象，鼎卦人的性格中天然地亲近锅铲，他们喜欢做饭，是美食家和烹饪专家。鼎卦与家人卦相关，鼎卦人的成功得益于家人的团结和睦。鼎卦也是打基础之象，鼎卦人是创基业的状态。鼎有鼎力合作、一言九鼎、人声鼎沸、力能扛鼎等相关成语，这也反映着鼎卦人的一些特点，他们喜欢热闹，交游广阔。中国诗人、学者郭沫若曾给自己取名"鼎堂"。

法国作家拉封丹是鼎卦人。他的名言："耐力和持久胜过激烈和狂热。"

《红字》作者、美国作家霍桑是鼎卦人。他说过："善良的人总是把自己说得卑劣。"

意大利民族英雄加里波第是鼎卦人。他的名言："不惜牺牲自由以图苟安的人，既不配享受自由，也不配获得安全。"

西方兵圣、《战争论》的作者、军事理论家克劳塞维茨是鼎卦人。他把法国大革命和拿破仑战争融入到自己的书中。他对自己的工作如此预言："他的《战争论》将引起军事理论的一场革命。"他的名言："战争是政治的工具；战争必不可免地具有政治的特性，……战争就其主要方面来说就是政治本身，政治在这里以剑代表，但并不因此就不再按照自己的规律进行思考了。"

美国石油大亨洛克菲勒是鼎卦人。他是十九世纪第一个亿万富翁。在他漫长的一生中，人们对他毁誉参半。他说过："每个人都是他自己命运的设计者和建筑师。""我不靠天赐的运气活着，但我靠策划运气发达。"

德国飞艇制造家齐伯林是鼎卦人。他是人类航空史上的重要人物之一。

"国际妇女运动之母"、德国革命家蔡特金是鼎卦人。在童年时代，她已经懂得"一个人必须准备为自己的信仰牺牲生命"。

美国总统柯立芝是鼎卦人。"他体现中产阶层的精神和希望，可以解释他们的憧憬和表达他们的意见。他真实代表了大多数人的精神特质这一事实就是证明他力量的最为令人信服的证据。"他信奉"无为而治"的政治哲学，认为"少管闲事的政府是最好的政府"，所以在他五年半的总统任期内，没有突出的政绩。

中国作家茅盾是鼎卦人。他是评论家，又是作家。他认为："斗争的生活使你干练，苦闷的煎熬使你醇化；这是时代要造成青年为能担负历史使命的两件法宝。"

前苏联诗人马雅可夫斯基是鼎卦人。他的名句："你吃吃凤梨，嚼嚼松鸡，你的末日到了，资产阶级！"

中国现代出版家王云五是典型的鼎卦人。他说过："有大公，方可以有卓见。"

日本画家东山魁夷是鼎卦人，中国诗人艾青说他："无论是林间的瀑布，无论是湖沼中的倒影，初春的月夜，山峦的黎明，都浸透了画家的爱情。"

法国总统蓬皮杜，中国武术家黄飞鸿，画家吴冠中，前苏联物理学家卡皮查等，是鼎卦人。

五、释爻

人们给鼎卦时空的六爻系辞，就观察用鼎的六种状态好了。对中国人来说，将鼎锅演进到权力财富层面，鼎成为家国重器，得之难，守之不易。

第一种状态："鼎颠趾，利出否。得妾以其子，无咎。"

人们用鼎做饭时，要先清洗，为了倒出其中的污水，就会将鼎锅翻过来，让口朝下、鼎足朝上。以无子而纳妾，因纳妾而得子，没有灾祸。也可以解释说，鼎足颠簸不稳定，便于脱离不利的境地，这种折腾就像娶妾以生子，"无咎"。

第二种状态："鼎有实，我仇有疾，不我能即，吉。"

这一句中的"仇"，既可做敌人也可做朋友、伴侣来理解。鼎中很充实，一如国泰民安，我们的仇敌有病，不能加害于我们，这很吉利。

乡土社会的经验是，锅里有饭，但伴侣有病，不能坐在一起享用，过后才知道是她有身孕了，这是吉利的。

这一种状态，我们中国人常说，家里有粮，心中不慌。之所以家里有粮，因为做人做事谨慎；而本着这种精神，即使有仇敌嫉恨自己，也没有什么灾祸。西方人如荣格对此爻也有极平实的理解，在《易与中国精神》中说："鼎里面有食物，我的同伴却忌妒我，但他们不能伤害我，何其幸运。"

第三种状态："鼎耳革，其行塞，雉膏不食。方雨，亏悔，终吉。"

原意大概是，鼎耳使用皮革，容易脱落，使得搬动不方便，做好的肥鸡没吃进嘴，正好下雨了，被淋湿了懊悔不已，但是洗干净还是能吃到，最终得"吉"。农村生活的经验是，在屋外支起鼎锅生火煮食，做好了却因鼎耳是坏的,又沉又烫,鼎不好搬动,美味一时难以吃到,雨却落下来了……好在结果还不错。

这一爻的意思还可以理解为,鼎耳坏了需要更换,搬动不便,有美味不要吃光。正在阴雨中,不知何日能出猎寻食,坐吃山空,食物将匮乏,有些后悔,好在结果吉利。荣格对此爻的理解是:"鼎的把柄已更改,其人生命之途受到阻碍,肥美的雉鸡尚未被享受,一旦落雨,悔恨必有,然幸运必落在最终的时候。"另一位西方学者卫礼贤认为,此处描述一个人身处高度发展的文明中,却发现自己备受漠视,其成效也备受打击。

第四种状态:"鼎折足,覆公餗,其形渥,凶。"

鼎足折断了,珍馐美味倾覆了,弄得汁液满地,狼藉一片。这是凶险之兆。

这一状态相当于说社稷大厦倾覆,国家资产流失。用孔子的话正是:"知小而谋大,力小而任重"、"非其任也而任之,能毋折乎?"

春秋时期,鲁国在讨伐越国前,卜得这一爻"鼎折足"。子贡以为凶险,行走折足,所以凶。孔子却说,越人靠水而居,行走用船,不用脚,所以吉。后来,鲁国果然战胜了越国。

对这一爻象,孔子曾演绎说,这是讲在下者不能胜任自己的工作。因为不是他所能担当得起的重任,而让他去担当,能不受伤吗?将军无能,城就守不住,军队打不了胜仗,乱局必然扩及君上,这就叫"折足"。国都破败,田地荒芜,五谷不得丰收,这就叫作"覆公餗"。公粮歉收,(君王和贵族们)饥饿没有饭吃,这就叫"形渥"。有人问孔子,人君至于挨饿吗?孔子说,过去晋厉公,国都破败,田地荒芜,出外田猎达七个月之久不归朝中;民众造反到云梦泽,晋厉公没有车子而徒步独行,……他饥饿没有饭吃,更不用说吃上肉了,这就是"其形渥"。所以说施恩报德不论有多小,丧失宗庙地位不论有多大,讲的就是这个道理。

孔子演绎时张冠李戴，把楚灵王的故事当作晋厉公了。"楚王好细腰，宫中多饿死。"这位楚灵王杀死了侄儿楚郏敖而自立。他即位时，楚国强大得与晋国平分霸权。他对外穷兵黩武，不修德政，还妄图天子之九鼎。最终他的弟弟趁机把他的儿子全部杀掉。他失去王位，连立足之地也没有，到处挨饿。

董仲舒《春秋繁露》："以所任贤，谓之主尊国安，所任非其人，谓之主卑国危，万世必然，无所疑也。其在易曰：'鼎折足，覆公𫗧。'夫鼎折足者，任非其人也，覆公𫗧者，国家倾也。是故任非其人而国家不倾者，自古至今，未尝闻也。"

第五种状态："鼎黄耳金铉，利贞。"

鼎有黄金的耳朵，又有了金铉来抬举它，结实耐用，国治而鼎调。兆头吉利，或说利于坚守正道。

第六种状态："鼎玉铉，大吉，无不利。"

鼎配以玉石之铉，这是高贵的象征，也说明此时主人对鼎的器重和小心呵护，因此可以说，大吉，无所不利。

雷风恒·入而动：永恒的漩涡
（世界人口日）
7月9日—7月15日

一、时间节气

鼎卦时空过后，人们希望稳定，长治久安。时序阴阳排列是上雷下风，都是动荡之象，世界永恒地处于风雷变动之中。变动才是恒久的。

二、释卦

人们观察雷风卦，上雷震为长男，下巽为长女，男女相配，既有家庭的分工，又都有对家庭的责任心、恒心。雷风相薄，二者本来也有着休戚与共的一体之情。据说，雷风二气相济，宇宙波的动荡跟风势相助，于是产生无穷的生命力，形成宇宙间壮丽的漩涡星系，漩涡状即"亘"字来源之一。

对此时的自然界来说，经过雨季的润泽，河水最为浩荡，河深水急，并不时有漩涡出现，这种漩水即回水，正是亘字的异文，即上述"亘"字的来源。对上古三代的人们来说，河水是一个重要的象。人们的生活离不开河水。人们敬畏河水的力量、不确定性和永恒存在。

人们以河伯、河神来膜拜它，给河水取了种种名字，每年都会祭祀它。为了防止夏天河水的泛滥，人们还趁农闲、冬季的时候去疏浚它。

从经验层面看，由于妇女儿童淹死的比例高，人们一度以为河神喜欢妇女儿童，因而有过给河神娶妇、给河神献上儿童的做法。这种跟河水相处之道需要人们有耐心、恒心。有意思的是，据说中国上古舜帝的两个妻子娥皇、女英也是投水而死，她们的遭遇是中国文化史和文学史上永恒的题材。李白、杜甫、刘长卿、刘禹锡、柳宗元、李贺、杜牧、苏轼、陆游等人都曾吟诵过他们。郭沫若在《湘累》中为二女代言："层层绕着的九嶷山上的白云，微微波动着的洞庭湖中的流水呀，你们知不知道它，知不知道它的所在呀！呵，九嶷山的白云有聚有消，洞庭湖中的流水有汐有潮，我们心中的愁云呀，我们心中的泪涛呀，永远不能消，永远只是潮。"

故在观察雷风卦象时，人们联想到此时的漩涡，人生就这样被卷入一场永不停息的漩涡里，为此命名雷风卦为恒卦。从卦序上看，鼎卦时空之后，即为恒卦，一个动荡中需要技巧、耐心的时空。

恒卦时空的"系辞"是："恒，亨，无咎，利贞，利有攸往。"

人们观察此一时空，说这一卦象是通达的，没有过失，利于守正，努力奋斗就能成功。

恒卦时空的"象辞"是："恒，久也。刚上而柔下，雷风相与，巽而动，刚柔皆应，恒。恒，亨，无咎，利贞，久于其道也。天地之道，恒久而不已也，利有攸往，终则有始也。日月得天而能久照，四时变化而能久成，圣人久于其道而天下化成。观其所恒，而天地万物之情可见矣。"

恒，就是长久、恒久的意思。阳刚在上、阴柔在下，雷风相互助益，谦恭地去行动，刚柔相应，这是成为恒卦的象征。恒卦能成功、无咎，利守正道，是久于其道之故。天地秉其恒久之道，永不止息。恒卦利于努力奋斗，是说万物的发展是终而复始、循环不已。日月得天而能久照，四时变化而能久成，圣人久于其道，即保有其恒常之美德，而能教化成就天下万民。观察此恒常之道，那么天地万物的情态，就可以见而知之了。

恒卦时空的"象辞"是："雷风，恒；君子以立不易方。"

雷风恒久地吹拂动荡，君子观此卦象，从而在立身处世时坚守，不改其正道。

三、时空节点

世界人口日（7月11日）在恒卦时空之内。1987年7月11日，世界人口达到了五十亿。1989年，联合国大会根据开发计划署理事会的建议，将7月11日定为"世界人口日"，以引起国际社会对人口问题的重视。从附会的角度看，人口确实是关系文明社会长治久安的问题。但是，从事实上看，世界人口绝非在7月11日才达到五十亿。从义理上看，人口问题更是恒卦之前的鼎卦时空关注的问题。鼎锅、鼎灶即意味着人口。孙膑用减灶的办法让对手庞涓误以为他的军力一天天减少，从而最终战胜了庞涓。乡下人问对方家中几口人也总是形象地问家里有几眼锅灶、几双筷子，也是清楚人口跟鼎锅的关系。我们说，易经有着时空中的消息，它是古典中国人生活的综合、集成，用现代人文现象解释它未免本末倒置，但我们从中仍可见易经之义理的永恒。

明代的王奇占到过恒卦。当时，刑部许多重犯越狱，主管者请王奇占卦，王奇占得恒卦，爻变为大过。他说，变爻是囹圄之象，内卦是巽风，这就是犯人入囹圄的意思，他们哪里逃得掉呢？不久，朝廷抓住了那些犯人。

明代的陆时至占到过恒卦。当时，明军在土木堡被瓦剌军打败，明英宗被俘，史称"土木之变"。陆时至受人邀请预测此事，占到恒卦，爻变为解卦。他分析说，恒卦有坎险之象，解卦则说其来复吉，这表明皇上能够安全归来；解卦中有坎月离日之象，正是大明国国号，只是离象不全，可见需要等待。

四、时空禀赋

恒卦的意象是漩涡，且多为向内的能量状态。恒卦人一生中也卷入是非漩涡之中，他们为内部矛盾所纠结，如果他们不能做和事佬，他们就会为是非裹挟。顾名思义，恒卦人做事有恒心，他们的失败在于内部或中途出现的变故。恺撒是这方面的典型，他是政治家、军事家，又是作家，在军旅生涯中，他的《高卢战纪》写得"朴素、直率和雅致"。恒还有长久之义，恒卦人可以一生的时间做一件事，我们从李时珍、普鲁斯特、金岳霖等人身上看到这一特点。

恺撒是恒卦人。他的名言："我来，我看，我征服。""找到你的敌人，你才能安全。""恺撒不怕危险，因为恺撒比危险更危险！"

法国宗教改革家加尔文是恒卦人。他的宗教观的核心是先定论。先定论"乃是上帝的永恒旨意，就是神自己决定，他对世界每一个人所要成就的。因为人类被创造的命运都是一样的；永恒的生命是为某些人前定了的，对于另一些人，却是永远的罪刑。"

医学家、《本草纲目》作者李时珍是恒卦人。他放弃了科举做官的打算，专心学医，向父亲求说并表明决心："身如逆流船，心比铁石坚。望父全儿志，至死不怕难。"他的恒心使之成为伟大的医学家、药物学家。在参考历代有关医药及其相关书籍八百余种的基础上，李时珍结合自身经验和调查研究，历时二十七年编成《本草纲目》一书，是我国古代药物学的总结性巨著。他的名字乃至人生都得恒义。

画家伦勃朗是恒卦人。他说过："眼神是人类奥妙心灵的折射。""也许三百年后我的作品会被人认可的。"

《瓦尔登湖》和《论公民的不服从》的作者、美国作家梭罗是恒卦人。他认为，假如人们能过宇宙法则规定的简朴生活，就不会有那么的焦虑来扰乱内心的宁静。他的名言："我们接通了越洋的电缆，却用它询问阿德莱德王妃是否得了咳喘，并未用它交流人类的思想。我们建成了铁路，却坐着它去城里消磨时光。"

美国总统昆西·亚当斯是恒卦人。在他小时候，他父亲即美国开国之父之一老亚当斯曾对他说："我的孩子，你的人生目标应是追求道德，因为它们是永存的。"

科学家、发明家特斯拉是恒卦人。据说他是能够制造闪电的人。"我可以劈开世界，但我不会这么去做。"

《追忆逝水年华》作者、法国作家普鲁斯特是恒卦人。他真正使逝水年华永恒了。他说："在我们幼小时，我觉得圣书上任何人物和命运都没有像诺亚那样悲惨，他因洪水泛滥，不得不在方舟里度过四十天，后来，我时常卧病，迫不得已成年累月地呆在方舟里过活。这时我才明白，尽管诺亚方舟紧闭着，茫茫黑夜镇住大地，但是诺亚从方舟里看世界是再透澈不过了。"

中国哲学家金岳霖是恒卦人。他说过："世界上似乎有很多的哲学动物，我自己也是一个，就是把他们放在监牢里做苦工，他们脑子里仍然是满脑子的哲学问题。"

《夏洛的网》、《精灵鼠小弟》的作者，美国作家怀特是恒卦人。曾有一个小读者写信问他："你的童话故事是真的吗？"怀特去信回答："不，他们是想象出来的故事——但是真的生活也不过是生活的一种罢了——想象里的生活也算一种生活。"

电影导演英格玛·伯格曼是恒卦人。他说过："我的电影从来无意写实，它们是镜子，是现实的片断，几乎跟梦一样。"

五、释爻

雷风恒卦从河水联想人世的恒心、耐心，河汛对人们的影响是深远的，天上打雷，地上风雨不停，河水泛滥，人们难以作为，庄稼烂在地里。在此时空,虽然只有几天的工夫,但往往因为应对不当,人们失去了一年的收成,得到一个凶年。

第一种状态:"浚恒,贞凶,无攸利。"

原意大概为,河水深,出行凶,不得利。

从浚字可以想到另一种意思,就像挖井或淘挖河道一样,虽然是正道,但求好求成心切,有凶险,没什么利益。这一状态也是对农业的一种写照,在河汛来临之际,才想到去疏浚河道,没什么好处。

引申到男女婚姻状态,婚姻是寻求恒久相处之道,但有人仍想追求激情,这样就有危险,没什么好处。还有人拓展为普适价值,一味坚持到底而不知变通,会有凶险,没什么好处。

第二种状态:"悔亡。"

从河水之象说,因为第一阶段河水深,此时返还,没有什么可后悔的。

通过第一阶段的试错,懂得了做事要长久守着中道,因此后悔的事就没有了。

尧、舜、禹相传的心法是:"唯精唯一,允执厥中。"

第三种状态:"不恒其德,或承之羞,贞吝。"

从河水之象的角度看,在此阶段,人们没有感受到河神的恩德,反受到其伤害,贞吝啊。

这一状态还可引申男女品德之事,即进入小康状态后,开始有余情,情不专一,有人送其珍馐美味以勾引,明显预示了鄙吝之事。也有人说,此时人们不能保持其德行,必然蒙受耻辱。虽然属于正道,也有鄙吝之时。

孔子对此意称赞不已,《论语》曾对此有如下记载:"南人有言曰:'人而无恒,不可以作巫医。'善夫!'不恒其德,或承之羞。'子曰:'不占而已矣。'"意思是,南方人有句话说:"一个人如果没有恒心,就没有做巫医的资格。"说得真好啊!"不能恒久保持其美德,或将蒙受由此而来的羞辱。"孔子说："无恒心之人一事无成，你替他占卜也不灵。"

《礼记》中也有类似记载。"子曰：南人有言曰：'人而无恒，不可以为卜筮。'古之遗言与！龟筮犹不能知也，而况于人乎？……《易》曰：'不恒其德，或承之羞。恒其德，侦（贞）。妇人吉，夫子凶。'"

第四种状态："田无禽。"

从河水之象说，这一阶段，因河水泛滥，田野都没有了鸟兽。

这一状态的心志处于摇摆之际，不安其位，因此将无所获，就像田野里没有禽兽供其捕捉一样。乡村生活经验是，夏天阴雨连绵，河水泛滥十天半个月，家里的粮食蔬菜就显得紧张了。

第五种状态："恒其德，贞。妇人吉，夫子凶。"

从河水之象说，泛滥的河水安稳下来了，人们想到了河神给予大家的好处，但此时人们只能待在家里，守望自己的家园，等待时机。这种守在家里的局面对女人吉利，对男人不利。

这一种状态处于尊位，能够恒久保持其美德，守持正固。这在妇人是吉利的，在丈夫则有凶险。因为这一状态时位居尊，男女对社会所尽的义务有所不同，在女人要尽其妇道，男人则要讲义尽责，好男儿志在四方，如果做宅男，听女人的话，做妇人状，则是失职。

第六种状态："振恒，凶。"

从河水之象说，还没等人们有所行动，河水再一次泛滥起来，凶险啊。

久久地动而不安，这是凶险的。或者说，改动了恒久的常道是有凶灾的。

巽风卦·入而入：秋风的命令
7月15日—7月20日

一、时间节气

七月中旬，尽管大地依然炎热，大暑快到了，但秋风也丝丝来临。据说树上的知了此时会停歇几天，因为它们感受到了秋意。人们观察阴阳象数，知道此时正是一个巽风卦，一个讲求无孔不入的卦。

二、释卦

跟春风一样，秋风也给人以很深的印象。人们把这一时空命名为巽卦，一如把包括此一时空在内的四十五天，即下半年的第一个四分之一时空命名为巽卦一样。巽卦属于大八卦之一。

但在最早命名时，巽风卦不叫巽，中间经历反复，曾经叫"筭卦"，即以竹棍来计算的意思。因为人们发现，过了夏至后，万物都开始收敛了。一切像算计好似的，秋风向万物发出命令，要早作准备，免得冬天冻死饿死。据说在此六十四卦的小巽卦时期，苹果食心虫就往土里钻。可以说，万物在千万年的演进记忆里，将自然环境的阴阳象数储存在自己的基因中，也将感知与反应储存在基因中，一切似乎机械化、程序化、计算机化。

人们格物致知，意识到自己也该跟动植物一样算计好，进行长远的谋划。但箅字过于抽象，看看风，尤其是秋风，多会算计啊，无孔不入。在秋风的提醒下，为了越冬，鸟生新羽，兽长细毛，猪、牛乃至熊瞎子都尽可能吃得胖胖的，会储存食物的松鼠也忙着储存越冬的干果。一叶知秋，树叶为什么随秋风飘落，是地球引力，也是成熟的叶片为了保护树木的自然反应，以使树木储存越冬所需要的养分。而蛇虫对气候的变化更是敏感，他们会及早寻找安全的地带，一起越冬。两个蛇虫跟一个共字，组成了"巽"字。这个字可算代表了万物都具有的算计，也代表了秋风。巽字因此有具、都的意思，有散布的意思。

人们说："巽者入也，顺也。"一句话，巽就是顺大自然的变化之势，及时进入退却、收敛阶段，才能使生命继续进而获得新生。连秋蝉都感受到秋风的凉意，一声声地叫着"知了知了"，提醒着人们准备棉衣，善于听从大自然的农家此时就着手做棉衣棉帽与棉鞋。

可以说，万物在顺从大自然的时候，都是积极的。

风的无孔不入给了人们很深的印象，虫子入地，鸡黄昏入巢，风过耳……因顺逊而入，所以能够小有成功。以这种谦恭、一顺百顺的精神，可以有利于前往奋斗，去获得一个光明的前途，也利于晋见大人物。巽卦时空的"系辞"是："小亨，利有攸往，利见大人。"从卦序上看，鼎力合作的鼎卦时空、坚持的恒卦时空之后，无孔不入、顺风顺水、风行天上地下的巽风卦时空就顺理成章地出现了。

风在说话，风有话说，这对传统社会的人们来说是一个常识：要听风观风，要接待风的使者。巽卦时空的"象辞"是："重巽以申命。刚巽乎中正而志行。柔皆顺乎刚，是以小亨，利有攸往，利见大人。"人们对巽风卦进行观察，说明此时在大地炎热之际重复出现，乃是一种重申其使命。阳刚的君子巽顺于中正之位，能够实现他的心志，柔顺者又能顺乎阳刚者，所以能够得到小成，利于出行，利见大人。

巽卦时空的"象辞"是："随风，巽；君子以申命行事。"人们强调说，巽风相随而来，君子观察它，取法于长吹不断的风，从而不断地申明教义，以实现其事功。风在传统中国文化中是一个特殊的类别，君子善观风，每一个地方都有其民风、流行风，一国有一国之国风。

风或秋风也是人类吟咏的对象，自古以来关于风或秋风的诗不可胜数。屈原有诗："袅袅兮秋风，洞庭波兮木叶下。"刘邦有诗："大风起兮云飞扬，安得猛士兮守四方。"刘彻有诗："秋风起兮白云飞，草木黄落兮雁南归。"……

三、时空禀赋

巽风卦有发号施令之象，巽卦人跟权力、文明、文化、粗暴、谦逊相关。巽卦人做事有技巧，能够无孔不入。巽风有不确定之象，巽卦人也会有大起大落之遭遇。从亚历山大、曹操、刘备三个帝王身上可以看到这一点。巽卦有风行四方之象，巽卦人也有交游广阔、喜欢新事物、朋友多等特征。巽卦有流行之象，巽卦人中歌手多，能流行一时。

亚历山大大帝是巽卦人。他足智多谋，在担任马其顿国王的短短十三年中，以其雄才大略，东征西讨，先是确立了在全希腊的统治地位，后又灭亡了波斯帝国。在横跨欧亚的辽阔土地上，建立起了一个西起古希腊、马其顿，东到印度恒河流域，南临尼罗河第一瀑布，北至巴比伦的疆域广阔的国家。他的名言："我若不是国王的话，我愿意去做第欧根尼。""把世界当作自己的故乡。"

曹操是巽卦人。他写秋风的诗有："秋风萧瑟，洪波涌起；日月之行，若出其中；星汉灿烂，若出其里。"

刘备是巽卦人。他以卖草鞋之身创出三分天下的基业，人们评价他说："先主之弘毅宽厚，知人待士，盖有高祖之风，英雄之器焉。"他的名言："勿以恶小而为之，勿以善小而不为。"

意大利诗人彼特拉克是巽卦人。他在活着的时候，已经是声誉远播。三十七岁时，他在同一天收到了罗马元老院和巴黎大学的邀请，要授予他"桂冠诗人"的称号。最后，他就在罗马接受了这个已经中断一千三百年之久的称号，达到了当时一个文人所能享受的最高声誉。他是文艺复兴的发起者，有"人文主义之父"之称。他的名言："我不想变成上帝，或者居住在永恒中，属于人的那种光荣对于我就足够了。我自己是凡人，我只要求凡人的幸福。"

《名利场》的作者、英国作家萨克雷是巽卦人。他说过："播种行为，可以收获习惯；播种习惯，可以收获性格；播种性格，可以收获命运。"

现代遗传学之父孟德尔是巽卦人。他酷爱自己的研究工作，经常向前来参观的客人指着豌豆十分自豪地说："这些都是我的儿女！"

法国画家德加是巽卦人。他曾对诗人马拉美说："你的行业是恶魔似的行业。我没有法子说出我所要说的话，然而我有很丰富的思想。"马拉美回答说："我亲爱的德加，人们并不是用思想来写诗的，而是用词语来写的。"

荷兰物理学家洛伦兹是巽卦人。为了悼念这位荷兰近代文化的巨人，举行葬礼的那天，荷兰全国的电信、电话中止三分钟。世界各地科学界的著名人物参加了葬礼。爱因斯坦在洛伦兹墓前致词说：洛伦兹的成就"对我产生了最伟大的影响"，他是"我们时代最伟大、最高尚的人"。

中国学者辜鸿铭是巽卦人。他自称"生在南洋，学在西洋，娶在东洋，仕在北洋"，生前热衷向西方人宣传东方文化和精神，产生了重大的影响，在西方形成了"到中国可以不看紫禁城，不可不看辜鸿铭"的说法。

中国画家徐悲鸿是巽卦人。他是第一个将西方素描及油画与中国画成功地结合起来的中国画家。他的绘画创作以及他大量的教学活动为中国绘画及美术教育开创了一个新的方向。他说过："每个人的一生都应该给后代留下一些高尚有益的东西。"

法国作家萨洛特是巽卦人。她的去世意味着新小说流派的文学创作活动基本结束。很多报刊称她的去世为"一个世纪的终结"。

法国哲学家德里达是巽卦人。"因为他，法国向世界传递了一种当代最伟大的哲学思想，他是当之无愧的'世界公民'。"

《西行漫记》的作者、美国记者斯诺，华人学者叶嘉莹，国际奥委会主席萨马兰奇，中国台湾音乐人罗大佑、李宗盛等是巽卦人。

四、释爻

人们观察风行状态，进而联系到军事、男女等事。人们提倡勇武，批评退缩懦弱的行径。虽然风顺风入，但人们从中总结的不是柔弱退缩，而是一种积极向上的精神。

第一种状态："进退，利武人之贞。"

此时的风以阴居阳，不得其正，位低识浅，容易进退不决。其利在于像武人一样刚毅果决，奋勇向前，守正不疑。

第二种状态："巽在床下，用史巫纷若，吉，无咎。"

这是说，退缩到极限，此时以阳居阴，不得其正，有能力而不敢面对现实，卑弱地居于床下，民间所谓缩头乌龟。如向祝史和巫者请教，或像史巫一样长袖善舞，纷然勤敏，则吉而无咎。

第三种状态："频巽，吝。"

一味退缩，吝啊。此时本该以志行风，而过于卑顺，人心涣散。因此人们说，没有志气的人，没有主见的人，频频听人话，朝令夕改，使人无所适从，这是鄙吝的。我们从这一系辞中还可以想到，人们皱着眉头表示顺从，这会有鄙吝之事啊。历史上的宋朝君臣割地赔款政策，就是这一状态的写照。

第四种状态："悔亡，田获三品。"

没什么懊悔的了，此时建功立业，就像田猎时获得三品之物的丰收一样，或者可以祭祀鬼神，或者可以招待宾客，或者可作平日食用。所谓神得其享、宾得其利、我得其用。

第五种状态："贞吉，悔亡，无不利。无初有终。先庚三日，后庚三日，吉。"

兆头是吉祥的。当初有些疑惑，现在没什么后悔的了，怎么做都有利。虽然开始时困难，居无定所，结果却好，得其所哉。就像申命行事有所更张改革时，要在先庚三日丁日那样反复叮咛，在后庚三日癸日那样再三揆度权衡，这样做，是吉利的。

我们读中国史，当知先人对世界的敬畏。庚日，不仅是对时间的命名，也是对时间属性的洞察，即这一天有变革、更改之意。先庚三日，即为丁日，这一天则适合叮嘱、适合出行，因出行时才会有反复叮嘱准备之象；后庚三日，即为癸日，这一命名意味着考虑、完成，这一天则适合办事。我们因此可以猜想，巽卦时空的这一状态，也几乎是盘庚迁都的写照。

第六种状态："巽在床下，丧其资斧，贞凶。"

谦卑恭顺到了极点而屈于床下，丧失了赖以立身谋生的资本，丧失了权力，兆头是凶险的。这是风的最后形态，像最后跑到床底下的一阵风，失去了后援威力，结果无声无息了。我们看李斯家亡族灭的情形，大概就是这一状态。

水风井·入而险：农耕时代的公共财产
7月20日—7月26日

一、时间节气

时序到了大暑。天气酷热，最炎热的时期到来了。这时气温最高，雷阵雨较多，在中国很多地区，经常会出现摄氏四十度的高温天气，农作物生长也最快，与之相伴的旱、涝、风灾等各种气象灾害也最为频繁。民间有饮伏茶、晒伏姜、烧伏香等习俗。古代中国人观察大暑的物候是："一候腐草为萤，二候土润溽暑，三候大雨时行。"即产卵于枯草上的萤火虫卵化而出；天气开始变得闷热，土地也很潮湿；常有大的雷雨会出现，这大雨使暑湿减弱，天气开始向立秋过渡。

二、释卦

大暑之际，阳气再失一数，阴阳象数排列为上坎水巽下。人们观察此卦象，水下有木，或木上有水，正是当时的水井形象。人们将此时空命名为"井卦"，以之思考社会、自然的公共财富之于人类生活的意义。从卦序上看，顺风顺水的巽风卦时空之后就是水风井卦，一个体现公益的时空、对众生均有益的时空的卦。

井卦的"系辞"是："改邑不改井，无丧无得，往来井井。汔至，亦未繘井，羸其瓶，凶。"井的特点是，村邑可以迁移，水井是不可以搬走的。井水汲之不竭，注之不盈。搬走的人没有丧失什么，搬来的居民也没有得到什么。人们来来往往都以井水为用，井水不改其用。如果井水快干涸了，没有人去加以淘洗，反而贪恋那最后一点儿水，因此有可能将水罐倾覆打破，这样徒劳无功，反而是有凶了。

井卦的"彖辞"是："巽乎水而上水，井，井养而不穷也。改邑不改井，乃以刚中也；汔至亦未繘井，未有功也。羸其瓶，是以凶也。"

人们强调说，入于水中而提水上来，这就是水井的象征。井水给养人群万物而永无穷尽。即使村邑拆迁，也不能改变水井的功用。它给人的启示还有阳刚以中。井养人，人也要养井。"瓦罐不离井上破"，说明人与井之间要有警戒之心、虔诚之心。

三、时空节点

水风井的卦象是木上有水，这是井卦的象征。水井的出现是上古时代的一件大事，有说是黄帝的发明，有说是伯益的发明，无论如何，这是人类最早的公共财产之一。打井而从自然中得到一个公共财产给了人们福祉。据山西、河北一带的考古证实，古代的水井都在井底铺设木质井盘，即水井主体部分为圆筒形，到了底部变成了井字形的木质井盘，这既是"天圆地方"理念的体现，又是为了防止底部流沙层（含水层）的井壁塌陷，以达到澄清水质的作用。保持井壁稳定，水井才能长期使用，这就是井卦"木上有水"的本义。

四、时空禀赋

井卦时空被命名为"井"并非偶然，而是有着诸多的巧合，有着形象与事理的必然性。卦象下巽木上坎水，巽木代表底部的木质井盘；卦中有兑象、大坎象，象征地底有含水层的积水；巽本义有进退之义，象征汲水的动作；卦中又有离象即瓶象，上卦坎水象征提上水来。

井卦时空的特征是入而险，掉到井里去是凶险的，没有水吃也是危险的，这一时空并非只是井水甘甜之象。对农耕社会来说，如果君王官吏不考虑民众的饮水问题，扩建邑国时如果不扩建水井，民众就会有怨言，甚至闹事，扩建水井，万民享福则吉。人流穿梭不停来井边提水，井水干涸来，还没有开挖新井，取水的瓶子总是装不满，大家没水吃，凶。这一生存经验即使现在仍时常发生，水荒、饮水难、为水争斗，以至于提供水资源成了一种恩惠，"吃水不忘挖井人"。

井中可以观天，测天时，看天影。人们说光景，也是因井而来。把过日子说成光景，则是井水即公共财富有无多少所致，井水少了、脏了，光景就差了。

井卦的"象辞"是："木上有水，井；君子以劳民劝相。"君子看到其无丧无得的精神，因此鼓励民众劳动至上，劝勉大家互相帮助。

古人咏井诗很多，如南北朝人范云的诗："乃鉴长林曲，有浚广庭前。即源已为浪，因方自成圆。兼冬积温水，叠暑泌寒泉。不甘未应竭，既涸断来翾。"

井卦人有公共关怀，他们做事井井有条，如果杂乱则不能成功。井通乡井、市井，井卦人多出身于这些阶层中，他们做事以此为起点和基础；如果背井离乡则不一定成功。井也通陷阱，井卦人在平静的表面会遭遇陷阱，性格上安静而有警惕心。当然，井也跟坐井观天等相关，他们受限于自己的格局。从卦象上看，他们有财运，吃喝不愁。

元代大政治家耶律楚材是井卦人。他的人生深得井卦之义："君子以劳民劝相。"他主张内佛外儒："以吾夫子之道治天下，以吾佛之教治一心，天下之能事毕矣。"

《基督山伯爵》的作者、法国作家大仲马是井卦人。他的名言："我最得意的作品就是'小仲马'。""我从我的梦想中汲取题材，我的儿子从现实中汲取题材；我闭着眼睛写作，我的儿子睁着眼睛写作；我绘画，他照相。"

《怎么办》的作者、俄国作家车尔尼雪夫斯基是井卦人。他在青少年时说："知识就像一座有无数宝藏的大山，越往深处发掘，越能得到更多的东西。尤其是青少年，更应该在知识的园地里不屈不挠地耕耘。"

《盛世危言》的作者、中国近代启蒙思想家郑观应是井卦人。他的名言："习兵战不如习商战。"

英国经济学家阿尔弗雷德·马歇尔是井卦人。他的名言："经济学家就和所有其他人一样，必须关心人的最终目标。"

路透社的创始人路透是井卦人。成立路透社之初，他使用鸽子传递新闻，甚至用它来连通柏林和巴黎之间的联络。当火车速度远远超过了鸽子后，路透于1851年让路透社在巴黎证券交易所上市。随后，电报取代了鸽子、火车等联系工具。电报穿过英吉利海峡连接了英国和欧洲大陆，这种联系延伸到西南海岸的爱尔兰，到1863年甚至有美国的船队直接订阅路透社的新闻。

日本唯美派文学大师谷崎润一郎是井卦人。他说过："这个时代时兴高速度，不知不觉，一般民众对时间逝去了耐性，不能平心静气一直专注于某一事物了，不是吗？因此，我认为，恢复这种平静的心情也是一种修养。"

中国现代社会活动家、慈善家、教育家熊希龄是井卦人。作为袁世凯时代的总理，他有第一流人才之称。在退出政坛后，熊希龄专门从事社会慈善事业，创办香山慈幼院，任世界红十字会中华总会会长。他的名言："此君一出天下暖。"

美国作家海明威是井卦人。他最早关注一战后的年轻人，他们迷失了前进的方向，战争给他们造成了生理上和心理上的巨大伤害。他们非常空虚、苦恼和忧郁。他们想有所作为，但战争使他们精神迷惘，尔虞我诈的社会又使他们非常反感，只能在沉沦中度日。美国作家斯坦因由此称他们为"迷惘的一代"。海明威和他所代表的一个文学流派因而也被人称为"迷惘的一代"。他的名言："一个人并不是生来要被打败的，一个人可以被打败，但不能被打倒。"

五、释爻

井是人类社会最早的公共财产之一，其象、其义、其理深刻地影响了农耕文明。人们观察水井，得到了六种状态的系辞。

第一种状态："井泥不食，旧井无禽。"

井底有淤泥，这井水不能食用了；旧井年久失修，鸟兽都不来光顾了。

此时说明要注意整治，及时加以清理，才能保证井养。

第二种状态："井谷射鲋，瓮敝漏。"

井水下陷，里面的蛤蟆纷纷冲跳，汲水的瓦罐也破了。

井水下陷，水漏他处。此时说明没有人出头，人人自私，人也就懒了，公共事务没有人管，事态每况愈下。

第三种状态："井渫不食，为我心恻；可用汲，王明，并受其福。"

水井淤塞污浊，有井而不能食用，这使我心中悲伤；井已修好，井水可以汲用了，这是君王英明，大家都会受到福泽。

此句有多重意义，既说明水井开始为人私自占用，又说明如好井水一样的人才不能发挥所长。司马迁写屈原的遭遇时即用了此爻："怀王以不知忠臣之分，故内惑于郑袖，外欺于张仪，疏屈原而信上官大夫、令尹子兰。兵挫地削，亡其六郡，身客死于秦，为天下笑。此不知人之祸也。《易》曰：'井泄不食，为我心恻，可以汲。王明，并受其福。'王之不明，岂足福哉！"

第四种状态："井甃，无咎。"

用砖石垒筑井壁，将井壁砌好，不会有灾咎了。

第五种状态:"井洌,寒泉,食。"

井水清洁凉爽,像泉水一样涌出,甜美可口,可以食用。

此时以至尊之位,既中且正,可以开太平,就像井水的清洁甜美,能养人群万物。

第六种状态:"井收勿幕,有孚元吉。"

汲完井水,不要覆上井盖,不私其利,与天下共享,如此诚信,大吉大利。

此时说明井道大成。

山风蛊·入而止：生虫了
7月26日—8月1日

一、时间节气

时序到了七月底八月初，阴阳象数排列是上山下风，入而止。就像鸡入巢后止，夜来临了。人们在夜里仍有事，如婚爱。上山下风，有娶女之象。夜里的一切是迷离的。

二、释卦

如巽风一样的虫子无孔不入，此时如休止了，又是一种什么情况呢？人们到山里打猎、采集，会发现，此时虽然万物壮盛，但有些树木有了枯枝，有了虫洞，树木摇落，不再坚固了。最初人们用"夜"、"亦"、"冶"来命名这一时空，用"箇"来命名这一时空。不再坚固的事物，不再是往古的事物，引申开来，下一代人遗传了上一代人，又不再是上一代人。因此这一箇卦时空是讲古事、讲故事的，是讲孝道的。《诗经·小雅》："哀哀父母，生我劬劳；无父何怙，无母何恃？"《论语·学而》："父在，观其志。父死，观其行。"落实起来，就是人们是否贯彻父母的行事方式，是否肖父肖母，以使父母的精神永固，永远不会作古。

三代的人们处在母权社会衰落殆尽、父权社会确立之际，人们对遵从父亲是认可的，但对听从母亲却不鼓励，故落实父亲的方式吉利，落实母亲的方式"不吉"。

随着对万象深入观察，人们发现，任何事物都不可能一成不变，即使父母的生存之道，在演变中仍会显现弊端。人们看到，即使用得顺手的器皿，时间久了也会生虫。这一现象就是蛊。只要时空存在，它就会演变，就会有事，而有事就是蛊。山风卦的时空因此改名为蛊卦，以提醒人们不要为表面的安逸所惑，不要迷离，而要拯弊治乱。

苏轼说："器久不用而虫生之，谓之蛊。人久宴溺而疾生之，谓之蛊。天下久安无为而弊生之，谓之蛊。"可以说，蛊卦时空概括了传统、古久、蛊惑、生事、造事等多重意义。从卦序上看，有了公共事业的井卦时空，必然会产生是非对错，会生事，会产生变故，这就是蛊卦时空。

蛊卦的"系辞"是："蛊，元亨，利涉大川。先甲三日，后甲三日。"这一时空是大善亨通的，适宜远渡大江大河去成就事业。因为这一时空意味着造事的开端，因此要以十天干之首甲来表示新起点，要像甲日前三天的辛日那样辛苦一些，去努力奋斗才能自新；再像甲日后三天的丁日那样叮嘱好自己，日新又新，叮咛戒惧。如此有始有终，既是天道运行的法则，也是个人成功的关键。蛊卦的"象辞"是："蛊，刚上而柔下，巽而止，蛊。蛊，元亨而天下治也。利涉大川，往有事也。先甲三日，后甲三日，终则有始，天行也。"

蛊卦的"象辞"是："山下有风，蛊；君子以振民育德。"人们说，山下有风，是蛊卦时空之象；君子由此领悟时空之意，而来振奋民心以培育道德。

对古典中国人来说，这一时空最为突出地象征了演进中的"链条"意义、鲁迅所说的"历史中间物"的意识。从大禹开始，禹之孝，在于补父之过；更多孝子之孝，在于继父之善。因此，人们的过失罪错，虽然及身未能改，但子孙可以补救，不至于一死而固定了。人的事业志向，虽然及身未能成，但子孙可以继续，不至于一死而断绝了。

在拓展引申层面，这一时空最为突出地强调了"成住坏空"的意识。任何开放的系统都在变迁之中，任何封闭的系统都在走向衰败、反动。入而止，"这里就有玫瑰花，就在这里跳舞吧"，但玫瑰有刺。这里就是可栖息的美妙的夜晚，但夜晚会有危险。现代人的"历史终结"感，以为自己空前的存在感，新天新地的意识，在此一时空卦象面前不免短浅。那种以为启蒙了就能永远成人的想法，那种以为现代化永远幸福欢乐享受的想法，那种以为开放了繁荣了就不再关闭了穷困了的想法，那种以为公义了就永远正确的想法……都是虚妄。

但在卦象系辞方面，古典中国人又是极为经验的。一切系统的自在和演进，都可以由山风蛊卦来说明。

三、时空节点

春秋时代的秦穆公曾遭遇蛊卦。公元前647年，晋国发生饥荒，请秦国接济，秦国如约帮晋国度过灾荒。第二年，秦国发生灾荒，晋国却拒绝援助。秦穆公为此决定攻伐晋国。伐晋之前，卜徒父占得蛊卦，对秦穆公说，这是大吉之兆。卦象显示说，风吹落果实，木材为人所取，正是伐晋必胜之象。卦中有兑卦毁折之象，又有战车之象，说明晋军的战车将被毁灭。后来的战况正如卜徒父的判断，晋国君臣不和，士气不振，晋惠公被秦军俘获。

四、时空禀赋

蛊卦有内部生虫、山中的风洞、古董等意象，蛊卦人处在传统与创新的并存状态，他们心虚、猜疑，也会创新、发动、宣传。蛊同蛊惑、迷惑相关，蛊卦人善于鼓动他人，他们有名声，能够成就很大的事业。他们既为外界诱惑，也能够经受外界的迷惑。从卦象上看，蛊卦人的精神追求有神秘之处。

隋文帝杨坚是蛊卦人。他在位期间成功地统一了百年严重分裂的中国，开创先进的选官制度，发展经济、文化，使得中国成为盛世之国。疆域辽阔，人口达到七百余万户，是人类历史上农耕文明的巅峰时期之一。他被西方人尊称为"圣人可汗"，但他受儿子杨广蛊惑，在继承人的废立上犯下大错，使杨家江山二世而亡。他说过："坏我法者，必在子孙乎？譬如猛兽，物不能害，反为毛间虫所损食耳。""人生子孙，谁不爱念，既为天下，事须割情。"

《阅微草堂笔记》的作者纪晓岚是蛊卦人。他说过："知不可解者，以不解解之。"

《茶花女》的作者、法国作家小仲马是蛊卦人。他的小说一问世即轰动法国，后来传播到中国："可怜一卷茶花女，断尽支那荡子魂。"他说过："我不想站在别人的肩膀上摘苹果，那样摘的苹果不甜。"

《呼啸山庄》的作者艾米莉·勃朗特是蛊卦人。

德国哲学家费尔巴哈是蛊卦人。他说："智慧能使人写作，但创造历史的是热。""在空间中部分小于整体，相反，在时间中至少在主观上，部分大于整体，因为在时间中只有部分是现实的，而整体只是想象中的对象，因为现实的一分钟，对我们说来，是比想象中的十年更大、更长的一段时间。"

《论美国民主》的作者、哲学家托克维尔是蛊卦人。他说过："假如我要在这世界上留下一点印记，立言比立功更好。""只要平等与专制结合在一起，心灵与精神的普遍水准便将永远不断地下降。"

美国汽车大王福特是蛊卦人。他是世界上第一位使用流水线大批量生产汽车的人。他的生产方式使汽车成为一种大众产品，这不但革命了工业生产方式，而且对现代社会和文化也产生了巨大影响。他说过："如果我当年跑到大街上问用户需求什么，他们肯定会告诉我需要一匹更快的马。"

瑞士心理学家荣格是蛊卦人。在历史上，唯有极少数的灵魂拥有宁静的心灵，以洞悉自己的黑暗。作为开创分析心理学的大师荣格，便是这少数之一。他是弗洛伊德最具争议性的弟子，并将神话、宗教、哲学与灵魂等弗洛伊德忽略的问题，引入了分析心理学派中。他是现代思潮中重要的变革者和推动者之一。他在个体的潜意识之外发现了一种社会或集体的无意识，并以此来解释个体以及集体的行为。他的名言："对最强烈冲突的克服，使我们获得一种稳定超然的安全与宁静感。要获得有益而持久的心理安全与宁静，所需要的正是这种强烈冲突的大爆发。"

意大利政治家、法西斯主义的创始人墨索里尼是蛊卦人。他说过："是我们首先主张，文明的形态越复杂，个人自由也必定变得越受限制。"

英国作家萧伯纳是蛊卦人。他年轻时看不上戏剧，当他听了剧评家朗诵易卜生的剧本《培尔·金特》后，感受到"一刹那间，这位伟大诗人的魔力打开了我的眼睛"，从此对戏剧产生浓厚的兴趣，并立志革新英国的戏剧。他自称社会主义者，却也一度为墨索里尼的法西斯主义蛊惑，称其为"必要的恶"。

日本甲级战犯重光葵是蛊卦人。"他是一个可以让沸水冷却的人。"

《美丽新世界》的作者、反乌托邦作家 A·赫胥黎是蛊卦人。《美丽新世界》预测了六百年后的世界。书中描写美国汽车大亨亨利·福特代替了上帝，因为福特发明了生产汽车的流水线，使生产飞速发展，这种生产方法终于统治了整个世界，公元也因此变成了"福元"。在新世界里，处于"幸福"状态的人们安于自己的"等级"，热爱自己的工作，每天享用定量配给的"索麻"——一种让人忘掉七情六欲、"有鸦片之益而无鸦片之害"的药品。

国学大师钱穆是蛊卦人。他的名言："任何一国之国民，尤其是自称知识在水平线以上之国民，对其本国以往历史，应该略有所知。""所谓对其本国以往历史略有所知者，尤必附随一种对其本国以往历史之温情与敬意。"

《金钱灾害》的作者、自由派经济学家米·弗里德曼是蛊卦人。他也是出色的演说家。

日本战犯、南京大屠杀的元凶松井石根，中国香港首富李嘉诚，中国书法家启功，《哈利波特》的作者、英国作家罗琳等也是蛊卦人。

五、释爻

在古典中国人看来，"蛊者，事也"，凡事都有其弊，非止一日一代所积，故此描述治蛊的方法就集中于代际之间的传承与革新。

第一种状态："干父之蛊，有子考，无咎。厉，终吉。"

原意是，贯彻父辈的古道，为子孝顺，没有灾害。即使有灾难，最终也会吉祥。

引申拓展义是，救治父亲留下的积弊混乱，由儿子去做，父亲就不会受人责备，如此惕励辛勤，最终吉庆。也有人说，纠正父亲的过错，这是为人子的孝行；即便惹怒父亲，最终也会化吉。

我们从这简单的词句中可以想到易经思维的全息特征，简易、变易、不易。这一状态既是子承父业，其中就是继承的和救赎的。故无论是萧规曹随，还是大禹治水，都可以看作是这一状态的写照。

第二种状态："干母之蛊，不可贞。"

原意大概是，贯彻母亲的方式，不可贞定固执。乡土社会生活，嘲笑一个人听妈妈的话，那么大了，还没有断奶，或者奶声奶气的，离不开妈妈的怀抱，是要被人嘲笑的。

引申义是，救治母亲的弊端，不可僵化教条，不可固执得不知变通。

第三种状态："干父之蛊，小有悔，无大咎。"

原意是，贯彻父辈的方式，即使小有过失，也没什么大错。

引申义是，将父亲的事业改弦更张，稍有悔恨，也不会出大问题。

第四种状态："裕父之蛊，往见吝。"

原意是，纵容父亲的过失，长此以往无所得，有遗憾、鄙吝。

第五种状态："干父之蛊，用誉。"

改正父亲的过失，因此得到荣誉。

干预父亲的过错，不可以直斥其非，而要注意方式方法，先称赞父亲，再委婉规劝。

鲧治水九载弗成，大禹"干父之蛊"，成功治水，于是称誉古今。后世赞之曰："美哉！禹功，明德矣。"民众对统治者"用誉"，也是出于这种希望他能改正行善的考虑。所谓把统治者当作孩子一样哄骗，说这件事做得很好，那件事给了大家福利，如此这般才是好孩子。

第六种状态："不事王侯，高尚其事。"

不侍奉王侯，自尊自立，使自己的人生事业高尚起来。

这是蛊之极，一如朽木不可雕也，自己无能为力。王侯昏庸，那就不要陪他沦落了，归隐也是一件高尚的事。

这一情况有多重意义，既说明权力使人迷乱，人们对权力、官场要有警惕，不要背叛人性、生命本身，而成为官迷，有时需要跳出来，转移升华，以更高的参照来校正权力的迷失。

地风升·入而顺：攀登与收获
（中国人民解放军建军节）
8月1日—8月6日

一、时间节气

八月初，大暑节气将要完结，物候表明"大雨时行"，日晒湿蒸，或者空气烧得登天，或者水汽蒸腾。人们看阴阳象数排列，此时是上地下风，风入而地顺。在厚重的大地下，热风也好，树木也好，总要攀升而出。这一时空之卦最早叫"登卦"，后来改为"升卦"。

二、释卦

登、升的原义是收获。农村最常见的吉利话就是"五谷丰登"。这一时期正是收获的时期，《礼记·月令》中说："农乃登麦。"登就是收获、得到的意思，农家此时收获新麦。而古时人们缺少量器时，经常以成年人的双手一合来量粮食，人们小心地把粮食一合一合地堆起，积十合时，明显地堆高，故说"十合为一升"。升也是收获的意思，升职即得到职位。

中国南方的夏收农作物丰富多样，故人们为自私计，也会成群结队的到南边去抢收农作物。对上古三代的邦国诸侯来说,南方属于半开化之地,文化、组织力等等处于劣势,跟南人开战也是有收获的,不用担心什么,大人们因此出动频繁,开始谋划、预防这种双边或多边的冲突。所以先人说,这一时空是大亨通的。人们能够见到大人物,不用担心什么,而且向南方发展是很吉利,有收获的。这是升卦时空。升卦"系辞":"元亨,用见大人,勿恤,南征吉。"

而对三代人来说,最早的社会登升之象之一是汤伐桀一事。跟禅让制不同,跟夏启私天下不同,商汤开启了革命政治的先河。他虽然谦逊居诸侯位,但最终践天子位。《尚书》中说:"伊尹相汤伐桀,升自陑,遂与桀战于鸣条之野,作《汤誓》。"商汤是最早以诸侯身份力争,而有了登天子堂入其室的收获。这种升堂之象,在方位上说,是自南而北,最后坐北朝南,处理南来者事务,即"南正吉"。有人认为,先人观察升卦时空就用了商汤的故事。也有人说,升卦是用了周人的故事。周伐商,情形跟商伐夏同,商、周也多次对南方用兵,如周文王伐崇、周穆王伐楚。升卦系辞基本上可做如是观,如是还原。

人们观察升卦,这一卦是一个近似放大的坎卦形象,有一定的险情,但坎水也代表智慧和财富,这一卦有利于见到大人,没什么可害怕的。卦象下风上地,以后天八卦方位论,从风到地必然要经过南方的离火卦,因此,南征吉。人们高度概括说,这一卦是元亨之卦。

从卦序上看,发生事故的蛊卦时空之后,众生走向了成熟,有了收获,这就是登,是升卦时空。

升卦时空的"象辞"是:"柔以时升,巽而顺,刚中而应,是以大亨。用见大人,勿恤,有庆也。南征吉,志行也。"阴爻依时机上升,下卦为巽,上卦为坤,为顺,九二阳爻居中而与六五相应,因此大亨通。"用见大人,勿恤",有吉庆。"南征吉",其志得行。

跟此前时空相比,经历了治乱之蛊后,人包括万物的生命力有所提升,向上攀登到一个新的层面。蛊卦最后一阶段即变为升卦时空,其义"高尚其事"正是升华。

这些现象引起了人们的思考,地风卦,本来也是地中生木,升腾乃是必然。升卦的"象辞"是:"地中生木,升;君子以顺德,积小以高大。"人们观察这种现象,领悟当顺行美德,积累小善以成就其崇高伟大的事业。

三、时空节点

中国人民解放军建军节(八月一日)在升卦时空内,其军歌也颇有登、升之义。

四、时空禀赋

升卦的意象是地下有风,说明地下有出口,有上升之势。升卦人多出身平平,但他们有上升通道。升与晋升、攀登、上升等有关,升卦人能够遇到大人物,他们自己也会成为大人物。从卦象上看,南方对他们有利。我们还可推断,他们的人生有阶段性特征,即上升途中,一步一个台阶;如果冒进,对他们不利。"君子以顺德,积小以高大。"升卦人的人生适宜军乐式特征,或似中国南方的民调《步步高》。

金代开国皇帝完颜阿骨打是升卦人。"南征吉。"人们说他:"太祖武元皇帝受命开基,八年之间,奄有天下,功德茂盛,振古无前。"

英国诗人雪莱是升卦人。他的名言:"冬天来了,西风啊,春天还会远吗?"

进化论的奠基人拉马克是升卦人。他的学说有两大原则:一个是用进废退；一个是获得性遗传。他贫穷坎坷的人生也是因此而得到了转移、升华："科学工作能予我们以真实的益处；同时，还能给我们找出许多最温暖、最纯洁的乐趣，以补偿生命场中种种不能避免的苦恼。"

法国短篇小说巨匠莫泊桑是升卦人。"世界上有许多美丽的角落，给我们的眼睛带来的一种肉感美，使你不由得要用肉体的爱去爱它们。"

俄国画家列宾是升卦人。他的名言："现在庄稼汉是鉴定人，因此必须表现他们的利害关系……"

世界奢侈品顶级品牌路易·威登的创始人、法国时尚设计师路易·威登是升卦人。一百五十年来，LV品牌一直把崇尚精致、品质、舒适的"旅行哲学"，作为设计的出发基础……

奥地利指挥家埃里希·克莱伯是升卦人。他的名言："音乐是给予每一个人的，就像太阳与空气一样。"

第一个登上月球的宇航员尼尔·阿姆斯特朗是升卦人。他当时的名言："于我个人是一小步，于人类则为一大步。"

中国摇滚乐之父崔健是升卦人。一生坎坷的大美学家高尔泰当年从崔健的声音里听到了这样的信息："也许崔健及其摇滚乐是中国目前唯一可以胜任启蒙的艺术形式了……"

美国总统奥巴马是升卦人。他的名言："芝城父老，别来无恙！余尝闻世人有疑，不知当今美利坚凡事皆可成就耶？开国先贤之志方肖然于世耶？民主之伟力不减于昔年耶？凡存诸疑者，今夕当可释然。"

美国爵士乐音乐家阿姆斯特朗也是升卦人。

五、释爻

关于提升之事，当时最容易想到的即是小邦周占用大邑商的故事，周人从一个地方部落上升到华夏天下的管理者，这种攀升的六大阶段，因入而顺，几乎多为吉善。

第一种状态："允升，大吉。"

这是提升的开始阶段，地位最低，几乎有所努力即可上升，故说"允升"，这是吉利的。

也可以说，在这一阶段，既有升、登的想法，也有升、登的机会和空间。

第二种状态："孚乃利用禴，无咎。"

心存诚信，虽祭品微薄，亦可用于祭祀，没有灾咎。此时有条件祭祀招待了，但能行中道，俭约以待，没有灾咎。

第三种状态："升虚邑。"

登上在废墟上建起的城邑。

此时登高望远，一览无余，无所疑惑。这一现象也启示人们，把握机会，变废墟为良园。

第四种状态："王用亨于岐山，吉，无咎。"

周王到岐山祭祀，吉祥，没有咎害。

岐山是周人的发祥地，先哲将此地名写入易经，大概是周王在对尊崇祖先方面做出了令人印象深刻的表率，以至于人们在考虑给升卦时空系辞时想到了应该以之为榜样，那就是人在生活事业中的每一收获都要不忘记先人。周是农耕文明坚实的奠基者，数千年的农耕文明，我国民在升登之际，如金榜题名、洞房花烛、加官晋爵……之时，都会祭告自己的祖先，这是大吉之事，没有祸患。

第五种状态："贞吉，升阶。"

坚守正道就有吉祥，或说兆头吉利，能够拾阶而上，也可以说这一状态指加官晋爵一类的人生台阶。

第六种状态："冥升，利于不息之贞。"

在昏暗时登高的人知道，此时只有不停地遵循正道才有利，稍一偏轨就有危险。这是说在大收获之后，必须付出夜以继日的努力，勤勉不息地工作才有利，要坚守正道。此时虽处高位，但环境孤悬，很多人就此满足、贪图享受，从历史的经验教训看，勤于职守才可以消灾得福。

六、从立秋到秋分

属大过卦的德国通才型哲人、科学家莱布尼茨,从易经中得到过不小的启示。他终生未婚,也从未到大学去当教授。他没有牛顿那样富贵,其命运是"君子独立不惧"的真实写照。他的研究涉及四十多个学科范围,其绰号是"什么都不相信的人"。这一绰号倒未必能证明他是无所不知的"全能型"人才,但是他的科学发现和创造却大大促进了人类文明的发展。他曾说过:"世界上没有两片完全相同的树叶。"他坦承,人的身心就像两具制造得极精密的时钟,各走各的而又彼此自然地保持一致,这就是"先天和谐"。他还说:"这个世界是一切可能世界中最好的世界。"

8月6日至12日前后,是立秋时节。"秋"字是禾谷成熟之义。庄稼丰收了,纠纷也往往会随之而起。乡村社会,常有贪占小便宜或不劳而获的宵小之人,趁人不备,偷摸到人家的地里割上几镰刀的事情发生。乡村之讼,几乎都是这类鸡毛蒜皮利益的纠纷。当然,这种纠纷也会有可能发展成家族间的械斗,乃至国与国的开战。乾天卦与坎水卦的和合,是谓讼卦。

8月12日至18日前后,是初秋时节。如同从震卦到噬嗑卦、再到随卦一样,利益关系的调整产生了震荡、用法制的手段加以调节、尔后就是随喜祭祀了。夏秋之交,从升卦到讼卦、再到困卦,人事也如此。天象在此时会出现旱情,堰塘、水库里的水没了。这是困卦。其卦象也喻示了兑泽卦与坎水卦的和合,表示泽水干涸了。困卦与自救、艰难、突出重围的志向等相关。

8月18日至24日前后,是处暑节气。此时受困,呈难济、未济之象。一方面是干旱,而另一方面却是水深流急的江河昼夜不息般奔涌，难以渡过，这令农耕文明的先民们百思不得其解。这是未济卦，其与希望、实践等关联。

8月24日至29日前后，这是未济之后的缓解时期。震雷卦与坎水卦的和合，产生了雨水，现代人称之为"电解水"。在上古三代，没有今天的大气污染，雨水依然是其靠天吃饭的重要资源之一。这是解卦，是由"协卦"演变而来。解卦与解决、理解、分解、缓解等相关。

8月29日至9月4日前后，这是巽风卦与坎水卦的和合之象，有风行水上、木船行水等意象。这是涣卦。"涣"字的本义，具有文明、焕然一新之义。先哲们在为涣卦系辞时又联想到此时秋水肆虐、泛滥成灾的可怕场景，那就是人心的涣散，一如鸟兽。涣卦与集聚，分离，辐射，死亡与新生，凤凰涅槃等相关。

9月4日至10日前后，是白露时节。此时秋水将大地冲刷得沟壑纵横，"欠""土"为"坎"，这是坎卦。坎，又与与收获、学习、险难、光明等相关。"国际扫盲日"在坎卦时空内。

9月10日至15日前后，是处于白露和秋分之间的阶段。此时秋高气爽，山高水长。秋天的山水，尤其是山下水盛，山也就显得雾濛濛的；大雨过后，山下的水汽上行，山就被一片片的白雾环绕，煞是好看。山水卦，就是指这种浓雾不明的时空，故曰蒙卦。蒙卦与启蒙、学习相关，"中国教师节"在蒙卦时空内。

9月15日至21日前后，秋高马肥，这是战争动员的时候。坤地卦与坎水卦的和合，一阳在内、众阴在外，大有用兵布阵之象。"師"字颇形象，左边是一个小土丘，右边是一面旗帜，合起来具有众人集合听命之义。这是师卦。师卦与教导、战争、收容等相关。"世界停火日"在师卦时空内。

天水讼 · 险而健：有了收成起纠纷
（国际土著人日）
8月6日—8月12日

一、时间节气

此一时空有立秋节气。"立"是开始的意思，"秋"是指庄稼成熟的时期。立秋表示暑去凉来、秋天开始之意。《月令》中说："秋，揪也，物于此而揪敛也。"立秋不仅预示着炎热的夏天即将过去，秋天即将来临，也表示草木开始结果孕子，收获季节到了。此时中国中部地区早稻收割，晚稻移栽，大秋作物进入重要的生长发育时期。

二、释卦

秋前天气仍热，秋后坎水凉收之情明显。有人在立秋当时感悟树叶飘零，凉意四起，可见此五六天时间的时空性象之特殊。据说，中国宋代时在立秋这天，皇宫内要把栽在盆里的梧桐移入殿内，等到"立秋"时辰一到，太史官便高声奏道："秋来了。"奏毕，梧桐应声落下一两片叶子，以寓报秋之意。

立秋的三候是"初候凉风至"。立秋后，我国许多地区开始刮偏北风，偏南风逐渐减少。小北风给人们带来了丝丝凉意。"二候白露降"，由于白天日照仍很强烈，夜晚的凉风刮来形成一定的昼夜温差，空气中的水蒸气在清晨室外的植物上凝结成了一颗颗晶莹的露珠。"三候寒蝉鸣"，这时候的蝉，食物充足，温度适宜，在微风吹动的树枝上得意地鸣叫着，好像告诉人们炎热的夏天过去了。

立秋时节的特殊性，在卦象上也体现出来：上乾天下坎水。天欲上，水欲下。天欲西行，水要东流。乾德为健，坎德为险，行险而健，必然冲突。立秋前后，人们既要晴天，也要雨水，而二者争夺，皆有客观之情、公道之义。

人们还从卦象中看到社会属性，比如父亲和孩子的冲突。从卦序而言，前面的升卦带来了丰收、提升，人心因此失衡，而有了争讼。人们把此时空命名为争讼的讼卦，以考察自然和人类社会的纷争。这个时候，因为庄稼丰收了，纠纷也就随之而起。乡村社会，经常有到人家地里偷割一镰刀的事发生。乡村之讼，几乎都是这类鸡毛蒜皮利益的纠纷，当然也会发展到大的利益冲突。春秋时代的新兴小强国郑国欺负周天子，就一而再地派兵去周天子的辖地，抢割其麦子，这一纷争拉开了春秋周王室衰落的大幕。

对人群来说，众声曰讼，争财曰讼，论难曰讼，攻击、哄诉、告状、聒噪、嗡嗡争论、众说纷纭，就是讼。盘庚迁都的时候，大家就这么乱作一团。《尚书》记载，商代的盘庚为此说："今汝聒聒，起言险浮，予弗知乃所讼！"当然，"私了"不行，对簿公堂，求之公道，这种"公了"、"公言"即是"讼"字。

人们注意到"苍苍者天茫茫水"对人间公平公正的喻义，水性平而天无私。《穆天子传》记载，周穆王曾经南游，到夏启所住的地方参观，随后在太室山下的萍泽狩猎。他请人占卦，即得到讼卦。当时的"系辞"是："薮泽苍苍，其中……，宜其正公。戎事则从，祭祀则喜，畋猎则获。"辞义即是，看天水之象，其中有法律准则，适宜正大公平。

讼卦的"系辞"在《穆天子传》中如此，《易经》订正后的"系辞"则是："有孚，窒惕，中吉。终凶。利见大人，不利涉大川。"从这一演变中可知古典中国人对卦象的认知也经历了一个过程，修订后的卦辞确实更精准。意思说，要诉讼成功得具备诚信，要尽量杜绝冲突的发生，如果放任大意，丧失了警惕，即使中途吉利，结局也凶险。或者说，人要保持敬畏，中道而行，如此就吉利。如果一味争讼到底，结果一定凶险。诉讼时，利见大人，不利远行过什么大江大河。

农耕社会最怕打官司。人们说，好狗不咬架。人们说，好咬架的狗落不了一张好皮。对乡村生活的人来说，争讼就像打仗，杀敌一千，自损八百。即使官司打赢了，大家都在一个地方生活，熟人社会，一辈子成了仇人，也不是什么好事。故人们更愿意选择调解，讲和气，吃亏是福，即使有了纠纷，也对外示以诚信，表示不计较到底，希望有人说公道话，抬头不见低头见，何必呢。对熟人社会的人来说，一打官司就知道哪些人可以帮上忙，所以人们习惯去找有权势有德望的大人，评评理；而不是逃避，远走高飞。在争讼期间，有时候外出一趟，到大河那边去办点急事，回来时的舆论已经不在自己一方了，故"不利涉大川"。

讼卦的"彖辞"也如此说："讼，上刚下险，险而健，讼。讼有孚窒，惕中吉，刚来而得中也。终凶。讼不可成也。利见大人：尚中正也。不利涉大川；入于渊也。"从彖辞中可以看到对讼卦还有一种解读，即讼事之产生，在于人的诚信被窒息，只有在警惕戒惧中吉利，但结局凶险，即讼事本身就很伤害人。无论哪一种解读，都可以看出农耕社会对讼事的态度。

讼卦的"象辞"是："天与水违行，讼；君子以作事谋始。"人们强调说，天和水的行动相违背，这就是讼卦的形象。君子观此卦象，以杜绝争讼为义，从而在开始做事前就谋划好，使大家能够免除争执。孔子在《论语·颜渊》说："听讼，吾犹人也，必也使无讼。"

三、时空节点

国际土著人日（8月9日）在讼卦时空内。1993年12月第四十八届联合国大会决定将每年的8月9日定为"国际土著人日"，以便进一步加强国际合作，有效地帮助各国土著人解决在环境保护、经济发展、教育和医疗等方面所面临的问题。据联合国有关机构估计，在全世界五大洲七十多个国家中，生活着五千多个土著人团体，共有三亿多土著居民。何谓"土著人"？目前国际上尚无定论。一般认为，土著人系指在外来的种族到来之前，那些祖祖辈辈繁衍生息在一个国家或地区的人民。

天水之为讼还有一个当代的案例。1985年，胡风去世后，因悼词内容等问题未得以解决，追悼会迟迟未能举行。他的老友聂绀弩写诗："精神界人非骄子，沦落坎坷以忧死。千万字文万首诗，得问世者能有几！死无青蝇为吊客，尸藏太平冰箱里。心胸肝胆齐坚冰，从此天风呼不起。昨梦君立海边山，苍苍者天茫茫水。"一时之间广为传诵。

四、时空禀赋

讼卦的意象是天高水低，人文意象是纠纷、官司等。讼卦人因此天然地具有内在纠结和外在纠纷，就是说，他们的性格和状态多在是非之中。我们可以为此卦人谋划说，他们适合做公检法一类的工作。从卦象上说，这一卦人需要注意夯实自己的起点、立足点，"君子以作事谋始"。这一卦人适合见到"大人"，我们从罗振玉、张自忠、吴晗、季羡林等人的生平中可以看到这一点。

汉武大帝是讼卦人。司马光说他："孝武穷奢极欲，繁刑重敛，内侈宫室，外事四夷，信惑神怪，巡游无度，使百姓疲敝，起为盗贼，其所以异于秦始皇无几矣。然秦以之亡，汉以之兴者，孝武能尊王之道，知所统守，受忠直之言，恶人欺蔽，好贤不倦，诛罚严明，晚而改过，顾托得人，此其所以有亡秦之失而免亡秦之祸乎！"

金石学家罗振玉是讼卦人。他一生事业是："毕生寝馈书丛，历观洹水遗文、西陲坠简、鸿都石刻、柱下秘藏，守缺抱残差自幸。半生沉沦桑海，溯自辛亥乘桴、乙丑扈跸、壬申于役、丁丑乞身，补天浴日竟何成。"

生前被赞扬到天上、死后又被踩到地下的美国总统胡佛是讼卦人。他曾被称为"伟大的人道主义者"。他曾说"今天，我们美国比以往任何时候都更接近于最终战胜贫困"，并许诺"每家锅里有一只嫩鸡，车房中有两辆车"。但他很快被称为"饥饿总统"，纽约大街上流行这样一首儿歌："梅隆拉响汽笛，胡佛敲起钟。华尔街发出信号，美国往地狱里冲！"

跟父亲关系一般、情感孤僻的物理学家狄拉克是讼卦人。他是一位超常的天才，他的方程式预示了反物质的存在，他可以说是继牛顿之后英国最伟大的理论物理学家。当他的同事还在被方程式的哲学含义而困扰时，狄拉克认为语言是危险的，而只注重数学上的价值。对他而言，方程式是美丽的。随着年龄的增长，他愈发确认美是通往真理的向导。他认为基础物理是可以从优雅的数学中拾取的，这一观点现已渗透到整个探索自然的领域。

近乎以死明志的中国抗日将领张自忠是讼卦人。他说过："我力战而死，自问对国家、对民族、对长官可告无愧，良心平安！"日军对张自忠表现了极大的崇敬，为之立墓碑，上书："支那大将张自忠之墓"。

中国化工专家、侯氏联合制碱法的发明者侯德榜是讼卦人。他说过："在化学的领域内是没有废物的。"

自杀身亡的韩国前总统卢武铉是讼卦人。他说自己"实在太累了"，"生与死没有区别"，"本想退任后在乡村度过余生，没想到不能如愿，真是遗憾"。他还表示自己是"清清白白"的，寄望历史会给他一个公正的评价。

"三十年河东，三十年河西"的东西文化论学者、晚年父子不得见的季羡林是讼卦人。他的名言："根据我的观察，坏人，同一切有毒的动植物一样，是并不知道自己是坏人的，是毒物的。我还发现，坏人是不会改好的。"。

金融大鳄索罗斯是讼卦人。这位匈牙利出生的美国籍犹太裔商人，被称为著名的货币投机家、股票投资者、慈善家和政治行动主义分子。他的名言："市场总是错的。"

儿童心理学家皮亚杰，中国语言学家王力，历史学家吴晗，运动员容国团，导演陈凯歌，歌后王菲，美国流行歌后惠特妮·休斯顿，维基百科的创始人威尔士等，也是讼卦人。

五、释爻

人们观察讼卦时空，对争讼提出了原则，并以一个官吏的遭遇来解说争讼的状态。

第一种状态："不永所事，小有言，终吉。"

这是提出争讼的原则：不要长久纠缠于聚讼纷纭，只是稍有争执，最终得吉。

这一阶段的当事者地位较低，争执不必坚持到底，阴居阳位，故柔顺不争，息事宁人，终获吉利。

第二种状态："不克讼，归而逋，其邑人三百户无眚。"

这个官员输掉了官司，罢官后流亡避祸。其同邑之人有三百户，没有受到牵连。

农耕社会的争执经常会波及自己的乡亲、自己的领地。有时候争执过激，几百户的村民也跟着遭殃。此种情况即有反映。此时地位较高，但以阳居阴，无能力正面冲突，好在柔顺处理，回到自己的地盘上安分守己，这样没有损失。

第三种状态："食旧德，贞厉，终吉。或从王事，无成。"

在打官司或输掉官司时，只能依靠往日的德业过日子，这兆头不好，所以说"贞厉"，要小心谨慎，以求最终吉利的结局。尝试跟从君王做事，没有成功。

也可以说，这是吃老本、坐享其成，这是不好的兆头，不过已经吃了苦头，不那么心高气傲了，因此结局是好的。如果一味低眉顺眼地去顺从，比如此时去为王事奔走，或为公益操劳，所谓动机不纯，因此不会成功。

第四种状态："不克讼，复即命，渝，安贞，吉。"

输掉了官司，再次上诉翻案，命运会改变的；安守正道，吉利。

或者说，官司输了，回过头来听从命令，改变自己争强好胜的心理，安守正道，这样是吉利的。也可以理解为，争讼失败后如果承认现实或改变斗争策略，也可以确保吉祥。

第五种状态："讼，元吉。"

打官司时，大吉大利。或者说，此时势力大，地位高，根深蒂固，打官司无往不利。

第六种状态："或锡之鞶带，终朝三褫之。"

王侯赐予他以袍带，到一次朝会结束时，三次赏赐三次被革夺。也可以理解为，有时得官，有时失官，起起伏伏，这就是官场。

在冲突最激烈时，就像君王赏赐袍带，不到一天让他解下交回，再赏再被革夺。如此强讼，在人们看来，虽然得到赏赐，也不足以使人尊重。

泽水困·险而悦：旱情出现了
8月12日—8月18日

一、时间节气

一如从震卦到随卦的过程，即利益调整的震动（震卦）、风雷激荡的争夺（益卦）、不得不利用狱（噬嗑卦）、随喜祭祀（随卦），这是立春前的人间纷争；到了夏秋之际，从蛊卦、升卦到讼卦再到困卦，也是因为利益而起纠纷，而陷入困境。讼卦时空过后，人们看到卦象为上兑泽下坎水，这就像湖泊里的水下渗，泽水流失了，鱼虾在泥里挣扎。一些地方出现了旱情。池塘、湖泊里也无水救济。万物一时处于困境。

二、释卦

泽水卦中的兑泽和坎水，都有草木之象，有毁折、险难，人们把树木围起不得伸展之象来表示困难困境之义。泽水卦被命名为困卦，人们以此来考察困难的果然和应然。

困字有水泽相杂而混之义，又有相遇之义，穷尽难通为困，困顿、困敦、混沌等。民间所谓"撞到南墙，不得伸展了"。困甚至是一种本体，卡夫卡曾写道："我现在在这儿，除此之外一无所知，一无所能。

我的小船没有舵，只能随着吹向死亡最底层的风行驶。"

因为在顺境中难以见出人们的德行高下，鲁迅曾问："有谁见过从小康之家坠入困顿的么？"俗话说"难中见真"。俗话还说"大难不死，必有后福"。

困卦时空的"系辞"是："亨。贞，大人吉，无咎。有言不信。"人们说，困卦时空是可以祭享请客的，所谓请客消灾，花钱出困，兆头对君子大人吉利，没有咎害。不要听信流言蜚语，在此情形里，若有人来说什么不要相信，别人也不会相信你说的话。

困卦时空的"象辞"是："困，刚揜也。险以说，困而不失其所，亨，其唯君子乎！贞大人吉，以刚中也。有言不信，尚口乃穷也。"人们强调说，阳刚被掩蔽，面临险境而心情依然洒脱，如此处于困境而不失亨通的境界，大概只有君子大人能做到吧！这说明济困求亨要刚健守中，说明那些语言的巨人、行动的矮子反而穷厄。孔子的名言是："君子固穷，小人穷斯滥也。"

先哲观察困卦，发现只有君子大人能够接受困难的挑战。后来者不断发明此义，如帛书《缪和》篇与《说苑·杂言》引用孔子注意到困卦卦辞。孔子说："……吾闻人君不困不成王，列士不困不成行。昔者汤困于吕，文王困于羑里，秦穆公困于殽，齐桓困于长勺，句践困于会稽，晋文困于骊氏。夫困之为道，从寒之及暖，暖之及寒也，唯贤者独知而难言之也。易曰：'困亨贞，大人吉，无咎。有言不信。'圣人所与人难言信也。"

如《孟子·告子》中记载，孟子曾说："舜发于畎亩之中，傅说举于版筑之间，胶鬲举于鱼盐之中，管夷吾举于士，孙叔敖举于海，百里奚举于市。故天将降大任于斯人也，必先苦其心志，劳其筋骨，饿其体肤，空乏其身，行拂乱其所为，所以动心忍性，增益其所不能。人恒过，然后能改；困于心，衡于虑，而后作；征于色，发于声，而后喻。"

王勃在《滕王阁序》中说："穷且益坚，不坠青云之志。"另一唐人崔珏已经没有王勃那样的信心，他在天才诗人李商隐辞世时伤感地写道："虚负凌云万丈才，一生襟抱未曾开。鸟啼花落人何在，竹死桐枯凤不来。良马足因无主踠，旧交心为绝弦哀。九泉莫叹三光隔，又送文星入夜台。"

困卦的"象辞"是："泽无水，困。君子以致命遂志。"人们说，泽里没有了水，是困卦的象；君子等待时机，获得天命垂青，实现志向。君子观此卦象，以处境艰难自励，穷且益坚，舍身捐命，以行其夙志。

三、时空节点

春秋时代的齐国崔杼占到过困卦。当时，齐棠公死了，崔杼见棠公的遗孀棠姜长得漂亮，就想娶她为妻。史官占到困卦，爻变为大过卦。史官认为是大吉。陈文子则认为，困卦下卦坎水变巽风，是丈夫随风飘荡之象；巽风有陨落之意，困卦上卦兑为毁折，由此推测娶棠姜不利。后来的事态一如陈文子的推测。

纪晓岚曾占到过困卦。当时，年少的纪晓岚准备参加乡试，他的老师为他占卦，得困卦，爻变为大过卦。老师说，这不吉利啊。纪晓岚不以为然，他说，爻辞提到"困于石，据于蒺藜；入于其宫，不见其妻，凶"，意思是困于巨石之下，却在蒺藜之上，他还没有娶妻，怎么有凶险。"不见其妻"指的应是无人能跟他匹敌。可见他将高中，而"困于石"，是说第二名的名字里有石字或石旁，这是大吉啊。果然，纪晓岚考中第一，第二名为石姓之人，第三名姓米，有蒺藜之象。

四、时空禀赋

困卦的意象是大水流入了水库，被困住。我们由此可以看出困卦人的不少特点，他们有实力，有事业，有财运，然而被困一时难以施展。他们性格中有安静、静若止水的一面，有聚财的能力，自立自强。他们对现状有不满足感，不甘于平淡的生活，追求理想，喜欢变化。从卦象上看，他们的婚姻起始困难，但一旦成功了多为好婚姻。他们的身体则外强中干，需要及早注意。

历史小说之父、《劫后英雄传》的作者、英国作家和诗人司各特是困卦人。由于繁重的劳动，司各特曾经病倒过。在病中，他经常对自己说："我欠别人的债还没还清呢，我一定要好起来，等我赚了钱，还了债，然后再光荣而安详地死。"

晚年被流放到圣赫勒拿岛、雄才大略的拿破仑是困卦人。他曾对阿美士德说："我告诉你，中国是一头巨狮，它现在只是睡着了，如果它醒来，世界将为之震撼。感谢上帝，还是让它继续睡吧。"

德国心理学家威廉·冯特是困卦人。"在冯特创立他的实验室之前，心理学像个流浪儿，一会儿敲敲生理学的门，一会儿敲敲伦理学的门，一会儿敲敲认识论的门。1879年，它才成为一门实验科学，有了一个安身之处和一个名字。"

被软禁在瀛台、三十八岁即暴死的清末光绪皇帝是困卦人。他悼珍妃的诗："金井一叶坠，凄凉瑶殿旁。残枝未零落，映日有辉光。沟水空流恨，霓裳与断肠。何如泽畔草，犹得宿鸳鸯。"

奥地利物理学家薛定谔是困卦人。他以"猫悖论"广为人知。"薛定谔的猫"被爱因斯坦认为是最好地揭示了量子力学的通用解释的悖谬性。大意是：在一个封闭的盒子里装有一只猫和一个与放射性物质相连的释放装置。在一段时间之后，放射性物质有可能发生原子衰变，通过继电器触发释放装置，放出毒气，也有可能不发生衰变，因此依据常识，这只猫或是死的，或是活的。依据量子力学中通用的解释，波包塌缩依赖于观察，在观察之前，这只猫应处于不死不活的叠加态，这显然有悖于人们的常识，从而凸显出这种解释的困境。为摆脱这种困境，人们设想出了种种方案，但似乎并不能填平这种常识与微观特异性之间的鸿沟。

民间音乐家、瞎子阿炳是困卦人。他说过："我给无锡的乡亲拉琴，拉死也甘心。"

国民党元老张静江是困卦人。他一生困在轮椅上，然而他却是孙中山眼中的革命圣人，蒋介石眼中的革命导师。

古巴领导人卡斯特罗是困卦人。他和自己的国家被封锁半个世纪之久。他的名言："有人说卡斯特罗死了，一派胡言。"

悬念大师、美国导演希区柯克是困卦人。他说过："电影的长度应该与人的膀胱忍受程度直接相关。"

法国新小说派的创始人阿兰·格里耶是困卦人。他说："二十世纪是不稳定的，浮动的，不可捉摸的，外部世界与人的内心都像是迷宫。我不理解这个世界，所以我写作。"

被通缉的波兰导演波兰斯基，曾流亡到美国的民国代总统李宗仁，中国围棋选手、有棋圣之称的聂卫平，学者金克木，美国流行天后麦当娜，"月光女神"、莎拉·布莱曼等，也是困卦人。

五、释爻

人们观察困卦，用当时的社会现象串起了困境的六个阶段或六种状态，今天的驴友被困于山林中或许能对此有同情之理解。

第一种状态："臀困于株木，入于幽谷，三岁不觌。"

屁股被树根所伤，进入幽谷，三年不见人。这样的事在传统社会经常发生，一人进山采药打猎，困在森林幽谷里，坐在树根处发呆，数年不见人影。

这一种困可以说是生之困。如范仲淹等人未发达前，都是普通的默默无闻的市井小民，他们发奋图强，变暗为明，走出了人生困境。

第二种状态:"困于酒食,朱绂方来,利用享祀。征凶,无咎。"

久无酒食,困顿不堪,刚好遇到穿红色礼服的大人来祭山川,正好享用那祭品。这一次远行之路充满了凶险,好在没什么灾祸。还可以理解为,忙于备办酒食祭品,祭服刚刚准备好,利于进行享祀,但准备不充分,出门凶险,好在没什么害处。

这一种困可以说是食之困。

第三种状态:"困于石,据于蒺藜。入于其宫,不见其妻,凶。"

被石头绊倒过,被蒺藜刺伤过,千难万险地回家了,妻子又不见了,这是凶险之兆。

这一种困可以说是色之困、家之困。春秋时代齐相崔杼娶棠姜,占得此爻,不听劝阻,果然凶险,乃至家破人亡。

第四种状态:"来徐徐,困于金车,吝,有终。"

原意大概是,被救援了,但困于所坐的金铜车,来时徐徐,走时徐徐,真让人着急,但最后有好结果。还可以理解为,受辎重财物拖累,缓缓前行,真是困难重重啊,好在最终无事。

这一种困可以说是财之困、道路方法之困。孙中山搞革命,在伦敦蒙难,在海外募款,可谓这一状态的写照。

第五种状态:"劓刖,困于赤绂。乃徐,有说,利用祭祀。"

原意大概是,偷食祭品者被发现,遭受酷刑,鼻子被割了,腿也断了,在那个穿红礼服者的大人手中煎熬。或者说,在困境中危险不安,因为被那个穿红礼服的大人抓住。这个可怜的人后来慢慢找到脱身的机会,终于逃脱回家。谢天谢地,此时需要祭祀酬谢啊。

这一种困可以说是气之困。不少君王如朱元璋等人年轻时九死一生,备尝艰难困苦,可谓这一状态的写照。

第六种状态:"困于葛藟,于臲卼,曰动悔。有悔,征吉。"

被葛藟绊倒,被小木桩刺伤,处境如此艰难,自己思虑,动辄得咎,真是悔上加悔,动悔,不动也悔。但人生到此类绝境,反而要勇往直前,怀抱战斗精神,会带来吉祥。

这一种困可以说是死之困:置之死地而后生。

火水未济·险而明：船在水上漂
8月18日—8月24日

一、时间节气

时间到了八月下旬，处暑时节。"处，去也，暑气至此而止矣。""处"是终止的意思，表示炎热即将过去，暑气将于这一天结束，中国大部分地区气温逐渐下降。古代将处暑分为三候："一候鹰乃祭鸟，二候天地始肃，三候禾乃登。"此节气中老鹰开始大量捕猎鸟类；天地间万物开始凋零；"禾乃登"的"禾"是黍、稷、稻、粱类农作物的总称，"登"即成熟的意思。人们说此时的天气，"一场秋雨一场凉"，"立秋三场雨，麻布扇子高搁起"，"立秋处暑天气凉"，"处暑热不来"等，就是对处暑时节气候变化的直接描述。处暑期间的气候特点是白天热，早晚凉，昼夜温差大，降水少，空气湿度低。

二、释卦

人们看此时空的阴阳象数，看到上火下水，联想到二月的水火既济，此时火上行，水润下，二者难以和衷共济，可称未济。火有船象，船在水上飘荡，未能渡济，人们把此卦命名为未济。

跟既济卦的六爻当位不同，在未济卦象中，六爻都不当位，或者阳爻居阴位,或者阴爻居阳位,如此不安于位,变动不止,因此未济。卦象中,上离火下坎水,两者又互动出上坎水下离火,离为日,坎为月,卦象日月交替运动,寒暑相因,一来一往,未有穷尽,正是未济之意。从卦序上看,讼卦时空、困卦时空之后,难以成事,这就是未济时空。

此一时空最为直观的象就是炎阳高照下的大江大河,看似是对人们的召唤,去冲凉,去冲浪,去探求未知。但这一象最为明显:险而明。因为天气仍如火般地暑热,而河水已经凉得让人抽筋。很多人眼睁睁地在岸边看到,游泳的人淹死了,过河的人被冲走不见了……

对古典中国人来说,这一火水状态是一种令人叹惜又具有挑战的未济状态,是新的开始、新生的希望。河流及其未济状态是一个意义丰富的对象。易经多有"利涉大川"的话。老子说:"上善若水,水善利万物而不争……"河流蕴藏了中国人的历史记忆和人生圆满之想象。从南北朝开始,南北中国之间的关系更是以文明自任的中国人的伤心之所在。桓温北征,感叹:"树犹如此,人何以堪?"宋时抗金名将宗泽临死前大喊三声:"渡河渡河渡河。"慧能渡江,辞别师父:"迷时师渡,悟时自渡。"……至现代中国,西南联大更上演了南渡北归的历史大剧。可见,过河之于我们的复杂意义,其中最著名的当是"摸着石头过河"。

未济时空的"系辞"是:"亨。小狐汔济,濡其尾,无攸利。"

未济,虽然天命未至,但是一种新的开始,因此可以说它是亨通的。这种重建秩序要慎终如终,否则就像小狐狸过河,几乎快达彼岸了,还让水打湿了尾巴,没什么好处。

未济卦时空的"彖辞"是:"未济,亨,柔得中也。小狐汔济,未出中也。濡其尾,无攸利,不续终也。虽不当位,刚柔应也。"人们说,这一时空之象是亨通的,因为柔顺而得中道。"小狐汔济",未能从险境中脱离出来。"濡其尾,无攸利",不能持续到最后。虽然六爻都不当位，好在阳爻与阴爻相呼应。我们看未济卦时空，从最典型的渡河意象中知道未济的重大，从中看到了"靡不有初，鲜克有终"的现象，看到了"行百里九十为半"的性质，因此系辞以引起谨慎。

未济卦时空的"象辞"是："火在水上，未济。君子以慎辨物居方。"

君子观此卦象，有感于水火错位不能相克，从而以谨慎的态度辨别物类，使物群分，使其各得其所、各处以道。

三、时空禀赋

未济卦人的人生重在过程。从卦象上看，未济卦人性格上谨慎、节制、坚持，他们往往处于最后的关键时刻，成功就在眼前，但他们不能掉以轻心。未济卦人有财富，但他们基本上要靠自己打拼，他们的财富多在中年后获得，其财富过多时对其晚年的身心有害，故需要考虑散财。未济是水火卦，其中也涉及人身的修炼，尤其中国道教修行极注意水火相济，故未济卦人近于道，也适合修道。

诸葛亮是未济卦人。杜甫为其写有名诗："丞相祠堂何处寻，锦官城外柏森森。映阶碧草自春色，隔叶黄鹂空好音。三顾频频天下计，两朝开济老臣心。出师未捷身先死，长使英雄泪满襟。"

法国国王路易十六是未济卦人，他未能把波旁王朝延续下去。1789年7月14日，在路易十六的记事本上有这样记载："14日，星期二，无事。"路易十六认为无事的这一天，二十公里之外，手持武器的巴黎市民正在进攻一座被当作监狱的城堡。监狱里此时只关押着七个人，其中两个是精神病患者、五个是普通犯人。市民们却为此激战了一天，牺牲了九十八个人，因为巴士底狱被认为是专制统治的象征，摧毁巴士底狱是推翻专制主义最具有象征意味的行动。两天后，这个曾经的庞然大物在胜利的市民手中被一块石头、一块石头地拆掉，最终被彻底夷为平地。7月15日早晨，迪克·德·利昂古尔向国王汇报前一天的情况，此时发生了一场著名的对话。路易十六吃惊而困惑地问："怎么，造反啦？"大臣回答说："不，陛下。这是一场革命。"

《长生殿》的作者、中国戏曲家洪昇是未济卦人。他的诗："空江烟雨晚模糊，越峤吴峰定有无？宿鹭连拳鱼泼剌，败芦深处一灯孤。"他醉酒后死于失足落水，一如未济之义："有孚于饮酒，无咎。濡其首，有孚失是。"

中国诗人和思想家龚自珍是未济卦人。他患急病暴卒，年仅五十岁。他的名诗："未济终焉心飘缈，百事翻从缺陷好！吟到夕阳山外山，古今谁免余情绕？"

中国近代江湖人物杜月笙是未济卦人。人们说他："春申门下三千客，小杜城南五尺天。"

法国著名时装设计师香奈尔是未济卦人。她说过："二十岁时的面孔是上天给你的，五十岁时的面孔是你自己决定的。"

意大利诗人夸齐莫多是未济卦人。他有诗说："我已经失去每一个／不该失去的事物／甚至在这残余的声音中／欢欣也是模仿。"

中国学者吴宓是未济卦人。他自称："吴宓，一介平民，一介书生，常人也；做学问，教书，写诗，均不过中等平平。然宓一生效忠民族传统文化，虽九死而不悔；一生追求人格上的独立自由，追求学术上的独立自由，从不人云亦云。"他临终前的话是："给我水喝，我是吴宓教授。给我饭吃，我是吴宓教授！"

中国抗日名将张灵甫是未济卦人。美国记者曾问他："抗战会胜利吗？胜利后你打算做什么？"他答："会的！那时候，我已经死了。在这场战争中，军人大概都是要死的！"

中国国民党中统负责人陈立夫是未济卦人。他身体并不好，经保养后活到一百零二岁。在一百多年的漫长生涯中，他的人生以二十世纪五十年代成为国民党在大陆失败的替罪羊为界，正好分前后两个五十年。前五十年，他是政治人物；后五十年，他潜心于研究中国文化，著述甚丰，著作等身，再度引起华人学术界重视。他的名言："养身在动，养心在静。"

日本外交官陆奥宗光，德国音乐家德彪西，哲学家和社会学家舍勒，前南斯拉夫领导人米洛舍维奇，美国总统克林顿等，是未济卦人。

四、释爻

对未济时空，人们联想丰富，小则小狐过河，大则商王征伐、周人发展的故事，尤其是从周人兴起、天命未至、季历被杀的悲剧等历史经验中总结出这样几种状态。

第一种状态："濡其尾，吝。"

河水沾湿了尾巴，鄙吝。这一状态是未济之初，不能做事，如果勉强行事，强以为能，就会失败。这可以理解为写周人发展之初的困境。

第二种状态："曳其轮，贞吉。"

拉着车轮离开泥沼之地，或说拖着车过河，同心共济，预示着吉利。这是表明周人度过了艰难时代。

第三种状态："未济，征凶，利涉大川。"

现在还难以成功，征讨周边会有凶险，利于渡大江大河去寻找机会，向外发展。这是说周人开始注意团结周边部族，其势力达到一定程度，立国策略有改变。

第四种状态："贞吉，悔亡，震用伐鬼方。三年有赏于大国。"

坚守正道，一切懊悔都消失了。大动干戈，跟随商王武丁讨伐鬼方，转战三年，打败了他，获得大国的奖赏。这是指周部落跟随商王会战，得到商王这个大国君王的赏赐。

第五种状态："贞吉，无悔，君子之光。有孚，吉。"

坚守正道，没什么可后悔的。君子的文明之光显示发扬，有孚信于人，这是吉利的。

这大概是指季历之事。

第六种状态："有孚于饮酒，无咎。濡其首，有孚失是。"

原意大概是，季历在诸侯间深孚众望，得到主持祭祀宴会的机会，没什么过错然而却遭遇灭顶之灾，虽然深孚众望，还是这样失去了生命。

可以引申为，果然有饮酒之乐，没有灾难，但酗酒闹事，头发都淋湿了。这样荒唐就会失去诚信，不能成功。

还可以说，这是接近成功之时，周人有了强大的力量，故戒酒以防重蹈殷商之覆辙。后来的周文王之子周公颁布了禁酒令，即《酒诰》，列举饮酒的危害，其中说："宾既醉止，载号载呶，乱我笾豆，屡舞僛僛。"意思就是说喝酒者多丑态醉态。"群饮，汝勿候。尽执拘以归于周，予其杀！"对那些聚众大吃大喝的人，立刻全部抓到京城来处死。这一禁酒令跟未济卦爻辞可以参看。

雷水解·险而动：雷雨交加

8月24日—8月29日

一、时间节气

从卦序上看，在讼、困、未济卦时空先后出现之际，新的时空该面临突破了，该把诉讼、困境、未成功之事着力解决了。即使生产生活中的争讼、大旱、河水干涸，在此时也会有一个突破了。这个新的时空命名，最早叫"劦"，即"协"字，是众人同心同力之意。即是说，讼、困、未济的最终或圆满解决在于协力解决。

此时为八月底，时空的阴阳象数为上雷下水。这是雷雨之象，雷动于上，雨水降于下，万物之旱情一时得以解决。或者说，困难崩解离析，"协"、"析"、"解"，这样的命名一步步往复印验，最后定名为"解"。未济之后的时空为解卦时空。卦德险以动，行动起来才能脱离危险。

二、释卦

"雷水相成而解"，"解"字的含义远非解决一种，它意味着舒困、缓解，也意味着分解。上下解体、脱体。解的意义可谓丰富复杂，舒解、分解、解决、解散，均是解字之义。

解卦的"系辞"是:"利西南。无所往,其来复吉;有攸往,夙吉。"

这是一个启示人们解决问题的卦。雷东坎北,东北方发生了险以动的事,必然要影响到西南方;如果东北方有生死的危机,那么西南方则是平和有利的。也可以说,要解决问题,就要用坤卦西南方柔顺的精神去对待,如果没什么出行的目的,那么返回也是吉利的。如果有什么目标,那么早行动是吉利的。

对当时的周文王、武王、周公等周朝的奠基者,也是易经易卦的作者们来说,西南方是其友邦,是群众基础,是稳定的后方。要解除危机,创建事业,就得利用好西南。周人的事业,一如解卦,有危险而行动,一行动而脱离了危险。缓解、舒解,利于西南方,前往可以得到众人支持。无所前往,返回来吉祥,即是恢复天地正气,克制私欲,得行中道。有所前往,早前往早获成功。

解卦时空的"彖辞"是:"解,险以动,动而免乎险,解。解,利西南,往得众也。其来复吉,乃得中也。有攸往,夙吉,往有功也。天地解,而雷雨作,雷雨作,而百果草木皆甲坼:解之时大矣哉。"

这意思是说,解卦,有危险而行动,一行动而脱离了危险,这就是舒解。解卦,利于西南方,前往可以得到众人支持。无所前往,返回来吉祥,乃是因为得乎中位。有所前往,及早前去吉祥,前往才会成功。天地解除万物的灾难,雷动雨兴,以甦醒润泽万物,雷雨兴起,于是百果、草木都破壳而出,获得新生,繁盛一时。解卦的时机太重大了。

解卦时空的"象辞"是:"雷雨作,解;君子以赦过宥罪。"

人们强调说,雷雨交互而作,这是舒解之象。解除紧张,创造宽松舒畅的局面。君子体察此象,效法它,以赦免过失,宽宥罪人。

有过乡村生活经验的人知道,在夏天雷雨交加之际,尝尝天上的雨水,除甘美之外,更难得的是极为提神。雷雨过后,空气中的负离子增多,人们感到心情舒畅。

今天流行的饮用电解水，似乎也有雷水解卦之义。

三、时空节点

宋人占到过解卦。当时，金国皇帝完颜亮再次南下攻打宋国。宋人占卦，得到解卦，变为大壮卦。占卜的人对老百姓说，金兵这次必定大败，完颜亮也会死在这里。后来，宋金之战中，金兵果然大败，完颜亮兵败被杀。

明代的张仓占到过解卦。当时，宁王朱宸濠在江西谋反，准备攻打浙江。浙江布政使何天衢为此事向张仓请教。张仓占得解卦。他说，不用担心，解卦说"动而免乎险"，可见危险将会过去。他还说"雷雨作，而百果草木皆甲坼"，意思是人的脑壳迸裂，乱军无首之象，浙江怎么会有危险呢？果然，过了不到十天，江西就传来了宁王被擒的消息。

1937年卢沟桥事变后，日军用飞机轰炸北平，并准备占领之，国民党宋哲元将军决意抵抗。此时吴宓、陈寅恪均在清华大学任教，二人对时局发展和中华民族的命运极为担忧。7月27日的这天晚上，吴宓以易经占卜，在日记中写道："宓归室中，虔心卜易经卦（以手指定），得'解，利西南，无所往也，其来复吉，有攸往，夙吉'。宓所卜之一段文云：'天地解而雷雨作，雷雨作而百果草木皆甲坼，解之时大矣哉。'九时寅恪来电话，云此是吉卦。"

吴宓所占与事后的西南联大之事完全吻合。"利西南，无所往也"，是指其他地方不能前往，只有西南有利。"夙吉"，是说要迅速迁移可获吉祥。"其来复吉"则预示着七年后抗日必胜，因为有"七日来复"、"其来复吉"，这正是七年（实际是八年）获吉之兆！

四、时空禀赋

解卦的意象是河水上的雷电，惊涛骇浪。我们可知解卦人也会处于风浪、漩涡之中。顾名思义,解卦人性格中偏于解决具体问题,他们适合军旅、外交、公关等工作。从卦象上看,西南方对其有利。他们有官运,也适合跟官员打交道,做官则多为事务官,适合做具体工作。解卦人一生多为他人排忧解难。他们的独立性也很强,一生似乎为一问题而来。

《论宽容》和《人类理解论》的作者、英国启蒙哲学家洛克是解卦人。他曾说:"在我们所遇到的人之中,其中有九成的人的好坏或是能力高低,都是取决于他们所受到的教育。"

民族英雄郑成功是解卦人。"开万古得未曾有之奇,洪荒留此山川,作遗民世界;极一生无可如何之遇,缺憾还诸天地,是创格完人。"

德国作家歌德是解卦人。他的名言:"凡自强不息者,终能得救。"他的遗言:"多些光。"

德国经济学家G·李斯特是解卦人。他是贸易保护论的倡导者,曾说过:"关于政治经济学我们可以读到的最好的书本就是现实生活。"他晚年因病返德,生活潦倒,身心憔悴,雪夜开枪自杀。

法国化学家拉瓦锡是解卦人。他是提出饮用水健康的先驱。"实际上,公民身体的健康和活力取决于饮用水的质量。如果说医疗用水在关键时刻能挽救几个国家重要人物的生命,饮用水却是民生有序、平稳发展和保证百姓身体健康的源泉。狭隘的矿泉水研究只会让社会上极小部分的没落贵族感兴趣。公共用水却是整个社会关心的主题,而且关注的人主要是为国家提供劳动力、创造财富的劳动人民。"他被砍头后,拉格朗日说:"仅仅一瞬间,我们就砍下了他的头,但是再过一个世纪也未必再有如此的头脑出现。"

德国哲学家黑格尔是解卦人。他一生思考的是"绝对精神",以解答人类的问题。他说:"世界历史即是世界审判。"

日本作家宫泽贤治是解卦人。他的名言:"没有全人类的幸福,就不可能有个人的幸福。"

美国总统约翰逊是解卦人。他是"伟大社会"的提出者。他说过:"各代人的命运是各不相同的,有某几代人,他们的命运是交由历史摆布的。至于我们这一代人,我们一定要由自己来决定我们的命运。"

特蕾莎修女是解卦人。有人问她:"可以为世界做些什么?"她回答说:"回家,爱你们的家人。"

国际影星英格丽·褒曼是解卦人。

巴勒斯坦解放组织的发动者和领袖阿拉法特是解卦人。他的名言:"我带着橄榄枝和自由战士的枪来到这里,请不要让橄榄枝从我手中落下。"

《青鸟》的作者、比利时剧作家梅特林克,《美国悲剧》的作者、作家德莱塞,中国台海破冰之旅者连战,画家吴冠中等,是解卦人。

五、释爻

人们考察解决之道,想到解决之初的顺势无咎;一些农家有条件田猎了、多种经营以贴补家用;成为暴发户后的遭遇;"一个好汉三个帮"的广交朋友;为众人谋福;为长远着想等六种状态。也有人说,解卦时空的六种状态是讲一个贵族有惊无险的田猎遇袭过程。

第一种状态:"无咎。"

一切平安,没有灾咎。

这是说在万物舒解之初,刚能存正,柔能有容,故于义无咎。或者说,先哲在参考全卦之后写下的提示语,以此说明本卦有惊无险。

第二种状态:"田获三狐,得黄矢,贞吉。"

出门打猎,获得了三只狐狸,猎物身上有铜箭头,这象征吉祥。

这一种状态是条件缓解了一些,可以消除隐患,除暴安良。在古代,狐狸狡猾,一如坎水之性,而猎狐收获多多,衣食无忧。此爻即是当时写照。

第三种状态:"负且乘,致寇至,贞吝。"

背负猎物骑着马,招致盗匪来犯,这是要出事的。

引申义为,带着许多财物,又是背负,又是车拉,招摇惹盗,自然招致盗寇抢劫,这是表明鄙吝之象,应该守正持固以防憾惜。

这一种状态是说用人不慎,纵容小人而招祸害,这一爻曾让孔子感叹不已。

第四种状态:"解而拇,朋至斯孚。"

放下猎物,拉弓射箭进行防御,朋友赶到,获救,这是有诚信的缘故。

也可以说,放开你的手脚,朋友就会来相助,如此孚信于天下。

这是说在有条件时,最应当做的是解除自己亲近的小人,去除自大狂,趾高气扬反而是捆住了手脚。诸葛亮《前出师表》云:"亲贤臣,远小人,此先汉所以兴隆也;亲小人,远贤臣,此后汉所以倾颓也。……"

第五种状态:"君子维有解,吉;有孚于小人。"

君子不计小人过失,维系和平,解开绳索,释放小人,这是吉利的。跟这些小人物建立信任。

也可以说,君子受系的灾难解除了,这是吉利的。君子得救,自然会想到小人们。还可以理解为,君子解开束缚,吉利,这符合小民百姓的利益。历史上的"开放"政策,可谓是这一爻象写照。

第六种状态:"公用射隼于高墉之上,获之无不利。"

王公在逢凶化吉之后,或说给予众人好处之后,继续行猎。他在高丘之上射鹰,猎获了它,无往不利。

在高高的城墙上,王公射中一只鹰,一举获得,无所不利。

引申为解象之极,深谋远虑者提前做好准备,时机来时一举解除天下悖乱之事。

风水涣卦·险而入：洪水肆虐
8月29日—9月4日

一、时间节气

八月底九月初，时空阴阳再换。上风下水，人们看到风生水起，风行水上，木船漂流。这是秋天最美的日子之一了。这一时空就是流波涣漫，吉祥之气洋溢于自然和人心之中。自丘陵草木、王宫田野、国君宗族，同被光华，一片华美和谐。

二、释卦

如果说地上有一滩水，在风大的日子里，这滩水很快就会被吹干。在前面的雷水解卦时空之际，天上可能降下大雨，使地上洪水泛滥，这个洪水泛滥的时空，树木、财物飘浮在水上，船行在水上。这个可能发生洪灾的时空，大自然给予了解决之道，就是风吹水散。古典中国人观察此象，认为风水相激，其中有运；人们将风吹水散称为"涣"。涣就是运，潜藏的轨迹。风水相得，风行而不居，水流而不停，万物得风而宣其郁，得水而除其秽，皆有涣意。又，以风入水，东风解拆之象；以风乘雨，风雨离披之象，阴阳交通，故亨。

对涣卦时空来说，巽为风在上，坎为水在下。坎水也为雨云，当无风时,它基本上是停留在一个地区降雨,即使移动,也很缓慢;而当风较大的时候,雨云就会随着风向边移动边降雨,风吹水散即此象。古典中国人将此种自然之象引申到社会人事之上,当人心不齐时,也称为"涣"。因此,风水时空,既关乎大自然的运行轨迹,也关乎世道人心的运行轨迹,关乎改朝换代的国运。

涣卦的"系辞"是:"涣,亨;王假有庙,利涉大川,利贞。"

这是说涣卦德险而入,即涣散,因为风行水上而成文,涣散之功是为了聚。当天下涣散时,有责任的贤王要献出至诚之心,要去宗庙,利用信仰、思想等,聚天下之心而系于一,即涣天下之私而成大公。当天下涣散时,也利于集中力量做大事,像渡大江大河那样,因为涉川所以聚人力之不齐也。所以说,盖尽诚以感格,则幽冥鬼神无有不应;同舟而共济,则心力无有不同。这就是涣的本义。焕然一新、更换、涣漫,等等。涣散是为了焕然,死亡是为了新生,一如传说中的凤凰涅槃,它利于坚守正道。

涣卦的"象辞"是:"涣,亨,刚来而不穷,柔得位乎外,而上同。王假有庙,王乃在中也。利涉大川,乘木有功也。"我们从涣卦时空中可以理解,涣卦中有大灾难。涣卦涉及治水,后来的一些学者如魏特夫、黄仁宇等都把古典中国的政治治理跟"治水"相联系,甚至认为这是"东方专制主义"的根源之一。魏特夫在《东方专制主义》一书中认为:"在东方世界中,由于环境干旱和需要对水进行控制,建成了大规模的由国家控制的公共工程,这使得东方的农业、政府和社会有其独特性,使得亚细亚社会具有特殊的历史地位。"黄仁宇也说,为了这种大规模的治水,就必须有统一的集权政府进行管理指挥。从涣卦"象辞"中看到,在水灾面前,人们确实有一种"灾民理性",确实需要君王的权威。

人们还看到,风为木,木行水上,流行若风,这是舟楫之象:近则可以济不通,远则可以致远,均为天下利。所以《易经·系辞传》

中说:"刳木为舟,剡木为楫,舟楫之利,以济不通,致远以利天下,盖取诸'涣'。"

涣卦的"象辞"是:"风行水上,涣。先王以享于帝,立庙。"

人们说,风行于水上,这是涣卦的象征。或者说,风在水上肆虐,这是洪水泛滥的涣散之象。先王见此现象,就会以人合天,祭祀上帝,建立宗庙,团聚人心。

爱尔兰诗人叶芝的不少诗深得涣卦之义。他写道:"你曾经容颜夺目,我曾经努力／用古老的爱情方式来爱过你／一切曾显得幸福,但我们都已变了——／变得像那轮空空的月亮一样疲倦。"但诗人仍能够使爱情焕然一新:"多少人爱你青春欢畅的时辰,爱慕你的美丽,假意或真心／只有一个人爱你那朝圣者的灵魂,爱你衰老的脸上痛苦的皱纹。"他更能使爱情成为时间中的真理:"虽然枝条很多,根却只有一条／穿过我青春所有说谎的日子,我在阳光下抖掉我的枝叶和花朵;现在我可以枯萎而进入真理。"

三、时空禀赋

涣卦的意象是水上有风,风生水起,水上有木头,有船。涣卦人有权力欲,有领导才能。他们多来自市井乡间,但他们要注意人生当中有遭遇洪水一样的灾难,做事一旦涣散则不能成功。从卦象上看,涣卦人多有忧患,他们要面对局面涣散和人心涣散,应注意克服私欲。涣通"换",他们性格上一般少耐性,喜欢变化。涣又通"焕",他们经常给人耳目一新之感,但有意无意地做了牺牲,当然也不乏献身精神。

项羽是涣卦人。他自刎而死,"涣其躬,无悔"。"天之亡我,我何渡为!且籍与江东子弟八千人渡江而西,今无一人还,纵江东父兄怜而王我,我何面目见之?纵彼不言,籍独不愧于心乎?"

《墓畔回忆录》的作者、法国作家夏多布里昂是涣卦人。他说过:

"每一个人身上都拖着一个世界,由他所见过、爱过的一切所组成的世界,即使他看起来是在另外一个不同的世界里生活,他仍然不停地回到他身上所拖带着的那个世界去。"

林则徐是涣卦人。他的名言"苟利国家生死以,岂因祸福避趋之",深具涣卦之义。

英国伟大的实验物理学家卢瑟福是涣卦人。在放射性和原子结构等方面,他做出了重大贡献。他还是最先研究核物理的人。除了理论上的建树之外,他的发现还在很大范围内有重要的应用,如核电站、放射标志物以及运用放射性测定年代,具足涣卦之义。

英国军事史家、探照灯的发明者富勒是涣卦人。他说过:"享受人生的最好方法是做一个知识的流浪者。"

德国汽车工程师保时捷是涣卦人。他说:"我总是无法找到梦寐以求的车……因此,我决定亲自动手创制……"

流行音乐之王迈克尔·杰克逊是涣卦人。他说过:"如果带着被爱的感动来到这个世界,如果你同样带着这份感动离开,那么你的一生所遭遇的一切都不算什么。"

"股神"巴菲特是涣卦人。他的名言:"我想给子女的,是足以让他们能够一展抱负,而不是多到让他们最后一事无成。"

日本陆军元帅武藤信义、音乐指挥家小泽征尔等,也是涣卦人。

四、释爻

我们已经很难确定涣卦辞句的原义。无论把涣当作兴隆的好运来理解,还是把涣当作洪水来理解,都讲得通。如果把这种风水运气与应对洪水危机都归结到亨通的层面,应该跟卦意相近。至于洪水之难,何以在全卦中多呈吉利之兆,或者在于古典中国人信奉"多难兴邦"的缘故。联系到中外有识之士对华夏文明"治水"的重视,以洪水之象来观察涣卦时空似乎并无大错。

第一种状态:"用拯,马壮,吉。"

洪水来了,能够得到强大的援助、拯救,如强壮之马,就是吉利的。

也可以解释为,马陷于泥泞之中,受了伤,不得前行;因得到救援,故吉。

还可以理解为,周文王在囚禁中得到了救援,骑着骏马返回自己的邦国,吉利。

第二种状态:"涣,奔其机,悔亡。"

在涣散之际,洪水冲垮了一切,投奔到可靠之处,找到了机会,就没什么后悔的了。这是说要迅速脱离险境,转移到安全的地方。

也可以解释为,洪水冲向那居住的地方,没什么悔恨。中国人俗称,旧的不去,新的不来,涤荡污垢,除旧布新,即是此意。还可以说,经风水洗礼后,看到秋天的树林焕然一新,似乎美丽突然降临到多木的山上,让人的懊悔、郁闷一下子消除了。

从周文王的角度看,正是他及时把握住了机会。

第三种状态:"涣其躬,无悔。"

洪水危及到自己的身体而已,没什么可悔的。这是以三公之位,奋不顾身以救难的写照。

也可以解释为,改变自己的想法,没什么后悔的。

从周文王的角度看,好运来了,就像光彩涣漫于全身,有一种日新、自新的收获,故无悔恨。

第四种状态:"涣其群,元吉。涣有丘,匪夷所思。"

洪水危及自己的群体,这是考验的时刻来到了,大吉。一些人消失了,然而更多人聚来了,如同洪水只能淹到山脚,我们仍有山丘可以依靠,这真是匪夷所思。《尚书》中说:"汤汤洪水方割,荡荡怀山襄陵,浩浩滔天。"这可以算中国人最早的关于洪水的集体记忆。

也可以说,世道国运好得像光彩照到宗族、朋辈中,大吉。光彩照到山河丘陵上，天地之美不可思议。

对周文王来说，这是成功地改变了其他人不敢挑战大国的想法，大吉。扩张领土，这可不是常人敢想敢做的。

第五种状态："涣汗其大号，涣王居，无咎。"

烈日当头，洪水横溢，至尊者都大汗淋漓地投入救亡，发出大的动员，号召天下共克时艰。洪水淹没国都，淹及王宫，正好刷新、迁居、更政，没什么悔咎。

对周文王来说，这是国势蒸蒸日上：国人多激动而大声呼号，希望显示国力；王宫焕然一新，和谐无咎。

历史记载，周文王"经始灵台，经之营之，庶民攻之，不日成之，经始勿亟，庶民之来"。据说建造灵台时，周文王为了节制民力，要求营造速度不要太快，但是百姓都踊跃前来，奋力劳作，不到一天时间就筑起了灵台，显示了百姓对周文王的高度拥戴。周文王也被百姓的热忱所感动，说百姓这样高兴地修筑祭坛，是神灵的保佑，祭坛应叫做"灵台"。

第六种状态："涣其血，去逖出，无咎。"

有血光之灾，但忧患消除了，加强防范，没有悔咎。

也可以说，好运把大家的忧患都驱散了，国家太平安康，没有灾咎。

从改朝换代的角度说，改朝换代的战争中血流成河，无咎。

这一种状态有多种解释。涣散之极，有血光之灾，一种应对是远远地离开，没什么错；一种是奋起去除忧患。"商山四皓"之逃秦，可与此爻参照。

坎水卦·险而险：沟壑纵横
（国际扫盲日）
9月4日—9月10日

一、时间节气

节气到了白露，中国的《月令》说："八月节，秋属金，金色白，阴气渐重，露凝而白也。"白露意味着气温开始下降，天气转凉，阴气逐渐加重，清晨的露水随之日益加厚，凝结成一层白白的水滴，所以就称之为"白露"。"白露秋风夜，一夜凉一夜。"白露的三候是："一候鸿雁来，二候元鸟归，三候群鸟养羞。"说的是鸿雁与燕子等候鸟南飞避寒，百鸟开始贮存食物以过冬。

二、释卦

此时阴阳数为重坎，又叫"习坎"。习坎是大八卦之一。

原来此卦不叫这一名称，叫"贛"。贛的本义是进贡、赏赐。对大八卦来说，习坎是指一年下半年的第二个四分之一，在此大约四十五天的时间里，是大自然最后的收获季节，也是人们一年辛苦的收获季节。人们在此时间内用来交换生活日用，给王公大人进贡，王公大人也会回赐礼物。从责任义务的层面看，这是一个尽责尽义的时期，后来演变为社会交往的礼仪：上下之间要有规矩，要礼尚往来。因此这一时空被命名为"习赣"。这是个丰收的阶段，也是熟习、学习权利、义务、礼节的阶段。

对三代的人来说，赣的社会意象在使用中不敌自然意象。习赣只是一时的行为过程，秋天的旷野、山川之象才是经久的。大洪水的涣卦时空之后，自然界是重重坎陷之象。诗人说"秋风秋雨愁煞人"。秋水比春水给人的印象要深刻得多，因为秋水冷峻、险难，令人愁而不是令人喜。农家经常看着绵绵的秋雨无可奈何。有些地方甚至称秋雨为"淋雨"，以表示淋淋滴滴的雨对农事的困扰。大地被雨水、洪水冲刷得沟壑纵横，格外醒目，到处是洼陷。这一时空有险境、有劳苦。这一时空一度又命名为"劳"。而大地被流水浸蚀而东少一块土、西少一块土，缺少土即是"欠土"，即是"坎"。这一时空被定名为"坎卦"，或者叫"习坎卦"。

因为坎水意味着沟壑陷阱，易于陷入难以逾越，故而有了险、难等意，人们只有经历了重重险难才能获得鸟一样的翅膀，自由飞翔，自由生长。所以人们说这是习坎。而水流虽然有险，但水汽升入天空为云气，水凝天空为雨、雪，水越山崖为瀑布，水钻山谷为川流，水淌沟壑为江河，然而水性有常，跟日月相应，最终必汇入大海，所谓"不失其信实也"。所以人们说它"有孚"。

坎卦的"系辞"是："有孚维心，亨。行有尚。"

人们对水的观察是丰富的，不仅认识到水性有信，也认识到水滴石穿的信心、成算和坚持。人们说坎水的属性在于"维心，亨"，即说要保有心的纯粹通达，只有如此，险行中就有嘉尚，有吉祥。

坎卦的"象辞"是："习坎，重险也。水流而不盈，行险而不失其信。维心，亨，乃以刚中也。行有尚，往有功也。天险，不可升也；地险，山川丘陵也。王公设险，以守其国。险之时用大矣哉。"

这几乎可算是古典中国人对坎险写的赞歌。习坎是有双重、多重的险难，所以有要学习突破险难的意思。水流而不盈满，到了快满时自行流走，所以陷险是不会长久的，这是有诚信的明证。因此心中力求镇静，坚强成功的意念，就能亨通；能如此行动，必有嘉尚。天险不可攀登，地险有山川丘陵，王公因势利导以守其家国，险之时用也是重大的啊。

坎卦的"象辞"是："水洊至，习坎。君子以常德行，习教事。"

坎为水，水长流不滞，是坎卦的卦象。君子观此卦象，从而尊尚德行，取法于细水长流之象，学习教化人民的方法。

三、时空节点

国际扫盲日（9月8日）在坎卦时空内。国际扫盲日是联合国教科文组织在1965年11月17日召开的第十四届代表大会上设立的。日期为每年的9月8日，旨在动员世界各国以及相关国际机构重视文盲现象，与文盲现象作斗争，并促进世界各国普及初等教育，提高初等教育的水平，使适龄儿童都能上学，达到能够识字的目标；最终达到增进人际沟通，消除歧视，促进文化传播和社会发展的目标。"有孚维心，亨。行有尚。""君子以常德行，习教事。"

四、时空禀赋

坎水奔流，我们可以说坎卦人多要自己奔波打拼。河水见山、见土则止，故坎卦人有财运、官运，即遇山止有财、遇土润则有事业。但在中国语境里，坎水财易伤人丁，故人们取用必须节制，否则难以传承。坎水有灭顶危险，故坎卦人心重，有危机感，他们适宜容忍自重，保持心境开朗，"维心，亨"。吃得苦中苦，方为人上人，坎卦人多从坎难中奋斗，最终脱颖而出。

唐玄宗李隆基是坎卦人。他在位期间开创了唐朝乃至中国历史上的最为鼎盛的时期，史称"开元盛世"。他的诗《过老子庙》："仙居怀圣德，灵庙肃神心。草合人踪断，尘浓鸟迹深。流沙丹灶没，关路紫烟沉。独伤千载后，空馀松柏林。"他的《经邹鲁祭孔子而叹之》一诗则说："夫子何为者，栖栖一代中。地犹鄹氏邑，宅即鲁王宫。叹凤嗟身否，伤麟怨道穷。今看两楹奠，当与梦时同。"

《登岳阳楼记》的作者、北宋政治家范仲淹是坎卦人。他的名言："先天下之忧而忧，后天下之乐而乐。"

英格兰女王伊丽莎白一世是坎卦人。她终身未嫁，因被称为"童贞女王"。她即位时不但成功地保持了英格兰的统一，而且在经过近半个世纪的统治后，使英格兰成为欧洲最强大的国家之一。英格兰文化也在此期间达到了一个顶峰，涌现出了诸如莎士比亚、弗朗西斯·培根这样的著名人物。英国在北美的殖民地亦在此期间开始确立。在英国历史上此一时期被称为"伊丽莎白时期"，亦称为"黄金时代"。

《太阳城》的作者、意大利哲学家康帕内拉是坎卦人。他的名言："我降生是为了击破恶习、诡辩、伪善、残暴行为……我到世界上来是为了击溃无知。"

法国红衣主教黎塞留是坎卦人。在其弥留之际，神父问他："要不要宽恕你的敌人？"这位一生严于执法因而树敌甚多的政治家坦然回答："除了公敌之外，我没有敌人。"他被后人称为"法国历史上最伟大、最具谋略也最无情的政治家"。

自称"太阳王"的路易十四是坎卦人。他二十二岁时才开始对统治国家感兴趣，令所有人吃惊的是，他相当擅长此道。路易十四统治法国前后达半个世纪之久。他临终前说："朕走了，但永存法国。"

法国大革命的领袖人物之一拉法耶特是坎卦人。他被称为"两个世界的英雄"。历史学家称赞他说："在我们的时代，像拉法耶特这样操守纯洁、气节高尚、声望历久而不替的人是罕见的。"

英国作家塞缪尔·约翰逊博士是坎卦人。他的名言："爱国主义是流氓的最后庇护所。"

俄国思想家、作家列夫·托尔斯泰是坎卦人。托尔斯泰五岁时，大哥尼古拉告诉他一个秘密：只要把这个秘密解开，世界上就不再有贫穷、疾病和仇恨。他又说这个秘密已经写在一根小绿棒上，绿棒就埋在小山涧旁的路边。这个小绿棒的故事，令五岁的托尔斯泰神往不已，找寻绿棒是托尔斯泰年幼时最热衷的冒险游戏。他终其一生都在寻找传说中的绿棒，死后也被安葬在那片树林里。高尔基曾说："不认识托尔斯泰者，不可能认识俄罗斯。"

叶挺将军是坎卦人。

法国军人和政治家德·波旁、作家布丰，十七世纪英国早期日记作者哈丽特·阿巴斯诺特，捷克作曲家德沃夏克，《正午的黑暗》的作者、匈牙利作家库斯勒，中国"杂交水稻之父"袁隆平等，是坎卦人。

五、释爻

由于坎是大八卦之一，意义丰富。人们系辞时则以最具体的坎陷洞穴来表明其卦象特征，以探索冒险来表明习坎的果然和应然，相当于今天所说的拓展训练。

第一种状态："习坎，入于坎陷，凶。"

在探索坎险时，掉进了陷阱中的陷阱，真是凶险。也可以说，为了熟悉洞穴，进入洞穴深处探索，有凶险。这是说最初失位也无应，以柔弱之质，进入重重险地，失处险之道。

第二种状态："坎有险，求小得。"

在陷阱中有危险，但努力寻求，有一些效果。

第三种状态："来之坎坎，险且枕，入于坎窞，勿用。"

经过沟沟坎坎来到这里，陷阱陡峭又深，进来了也没有用。这是说在此时只能以静制动，以静待变。或者说，探索一个个洞穴，危险而又缩手缩脚，非常深的洞穴就不要继续进入了。

第四种状态："樽酒簋贰，用缶，纳约自牖，终无咎。"

在险难中，用铜樽盛酒，用圆簋盛饭，用瓦盆盛水，如同从窗口送进送出，真是艰难，但最后没有危险。也可以理解为，找到了合适的洞穴，可以休息了，准备了些简单的用品，一樽酒，几个瓦盆吃饭，用绳子编结成窗户，终无灾咎。

这是说此时有险难，只能以乐观精神等待突破。

第五种状态："坎不盈，祗既平，无咎。"

此时坎陷的情况得到改观，陷阱虽然没有填平，但小山头却挖平了，没什么灾咎了。或者说，找到的洞穴足够大家休息，此前的怀疑和诋毁都平复了，没什么错。

第六种状态："系用徽纆，寘于丛棘，三岁不得，凶。"

用绳索系着帐篷，在丛生的荆棘之间生活，三年也没有找到好的居身之处，凶。

爻辞意义可以无限引申，比如说在这里是野外生存者的穷困状态，他们不愿住洞穴或没有找到洞穴，只好在野外的荆棘丛里以躲避危险，颠沛流离。还可以说，这是把犯人用绳子绑起来，扔到荆棘丛中，结果犯人跑了，很长时间都未找到他，这是不祥的凶兆。

山水蒙卦·险而止：中国山水
（国际民主日，中国教师节）
9月10日—9月15日

一、时间节气

这段时间在白露秋分之间，秋高气爽，山高水长。卦象上山下水，引起人们思考。观察山水之象，无论山清水秀，还是山朦胧、水朦胧、云扑山、山阻云，朦胧是主调。山水给人们最深的印象是朦胧，不清晰之感。"不识庐山真面目，只缘身在此山中。"其实在山外同样也不清楚山水的真面目。

二、释卦

有过乡村生活经验的人知道，秋天的山水，尤其是山下水盛，山就雾濛濛的；大雨过后，山下的水汽上行，山就被一片片的白雾环绕，煞是好看。山水卦就是指这种浓雾不明的时空，这就是"蒙"。蒙指雾；指幽冥、暗昧、梦境、混沌、玄冥、迷失、迷茫；也指地气、气象。

蒙卦时空上山下水，水险而山止。在经历洪水的涣卦时空、坎陷的坎卦时空之后，人们希望自己能够安定下来，能够总结经验教训，能够有所开智启蒙。或者说,在险境中,重要的是有足够的定力,停下来,训练大家,使大家能够提高觉悟,统一认识。人们从中思考贵族与奴仆的关系、统治与被统治的关系、巫与卜的关系。人们意识到无论坎水多么险难,艮山要有休止不动的定力,也要有接纳坎水的气度。这些自然之象和社会之象被抽象为蒙昧以及如何应对蒙昧。

蒙卦时空就是表示新生者、蒙昧者需要开智启蒙的卦象。在先人看来,对于蒙昧者来说,生命的"元、亨、利、贞"四德中丧失了"元",或者说"元"被蒙上,未有打开,只剩下"亨、利、贞",因此需要启蒙,接受教育。《礼记》中说:"玉不琢,不成器;人不学,不知道。是故古之王者建国立民,教学为先。"中国的教育体制在最近几十年间定型后,入学期也在九月初。

蒙卦的"系辞"是:"亨。匪我求童蒙,童蒙求我。初筮告,再三渎,渎则不告。利贞。"

人们观察蒙卦,考察启蒙者和受教育者的关系,说这是亨通的卦。因为新生者活命不难、蒙昧者开智不难,只要稍有启示,他们就能展开自己的道路。当然,在启蒙过程中,并非是启蒙者要强求什么,而是受教育者要求开智,即真正主导的是童蒙,只有他自己的兴趣、精神、自觉性到了,启蒙才能成功。人们只能启蒙那些有求的童蒙,人们不能启蒙那些拒绝启蒙的人。孔子后来明确地说过:"有闻来学,未闻往教。"

对启蒙者,初次问时就告诉他,如一个问题他再三来问,这就不诚了,就像求神问卜者,初次占筮时就告诉他,如他再三占筮那就是亵渎神明,亵渎了就不能告诉他。这种启蒙之道,利于坚守正道。

蒙卦的"彖辞"是:"蒙,山下有险,险而止,蒙。蒙亨,以亨行时中也。匪我求童蒙,童蒙求我,志应也。初筮告,以刚中也。再三渎,渎则不告,渎蒙也。蒙以养正,圣功也。"

蒙卦的"象辞"是:"山下出泉,蒙。君子以果行育德。"

人们观察山水卦象，说山下有泉，泉水喷涌而出，这是蒙卦的卦象。泉水是山体中无数的小水滴积累而成，君子观此卦象，明白高尚品德是由无数的小善累积而成，效法这种精神，从而以果敢坚毅的行动来培养自身的品德。

蒙古民族在唐宋时被定名。"蒙古"意为"永恒之火"，以"蒙"来定名，正表明蒙古民族向往光明的"击蒙"之义。蒙古民族生息的环境具蒙卦之义。"天苍苍，野茫茫，风吹草低见牛羊。"

中国的山水画即是蒙卦，它代表了教化，象征了修行。山水画因此是中国艺术最有代表性的种类。山水既是蒙卦，又是蹇卦，它也代表了险难，象征了迷失。中国山水确实不同于欧洲和北美大陆。欧美人的住宅多依山而建，墓地则在平原，跟中国习俗相反。中国山水山环水抱，云遮树断，经常在雾中、在混沌中。参悟中国山水是一门人生大学问。"嗜欲深者天机浅。"那些迷失者、时髦者，多是丧失人生真元者，或说他们的生命元气被蒙上了，他们的天机被蒙尘了。因此，需要开智启蒙，使人发现他自己，照见他自己，实现他自己。

三、时空节点

中国的教师节（9月10日）正在坎卦和蒙卦交汇时空。"有孚维心，亨。行有尚。""君子以常德行，习教事。"这是坎卦之义。"君子以果行育德"，这是蒙卦之义。《礼记·王制》说，学童首先换上学服，拜笔，入泮池，跨壁桥，然后上大成殿，拜孔子，行入学礼。

国际民主日（9月15日）在蒙卦和师卦时空交汇处。"民主不仅仅是一项目标；民主还能大力推动经济和社会进步、国际和平与安全以及尊重基本人权和自由。"

四、时空禀赋

山水蒙卦有蒙昧、启蒙之义，这表明蒙卦人跟教育有关，他们多适合从事学习、培训和教育。他们喜欢追求新知识，生活安稳，做事谨慎，考虑问题较为周全细心。他们适宜脚踏实地，否则孤立无援。蒙有蒙骗之义，蒙卦人有财运，游山玩水，对生活和工作环境较为讲究。他们一生需要不断地学习。

南宋理学家、教育家朱熹是蒙卦人。他长期从事讲学活动，精心编撰了《四书集注》等多种教材，培养了众多人才。他的教育思想博大精深，其中最值得关注的，一是论述"小学"和"大学"教育，二是关于"朱子读书法"。他说自己："半日读书，半日静坐。"他的名诗《观书有感》："半亩方塘一鉴开，天光云影共徘徊，问渠那得清如许，为有源头活水来。"

马可·波罗是蒙卦人。

德国学者亚历山大·冯·洪堡是蒙卦人。他终身未娶，对农奴制深恶痛绝。

《劝学篇》作者、清末政治家张之洞是蒙卦人。人们评价他说："在张之洞的一生中，中国教育的形态发生了根本性变化，对此，他的努力具有决定性意义。"他的名言："中学为体，西学为用。"

俄国生理学家巴甫洛夫是蒙卦人。他指责共产主义，认为国际马克思主义的思想基础是错误的，并说："我不会为了你们所做的社会实验牺牲一只青蛙的后腿！"

《东方快车谋杀案》和《尼罗河谋杀案》的作者、英国著名侦探小说家阿加莎·克里斯蒂是蒙卦人。她说过："爱他，就是对他的一切葆有永远的好奇心，慢慢读他。"

"美国生活的百科全书"、短篇小说大师欧·亨利是蒙卦人。他说："人生是个含泪的微笑。"

前苏联克格勃的创始人捷尔任斯基是蒙卦人。他的名言："我们代表的就是自我组织的恐怖主义——这话要先说清楚。"

美国小说家舍伍德·安德森是蒙卦人，欧内斯特·海明威、威廉·福克纳、约翰·斯坦贝克、杰罗姆·大卫·塞林格以及阿摩斯·奥兹等作家都受到他的影响。他说过:"你必须要开始梦想。从此以后,你必须堵上你的耳朵,别听那些吵吵嚷嚷的声音。"

中国近代数学的先驱熊庆来是蒙卦人。他不仅是数学家,也是大教育家。数学家许宝騄、段学复、庄圻泰,物理学家严济慈、赵忠尧、钱三强、赵九章,化学家柳大纲等均是他的学生。在六十年代,他已七十多岁,还抱病指导两个后来也成为著名数学家的年轻人,他们是杨乐和张广厚。他还发现了华罗庚,使后者成为大数学家。

民国时期的孔祥熙是蒙卦人。他,字庸之,年轻时的抱负是:"提倡教育,振兴实业。"

《儿子与情人》和《查特莱夫人的情人》的作者、英国作家劳伦斯是蒙卦人。他一生致力于解开性的蒙昧。他说过:"性和美是一回事,就像火焰和火一样。假如你仇恨性,你就是憎恨美。性和美是不可宰割的,就像生命和意识一样。那随性和美而来,从性和美中升华的智慧就是直觉。"

奥裔作曲家勋伯格,美国特级上将潘兴,中国画家吴昌硕,中国香港歌手张国荣等,是蒙卦人。

五、释爻

人们观察启蒙的时空,重点不是告诉被启蒙者应如何如何,而是告诉启蒙者应如何如何,从中也可以看到先哲包括文武周公们是如何开导王公贵族的,其中就有妥善处理与蒙者如奴隶、下人、学童的关系。

第一种状态:"发蒙,利用刑人,用说桎梏。以往,吝。"

当人刚发蒙时,适宜用刑犯来做反面教育,借此让他们知道要努力摆脱蒙昧的桎梏。以往的蒙昧状态是鄙吝的。人们用犯人来做反面教材,也是为了警告威胁孩子,不好好学习,长大了非抢即盗,等等。

也可以说，只要启蒙，引导得法，就是刑犯也可以改造过来，为我所用，解脱他们的枷锁，让他们放开手脚去劳动。但这种启蒙引导，不能让他们走远了，否则会有吝惜之事。

农村人问小孩子，发蒙没有，即指是否开始上学了。如家长回答还没有，彼此会叹气，有所吝惜，正是其写照。这一状态也可以联想到教育中的体罚方法，中国人说"不打不成才"，西方人说"拿走棍子，宠坏孩子"。

第二种状态："包蒙，吉。纳妇吉。子克家。"

以包容之心，启蒙，吉利。以包容之爱，娶妻，吉利。这样的男人也能够持家。

这是说明启蒙的原则，包容无知，有教无类，博爱。如若能做到对蒙昧的包容，这是吉祥的；如若能做到对一些妇人无知的包容，那也是很吉祥的；如果一个男子能够如此，那就能成家立业了。

这一状态也说明家业的壮大，在三代，农耕之家，或家大、业大的标志是主人的包容，容得下奴仆、雇工，娶妻生子，儿子成家，等等。

第三种状态："勿用取女，见金夫，不有躬。无攸利。"

不要娶这个女子，她见到有钱的男子，不能洁身自好，反而轻易失身。娶她没有任何好处。

这是说，既然谈到妇人的蒙昧，那么就看看男人女人的关系。男人要包容女人，但是男人却不能娶这样的女子：见钱眼开的女子，若见有钱的男子，便不能控制自己，屈身投靠，娶到这样的女人没有任何好处。

这也说明启蒙的一种原则，不能启蒙那些见异思迁的人。他们今天崇拜你，明天崇拜另一个人。他们势利，不停地寻找大师、导师或神灵，随时能把你出卖。

第四种状态："困蒙，吝。"

进展到这一阶段，开智启蒙有了更好的条件，然而现实是仍受困于蒙昧，这是鄙吝的。

从个人来说，这是一种读书愈多愈糊涂的阶段。从社会属性来说，是人到中年，反而虚无，人生四十而困惑、五十而不知天命的状态。从政治属性来说，是执政者、治理者实行"困蒙"的愚民政策，黑箱作业，鄙吝之极。从资源的垄断者来说，这是说他仍使自己周围人处于困境，这是鄙陋的。垄断、残酷剥削、危困蒙者，而无意、无能使之获得启蒙解放，这是自找麻烦。

第五种状态："**童蒙，吉。**"

如儿童一样的无知，吉利。

这是说至尊地位者像孩子一样天真，虚怀若谷，一如古人说六十而耳顺，这是吉利的。老子说："和德之厚，比于赤子，毒虫不螫。猛兽不据，攫鸟不博。"老子还说："专气致柔，能婴儿乎？"一个积累到有巨大资源的人，仍能如此柔顺，能如儿童一样天真纯洁，充满创造性、发现的眼光和学习的精神，这是吉利的。

乔布斯给人的赠言是："求知如饥，虚心如愚。"这深得蒙卦此义。

第六种状态："**击蒙。不利为寇，利御寇。**"

如何打击蒙昧、对待蒙昧呢？不适宜采用盗寇的暴力方式去强制灌输，而适宜采用防盗的方式。

这是说明教育、管理等问题不宜过急过激，不然不能教学相长，反而会激化矛盾，酿成仇寇；如治理得当，自然防止了仇寇的发生。

孔子说："不愤不启，不悱不发。"即具蒙卦之义。

地水师 · 险而顺:秋高马肥,作战消遣
(国际和平日)
9月15日—9月21日

一、时间节气

九月下旬,阴阳排列的象数是上地下水,此时的大自然呈现多种面貌。秋雨连绵,地中有水,导致水土流失,人们不得不团结起来,整治河道。一如前述,按历史学家的论述,治水对中国文明的塑造有重大意义。治水需要秩序,需要独裁,相当于战时状态。

二、释卦

此时又是一年辛劳的大收获期:天遂人愿,风调雨顺,得到大丰收,人们需要防范异族人来抢劫,需要战争般地动员民众来抢收。人们也有条件考虑对外征伐,给曾经欺侮凌辱自己的敌人一个说法。如果发生歉收无收,灾难和社会矛盾就会加剧,穷者被逼无奈,铤而走险,揭竿而起,逼上梁山。人们充分感受到了这一时空的肃杀、金收而刀割、凉意和战争的状态。

军阀孙传芳曾说:"秋高马肥,正好作战消遣。"他无意中道出了地水时空的秘密,这就是师卦的秘密。地水卦时空是战争状态的卦。

经过启蒙、训练的蒙卦时空后，大家统一认识，有战斗力了，此时就是战争时刻。地水卦因此被命名为"师卦"。"師"字就是左边一个小土山的形状，右边一面旗帜，这是众人集合听命的象。

师卦的命名有三四千年之久。人们观察这一时空，说这时兆头很好，正道而行，仰仗有威望的、老成持重的长者，这是吉祥的，没有灾害。师卦的"系辞"是："贞，丈人吉，无咎。"从卦序上说，协力解决的解卦时空之后，是解决灾难、焕然一新的涣卦时空，是新生的险恶之旅的坎卦时空，是理智不足的蒙卦时空，而智力不足导致了师卦时空的出现，既是启蒙，又是争战的兵戎之时。

师卦的"彖辞"是："师，众也。贞，正也。能以众正，可以王矣。刚中而应，行险而顺。以此毒天下，而民从之，吉又何咎矣。"

人们说，师，就是兵众；贞，就是正道。能带领兵众以行正道，就可以王天下了。出师作战之道，要用刚健而行中道的将才，要有国君和民众的呼应。它是危险的，要注意顺天理民心；战争似乎荼毒天下，但是只要能拯救天下人，免于敌人的毒害，民众也能顺从之，这样只有吉利，哪有什么灾害呢。

后来的老子说"兵者不祥之器"，正如此意。陈陶有诗："誓扫匈奴不顾身，五千貂锦丧胡尘。可怜无定河边骨，犹是深闺梦里人。"辛弃疾有诗："醉里挑灯看剑，梦回吹角连营。八百里分麾下炙，五十弦翻塞外声。沙场秋点兵。马作的卢飞快，弓如霹雳弦惊。了却君王天下事，赢得生前身后名。可怜白发生！"

师卦的"象辞"是："地中有水，师。君子以容民畜众。"

人们强调说，地中有水，是师卦的象；君子观此卦象，取法于容纳江河的大地，收容和畜养民众。后来的毛泽东说军队是人民子弟兵，有此中意。

三、时空节点

国际和平日，又称世界停火日（9月21日）在师卦和遁卦时空交汇之际。2001年9月7日，联合国大会通过决议，将9月21日定为"世界停火日"："国际和平日应成为全球停火和非暴力日，并邀请所有国家和人民在这一天停止敌对行动。"在"世界范围内停止武力、停止暴力"，督促世界上所有的交战方在每年的这一天休战，以便救援人员能够为交战各方提供人道主义援助。它有着师卦之义，"君子以容民畜众"，也有着遁卦之义，"利贞"。

春秋时代的知庄子解释过师卦。当时，晋楚争雄，楚军攻打郑国，晋国派荀林父率军救援。由于楚军强大，荀林父准备班师回国，但彘子率中军不听将令。知庄子听说此事后，感叹说晋国必败。师卦爻变为临卦，爻辞说军队必须用法令来约束，否则就有凶险。坎水变为兑卦，象征法令被破坏，军力被削弱。临卦也显示将领违反军纪，遇敌必败。看来彘子是死到临头了，我虽然暂时安全，日后也必有大难。果然，晋军被楚军击败，彘子丧生，知庄子回国后被杀。

四、时空禀赋

师卦的意象是地下河，我们可以说师卦人有谋略、有财运。师卦人长于组织、贵于坚持。他们适合做律师、教师、军师，他们少年老成，如果轻浮则有不利。从卦象上看，师卦人遇到的阻力大、困难多，处于竞争状态，忌盲目行事。他们需要机动灵活，严于律己，从容沉着对付一切。

将帝国版图扩大到最大范围的罗马皇帝图拉真是师卦人。他曾经建立图拉真柱记载自己的功绩。元老院曾赠给他"最优秀的第一公民"的称号。

日本征夷大将军源实朝是师卦人。他的名言："人世犹如镜中影，有耶无耶终成虚。"

《人类精神进步史纲要》的作者、法国启蒙哲学家孔多塞是师卦人。他说过:"'革命的'一词仅适用于以自由为目的的革命。"

俄国军事家库图佐夫是师卦人。他有五十余年戎马生涯,军事知识渊博。他虽贪酒、贪食、贪色加贪睡,却是当时西方最有学问的人之一,精通法、德、英、波兰和土耳其语。库图佐夫把俄国军事学提到崭新的、更高的发展阶段。他的名言:"失去莫斯科并非失去俄罗斯,为了祖国我下令撤退。"

袁世凯是师卦人。他说过:"夫输入外国文明与其资本,是国家主义,而实世界主义,世界文明之极,无非以己之有余,济人之不足,使社会各得其所,几无国界可言。"

创造出"狼群战术"的德国海军上将邓尼茨是师卦人。他被希特勒指定为自己身后的德国国家元首。

《蝇王》的作者、英国作家戈尔丁是师卦人。他说过:"经历过那些岁月的人如果还不了解,恶出于人犹如蜜产于蜂,那他不是瞎了眼,就是脑子出了毛病。"

新加坡政治家李光耀是师卦人。他的名言:"在受人爱戴和令人畏惧这两者之间,我始终认为马基雅弗利的思想是对的。如果谁都不怕你,那就毫无意义了。"

教育家、美学家朱光潜是师卦人。他的名言:"人要有出世的精神才可以做入世的事业。现世只是一个密密无缝的利害网,一般人不能跳脱这个圈套,所以转来转去,仍是被利害两个大字系住。在利害关系方面,人己最不容易调协,人人都把自己放在首位,欺诈、凌虐、劫夺种种罪孽都种根于此。"

中国哲学家、教育家贺麟是师卦人。他说过:"唯心主义有好东西。"

《屠场》的作者、美国作家辛克莱是师卦人。他的名言:"有些人为了生计而不去理解某些事情,要让他们理解这些事情是很难的。"

《世界大战》的作者、英国小说家威尔斯是师卦人。威尔斯一生创作了一百多部作品，内容涉及科学、文学、历史、社会、政治等各个领域，是现代最多产的作家之一。他认为："对于追求效率的公民而言，统计思维总有一天会和读写能力一样必要。"

德国数学家黎曼，中国摄影家吴印咸，美国政治哲学家列奥·施特劳斯、恐怖小说家斯蒂芬·金等，也是师卦人。

五、释爻

人们观察战争的过程，如果分六步来描述，可以看到：出师之始，强调军法军纪；次之是要突出统帅；再次之，总有将士轻敌冒进而吃败仗。尔后则依次是，在敌方势大时以守为攻而无咎；至尊之位，要懂得培训、宣传和任用将帅之道；最后班师回朝，论功分封。虽然讲战争，精神却是反战的。

第一种状态："师出以律，否臧，凶。"

这一状态有不同的解释，似乎都通。比如说，出师时要奏乐，听乐而辨知其吉凶。还可以说，对出征在外的军队要监管，发布命令，不论好坏，结果都凶。

大多数人愿意这样理解，整军出战，全凭纪律，否则将有凶险。

第二种状态："在师中，吉无咎，王三锡命。"

统帅在军中指挥，吉祥，没有灾难；君王为此再三赐给荣誉。

师卦只有此时是阳气十足且得中位的，故吉利。统帅出征，君王要三锡命：第一条命令宣布赐给他爵位，第二条命令赐给他官服，第三条命令赐给他车马，等等。

第三种状态："师或舆尸，凶。"

军队吃了败仗，有人用车子载回战士的尸体，凶险啊。

也有人理解为，在军车上出现了睡觉"挺尸"的现象，凶险。

此时以三公而不得正位，率师作战，不得其道，战争失利。

第四种状态:"师左次,无咎。"

军队转移,在左方即偏门左道驻扎,据险而守,没有灾祸。

老子说:"君子居则贵左,用兵者贵右。"此时统帅小心谨慎,撤退到有利地点扎营求稳,以守为攻,故无咎。

第五种状态:"田有禽,利执言,无咎;长子帅师,弟子舆尸,贞凶。"

田野里有猎物,也打到了猎物,这说明是利于奉辞伐罪、先礼后兵的,这样的战争没有灾祸。应派老成的长子率领军队,如果派毛头小子将会载尸而归,兆头凶险。也可以理解为,派长子统率军队,结果是次子运载尸首回来,这样的兆头凶险。

还可以理解为,敌军进犯国境,利于兴师问罪,无咎。大将军率军击退敌人,但杀敌一万,自损八千,子弟兵和臣民死伤遍野,这是惨胜。

第六种状态:"大君有命,开国承家,小人勿用。"

天子发布命令:有人被封为诸侯,享有封国;有人被封为大夫、享有采邑,小人们则被罢免。这一状态还可以理解为,论功行赏时,公卿大夫们享受胜利成果,在前线冲锋陷阵的平民士兵未能分到一杯羹。

七、从秋分到立冬

易经是研究时间的，而时间又有天文时间和人文时间之分，故人们对贲卦发挥说："观乎天文，以察时变；观乎人文，以化成天下。"人文时间有社会时间，被称之为"世道"；有个人时间，被称之为"人心"。个人时间有生理时间、心理时间、灵性时间等。

时间是能量展开的轨迹，它并非均匀。能量集中到极致时，时间来得明显而强烈，我们的心理作用有时经过如此剧烈的变动，会使我们能够忘掉自身及至周围的世界。能量散播时又会极度细微，那是如此通达和感应，以致使我们的灵性会越过理性、逻辑、思辨和计算的藩篱，一下子明心见性……

这不同的时间轨迹各行其是，但只要我们愿意，我们就能随时从这一轨道并入另一轨道。

亲人、情人间的感应，修行者的智能神算或心意相通，即是常人所谓的"精诚所至、金石为开"。中国人将此含混地称为"天人合一"，此乃知其然不知其所以然。精神分析大师荣格从易经中得到启示，称不同时间并轨的现象为同时性原理。

9月21日至27日前后，一场秋雨一场寒，天气渐冷了。北方冷空气南下，人们开始寻找温暖的新家园。山里别有洞天。乾天卦与艮山卦和合，演生成遁卦。遁卦与退让、隐居、躲避、跑路、开拓等相关。

9月27日至10月3日前后，泽山时空即是秋天的山湖，静美，止而悦。人们在这一时空中突然会意识到自己的欠缺，会发现自然如此美丽值得驻足欣赏。"咸"字由兑泽艮山卦结合而来，"艮"为"戌"，"兑"为"口"，"戌""口"和在一处，是咸卦。这是一个感应的时空，也是嫁娶的好时候。咸卦与感应、钦慕、男欢女爱、思想、阅历等相关。"国际音乐节"、"国际老年人日"在咸卦时空内。

10月3日至8日前后，是寒露节气。露水多的夜晚，正是天朗气清、秋高气爽的日子，适宜旅行。人们用一面旗帜下的两个兵士的形象来说明这一时空，这就是"旅"字。今天的导游举旗、引导游客行止也是这一意象。旅卦与流亡、旅居、精神、光明、反省等相关。"中国旅游黄金周"在旅卦时空内。

10月8日至14日前后，山上有雷声了，一如此时的山林涛声，只是一个小小的回声罢了；外出，但是不宜远行、高攀，一如飞鸟在有雷的天气里宜下不宜上。震雷卦与艮山卦的和合，被命名为小过卦。其义止而动，也说明此时欲止而不得止，有些过分了。小过卦与多动、休止、反思等相关。"世界镇痛日"和"世界关节炎日"在此时空内。

10月14日至20日前后，人们伐木造车。这是一个大工程，是一个慢工夫，伐木造车为"斩"；在这个慢工细活中，需要用水把木头浸润得有韧性才行。"水"、"斩"合在一起，就成了过程的象征，这是渐卦。巽木艮山之象，如同树的年轮、婚姻中的爱情，都是渐进的过程。渐卦与积累、男欢女爱、规律、名声、急性子等相关。"蓝色情人节"，"世界消除贫困日"在渐卦时空内。

10月20日至25日前后，是霜降节气。人们早上起来，看到地上白茫茫一片，知道冬天要来了。这个时候，人们行走困难，很吃力，说不准因难行而损伤了腿脚。卦象是上坎水下艮山，坎水代表寒冷，艮山代表足的止步不前，水山时空因而命名为"寒足时空"，即蹇卦。"蹇"字的发音，一如吃寒。蹇卦与艰难、不良于行、修行、反思等相关。"世界骨质疏松日"在蹇卦时空内。

10月25日至31日前后，是八大卦中的艮卦。此时小草枯了，林花谢了，树叶凋零了，河流消瘦，原野见素抱朴，只剩下高山成为大地上的大风景。连绵起伏的大山成为这一时空的大象。艮卦与山、地质、反思、意志、修行等有关。

10月31日至11月6日前后，是立冬前的最后五天。从小过卦到渐卦、蹇卦、艮卦，人们不断反省、修行，至此有成。而观察自然，常有山在地中之象。卦象也是上坤地下艮山。这是谦卦。谦卦与俭朴、勤劳、谦卑相关。"世界勤俭日"、"万圣节"在谦卦时空内。

天山遁卦·止而健：寻找新家园
（世界无车日，世界旅游日）
9月21日—9月27日

一、时间节气

时序到了秋分。太阳直射点在赤道上，此后太阳直射点继续南移，故秋分也称"降分"。秋分时，全球昼夜等长。秋分之后，北半球各地昼渐短、夜渐长，南半球各地昼渐长、夜渐短。秋分时，全球无极昼、极夜现象。秋分之后，北极附近极夜范围渐大，南极附近极昼范围渐大。

二、释卦

秋分后，中国大陆大部分地区已经进入凉爽的秋季，南下的冷空气与逐渐衰减的暖湿空气相遇，产生一次次降水，气温也一次次下降。正如人们常说的那样，已经到了"一场秋雨一场寒"的时候，但秋分之后的日降水量不会很大。北方谚语说："白露早，寒露迟，秋分种麦正当时。"南方谚语是："秋分天气白云来，处处好歌好稻栽。"这反映出江南地区播种水稻的时间。秋季降温快的特点，使得秋收、秋耕、秋种的"三秋"大忙显得格外紧张。秋分时节棉花吐絮，烟叶也由绿变黄，正是收获的大好时机。华北地区已开始播种冬小麦，长江流域及南部广大地区正忙着晚稻的收割，抢晴耕翻土地，准备油菜播种。秋分时节的干旱少雨或连绵阴雨是影响三秋正常进行的主要不利因素，特别是连阴雨会使即将到手的作物倒伏、霉烂或发芽，造成严重损失。故乡村经验是："秋分只怕雷电闪，年来米价贵如何。"

三秋大忙，贵在"早"字。及时抢收秋收作物可免受早霜冻和连阴雨的危害，适时早播越冬作物可充分利用冬前的热量资源，培育壮苗安全越冬，为来年奠定下丰产的基础。

"一候雷始收声，二候蛰虫坏户，三候水始涸。"古人认为雷是因为阳气盛而发声，秋分后阴气开始旺盛，所以不再打雷了。"坏"字是细土的意思，就是说由于天气变冷，蛰居的小虫开始藏入穴中，并且用细土将洞口封起来以防寒气侵入。"水始涸"是说此时降雨量开始减少，由于天气干燥，水汽蒸发快，所以湖泊与河流中的水量变少，一些沼泽及水洼处便处于干涸之中。由此可见此时的生态。

在此九月下旬，阴阳数再少一阳，经历了险情，时空进入到休止状态。人们看此时的阴阳排列，是上乾下艮，德性止而健。这意味着世界万物有了根本性变化。

对古典中国人来说，此时天南山北，天下有山，这种意味是深长的。不仅自然节气里太阳向南走了，中原大地也无可留恋。社会治乱循环，天灾、战争、动乱频繁，此时人们要生存，就得跟随太阳，学习太阳。太阳南行已经给了人们象数上的启示，这就是天下有山，山中有天。在平原之地难以活命之时，人们就会扶老携幼、举家搬迁，因为天下有山，人们可以躲到深山老林中去；因为山上有天，山中生活又自有天地。

人类从山边走向平地之后，基本上把山当作背景，当作生活的一个辅助性存在，当作偶尔能从中捉野猪、野兔、狐狸等野物作为生活的调剂。这一时空最初也叫"掾",即是捉小猪的意思,引申为辅助的意思。后来人们发现,天下的山还是置之死地而后生的新生之地,是避开乱世的天地。

因此这一时空就是人们寻找新的家园的时空,人们月夜走向新家,"走"、"月"代表家里的"豕",三者合并在一起,成为一个"遯"字,即是天山卦的名字。"月"和"豕"合起来是小猪的意思。小猪跑路,很容易跑出人们的视野,而躲在深山老林中。天山时空从"掾"到"遯"再到"遁",有这样的历史经验,今天它更多地表示隐居、躲避等意。叶芝曾咏叹:"我就要动身走了／去心灵自由之岛／搭起一个小屋子,筑起泥巴的房子／……从早晨的面纱落到蟋蟀歌唱的地方／午夜是一片闪亮／正午是一片紫光／傍晚到处飞舞着红雀的翅膀／我就要动身走了,因为我听到那水声日日夜夜拍打着湖滨／不管我站在车行道或灰暗的人行道／都在我内心深处听到这声音。"

人们观察天山遯卦,在师卦时空过后,正是荼毒天下之后、大兵之后,必有凶年,表示该离开此地,寻找新地了。遯卦的"系辞"是:"亨,小利贞。"因此,这一时空是通达的,虽然不能举大事,但能够全身远祸,所以说"小利贞",它适合做小事。

遯卦的"彖辞"是:"亨,小利贞。遯亨,遯而亨也。刚当位而应,与时行也。小利贞,浸而长也。遯之时义大矣哉!"

人们强调说,遯卦能够通达,在于退避时即行避让,所以能够通达。阳刚得到合适的位置也得到呼应,就能够随时而行,所谓"穷则独善其身",这就是"小利贞"的意思。人们还说,此时小人也得于守着正道,因为其势力渐积而增长,如不守正道,必造成天下大乱,成为乱世一赌徒。所以说小人也利于守着正道。由此可知,遯卦的时义是重大的。

遯卦的"象辞"是:"天下有山,遯;君子以远小人,不恶而严。"

人们说，天下有山，这是遁卦之象。君子体察此象，远小人，不以恶对待他们，但要分辨清楚，采取严厉的态度，挂冠悬笏，自甘退隐。

遁卦时空有小人，其中有深刻的道理在。我们常说"人走茶凉"，"墙倒众人推"。人走即遁，墙倒如遁。鲁迅曾感叹："有谁见过从小康之家坠入困顿的么？"因为其中可见世人的真面目。

宋宁宗庆元元年，即公元 1195 年，南宋兴起了一场反"道学"运动，右丞相赵汝愚被罢出朝，兵部侍郎章颖、国子祭酒李祥、临安知府徐谊、国子博士杨简、太府寺丞吕俭等人因此被相继罢斥。大理学家朱熹认为自己"蒙累朝知愚之恩"，草拟《封事》数万言，极陈奸邪蔽主之祸，为赵丞相辩护。诸门生迭更进谏无效。蔡元定遂以筮决之，遇"遯之同人"（一说"遯之家人"），朱默然引退，取谏稿焚之，更号"遯翁"。

三、时空节点

世界无车日（9月22日）在遁卦时空内。这是旨在改善城市空气质量、减少城市交通压力和改变城市交通观念的环保活动。

世界旅游日（9月27日）定在遁卦时空和咸卦时空的交汇处。这当然都能附会得通，但似乎更属于十月上旬的旅卦时空。旅卦时空正好是中国人的"十月旅游黄金周"。

四、时空禀赋

遁卦意象是天下有显著的高山，遁卦人在人群中引人注目。遁意为逃遁，遁卦人有做事留有余地的特点，他们随时可以遁走。高山林密，象征财富，遁卦人有一定的财运。从卦象上看，遁卦人会犯小人，一生会有纠纷、官司。他们能做到的就是避开，"君子以远小人，不恶而严"。像鲁迅那样跟小人死缠烂打是极端个案，这也损坏了鲁迅的健康，也是中国文化史上的损失。遁卦人的晚年多很自在，得其所哉。

《美狄亚》的作者、希腊悲剧作家欧里庇得斯是遁卦人。他被赶出希腊，晚年不得不在马其顿国王的庇护下生活，客死他乡。他曾承认写三句诗有时要花三天时间。一位跟他谈话的低能诗人惊讶地叫了起来："那么长时间我可写出一百句诗呢！""这我完全相信，"欧里庇得斯答道，"可它们只会有三天的生命力。"

罗马帝国的缔造者屋大维是遁卦人。在他治下，"条条道路通罗马"。

元朝的创建者忽必烈是遁卦人。他年轻时"思大有为于天下"。他建立的统治，取易经"大哉乾元"之义，改国号为"大元"。

"临川四梦"的作者汤显祖是遁卦人。他洁身自好，不跟当时腐败的官场同流合污。

英国物理学家法拉第是遁卦人。他生活简朴，不尚华贵，以致有人到皇家学院实验室作实验时错把他当作守门的老头。1857年，皇家学会学术委员会一致同意聘请他担任皇家学会会长。对这一荣誉职务他再三拒绝。他说："我是一个普通人。如果我接受皇家学会希望加在我身上的荣誉，那么我就不能保证自己的诚实和正直，连一年也保证不了。"当英王室准备授予他爵士称号时，他多次婉言谢绝说："法拉第出身平民，不想变成贵族。"

躲进小楼成一统、在租界写作的鲁迅是遁卦人。他有诗说："运交华盖欲何求，未敢翻身已碰头。破帽遮颜过闹市，漏船载酒泛中流。横眉冷对千夫指，俯首甘为孺子牛。躲进小楼成一统，管他冬夏与春秋。"

追问诗意栖居的存在主义哲学家海德格尔是遁卦人。他的名言："语言是存在的家。""人要诗意地栖居在大地上。"

《荒原》作者、英国诗人艾略特是遁卦人。他去世后的灵牌上刻着他的诗："在我的开始里有着我的结束，我的结束是我的开始。"

《喧哗与骚动》的作者、美国作家福克纳是遁卦人："我拒绝认为人类已经走到了尽头……人类能够忍受艰难困苦，也终将会获胜。"

意大利歌唱家安德烈·波切利是遁卦人："如果上帝也会唱歌，那听起来一定像是波切利的歌声。"

法国导演布列松是遁卦人。他的名言："艺术不奢侈，而是必需品。"这是其导演的作品的永恒主题："逃出来，如何逃出来，在肉体上和在精神上逃出来。"

中国美学家高尔泰是遁卦人。他的名言："美是自由的象征。"

隐居到新西兰的诗人顾城是遁卦人。其名句："黑夜给了我黑色的眼睛／我却用它寻找光明。"

遗传学之父摩尔根，前苏联音乐家肖斯塔科维奇，中国明末起义领袖李自成、数学家苏步青、戏剧家曹禺、鲁迅之子周海婴等，也是遁卦人。

五、释爻

人们观察遁卦时空，以抓小猪和养猪的经验来说明遁卦的六种状态。对农耕社会的人们来说，安土重迁的思想根深蒂固，人们不轻易避世逃遁，一旦遁走就意味着要搬家，"家"字本身即是居处有豕，搬家也意味着要带着猪走，六畜牛马羊鸡犬豕中，猪要在路上照看起来是最麻烦的。故遁卦爻辞以猪为主角了。

第一种状态："遁尾，厉。勿用有攸往。"

抓住小猪的尾巴，这样危险，不要这样做。在经验中，这种现象多会两败俱伤。

引申义是，退避在后，就像灾祸中跑得慢落到最后的尾巴，这是危险的。处在此时，是不可能有所作为的。

一般敢死队员断后，即是说做遁尾者凶多吉少。这也说明普通人应隐忍待时，和光同尘；不可跟风，做了潮流的尾巴。

号"晦翁"、"遯翁"的朱熹在解释这一爻时说:"遯而在后,尾之象,危之道也。占者不可以有所往,但晦处静俟,可免灾耳。"

第二种状态:"执之用黄牛之革,莫之胜说。"

用黄牛的皮革捆绑起来,没有人能解开。

这是说稍有条件时,必须全力以赴,以解决危机。传统中国有用牛皮捆人的习惯。春秋时,宋万杀了国君逃到陈国,宋国要求引渡,他力大无穷,陈国人就把他灌醉,用牛皮捆绑。

第三种状态:"系遯,有疾厉。畜臣妾,吉。"

老捆着小猪,会生疾病,让下人们去管,就可以了。或说跟臣仆妻妾在一起,吉祥。

在退避之际如恋恋不舍,就像小猪被捆着会生疾病那样危险。蓄养臣仆小妾,不问外事则吉。

这是说三公之位,容易心系功名富贵不肯遯去,仍想参与大事,他不知道此时只宜退避,否则只会导致自己疲惫不堪。"居庙堂之高则忧其民,处江湖之远则忧其君:是进亦忧,退亦忧。"正是系遯之象。只有到新天地里,一个自己主导的世界里,就像到山中隐居,过自然生活,跟仆人妻妾在一起,从治国转向治家,才是吉利的。

第四种状态:"好遯,君子吉,小人否。"

喜欢小猪,这对君子是吉利的,对小人不利。

隐遯的大好时候,这对君子是吉利的,对小人则未必。

这是说该收手时就收手,唯君子能够如此,小人处于收山的好时机也不知遯去,所以没有吉利可言。

第五种状态:"嘉遯,贞吉。"

小猪养得好,兆头很好。

引申为,不恋栈,光荣退避,这是正道而且吉利。

尧舜禅让,以及尧之嘉美许由,商汤嘉许务光,可与此爻参照。

第六种状态:"肥遁,无不利。"

猪养肥了,没什么不利的。可以说,肥猪跑不快,人们要遁世远走时就好管理猪了。后来引申为,猪养肥了,家里有条件了,远走高飞,无所不利。

或者说,富裕时赶紧遁去,或游刃有余地退避,这是无往而不利的。

泽山咸卦·止而悦：感受秋天
（国际音乐节、老年人日，中国国庆节）
9月27日—10月3日

一、时间节气

时序至此，阴阳数排列结果是上泽下山，泽山卦。这是金秋十月之初，人们从这一时空中感受到了什么呢？露水开始了，在人们感受之前，大气中的水分子感到季候的变化。露水滴下来，在人们感受到之前，植物们也先切实地感受到季候的变化，而加紧储存营养以备冬荒。落叶的飘零，在人们感受到之前，动物们先感受到了，加紧收藏，以应对冬天。

二、释卦

人类当然要好一些，他们也感受到了物候的变化，只是他们的心量更大。他们还来得及欣赏、感受此时季候的美好、人情的美好、生命的美好。人们会登高怀人、攀山望远，人们会结伴赏菊，去看红叶、青山、金黄与深绿混杂的森林。人们会感受亲情、友情和爱情的存在。泽山时空即是秋天的山湖，静美，止而悦。人们在这一时空中突然会意识到自己的欠缺，会发现自然如此美丽值得驻足欣赏。驻足欣赏即是止而悦。从时空序列来说，这是遁卦时空之后，人们发现了新天地，感觉更为敏锐，可以说这是一个关于感知的时空。

这一时空最初被命名为"钦"卦，人们欠金色的季节一个态度，"欠""金"即"钦"。《诗经》唱道："忧心钦钦。"钦钦然，即有敬畏天地、敬畏生命，亲近、钦慕天地生命的意味。后来更名为"咸"，是直接取象上泽下山，因为泽为"口"，山为艮、为"戌"，二者合在一起即是"咸"；如此突出了人的意义，人更积极主动地感通生命、天地和男女。这是一个感应的时空。

千年后的异族诗人吟唱说："主啊！是时候了／夏日曾经很盛大／把你的阴影落在日晷上／让秋风刮过田野／／让最后的果实长得丰满／再给它们两天南方的气候／迫使它们成熟／把最后的甘甜酿入浓酒／／谁这时没有房屋，就不必建筑／谁这时孤独，就永远孤独／就醒着，读着，写着长信／在林荫道上来回／不安地游荡，当着落叶纷飞。"

在当时，人们看到了上泽下山的丰富意味。卦德止而悦，这是深思的时空，是感应的时刻。山海相依，山上有泽，这既是安全稳定的象征，又是充满活力生机的象征。山上有泽水，就适宜生命的生长壮大，青山格外苍翠，就会吸引人们去登临、敬天祭祖，成就自然和人文景观。

人们说，这一时空是感应的、亨通成功的，利于守正。卦象是少男钦慕少女，娶女成亲吉利。对先人来说，遁居到新的地方，要跟当地人建立好关系，莫过于坚守正道，通婚和亲。咸卦的"系辞"就是："亨，利贞。取女吉。"直到今天，在咸卦时空，即金秋九月底十月初结婚的比例仍是极高的。

咸卦时空的"象辞"是："咸，感也。柔上而刚下，二气感应以相与，止而说，男下女，是以亨，利贞，取女吉也。天地感而万物化生，圣人感人心而天下和平。观其所感，而天地万物之情可见矣。"

人们说，这一时空刚柔二气相互感应；艮止而兑悦，少男礼下于少女，所以通达，适宜守正，娶妻吉利。天地感应而万物化生，圣人与民众感应而天下和平。我们只要观察宇宙万物所感应的景象，其性情就可得而知了。

咸卦时空的"象辞"是："山上有泽，咸；君子以虚受人。"

人们说，山上有泽，这是"咸"。君子观察此象，即以虚怀若谷的精神去接待他人。

三、时空节点

国庆节（10月1日）在咸卦时空内。

国际音乐节（10月1日）在咸卦时空内。音乐是人类发明的一种美好的语言，运用音乐所产生的生理、心理效应，通过音乐心理专家专门设计的音乐行为，经历音乐体验，达到消除心理障碍，收获或增进身心健康的目的。美妙的音乐跟咸卦相关："君子以虚受人。"

国际老年人日（10月1日）在咸卦时空内。中国的九九重阳节也可谓老年人节日，时间与此相近。老年人是社会的财富，老年人更有阅历、智慧具足后的谦逊，"六十而耳顺"。这也跟咸卦相关，"君子以虚受人"。

晋代的郭璞占到过咸卦。当时，丞相王导让郭璞预测一下当年国内有什么大事。郭璞占到咸卦，爻变为井卦。郭璞认为，这表示王导将号令天下。当年的情形一如所料，司马睿在王导的拥立下登上帝位，王导则一直身居要职，"王与马，共天下"。

四、时空禀赋

咸卦的意象是天池，山上的湖泊。人文意象则指男女调情，汉语的"咸猪手"由此而来。咸卦也指一种阴阳相交的练功状态。如此来看咸卦人，他们的感情极为丰富细腻，即使男女年龄差距大也能够发生感情。他们也多是音乐发烧友，是美食家。他们的财运一般，要跟着别人获得财富。这些特点，以孔子为典型。他曾经情挑绕纱女，"食不厌精，脍不厌细，而在齐闻韶乐三月不知肉味"……

感通三代、下开百世的集大成思想家孔子是咸卦人。他说过："吾少也贱，故多能鄙事。君子多乎哉，不多也。"

罗马共和国政治家庞培是咸卦人。他的名言："崇拜初升太阳的人要多于崇拜落日的人。"

德国天文学家、"婚神星"的发现者哈丁是咸卦人。在神话传说中，婚神星是助产女神，职能是引导新娘到新家、使婴儿见到光明。据说哈丁发现它时，拿破仑跟他的太太正在闹感情风波。

英国著名海军将领、军事家纳尔逊是咸卦人。他的名言："英格兰期盼人人恪守职责。"

"非暴力不合作"的圣雄甘地是咸卦人。他说："当我绝望时，我会想起：在历史上，只有真理和爱能得胜，历史上有很多暴君和凶手，在短期内或许是所向无敌的，但是终究总是会失败。好好想一想，永远都是这样。"他认为，毁灭人类的七件事是：没有劳动的富裕，没有良知的快乐，没有是非的知识，没有道德的商业，没有人性的科学，没有牺牲的崇拜，没有原则的政治。

《钢铁是怎样炼成的》作者、前苏联作家奥斯特洛夫斯基是咸卦人。他以情感炽烈著称。

《倾城之恋》和《半生缘》的作者、中国作家张爱玲是咸卦人。她的名言："见了他，她变得很低很低，低到尘埃里。但她心里是欢喜的，从尘埃里开出花来。"

中国教育家、社会活动家黄炎培是咸卦人。他的人生感受是："我生六十多年，耳闻的不说，所亲眼看到的，真所谓'其兴也勃焉'，'其亡也忽焉'，一人，一家，一团体，一地方，乃至一国，不少不少单位都没有能跳出这周期律的支配力。大凡初时聚精会神,没有一事不用心,没有一人不卖力,也许那时艰难困苦,只有从万死中觅取一生,既而环境渐渐好转了,精神也就渐渐放下了。有的因为历时长久,自然地惰性发作,由少数演为多数,到风气养成;虽有大力,无法扭转,并且无法补救,也有为了区域一步步扩大了,它的扩大,有的出于自然发展,有的为功业欲所驱使,强求发展,到干部人才渐见竭蹶,艰于应付的时候,环境倒越加复杂起来了,控制力不免趋于薄弱了。一部历史,'政怠宦成'的也有,'人亡政息'的也有,'求荣取辱'的也有,总之没有能跳出这周期率。"

意大利总理贝卢斯科尼,他绯闻不断,曾言:"假如我还未婚的话,我现在就会立刻娶你。"

《卡门》作者、法国作家梅里美,《海权论》的作者、美国军事理论家马汉,"法兰西之虎"、法国政治家克里孟梭,意大利物理学家费米、电影导演安东尼奥尼,中国香港商人、亚洲女首富龚如心,韩国前总统朴正熙,波兰总统瓦文萨,《日本可以说不》的作者、日本右翼政治家石原慎太郎,美籍华人物理学家杨振宁等,是咸卦人。

五、释爻

人们观察咸卦时空,把男女之爱作为典型,总结出感应的六种阶段或六种状态。

第一种状态:"咸其拇。"

摸到了她的脚趾。

今人说"咸猪手",即指情郎的手乱摸,悄悄地触摸、感应情人的手脚。据说古时初婚男女,即以摸脚来表示性要求和试探。

霭理士《性心理学》说:"把足和性器官联系在一起,原是古今中外很普遍的一个趋向,所以足恋景象的产生可以说是有一个自然的根柢的。""在许多不同的民族里,一个人的足也是一个怕羞的部分,一个羞涩心理的主题。""在许多民族里,特别是中国、西伯利亚的部分民族、现代的罗马、中古的西班牙,足恋的景象是多少受人公认的。"

第二种状态:"咸其腓,凶,居吉。"

抚摸她的腿肚子,凶险。待在那儿不动,才吉利。

此时情郎得寸进尺,少女维护自尊,面露恼怒,情郎规规矩矩,于是相安无事。

第三种状态:"咸其股,执其随,往吝。"

抚摸她的大腿,连带她的小腿和脚,进一步有所行动,则会鄙吝。

这是说,情郎挑逗,不能安分守己,不愿安处不进,但他的志向在于讨好情人,执守之道卑下。这不是一个用强、主导、强人所难的情郎,他的心性行为微妙而难以自主,故有所吝惜。

第四种状态:"贞吉,悔亡。憧憧往来,朋从尔思。"

守正则吉,有了好兆头,一切懊恼都消失了。心思不定,纷沓往来,此时伴侣顺从了对方的心意。

这是说,女方开始主动交往,情郎对她顺从,服服帖帖。或者说,此时双方情感融洽,两情相悦,不时眉来眼去,相期默许。

第五种状态:"咸其脢,无悔。"

抚摸到她的肩背,没有任何懊悔。

可以说男女相悦相感而能动其肩背之肌肤,一切袒露,无所不可。

第六种状态:"咸其辅、颊、舌。"

尽情地亲吻她的腮、颊和唇舌。

有人说,第五、第六种状态,在男欢女爱中二人无意中感应贯通了后背的督脉和唇舌的任脉等生命之道。

农耕社会的初婚男女，由于害羞，一开始多分睡两头。若有性的要求，则先摸对方脚趾，以作试探。若感觉对方有意，则再向下发展，"咸其腓"即是更进一步更大胆地抚摸腿肚子……最后是自然而然地睡到同一方向，并达到感情顶峰，"咸其辅颊舌"，水到渠成。

火山旅 · 止而明：观光
（国际动物日，中国旅游黄金周）
10月3日—10月8日

一、时间节气

金秋十月，此时是寒露节气，露水多的夜晚，正是天朗气清、秋高气爽的日子，适宜旅行。大雁南归，人们成群结队地出游，军队也在此时拉练、举办秋操大典。

二、释卦

在艮山为主体的一个半月内，是农耕社会的闲时，人们也可以走亲访友、观光远行、上山祭祀。此时的止而明的时空正是一个旅行的好时光，到郊外、山上露营，生火取暖、野炊，正好是下卦山象、上卦离火之象。军队也会到野外训练。人们用一面旗帜下的两个兵士的形象来说这一时空，这个字就是"旅"字。从时空序列来说，咸卦婚娶之后，一对新人多会走亲访友或外出观光。直到今天，人们在新婚后仍流行蜜月旅行。

人们说，旅行在外，人地生疏，要谨慎才小有亨通。"在家千日好，出门一时难"，"离乡人贱"。旅行在外要守正才能吉利，自我贬抑为小者才有亨通。那些处于陌生人世界而放纵一己之私者，一如蒙面小盗，在酒色财气上图占便宜，多会人财两空；那些在外仍如大爷、仍气势凌人者，是不可能适应新环境的。旅卦的"系辞"就是："小亨，旅贞吉。"

旅卦的"彖辞"是："旅。小亨。柔得中乎外而顺乎刚。止而丽乎明，是以小亨。旅，贞吉也。旅之时义大矣哉。"人们说，旅卦是小有亨通的。旅行在外，以小心谦逊、柔顺得中的精神，去顺应刚强的环境；能够知止而不动其心，又能附丽于光明，所以说"小有亨通"。在旅卦时守正就能获得吉祥。旅卦的时空意义是重大的。唐代的孔颖达为此说："物皆失其所居，若能与物为附，使旅者获安，非小才可济，惟大智能然。"

旅卦的"象辞"是："山上有火，旅；君子以明慎用刑，而不留狱。"人们强调说，山上有火，这是旅卦之象。君子效法它，要谨慎得像山那样稳重，要明快果决得像火那样不纵不停，从而明察刑狱，慎重判决，既不敢滥施刑罚，也不敢延宕滞留。

据说孔子推测自己的命运时就占得旅卦。由于孔子不太了解易经的本源，对此卦难以理解，就请教商瞿氏。商瞿氏对孔子说，你有圣人之智而无圣人之位。孔子感伤地说，时运不济啊，凤凰不向这里飞，黄河也没有"河图""洛书"再现，这是天命如此啊。孔子因此发愤研究周易并对其作注解，这就是影响后人的《十翼易传》。

旅卦在文明史上有着重大意义。走出非洲或走出发源地的人类，在迁居、移民中成就了盛大的旅行文化、流亡文化，在路上磨砺了心性、增加了阅历和人生智慧。因此远行、流亡是人类文明史上的一个英雄主题，无论是希腊英雄们的远征，还是近代如但丁、达尔文、凯迪亚克等人的远行，还是中国的羿之西征昆仑、启之远游、王亥流亡、屈原孤旅、玄奘西游、徐霞客记游，都是如此。

旅卦时空是今天中国的旅游黄金周时间。旅字，活画出今天导游举旗、游客跟随的形象。

三、时空节点

国际动物日（10月4日）在旅卦时空内，这是为纪念意大利修道士圣·方济各（又称"圣·弗朗西斯"），以及他所倡导的"向献爱心给人类的动物们致谢"的理念。自然，人们在旅游期间，见到自然界的"人类的朋友们"会有一种关爱之情。

四、时空禀赋

旅卦的意象是山上日出，人文意象即为旅游。旅卦人注定跟旅行有关，他们一生或为军旅，或为商旅，或以四海为家。在四海为家方面，《国际歌》的词、曲作者都是旅卦人，也是此卦人的典型。旅卦人的心思苍茫，他们随意发挥，一如行者问路，一生都在求道的状态里。从卦象上看，旅卦人一生中会有一次大的家业损失，有意无意地把家产拱手让人，"鸟焚其巢"。旅卦人的财富追求也多在旅行过程中，不动无财，适合动中求财，"旅于处，得其资斧"。

法国哲学家狄德罗是旅卦人。他临终遗言："我死后，随便人们把我葬在哪里都行，但是我要宣布我既不相信圣父，也不相信圣灵，也不相信圣族的其他任何人！"他女儿听到他说的最后一句话是："怀疑是向哲学迈出的第一步。"。

明代万历年间旅居中国的耶稣会传教士、学者、意大利人利玛窦是旅卦人。他被誉为"沟通中西文化的第一人"，是"人类历史上第一位集欧洲文艺复兴时期的诸种学艺，和中国四书五经等古典学问于一身的巨人"，是"地球上出现的第一位'世界公民'"，被尊称为"利子"。

明末清初的思想家王夫之是旅卦人。明亡后，王夫之曾举兵抗清，三十三岁以后开始"栖伏林谷，随地托迹"，甚至变姓名为"徭人"

以避世,直到他死去。他刻苦研究,勤恳著述,垂四十年,得"完发以终",始终未剃发。他的名言:"六经责我开生面,七尺从天乞活埋。"

法国政治家和历史学家基佐是旅卦人。他的名言:"人类的进步合乎规律地进行的情形,像是星球运行一样清晰,而现时代甚至比星球运行还要清晰……人类的历史虽然有许多空白,但是却并不神秘。我有许多不知道的东西,但是我没有不理解的东西。"

流亡国外的法国革命诗人、《国际歌》的词作者鲍狄埃是旅卦人。"起来,饥寒交迫的奴隶!起来,全世界受苦的人!满腔的热血已经沸腾,要为真理而斗争!……这是最后的斗争,团结起来,到明天,英特那雄耐尔就一定要实现。"有人说,今天的网络时代就是"英特那雄耐尔"的时代。

《国际歌》的曲作者狄盖特是旅卦人。列宁曾说:"一个有觉悟的工人,不管他来到哪个国家,不管命运把他抛到哪里,不管他怎样感到自己是个异邦人,言语不通,举目无亲,远离祖国——他都可以凭着《国际歌》的熟悉的曲调,给自己找到同志和朋友。"

流亡到法国的英国"护国公"理查·克伦威尔,丹麦物理学家玻尔,中国作家冰心、诗人臧克家、新山水画代表人物傅抱石,俄国总统普京,旅美华裔艺术家马友友等,是旅卦人。

五、释爻

人们观察旅行时空,以商人的先祖王亥旅居有易国的故事为典型,写下其六种状态。旅象之理在于止而明丽,下卦艮山为止、为旅馆,上卦离火为丽、为行人,居止艮体,往丽离用。旅之善莫善于柔,故全卦中"爻柔者吉,刚者凶",这是处旅之道;"旅有得丧,爻柔则得,刚则丧",这是必然之理。

第一种状态:"旅琐琐,斯其所取灾。"

旅之初始,计较琐细之事,以此去目的地,必获灾害。或者说,这是旅途劳顿，人也显得猥琐，离开了家乡，自找罪受。

从人们的商旅经验中还可以如此解释此爻，出门在外，招摇过市，珠宝钱财发出琐碎声音，这是自找麻烦。

这大概是王亥最初流浪没有经验、遭遇教训的故事。

第二种状态："旅即次，怀其资，得童仆，贞。"

到旅馆住下，保管好钱财，得到了一个童仆，兆头好。

这说明旅行在外要注意保管钱财，要心正，结伴而行，如此才能安全。

第三种状态："旅焚其次，丧其童仆，贞厉。"

旅馆被焚烧了，童仆也失散了，这预示着危险。

这说明旅行中有各种意外之事发生。旅馆被焚烧，失其所安，够悲伤的了。既然带着奴仆，就会有奴仆逃亡走失的可能性。不但在商旅中，即使在军旅中都有如此现象。《尚书·费誓》里就警告说："马牛其风，臣妾逋逃，毋敢越逐。"马、牛在发情的时候到处乱跑，男女奴隶逃走，不许越过营垒追逐，以免引起骚动和秩序混乱。

第四种状态："旅于处，得其资斧，我心不快。"

有个地方落脚了，也得到了资财之助、利斧之防，但我心并不快乐啊。

这一状态也可以理解为，在临时住处开始做生意，赚了钱财，但心里并不快乐，唯恐有失。

这大概是指王亥思乡的情景。

第五种状态："射雉，一矢亡，终以誉命。"

一箭射中了雉鸡，雉鸡带着箭飞走了，结果只是得到了有名无实的好名声。

王亥客居时取得了荣誉。王亥客居他乡，替人放牧为生，据说他在牧牛过程中逐渐掌握了牛的脾性，把他牧放的牛驯化成了可以驾车耕地的役用牛，即"服牛"，并发明了牛车。这一发明对生产力的发展具有历史性的贡献。

这是说旅行有得有失。

第六种状态:"鸟焚其巢,旅人先笑后号啕。丧牛于易,凶。"

就像鸟巢被焚一样,旅人先是得意而笑,后来大声号啕。在有易国丧失了他的牛,凶险。也可以说,他的牛在路上走丢了,凶险。

据说王亥在有易国发展壮大,因驯养出"服牛"而出名并积累了财富,受到有易国贵宾般款待。他的生活也放荡起来,结果有易国国王杀王亥、取其牛。

雷山小过:山上的雷声
(世界镇痛日、关节炎日)
10月8日—10月14日

一、时间节气

十月中旬,寒露节气。寒露表示气温下降,露水更凉,气温比白露时更低,地面的露水更冷。中国北方已呈深秋景象,白云红叶,偶见早霜;南方也秋意渐浓,蝉噤荷残。广东地区的谚语是:"寒露过三朝,过水要寻桥。"由于寒露的到来,气候由热转寒,阳气渐退,阴气渐生,人体的生理活动也要适应自然界的变化,以确保体内的阴阳平衡。

二、释卦

寒露的物候是:"一候鸿雁来宾,二候雀入大水为蛤,三候菊有黄华。"此节气中鸿雁排成一字或人字形的队列大举南迁;深秋天寒,雀鸟都不见了,古人看到海边突然出现很多蛤蜊,并且贝壳的条纹及颜色与雀鸟很相似,所以便以为是雀鸟变成的;第三候的"菊始黄华"是说在此时菊花已普遍开放。

此时天地阴阳数再少一阳,增一阴。气候变凉,在山上感受尤其明显。此时阴阳数排列为上雷下山，山上有雷，雷声也极微弱，在大气中掀不起大的波浪，只是小小地经过一下。这大概是"小过"的由来。如艮卦时空所表明的，在秋分节气后，天地间有雷电出现，对农耕社会并非吉事，而是带来损失。因此，阴阳数中出现雷象，表明时空的性质是小过。

从卦德属性来看，这一卦象是止而动，在静止中又动了，这是有些过分的。从自然属性来说，雷有木象，雷动象征山上的树木摇动起来，远看像江海一样形成波涛漩涡，故人们说这不是大过，是小过。从人文属性来说，此时人们很少登山，登山也很少到山那边去，这也是小过。

人们从卦象中还看到雷山之动有山崩之象，比之自取其咎的大过来说，这种大自然的灾难只是小过。卦象中有山艮为狗之象，互动中有巽鸡之象，雷震躁动，这一时空有鸡犬不宁之象。艮也是鸟，震则是飞鸟，鸟飞有雷，故不宜高飞。因此人们说，这一时空是小过。

在时空序列中，此前为旅卦时空，旅行时的新奇已经过去，人们更多感受到劳累，即俗语"花钱买罪受"，因此要休息，有大事也先放一放，只做一些小事，过过小日子。这一时空是小过卦时空。

小过时空的"系辞"是："亨，利贞；可小事，不可大事，飞鸟遗之音，不宜上，宜下，大吉。"

人们观察这一时空，得出结论说，这是可以请客的，兆头好，只是可做小事，不可征伐而兴师动众，不可做大事。人们在卦象中还看到上动下止，跟飞鸟翅膀在空中振动、下边的身边不动一样，因此得出结论说，可做小事、不可做大事，就像飞鸟飞过，不见其身，只闻其微音一样。飞鸟空中过，不宜把叫声传得高远，而要低调，这也启示人们，不宜上升到高空，超出其能力，登高会有危险，下行能栖息，就像秋冬之际万物收藏一样，宜下不宜上，这样做才是大吉大利的。

小过时空的"彖辞"是："小者过而亨也。过以利贞，与时行也。柔得中，是以小事吉也。刚失位而不中，是以不可大事也。有飞鸟之象焉，飞鸟遗之音，不宜上宜下，大吉，上逆而下顺也。"人们强调说，这一卦象有飞鸟之象，"飞鸟遗之音，不宜上宜下"，是说上则逆而易失败，下则顺而易于成功。

小过卦时空的"象辞"是："山上有雷，小过。君子以行过乎恭，丧过乎哀，用过乎俭。"

山上有雷，这是小过。君子领悟这一精神，在日常生活的小事中会稍微过度，如行为会过于恭敬，遇到丧事时会过于哀痛，花销过于节俭，以矫枉过正。

三、时空节点

世界镇痛日（10月11日）在小过时空内。作为每个人一生中体验最早、最多的主观内在感觉——"疼痛"，是我们经常遇见的问题。但由于长期以来人们对疼痛的认识比较片面，认为疼痛只是疾病的症状，只要疾病治好，疼痛就会消失，所以至今还有众多患者正在忍受着疼痛的折磨。慢性疼痛作为一种病症，已引起全世界的高度重视。世界疼痛大会将疼痛确认为继呼吸、脉搏、体温和血压之后的"人类第五大生命指征"。

世界关节炎日（10月12日）在小过时空内。这个节日设定的目的就是要提醒人们，对关节炎要早预防、早诊断、早治疗，防止致残。

宋朝的程迥曾解释过小过卦。当时，有人想问婚姻，得到小过卦，不了解意思，再起卦仍是小过卦，就来问程迥。程迥说，小过卦内有风山渐卦之象；渐卦说，女子出嫁吉利；小过卦还有雷泽归妹之象，归妹卦则是悦以动，所以归妹也；由此可知，婚姻之事一定顺利。后来证明，该人果然顺利成婚了。

四、时空禀赋

小过卦的意象为山顶响雷,人们因此不上山,而是从山顶往下走。上山容易下山难,这导致小过,比如腿脚受伤。小过卦人要注意腿脚关节保养。小过卦人有名气就有财富,他们的名声是向下求,"宜下不宜上"。他们做事步步小心,有计划、有准备就能成功。小过卦也是走小路,即非通常的方式。他们一生中会遇到靠山,靠山变了人就跟着改变。

前苏联领导人布哈林是小过卦人。他被捕前对妻子说:"你还年轻,你活得到那一天,你起誓,你要记住我信中的每句话。"他安慰妻子说:"不要抱怨,历史上常有可怕的错误,但真理总有一天会恢复的。"

日本首相近卫文麿是小过卦人。他一度被称为"日本第一蠢人",服毒自杀前自称:"我是一个被命运摆布的人,战争前由于软弱而遭军部欺负,战争中被别人斥为和平运动家,战争结束了我又成为战争罪犯。"

中国革命家、思想家陈独秀是小过卦人。他早期有《吾人最后之觉悟》一文,晚年有《最后见解》。他的人生得震雷之动和艮止之思双义。人们评价他:"言皆断制,行绝诡随。横览九州,公真健者!谤积丘山,志吞江海。下开百劫,世负斯人!"

中国作家林语堂是小过卦人。他自称:"两脚踏东西文化,一心评宇宙文章。"

女作家丁玲是小过卦人。她说过:"我自己是女人,我会比别人更懂得女人的缺点,但我更懂得女人的痛苦。"

英国首相、"自由主义"的信奉者撒切尔夫人是小过卦人,她说:"注意你的思想,因为它将变成言辞;注意你的言辞,因为它将变成行动;注意你的行动,因为它将变成习惯;注意你的习惯,因为它将变成性格;注意你的性格,因为它将决定你的命运。"

摇滚史上最伟大的音乐家之一约翰·列侬是小过卦人。他说："五岁时，妈妈告诉我，人生的关键在于快乐。上学后，人们问我长大了要做什么，我写下'快乐'。他们告诉我，我理解错了题目，我告诉他们，他们理解错了人生。"

法国军官德雷福斯、作家莫里亚克，日本作家小林多喜二，中国科学家钱伟长，中国香港歌星梅艳芳等，是小过卦人。

五、释爻

人们考察小过，将时机未到的韬晦状态总结出如下六种辞句。在易经中，小过等卦类似于今人所说的人生哲理，其中重要的是说人生在世要有老成者指点，如果没有人规劝，就会越界犯错。俗话说："不听老人言，吃亏在眼前。"

第一种状态："飞鸟以凶。"

在能力和地位都很低时出头，就像小鸟过于高亢向上强飞，会有杀身之祸，这是凶险的。

这是说，当小过之时，宜下不宜上，应该利贞；但这种弱势者初六，应乎九四，从而忘乎所以，动辄得咎。

第二种状态："过其祖，遇其妣。不及其君，遇其臣。无咎。"

去探访他的祖父，遇到他的祖母；未见到主人，跟他的臣仆很投机；没有什么错。想越过祖父，却遇到祖母；还未到君王的居处，却遇到王的近臣，没什么灾咎。

引申为寻找"主心骨"。在家庭事务中，不征求祖父的意见，而与祖母商量是可行的。在处理国家大事时，未得到君王的支持，而受到百官的拥护，也没有过错。这也是说，在小过时，有些条件了，可以做得过分一些，目标稍定高一些："取法乎上，得其中。"

第三种状态："弗过防之，从或戕之，凶。"

没有越界时要防止他，如果纵容，会害了他，凶。

在小过时，人们容易越过底线，此时不要指责他们，而是必须谨慎提防他们，如果顺从他们，或到时过度打击他们，结果都是凶险的。

第四种状态："无咎，弗过遇之，往厉必戒。勿用，永贞。"

没有灾咎，因为还没有越界，就遇到了向导。如果继续前往，会有危险，必须告诫他。或者说，以往的惨痛经历必须引以为戒，不要轻易行动，一如"潜龙勿用"，要永远守住正道，保住实力。

第五种状态："密云不雨，自我西郊。公弋取彼在穴。"

在我西郊的上空，阴云密布，雨欲落未落。公本是去射鸟，可是却在洞穴捉到野兽。这也是小过卦时空经常出现的事。我们有过跟计划相背的事，本来计划出门买书，结果买书的费用被吃光、喝光了。

第六种状态："弗遇过之，飞鸟离之，凶。是谓灾眚。"

没遇到什么人来商议，当然一条路走下去会越界或迷路，就像飞鸟被网罗住一样，凶。这就是人们说的目光短浅带来的灾难。

风山渐·止而入：树的年轮
（西方蓝色情人节，世界洗手日、粮食日、消除贫困日）
10月14日—10月20日

一、时间节气

这是十月中下旬了，天气渐渐地冷了，天地阴阳又失一阳，排列为上风下山之卦。人们看卦德为止而入，在静止中深入，是一个日积月累的过程，犹如山上的树木年轮，是慢慢形成的。这是一个不知不觉改变的时空。

二、释卦

在农耕社会，人们伐木造车，这是一个大工程，也是一个慢工夫。伐木造车为"斩"。在这个慢工细活中，需要用水把木头浸润得有韧性。"水"、"斩"加在一起，就成了过程的象征。风山之卦也因此被命名为渐卦。

人们说，凡事由浅入深，由近及远，由夏入秋，由秋经冬，都是积渐的过程。艮山在下，巽木在上，渐渐成长，以致高大。君子成家立业，修齐治平，同样如此。女子出嫁，要经过很多道程序才能完成。人们说，风山渐卦这一时空，意味着女子出嫁吉利，女大当嫁，这是好事，利于坚守正道。渐卦时空的"系辞"是："女归吉，利贞。"

从时空序列来说，在咸卦的婚娶之后，在蜜月旅行、过小日子之后，此时看到婚娶的结果，可以说，嫁得真是好啊，孩子终于成人了。这个终于完成的意思就是渐，这个时空就是渐卦时空。

古典中国人重视男女之事，在易经六十四卦中，多涉及男女关系。如雷泽归妹卦（长男少女）、泽风大过卦（少女长女）、天风姤卦（老人长女）、雷风恒卦（长男长女卦）、泽山咸卦（少女少男卦）……归妹卦描述了当时的陪嫁制度，大过卦描述了人们的习俗，恒卦描述了人们的道德、以示家庭永恒之道，姤卦描述了失德现象，咸卦描述了男女的生理反应。渐卦时空也让人们联想到男女关系。跟雷泽归妹卦的急于求成不同，渐卦描述了人们逐渐改善的曲折过程。

此时大雁南飞，给人们留下了很深的印象。在古典中国人的眼里，"孟春之月鸿雁北，孟秋之月鸿雁来"，来往有时，从不失信，坚贞不渝；雁行有序，飞时成行，止时成列，井然不紊……鸿雁之德即为忠贞、有序。婚姻的缔结过程，与鸿雁的飞翔相似，二者都体现了渐进法则。因此，人们在婚礼中，便以"执雁"来说明婚姻过程的渐进性、庄重性。纳采、问名、纳吉、纳徵、请期、亲迎"六礼"，除纳徵以外都要用"雁"，一些地方索性将婚姻称为"纳雁"。

渐卦时空的"彖辞"是："渐之进也，女归吉也。进得位，往有功也。进以正，可以正邦也。其位，刚得中也。止而巽，动不穷也。"人们说，渐卦时空，就是一步步前进的时空，是女子出嫁吉利的时空。上、进，可得人生名位；前、行，可立人生事功。以正大的态度上、进，可以正国安邦。其得名位，是刚直中正。渐卦的德性是止而入，说明这一时空行动起来没有困穷。

渐卦时空的"象辞"是："山上有木，渐；君子以居贤德善俗。"

人们强调说，下卦艮山，上卦巽木，木植山上，不断生长，这是渐。君子观此卦象，取法于山之育林，以渐积贤德自居，以使移风善俗。《易经·系辞传》中说："积善之家，必有余庆；积不善之家，必有余殃。臣弑其君，子弑其父，非一朝一夕之故，其所由来者渐矣。"

古典中国人格物致知极为细微，此山上有木之象，跟地中有木的地风升卦之象是完全不同的。清朝的大臣、理学家李光地曾说："地中生木，始生之木也；山上有木，高大之木也。凡木始生，枝条骤长，旦异而夕不同；及既高大，则自拱把而合抱，自挨手而干霄，必须踰年积岁，此'升'与'渐'之所以异也。"

渐卦时空的自然现象是山上吹风，山顶有树，风吹树梢动。古典中国人说："高台多悲风，惊风飘白日。"渐卦时空的风是急促的、凌厉的。渐卦人也因此性子多急，但他们的人生却是渐进的。逐渐、渐渐、循序渐进，这是一个修行的、感应的时空。波德莱尔有诗："自然是一座神殿，那里有活的柱子／不时发出一些含糊不清的语音／行人经过该处，穿过象征的森林／森林露出亲切的眼光对人注视／／仿佛远远传来一些悠长的回音／互相混成幽昧而深邃的统一体／像黑夜又像光明一样茫无边际／芳香、色彩、音响全在互相感应／／有些芳香新鲜得像儿童肌肤一样／柔和得像双簧管，绿油油像牧场／——另外一些，腐朽、丰富、得意洋洋／／具有一种无限物的扩展力量／仿佛琥珀、麝香、安息香和乳香／在歌唱着精神和感官的热狂。"

三、时空节点

今天人们所过的蓝色情人节（10月14日又称"葡萄酒情人节"），在渐卦时空内。在这一天，恋人们会轻啜葡萄美酒，庆祝充满诗意的秋天。当然，人们更应该珍惜岁月的变动不居，在渐变中体味生命的流失与获得。拍摄《蓝色情人节》的导演德里克·斯安佛朗斯说："我开始渐渐对人与人之间的关系产生了兴趣。经过时间的洗涤，人们的关系——爱情、亲情、友情会怎样变质？为什么曾经的美好都变成了不堪的回忆？曾经的甜言蜜语为什么会变成恶语相向？换个角度来说这种变化的话,一座高山是怎么被冲刷成了平原,一粒种子是怎么发芽并成长为一棵树的?这些都是成长的秘密,是发生在日常生活表面下的秘密。我写这个剧本就是为了讲出这个秘密。当然,这是一个有关爱情和背叛爱情的故事,并不仅仅关乎于人们的成长。"他的话充满了渐卦的义理。

世界洗手日(10月15日)在渐卦时空内。洗手是公共健康的基础,洗手日的宗旨是把洗手的好习惯带到生活中的每一天、每一个地方,有效将"大健康"理念由表及里、层层推进,直至深入人心、广为接受,从而形成一个和谐的校园、家庭乃至社会。

世界粮食日(10月16日)在渐卦时空内。1979年11月,第二十届联合国粮农组织大会确定,1981年10月16日是全球第一个粮食日,此后把每年的这一天定为"世界粮食日"。其宗旨在于唤起全世界对发展粮食和农业生产的高度重视。

国际消除贫困日(10月17日)在渐卦时空内。国际消除贫困日的活动可以追溯到1987年。当年10月17日,十万多人聚集在《世界人权宣言》的签署地巴黎特罗卡德罗广场。该活动宣称贫困是对人权的侵犯,并承诺将携手保护贫困人群的人权。国际消除贫困日(亦称"国际灭贫日"或"国际消贫日"),是联合国组织在1992年决议设立的,用以唤起世界各国对因制裁、各种歧视与财富集中化导致的全球贫富悬殊族群、国家与社会阶层的注意、检讨与援助。提高全球的灭贫意识,提醒所有人持续为2015年"1.靠每日不到一美元维生的人口比例减半;2.挨饿的人口比例减半"这个目标而努力。

元代大诗人元好问有著名的《雁丘词》:"问世间,情是何物,直教生死相许?天南地北双飞客,老翅几回寒暑。欢乐趣,离别苦,就中更有痴儿女。君应有语,渺万里层云,千山暮雪,只影向谁去?横汾路,寂寞当年箫鼓,荒烟依旧平楚。招魂楚些何嗟及,山鬼暗啼风雨。天也妒,未信与,莺儿燕子俱黄土。千秋万古,为留待骚人,狂歌痛饮,来访雁丘处。"

四、时空禀赋

渐有逐渐、循序渐进之义,也象征技艺、岁月、年轮、阅历,但渐卦人往往是急性子,这大概也是对立统一。渐卦时空意象为山上吹风,风急声响。渐卦人做事有技巧。他们有名声,也注重名声。他们也有创新能力,以技艺、名声成就事业。他们敏感,注意细节、日常变化。从卦辞上看,他们的人生得益于贵人相助,"鸿渐于干、于陆、于陵……"当然,他们要孩子困难一些,"三岁不孕"。从卦象上看,渐卦人重感情,男欢女爱、有规律的生活对他们较为重要。

古罗马诗人维吉尔是渐卦人。他的名言:"唯有逝者,方能永享太平。"他在《埃涅阿斯纪》中说:"我为他们(罗马人)定下无限的空间和永恒的时间:我赐予的,是一个无垠的帝国。"他的勤奋劳作永远改变了拉丁语诗歌的形式,极大地影响了后世的诗人学者。他也渐渐被神秘化:人们认定他有未卜先知的能力,在民间也出现了一种叫"维吉尔卦"的占卜方式。占卜的方式非常简单,即当一个人感到有决定需要咨询上天的时候,只需要打开《埃涅阿斯纪》,他第一眼看到的那行诗便是神意。在这个程度上,《埃涅阿斯纪》在之后的一长段时间里都变成了易经式的经书。罗马皇帝哈德良、塞维鲁,法国作家拉伯雷,英格兰国王查理一世等,都曾以之占卜。

空想社会主义者圣西门是渐卦人。他抨击资本主义社会,致力于设计一种新的社会制度,并花掉了他的全部家产。在他所设想的社会中,人人劳动,没有不劳而获,没有剥削,没有压迫。他的名言:"必须让有天才的人独立,而人类应当深刻地掌握一条真理,即人类要使有天才的人成为火炬,而不要让他们放弃真正的使命。"

俄国诗人莱蒙托夫是渐卦人。他是诗人,又爱好绘画、数学,曾在梦中遇到两百年前的苏格兰数学家纳伯尔教他解数学题。

德国哲学家尼采是渐卦人。他的名言:"上帝死了。""在我的著作中,《查拉图斯特拉如是说》占有特殊的地位。它是我给予人类的前所未有的最伟大的馈赠。这部著作发出的声音将响彻千年,因此它不仅是书中的至尊,真正散发高山气息的书——人的全部事实都处在它之下,离它无限遥远——而且也是最深刻的书,它来自真理核心财富的深处,是取之不尽用之不竭的泉水,放下去的每个吊桶无不满载金银珠宝而归。这里,没有任何'先知'的预言,没有任何被称之为可怕的疾病与强力意志混合物的所谓教主在布道。从不要无故伤害自身智慧的角度着眼,人们一定会首先聆听出自查拉图斯特拉之口的这种平静的声音的。'最平静的话语乃是狂飙的先声;悄然而至的思想会左右世界。'"

日本政治家伊藤博文是渐卦人。《马关条约》签订时,谈及台湾问题,伊藤博文要求一个月交割。李鸿章认为,"一月之限过促",要求展限两月,并云:"贵国何必急急?台湾已是口中之物。"伊藤博文回答道:"尚未下咽,饥甚。"1909 年的春夏之交,伊藤博文向英国驻日公使窦纳乐宣称:"三年之内,中国将爆发革命!"

英国作家王尔德是渐卦人。他的名言:"我们都在阴沟里,但仍有人仰望星空。"

创化论、活时间等生命哲学的提出者,法国思想家柏格森是渐卦人。他认为不只事物的性质会变迁(蓝色的事物变成红色,年轻的事物会变老),生命本身的物质也会变迁。此外,他也认为概念是静态与片面的。当我们试着分析事物时,就扭曲并改变了事物;采取某一个观点,放弃另一个观点;冻结事物的时间却未能理解事物的发展,即事物的"生命"。分析必然无法令人满意,因为事物存在着无限的角度与无尽的片刻。

美国实用主义哲学家杜威是渐卦人。他的名言有"教育即生长","教育即生活","教育即经验之生长与重组","学校即社会","重做中学"。

民国总统黎元洪是渐卦人。他一生三任副总统,两任大总统,但位尊而权不重,名高而实不符,人不微而言轻。严复评价他说:"黎公道德,天下所信。然救国图存,断非如此道德所能有效。何则?以柔暗故!遍读中国历史,以为天下最危险者,无过良善暗懦人:下为一家之长,将不足以庇其家;出为一国之长,必不足以保其国。"他的名言:"有饭大家吃。"

中国教育家陶行知是渐卦人。他的名言:"吃自己的饭,滴自己的汗,自己的事自己干,靠人、靠天、靠祖上,不算是好汉!""每天要四问:一问我的身体有没有进步?二问我的学问有没有进步?三问我的工作有没有进步?四问我的道德有没有进步?"

中国军人吉鸿昌是渐卦人。他的绝命诗:"恨不抗日死,留作今日羞。国破尚如此,我何惜此头?"

中共创始人之一、后沦为汉奸的陈公博是渐卦人。他的绝命联:"大海有真能容之量,明月以不常满为心。"

美国总统艾森豪威尔是渐卦人。"鸿渐于陆,其羽可用为仪,吉。"他自己的"十字时间计划"是,画一个十字,分成四个向限,分别是重要紧急的、重要不紧急的、不重要紧急的、不重要不紧急的,把自己要做的事都放进去,然后先做重要而紧急那一向限中的事。这样一来,他的工作效率大大提高。此事成为美国成功学家们所津津乐道的美谈。

哲学家、政治理论家汉娜·阿伦特是渐卦人。她最著名的原创思想之一是提出"平庸的恶"的概念。她的名言:"平庸的恶魔足以毁掉整个世界。"她说:"事实上我今天认为,恶一向都是激进的,但从来不是极端的,它没有深度,也没有魔力。它可能毁灭整个世界,恰恰由于它就像一棵毒菌,在表面繁生。只有善,才总是深刻而极端的。"这正跟中国先哲发挥渐卦之理同义。

法国哲学家福柯是渐卦人。"对知识的热情,如果仅仅导致某种程度上的学识的增长,而不是以这样或那样的方式尽可能使求知者偏离自我的话,那这种热情还有什么价值可言?在人生中:如果人们进一步观察和思考,有些时候就绝对需要提出这样的问题:了解人能否采取与自己原有的思维方式不同的方式思考,能否采取与自己原有的观察方式不同的方式感知。……今天的哲学——我是指哲学活动——如果不是思想对自己的批判工作,那又是什么呢?如果它不是致力于认识如何及在多大程度上能够以不同的方式思维,而是证明已经知道的东西,那么它有什么意义呢?"

美国投资家罗杰斯是渐卦人,他说:"每个人应该找到适合自己的投资方式。我本人比较喜欢那些无人关注的、股价便宜的股票。但是做出背离大众的选择是需要勇气的,而且我认为最重要的是扎实的研究和分析。"他强调:"如果想要长期地赚大钱,一定要脚踏实地。"

德国社会主义活动家考茨基,美国现代戏剧的奠基人尤金·奥尼尔、剧作家阿瑟·米勒,加拿大总理特鲁多,以色列开国总理本·古里安,德国作家君特·格拉斯,意大利作家卡尔维诺,中国教育家、学者梁漱溟、晏阳初,中国古典小说名著《老残游记》的作者刘鹗、新东方创办者俞敏洪、阿里巴巴创办者马云等,是渐卦人。

五、释爻

先人对渐卦时空和忠贞婚姻的多重观察,使得他们以鸿雁作为渐卦时空的经典意象来进行描述。

第一种状态:"鸿渐于干,小子厉。有言,无咎。"

鸿雁逐渐飞到岸边,落伍离群的小雁会有危险,大雁谆谆告诫,这没什么灾咎。比喻女子初到夫家,新婚丈夫小子脾性不好,说话不着四六,但没什么了不起。

这是渐进积累之初,一切都不得其所,好在没有灾咎。

贾谊求变求切，可参照此爻。

第二种状态："鸿渐于磐，饮食衎衎，吉。"

鸿雁栖息于磐石上，饱饮饱食，自得和乐，吉利。

这是说渐进有成，夫妇情谊渐增，共进饮食，安居乐业，一派祥和景象。

第三种状态："鸿渐于陆，夫征不复，妇孕不育，凶。利御寇。"

鸿雁聚在高地上不飞了，丈夫应征服役没有回家，妻子当孕不能生育，凶险。利于安抚治理，抵御敌寇。

这是说明渐进的过程突然中断，进入到突变状态。社会穷兵黩武，失去修齐治平的王道。

赵国一改防御政策，结果四十万大军被坑杀，可与此爻参照。

第四种状态："鸿渐于木，或得其桷，无咎。"

鸿雁飞到树上，栖息到平直的树枝上，这是没有错的。

第五种状态："鸿渐于陵，妇三岁不孕，终莫之胜，吉。"

鸿雁聚在丘陵上，妻子三年都没有生育孩子，但困难终究没有将她压倒。吉利。

周公三年平乱，可与此爻参照。

第六种状态："鸿渐于陆，其羽可用为仪，吉。"

鸿雁聚在高地上，它的羽毛洁白而有光泽，可为人们礼仪规范所取法。

这是说渐进之极，可以行止有定，礼仪彬彬。比喻妻子焕发青春之美，夫妇恩爱。

通观全卦，这是通过鸿雁起兴，来说明新婚夫妇命运逐渐好转的过程。

水山蹇·止而险：吃寒而不良于行的腿脚
（世界骨质疏松日）
10月20日—10月25日

一、时间节气

此时进入霜降节气，"气肃而霜降，阴始凝也"。可见"霜降"表示天气逐渐变冷，露水凝结成霜。"霜降杀百草"，严霜打过的植物，一点生机也没有。这是由于植株体内的液体，因霜冻结成冰晶，蛋白质沉淀，细胞内的水分外渗，使原生质严重脱水而变质。"风刀霜剑严相逼"，说明霜降是无情的、残酷的。

二、释卦

霜降的物候是"一候豺乃祭兽"：此节气中豺狼将捕获的猎物先陈列后再食用，像是以兽祭天报本也；"二候草木黄落"：大地上的树叶枯黄掉落；"三候蛰虫咸俯"：蛰虫也全在洞中不动不食，垂下头来进入冬眠状态。

大地霜降，人们早上起来，看到地上白茫茫一片，知道冬天要来了。这个时候，人们行走困难，或者跛足，或者费脚程。在霜雪、大雾、秋冬雨水的作用下，人的腿脚感受极为强烈。人们常说，脚暖全身就暖了。这也反证，在冬天里，人们的脚常常处于寒冷之中。

卦象上水下山，人们眼里的坎水代表寒冷，艮山代表止步不前的足，水山时空就被人们命名为寒足时空，即蹇卦，它的发音一如吃寒。

从时空序列上说，在咸卦、旅卦、小过卦、渐卦之后，该去建功立业了，该吃点苦头了，该体会艰难的滋味了；或者说，该经磨砺，该有阅历了，该去广交朋友了。这就是蹇卦时空。

人们说，蹇卦是艰难之卦，又是明智之卦。蹇卦的"系辞"是："利西南，不利东北；利见大人，贞吉。"在当时人们的空间范围内，艮山的方位是东北，坤地的方位是西南，既然这是耗费脚力的时空，当然利于西南，不利东北。坤顺而艮刚，在艰难之时，当然利于西南，不利东北。在当时周文王的视野里，周的朋友都在西南，周的敌人如商朝在它的东北。

人们说，在艰难时刻，利于大人物出现，如此可以济难；守着正道则吉祥。

蹇卦的"象辞"是："蹇，难也，险在前也；见险而能止，知矣哉。蹇，利西南，往得中也；不利东北，其道穷也。利见大人，往有功也。当位贞吉，以正邦也。蹇之时用大矣哉。"

人们说，蹇，就是艰难，前有危险，见险而能止，这是明智啊。蹇利西南，即是说利于以柔顺的精神去顺应、去突破，如此得中道而行；东北不利，因为艮山的精神或停止、一筹莫展，或刚强而盲目冲动，如此就困穷之极了。利于君子大人出现，这样前行而有功。守着正当的位置，正固吉祥，如此可以安邦定国。蹇卦的时机、功用是重大的啊。

蹇卦时空难行，故人们往往容易忽视其功用，但正是因为有逆境，君子才可以建功立业。跟坎卦、睽卦等一样，蹇卦也非顺境，但先哲以为，虽此时亦有可用者，故极言赞之。俗语说："在家千般好，出门一时难。"蹇卦是出门的时空，是难的，但先哲从艰难中看到了品德的重要意义。

蹇卦的"象辞"是:"山上有水,蹇;君子以反身修德。"

山上有水,这是蹇卦之象,君子体察此象,悟行道之不易,从而反求诸己,修养德行。

三、时空节点

汉永平五年,京城久旱无雨,汉和帝占得蹇卦,有人解释说这预示有大雨将至。论者以为上卦为坎,占天时为水,占地理为池沼;下卦为艮,占天时为山,占地理为门户之象。其中不仅有坎水到来之象,也有离卦云霞到来之象,山上出云表示将有雨。总之,蹇卦之象在此时表示大雨将临。

三国邓艾曾梦到这一卦。"初,艾当伐蜀,梦坐山上而有流水,以问殄虏护军爰邵,邵曰:'按易卦,山上有水曰"蹇"。"蹇卦"辞曰:"蹇利西南,不利东北。"孔子曰:"蹇利西南,往有功也;不利东北,其道穷也。"往必克蜀,殆不还乎!'艾怃然不乐。"

南北朝时的邓元占到蹇卦。当时,益州刺史刘季连谋反,梁武帝萧衍任命邓元为新的益州刺史,到蜀地去平息叛乱。在半路上,邓元占得蹇卦。他非常沮丧,对人说,蹇卦卦辞是利西南,不利东北。蜀地位于西南,我们去蜀地没有妨害,但回来时往东北方走,是不吉利的。难道他会像邓艾一样,到了蜀地就很难圆满地回来吗?后来,邓元平息了叛乱,其结局跟邓艾一样,也以谋反的罪名被武帝杀掉了。

里尔克有诗:"谁此刻在世界上某处哭,无端端在世界上哭,在哭着我/谁此刻在世界上某处笑,无端端在世界上笑,在笑着我/谁此刻在世界上某处走,无端端在世界上走,向我走来/谁此刻在世界上某处死,无端端在世界上死,眼望着我。"

蹇有不良于行的意思。世界骨质疏松日(10月20日)即在渐卦和蹇卦的交汇时空处。其宗旨是为那些对骨质疏松症防治缺乏足够重视的政府和人民大众进行普及教育和信息传递。

四、时空禀赋

蹇卦意象为山上的寒水，人文意象有坎坷、艰难、不良于行、修身等。蹇卦人要注意自己的腿脚关节和骨质疏松等问题，方位上利于在西南方建功立业，不利于东北。蹇卦人朋友极多，"大蹇，朋来"。意象为山上水，表明蹇卦人有经商才能，能够积累财富。据说元末明初的"平民财神"沈万三就是跟朱元璋同年同月同日生，沈富可敌国，又与朱同命，沈的下场不难理解。

明朝开国皇帝朱元璋是蹇卦人。他说过："好船者溺，好骑者堕，君子各以所好为祸。"历史学家评价他："盖明祖之性，实帝王豪杰盗贼兼而有也。"

荷兰科学家列文胡克是蹇卦人。他一生当中磨制了超过五百个镜片，并制造了四百种以上的显微镜，其中只有九种至今仍被人使用。他说过："要成功一项事业，必须花掉毕生的时间。"

瑞典化学家和发明家诺贝尔是蹇卦人。他一生未婚，没有子女。他一生大部分时间都在忍受着疾病的折磨。他的名言："我更关心生者的肚皮，而不是以纪念碑的形式对死者缅怀……我看不出我应得到任何荣誉，我对此也没有兴趣"。

法国数学家伽罗毕是蹇卦人。他临终说："不要哭，我需要足够的勇气在二十岁的时候死去。"人们说，这位二十一岁天才的死使数学的发展被推迟了几十年。

法国诗人兰波是蹇卦人。他的名言："我愿成为任何人……要么一切，要么全无！"

法国作曲家比才是蹇卦人。他的作品《卡门》公演后，被指责是一部"淫秽的作品"，"音乐不知所云"。据说他曾为此整夜痛苦地在巴黎的街道上徘徊，但《卡门》却受到了同时代的圣·乔治桑、柴可夫斯基以及后辈德彪西的赞扬。后两人预言："十年之后"，《卡门》"将成为世界上最受欢迎的一部歌剧。"然而，比才未能等到这一天，仅三个月后的1875年6月3日，即因抑郁在布日瓦勒逝世，年仅三十七岁。

弘一大师是蹇卦人。他一出家即告别尘世的一切繁文缛节，并发誓："非佛经不书，非佛事不做，非佛语不说。"受戒后持律极严，他一丝不苟地恪守南山律宗的戒规：不做主持，不开大座，谢绝一切名闻利养，以戒为师，粗茶淡饭，过午不食，过起了孤云野鹤般的云水生涯，从"翩翩浊世佳公子"，一变而为"戒律精严之头陀"。他的绝命辞："悲欣交集。"

爱国华侨陈嘉庚是蹇卦人。他一生所捐献的教育经费，总值在一千万元以上，相当于他拥有的全部不动产。有人估算，如果他在当时买黄金，到1981年时的价值可达到一亿美元左右。陈嘉庚在给集美学校的一封信中这样写道："教育不振则实业不兴，国民之生计日绌……言念及此，良可悲也。吾国今处列强肘腋之下，成败存亡，千钧一发，自非急起力追，难逃天演之淘汰。鄙人所以奔走海外，茹苦含辛数十年，身家性命之利害得失，举不足撄吾念，独于兴学一事，不惜牺牲金钱，竭殚心力而为之，终日孜孜无敢逸豫者，正为此耳。"

匈牙利音乐家F·李斯特，民国总统徐世昌、京剧表演艺术家梅兰芳等，是蹇卦人。

五、释爻

人们考察艰难时刻的状态，得出如下几种辞句：其主人公可以理解为使臣、商人，也可以理解成周文王；蹇卦在教人济难，利西南，是处险而教以择地。全卦六爻，以往来为关键词，于往多戒辞，于来多幸辞。庸懦者遇险有畏惧，非往无以振其因循；躁动者冒险妄为，非来无以需其时会。

蹇卦爻辞在易经众多辞句中有着少见的简练特征，这也是说明艰难之情境难以为外人道。很多从苦难中走出来的人，也多对他们的经历"三缄其口"，沉默不语。中国人常说："如鱼饮水，冷暖自知。"

第一种状态："往蹇来誉。"

去的时候艰难，归来时有了美誉。

第二种状态："王臣蹇蹇，匪躬之故。"

君王的臣子艰难跋涉于道路，那可不是为了他自身的事情，那是为国效力。

第三种状态："往蹇来反。"

去的时候艰难，回来时舒坦；或去时艰难，回来时不辱使命，有了福报。

第四种状态："往蹇来连。"

去的时候艰难，回来时有车坐；或说引来了乘车的贵宾。

第五种状态："大蹇，朋来。"

大难、大变动的时候，亲朋好友都来相助。

第六种状态："往蹇来硕，吉。利见大人。"

去的时候艰难，回来时的成果很大，吉利。利于大人出现。

艮山卦·止而止：凝重的秋山
（国际裁军与发展周）
10月25日—10月31日

一、时间节气

时间到了十月底，曾经盛装的大地，春草、夏花、秋叶……此时多已经消失，成为记忆。小草枯了，林花谢了，树叶凋零了，河流消瘦，原野见素抱朴，只剩下高山成为大地上的大风景。连绵起伏的大山成为此一时空的大象。在原野里看远山，就像看到了万物之根不屈地矗立着，甚至刺向天空。

二、释卦

阴阳象数的排列也是连山、重山。对于山，人们最早命名为"根"，先人对阳物的崇拜，对男根的态度，在一山重叠一山里得到说明。人们对山有一种敬畏之意，除了膜拜、图写山形山貌外，也用了根字来代表。但山的性质远非如此单纯，它的静穆、凝重、休止、忠诚、专注、边界等等，都让人们得到教益。

因为山的强大、生机无限给了人们经常望山，回头看山，若有所思，这种回顾的样子就是艮的本义，人们因此以艮来命名山，即下面为两条腿、上面为目，表示回头看、注视。后来人也附会说，艮字就是眼睛看着一把匕首，具有凝重、停止、界限等意，跟山的意象相似。艮字成为了山卦的名字，成了此一时空的卦名。

在大八卦时空中，艮卦代表有最后阳能的一卦，据有冬天的前一半时间。太阳仍在向南移动，北方的寒流追着太阳走，中国大陆地区刮的是西北风，能够遮挡寒流的自然物，就是自然界的高山。或者说这一时期让人记忆犹新的自然之象，莫过于山。山后地带可以享受温暖。这种抵挡、看护、静止等意象，以山为中心，拓展开来，门墙、老虎、狗、军人等都是艮。因为它强有力、充满生机，故在家人属性里，艮代表少男；在人的身体属性里，艮代表脊背。

艮代表反思。从时空序列来说，蹇卦时空的艰难，也促使当事者反思，故此时空为艮卦时空。

在艮卦时空中，如同人看山或到山中去一样，总是难见山的真面目。所谓看见其背景，不能得见其正面；行走在其庭院中，看不见这个人。这是没什么错的。人与山相看不厌、相看两忘，这也是不获其身、不见其人的意思。艮卦时空的"系辞"是："艮其背，不获其身；行其庭，不见其人，无咎。"

艮卦时空的"彖辞"是："艮，止也。时止则止，时行则行，动静不失其时，其道光明。艮其止，止其所也。上下敌应，不相与也。是以不获其身，行其庭不见其人，无咎也。"人们说，艮的停止含义值得深思。时止则止，时行则行；动静都不失时宜，他的道路才是光明的。艮其止，就是止于当止。各止其所止，不动其心，存天地之正，物我相忘，因此不获其身，经过他的势力范围，也不见其人，所以说没有灾咎。

艮卦时空的"象辞"是："兼山，艮；君子以思不出其位。"

人们说，这一时空是兼山，是两个山重叠，更深切的安稳静止，这是艮的意象。君子因此想到要止于当止，不要越位。

对上古中国人来说，艮卦曾有着首屈一指的重要性。因为生产力的落后，平原地带不宜人居，人们多生活在山中，最熟悉的大自然之象莫过于山。因此在传说伏羲画卦之后，《连山易》最先出现。据说夏朝时，人们使用的易经就是《连山易》，艮卦排在前面。到商朝，随着商旅在大地上的活动频繁，坤卦排在前面，是为《归藏易》。到周朝，尊天思想出现，乾卦排在前面，是为《周易》。

艮山可谓古典中国人的来处，因此先哲把人跟山在一起称作"仙"，仙就是"僊"，是"遷"（迁）入山中的人，仙后来演绎为人群中的大成就者。"老而不死谓之仙。"当然，对于热望离开大山的人们来说，艮山时空对生存又是一种限制。艮山时空可以说是一种止而又止的修行、内省、收视返听的时空。

仁者乐山。诗人更对山浓墨重彩。李白有诗："相看两不厌，唯有敬亭山。"辛弃疾有诗："甚矣吾衰矣。怅平生、交游零落，只今余几。白发空垂三千丈，一笑人间万事。问何物、能令公喜。我见青山多妩媚，料青山见我应如是。情与貌，略相似。一樽搔首东窗里。想渊明、停云诗就，此时风味。江左沉酣求名者，岂识浊醪妙理。回首叫、云飞风起。不恨古人吾不见，恨古人不见吾狂耳。知我者，二三子。"

古典中国人因此把艮卦当作无欲之卦，从中引申出养生、修行等意义。宋代的理学家就主张："看一部《华严经》，不如看一艮卦。"

三、时空节点

国际裁军与发展周（10月24—30日）属于艮卦时空。其目的在于强调军备竞赛的危险性，大力宣传停止军备竞赛的必要性，提高公众对于裁军迫切性的认识。

四、时空禀赋

艮卦的意象为两座山，一山更比一山高。艮卦是修行的卦，艮卦人多具内省、修身、反思的特点。从卦象上看，他们重内心生活，不做出格的事，"君子思不出其位"。他们有才华、孤傲，有退隐思想。他们喜欢山地，不喜欢平地。艮山能聚河水，水遇山要停，艮卦人也有财运，但艮卦人多俭朴。蒋介石是比较典型的艮卦人，似乎也懂易理，一生得益于山。

英国诗人济慈是艮卦人。他的墓志铭："此地长眠者，声名水上书。"

于龙场悟道、格过竹子的大修行者，陆王心学之集大成者，非但精通儒、释、道三教，而且能够统军征战，中国历史上罕见的全能大儒，倡导良知的思想家王阳明是艮卦人。他的名言："尔未看此花时，此花与尔心同归于寂。尔来看此花时，则此花颜色，一时明白起来。便知此花，不在尔的心外。""破山中贼易，破心中贼难。"

美国开国之父约翰·亚当斯是艮卦人。他是美国历史上最正直聪慧的总统之一，当时人就尊称他为"政治哲学家"，而非摇唇鼓舌的"政客"，对他给予了很高的评价。1826年7月4日，是老亚当斯参与起草的《美国独立宣言》诞生五十周年纪念日，也是美国的国庆日。这一天，九十岁高龄的老亚当斯与世长辞。他临终前的最后一句话是："好在杰斐逊依然活着。"但是他不知道，曾在大选中输给过他也击败过他的杰斐逊，已在数小时前先他而去。

意大利音乐家帕格尼尼是艮卦人。有一个传说：帕格尼尼将他的灵魂出卖给了魔鬼，换来他那高超的技巧。对于这个传说帕格尼尼很满意，甚至有人说这是他自己编的。在他演奏时，他会翻白眼。他摇晃的站姿、长而零乱的头发、苍白的脸庞、憔悴的身躯都让这个传说显得更加真实。他充满激情的演出让观众流泪，有的人甚至还晕倒过。

美国总统西奥多·罗斯福是艮卦人。他说过："我们正面临着财产对人类福利的新看法……有人错误地认为，一切人权同利润相比都是次要的。现在，这样的人必须给那些维护人类福利的人民让步了。每个人拥有的财产都要服从社会的整体权利，按公共福利的要求来规定使用到什么程度。"

民国开国之父、英年早逝的大革命家黄兴是艮卦人。"破碎神州几劫灰，群雄角逐不胜哀。何当一假云中守，拟绝天骄牧马来。"黄兴留给家人的家训是"无我"、"笃实"，跟艮卦辞义同。

前苏联红军的缔造者、俄国革命领袖托洛茨基是艮卦人。他以对古典马克思主义"不断革命"和"世界革命"的独创性发展闻名于世。他的追随者被称为"托派"，以个性刚硬坚定著称。

一生修行内省、坚持记日记的蒋介石是艮卦人。他的名字出自豫卦，而跟艮卦义同。

中国作家叶圣陶是艮卦人。他的名言："情感如同忽明忽暗的灯火，但是记述却因为这灯火而引人注目。"

中国数学家陈省身是艮卦人。他的名字，省身，即跟艮卦义同。

英国天文学家哈雷、作家伊夫林·沃，圆舞曲之王、音乐家小施特劳斯，西班牙画家毕加索，纳粹头子戈培尔，法国总统密特朗，伊朗前国王巴列维，美国微软公司董事长比尔·盖茨、国务卿希拉里·克林顿，中国地质力学的创始者、地质学家李四光，化学家卢嘉锡，搜狐总裁张朝阳等，是艮卦人。

五、释爻

人们观察艮卦辞句，它混合了太多的含义，如相思之状，如修行，等等。对修行者来说，艮就是意守、静观、安止、停留、入定。"艮其背，不获其身。"即是说，意守后背的丹田处，不护其身，置身度外，忘形忘物。老子说："圣人后其身而身先，外其身而身存。""行其庭，不见其人。"进入极静的入定状态，感觉不到其人其身的存在，从这一角度看，艮卦卦辞中的"无咎"就是消灾祛病、没什么灾咎的意思。

第一种状态："艮其趾，无咎。利永贞。"

原意可能是，第一次见面，害羞得没有看她，只是低着头看到她的脚，"无咎"。

从修行的角度说，这是端正姿势，以意领气，守住脚趾，巩固根基，这样不会有灾咎，长久坚持是有利的。

从义理上说，这是止足不前，不要轻举妄动，没有灾咎，利于永远守着正道。

第二种状态："艮其腓，不拯其随，其心不快。"

原意可能是，视线移到她的小腿，还没有抬起头看到她的神情心思，她心中不高兴。

从修行的角度看，这是体内真元之气从脚部升到小腿就停止了，心中有不畅快的感觉。

从义理的角度看，这是止住腿脚不再前进，不能救援他所追随的人，他心中不快乐。

第三种状态："艮其限，列其夤，厉薰心。"

原意可能是，视线移到她的腰腹，忽视了她一脸正经：危险，知好色则慕少艾，色欲熏心，心荡神摇。

从修行的角度看，这是真气继续上升，到了腰附近，但身体的经脉仍未通，有撕裂、胸闷、烧心的感觉。

身动腰不动，这下子脊背受伤不说，还皮开肉绽，危险得让人心急如焚。

人身的界限在腰，这是说挺腰不肯屈服，公开对抗，受到处罚。后来人们引申，比如说恶人当道，阻隔上下，使国民遭殃。这里也引申出一个成语，利欲熏心。

第四种状态："艮其身，无咎。"

原意可能是，视线移到她的身上，"无咎"。

从修行的角度看，这是身体的经脉贯通为一体，身心舒泰，故除病祛灾，无咎。

止住自己不再行动，没有灾咎。也可以指辞职闲居。

第五种状态："艮其辅，言有序，悔亡。"

原意可能是，视线移到她的脸上，言谈得体，好感渐生，没什么懊悔的。

从修行的角度看，这是真气升至脸上，完成了一次深呼吸，如此反复吐纳有序，没什么后悔的。

闭住嘴巴不说话，说就说得有条理，一切懊悔都没有了。

这也是民间说的，管住自己的嘴巴、言之有物等意。楚庄王三年不鸣，一鸣而楚国大治，可与此爻参照。

第六种状态："敦艮，吉。"

原意可能是，真诚对视，吉。

从修行的角度看，这是真气充盈于体内而无散失，可保健康，吉利。

做人厚道、敦实，这是大吉的。

从艮卦的多重意义中可以看到，古典中国人的通达圆融。观象系辞，道术尚未天下裂，辞义涵盖力极强，读辞者各得其意，原始儒家得其义理，原始道家得其实践。到了后来，佛法传入中国，人们又从卦中读出了佛法，如《金刚经》云："一切圣贤皆以无为法而有差别。""无我相，无人相，无众生相，无寿者相。"艮卦中的"艮其背，不获其身"，君子入静即是无我相；"行其庭，不见其人"，君子动则是无人相、无众生相。艮卦的"时止则止，时行则行，动静不失其时，其道光明"，动静不失其时，不被时数所拘，"无寿者相"也。艮为观看，诗人穆旦有诗："如果我们能够看见他／如果我们能够看见／不是这里或那里的茁生／也不是时间能够占有或放弃的。"

地山谦·止而顺：山藏于地的美德
（西方万圣节，世界勤俭日）
10月31日—11月6日

一、时间节气

此时的阴阳象数排列是上地下山。山在地中，像是大地把山啥到口中了。这一卦最早叫"嗛卦"。

二、释卦

人们说，山那么高大却不与大地争美，这是谦逊自抑的象征。土地在山上，秦朝的李斯说："泰山不让土壤，故能成其大。"这山必然能不断增高，受人景仰。山上有土才能涵养水源，才有精神，才有奇花异草，草木蔚然成文，珍禽走兽栖息，这也是谦逊的果报。那种无土之山，骨骼支楞之山，草木难生，跟那种锋芒毕露之人一样难得成功。

人们观察这一卦象，止而顺。艮山一样的强健，厚土一样的谦逊，这是两种德性兼具。人们造了一个"谦"字来命名这一时空。从时空序列来说，在反思的艮卦之后，是谦卦时空，朴素、谦卑正是反思后的结果。

观察上地下山卦象，就像一个大坎卦。坎是水，润物亨通；坎是洼陷地带，根据现代科学的"能量最低原理"，万物皆归宿于大地的低洼处，就是说，地山时空可以成为容纳万物迁移的终点。君子效法，自然有终。

谦卦的"系辞"是："谦，亨，君子有终。"

人们说，谦虚使人进步，可以亨通成功。君子能够谦虚，就有好结果。

谦卦的"象辞"是："谦，亨。天道下济而光明，地道卑而上行。天道亏盈而益谦，地道变盈而流谦，鬼神害盈而福谦，人道恶盈而好谦。谦，尊而光，卑而不可踰，君子之终也。"

谦是亨通成功，表现在天地万物之间。天在高处，却谦下光明以济万物，地在低处，却随时生长万物。天道的规律，必然要亏损那些盈满的，而增益谦虚的；地道的规律，必然要变动那些盈满的，而给予谦下的；鬼神更是损害盈满的，而福佑谦虚的；人间道理也是这样，厌恶盈满的，喜好谦虚的。谦虚使人尊贵而有光辉，虽然谦卑居下，别人却不能绕过，这是君子的归宿啊。

老子说："天之道，损有余而补不足。""持而盈之，不如其已。揣而锐之，不可长保。金玉满堂，莫之能守。富贵而骄，自遗其咎。功遂身退，天之道。"

《尚书·大禹谟》："满招损，谦受益。"

谦卦的"象辞"是："地中有山，谦；君子以裒多益寡，称物平施。"

地中有山，内高外卑，居高不傲，这是谦卦。君子观此卦象，以谦让为怀，裁取多余的，增益缺乏的，衡量财物的多寡而公平施予。

不仅古典中国人如此重视谦，并总结出卑以自牧的人生哲理，就是现代人也同样如此。英国大诗人艾略特有诗："我们能够拥有的智慧／乃是谦卑的智慧／唯谦卑无止境。"现代精神分析大师如弗洛伊德和阿德勒等人，则把自卑感看作人生的主要动力。

三、时空节点

世界勤俭日（10月31日）在谦卦时空。

此外，公元八世纪，欧洲的天主教会把11月1日定为"天下圣徒之日"，即现在所说的"万圣节"。这一节日也是在谦卦时空之内。

中西文明中的圣徒都是谦卑的。《庄子》中说："不傲无告，不废穷民，苦死者，嘉孺子而哀妇人。"《圣经》中说："我立大地根基的时候，你在哪里呢？……死荫的门你曾见过吗？……谁将聪明赐于心内？……"大地和死荫之门相叠，也正是地山二象之叠为谦象。《圣经》明确说："神阻挡骄傲的人，赐恩给谦卑的人。"《圣经》论"谦卑的人有福"，即有名的"八福"："虚心的人有福了，因为天国是他们的；哀恸的人有福了，因为他们必得安慰；温柔的人有福了，因为他们必承受地土；饥渴慕义的人有福了，因为他们必得饱足；怜恤人的人有福了，因为他们必蒙怜恤；清心的人有福了，因为他们必得见上帝；使人和睦的人有福了，因为他们必称为上帝的儿子；为义受逼迫的人有福了，因为天国是他们的。"

四、时空禀赋

谦卦意象是山上有土，我们常见的这一自然现象是，山上可耕种的土地不足以自养，因此生活其中的人还要到山下去经营，要借用别人的资源。我们从中可知谦卦人的一些特征。他们借助别人的地盘开展自己的事业，韬晦、俭朴、谦卑。谦卦人以谦为特征，人生多吉利。古人说过："谦卦六爻皆吉，恕字终身可行。"当然，谦卦人中不乏圣贤情结者，不乏大傲若谦者，这些人为了真理、为了自己的政见或意见会做出牺牲。

瘦金体书法的创始人、天才艺术家、亡国之君宋徽宗赵佶是谦卦人。中国有传言："黄河清，圣人出。"赵佶在位期间，黄河三次"河清"，他自以为"天下一人"。

断头艳后、路易十六之妻玛丽·安托瓦内特是谦卦人，被称为"一个娇小但完全健康的女大公"。当玛丽被推上断头台的时候，她踩到了刽子手的脚。这时玛丽说了句："对不起，您知道，我不是故意的。"

法国画家夏尔丹是谦卦人。他通过静物画来反映城市平民的生活趣味，通过风俗画来反映城市平民和善、友好、勤劳、俭朴的美好品德。

美国最勤奋、最有效率的总统波尔克是谦卦人。他的名言："读书而不思考，等于吃饭而不消化。"

中国社会学家费孝通是谦卦人。他的名言是："美人之美，各美其美，美美与共，世界大同。"

中国诗人胡风是谦卦人。他的名言："时间开始了！"

中国新闻出版家邹韬奋是谦卦人。他的名字取自韬光养晦和奋斗之义，具有谦义。

中国社会活动家、佛教界领袖赵朴初是谦卦人。他的遗言："生固欣然，死亦无憾。花落还开，水流不断。我兮何有，谁欤安息。明月清风，不劳寻觅。"

终生未婚的希腊诗人埃里蒂斯是谦卦人。据说他的成就在于努力摆脱人们不能分辨的懊悔感知，以补充我们的道德力量。

诺贝尔物理学奖得主高锟是谦卦人。他们夫妇在致外界的信中说："一生周游列国，可谓不折不扣的世界人！""到了现在，你们应该都知道，高锟是光纤之父。也正是光纤，使那些真伪莫辨、良莠不齐的资讯得以充斥于互联网上，不分畛域，无远弗届。"

意大利天主教圣徒博罗梅奥，大陆漂移说创始人、德国科学家魏格纳，中国画家吴作人等，是谦卦人。

五、释爻

对三代时期的人们来说，地山谦的时空能让他们想到的人世之象莫过于太伯兄弟两人辞家让国的事迹。人们考察他们的奋斗史，得到谦卦的六种状态。

第一种状态："谦谦君子，用涉大川，吉。"

谦良善君子渡过大江大河到远方去，很是吉利。

太伯兄弟辞家让国，开创自己的事业，成为后来吴国的祖先，即是此爻写照。

第二种状态："鸣谦，贞吉。"

谦虚的美名像鸟鸣一样，声闻于外，又坚守正道，这预示着吉利。

太伯兄弟的名声不仅传遍当时，也流传至今。

第三种状态："劳谦，君子有终，吉。"

勤劳而谦让，这样的君子有好结果，凡事吉利。

太伯兄弟得到了当地民众的拥戴，在吴地建立了自己的国家。

第四种状态："无不利，㧑谦。"

无所不利，因为他有机会指挥大家时也是谦虚的。

第五种状态："不富以其邻，利用侵伐，无不利。"

自己并不富有，这有很多原因，如藏富于民，如邻国掠夺；或者说，不能依靠邻邦而富有。在这样的情形里，不能对外征伐，而应该寝息兵事，这样做无所不利。

第六种状态："鸣谦，利用行师，征邑国。"

谦虚的美名远扬四方，天子任用他，由他率军讨伐叛乱的诸侯。

太伯创业吴国之后，名声远扬，商王曾用他为方伯去征伐不臣之国。后来的周文王伐崇，也是此义。

八、从立冬到冬至

诗人说"一花一世界，一沙一天堂"，"在我的开始里有我的结束"，"我回到内心，我走完我的一生"……全息理论认为，生物体的生长过程是种子即全息胚向着整体不断显化的过程。全息胚是镶嵌型发育的自主发育单位，它有对应着未来或现在整体的全部器官和部分在内的未来器官图谱。而分形理论则认为，一切形态和结构都具有自相似性。混沌理论又说，我们对初始条件都具有极其敏感的依赖性（蝴蝶效应）……

生命的种子是否真的全息了生命的过程？生命的底色是否划定了生命的范围？我们是否完全依赖生命的起点？宇宙的演进乃至生物世界和人类世界的演进在肯定中仍有自己的解答。人类文明因此"人猿相揖别"，以科学、理性、自由、平等、博爱等无限的探索而开拓出今日的世界。我们在研究名人命卦之时，也发现那些善于往而有返的中外名人最终功行圆满，他们超越了命运的必然。

这就是中外有识之士认可的：命，与其算，不如改；佛，与其信，不如修。规范自由，是对必然王国的超越，而真正进入自由王国。孔夫子说过："从心所欲而不逾矩。"诗人说："限制中才显出圣手，只有法则能给我们自由。"

11月6日至11日前后，是立冬之际。此时太阳南移，阴阳相背，天地难以交流。阴阳象数恰好是上乾天下坤地；从卦象上看，上面的乾天如用"一"横代替，下面的坤地用"三"个点或"川"来代替，正好是一个"不"字。这个时空用"否"来命名，大概是说天地不言。否卦与独立、静顺自守、孤单、痞子、交通事故等相关。"光棍节"在否卦时空内。

11月11日至17日前后,是初冬时节。自然之象是沼泽上有丛生的花草;社会之象则是农村的清闲时节,人们有时间串门或扎堆联谊。兑泽卦与坤地卦的和合,是萃卦。萃卦与才华、凝聚力、口才等相关。

11月17日至23日前后,是小雪时节。人们发明了灰笼、火盆、土暖气来御寒。从否卦开始的冬季取暖问题到此时基本解决,现代社会冬天供暖也在此时排查完成,进入了使用阶段。"晋"字即有挨着阳光、晒太阳、烤火、取暖之义。离火卦与坤地卦的和合,是晋卦。晋卦与光明、温暖、希望、晋见、问候等相关。"世界问候日"在晋卦时空内。

11月23日至29日前后,大地被冰雪覆盖,变得坚硬。人们走在路上,会有声响,会不由自主地在准备、紧张和轻松之间更替。这是防火防盗的时候,也是可以去偷袭的时候。"重门击柝,以待暴客,盖取诸'豫'。"豫卦是震雷卦与坤地卦和合之卦,人们用大象舞蹈来命名这一时空。豫卦与准备、逸乐、行师、建侯等相关。

11月29日至12月5日前后,成功预防、准备或偷袭敌人告一段落。人们进入了一起庆祝的时候,也是观礼的时候。自然之象是风行大地,巽风卦与坤地卦和合,是谓观卦。观卦与作客、观看、游览等相关。"国际残疾人日"在观卦时空内。

12月5日至11日前后,经过观礼,人人有相亲之感。自然之象中,这是大雪时节。人们走路经常跌跤,有时候或者牵着他人一起走、或者在跌倒时被他人扶起来,说说笑笑,增进了感情。"比"字由此产生。比卦与艰难、平等、顺从、快乐、争先恐后等有关。"世界人权日"在比卦时空内。

12月11日至17日前后,接近冬至。露面的阳光几乎失去了温暖,人们缺吃少穿,此时食物匮乏,就像冬天枣树上残留的几颗暗红的小枣。山,也失去生气,惨淡地委身在大地上。这是艮山卦与坤地卦和合的时刻，不利出行。从"仆"、"扑"到"剥"，最后定名为剥卦。剥卦与剥落、刻薄、反省、修身等有关。"世界强化免疫日"在剥卦时空内。

12月17日至22日前后，此时连枣树上的最后几颗小枣都不见了，大地白茫茫一片真干净。这是坤卦。从"川"字到"坤"字，人们将发育、生长之义赋予大地。一如乾卦，坤卦既指冬至前的五六天时间，也指一年的八分之一、二分之一，也指一年。坤卦与母性、柔顺、文明、胸怀、包容等有关。

天地否卦·顺而健：天地不交
（西方"光棍节"）
11月6日—11月11日

一、时间节气

这是立冬时节，"冬，终也，万物收藏也"，意思是说秋季作物全部收晒完毕，收藏入库，动物也已藏起来准备冬眠。立冬不仅仅代表着冬天的来临，它也表示冬季开始，万物收藏，规避寒冷的意思。立冬在古代社会中是个重要的节日，这一天天子有出郊迎冬之礼，并有赐群臣冬衣、抚恤孤寡之制。这一天要贺冬，亦称"拜冬"。东汉崔定《四民月令》："冬至之日进酒肴，贺谒君师耆老，一如正日。"宋代每逢此日，人们更换新衣，庆贺往来，一如年节。清代"至日为冬至朝，士大夫家拜贺尊长，又交相出谒。细民男女，亦必更鲜衣以相揖，谓之'拜冬'。"

二、释卦

立冬分为三候："一候水始冰，二候地始冻，三候雉入大水为蜃。"此节气水已经能结成冰；土地也开始冻结；三候"雉入大水为蜃"中的雉即指野鸡一类的大鸟，蜃为大蛤，立冬后，野鸡一类的大鸟便不多见了，而海边却可以看到外壳与野鸡的线条及颜色相似的大蛤，所以古人认为雉到立冬后便变成大蛤了。

立冬之际，太阳南移，阴阳相背，天地难以交流。阴阳象数上正好是上乾天下坤地，从卦象上看，上面的乾天如用一横代替，下面的坤地用三点或川来代替，正好是一个"不"字。下面的三爻像一个巨大的门，天门关闭，上面的天被门挡住了。

这个时空原来曾用"妇"来表示，大概是说此时阴盛；后来用"否"来表示，大概是说此时空没有出口，没有生机，天门关闭，一切都闭塞不通。

在这种天地时空里，中国大陆很多地方都冷得难以忍受，在室外会挨冻，在室内活动少也冷得难以忍受。人们说，这是不适宜人的生存的，即所谓"否之匪人"。因为人生中多有能上不能下的现象，上层的君子大人们要下来很难，他们适应艰难环境的能力很差，所以这一时空不利君子，即所谓"不利君子贞"。这种时候，君子大人们往往手足无措，他们习惯了君子动口不动手，现在得靠边站了；看看小人庶民们怎样解决问题，所有动手动脚的体力活、出力出汗的活，所有应付严冬的具体措施，都是小人庶民们来完成的，即所谓"大往小来"。否卦时空的"系辞"是："否之匪人，不利君子贞，大往小来。"

在农耕社会，预备过冬的柴火，准备牲畜过冬的粮草，储备主人过冬的食物，都是小人们来完成。否卦时空是庶民小人们大展身手的时候。即使今天，城市供暖的时间比否卦时空延后几天，但一般仍在否时开始供暖。无论制作土暖气，还是检查供暖问题，大人们仍只是笼着手旁观，由民众来完成各类工作。

但这样一种时空现象及其特征引起了君子大人们的不安，先哲们也为此引申出特别的意义来，将否卦拓展、提升到人生社会哲理的层面上来。否卦时空不再是自然之象，或社会经验之象，而是有了价值判断的认同之象。较之地火明夷一类的处境来说，否卦更坏、更凶险。从卦序上说，谦卦时空之后是否卦时空，似乎也有着世间的道理在，因为谦卑，而使得自己的姿态和实际都处于最低谷。如《马太福音》中说："凡有的，还要加给他，叫他有余。没有的，连他所有的，也要夺过来。"

否卦时空的"象辞"是："否之匪人，不利君子贞，大往小来，则是天地不交，而万物不通也；上下不交，而天下无邦也。内阴而外阳，内柔而外刚，内小人而外君子。小人道长，君子道消也。"

人们说，太阳不来了，这是不利于人的生存发展的，因为有小人挡道，时空为小人所隔绝。这是不利于君子固守的时候，君子大人们离开，小人们粉墨登台。

大往小来，天地不能相互感应，那么万物就不能亨通发展。上下之间不交流感应，家国天下就大乱了。内阴柔而外阳刚，内柔顺而外刚健，内小人而外君子。这一时空就是小人道长、君子道消的时空。

否卦时空的"象辞"是："天地不交，否；君子以俭德辟难，不可荣以禄。"

天地不交，这是否。君子在此时应收敛，不可炫才，要以俭约的德行，隐遁避世，避免灾难，不可以利禄为荣。

三、时空节点

现代社会的人文节日"光棍节"（11月11日）在否卦时空内。"不""口"为"否"，否卦人善于做反对派，做否定者，他们有病了，即"痞"。痞子即光棍。否卦人多有光棍品性。因为天地不交，否卦人的死亡多出于交通事故。

西晋末年的郭璞占到过否卦。当时天下大乱，他占到此卦说，这不是好事，意味着行人将遭受危难，到了三月份，大家将要遇到抢劫之事。

南北朝时的吴遵世占到过否卦。当时，北魏孝武帝即将登基，让吴遵世占卦看看吉凶。吴遵世占到否卦，爻变为萃卦。他分析说先否后喜，先有波折，然后通泰吉利。

四、时空禀赋

否卦人内心空旷苍茫，适合到人群中去，社交能力强，是极好的辅佐，社会活动人才。从卦象上看，他们是典型的"否极泰来"者，经历坎坷，甚至会有覆顶之灾，但"倾否、先否"，"后喜"。他们要注意交通事故，因为"天地不交"。他们性格沉静，一旦超越自我的障碍，他们就是大家的宠儿。他们有"痞气"，运用得好，是极佳的社交手段。否卦人做事有技巧，多俭朴，不尚奢华。

宗教改革的倡导者、德国宗教领袖马丁·路德是否卦人。"大往，小来。"他的名言："只要信，就能得救。""我的话就是上帝的话。"

德国诗人、作家席勒是否卦人。他自认为是"不臣服于任何王侯的世界公民"。他一生不幸，曾经一度走投无路。一次是四个年轻人资助他，席勒在感受了年轻人雪中送炭的温暖后，以万分感激的心情写出了《欢乐颂》。

波兰物理学家居里夫人是否卦人。爱因斯坦曾说："在所有著名人物中，居里夫人是唯一不为荣誉所腐蚀的人。""在像居里夫人这样一位崇高人物结束她的一生的时候，我们不要仅仅满足于回忆她的工作成果对人类已经做出的贡献。第一流人物对于时代和历史进程的意义，在其道德品质方面，也许比单纯的才智成就方面还要大，即使是后者，它们取决于品格的程度，也许超过通常所认为的那样。"

《被侮辱与被损害的》作者、俄国作家陀思妥耶夫斯基是否卦人。他死于搬柜子时的血管破裂。他的名言："我唯一担心的，我是否配得上我受的苦难。"鲁迅称他是"人类灵魂的伟大的审问者"。

晚清大臣、忧国而死的左宗棠是否卦人。他个性鲜明，刚直无比，史称"宗棠有霸才，而治民则以王道行之"。他与曾国藩合作的对联：

"季子自命太高,与我性情相左;藩侯以身许国,问他经济何曾。"

一生抑郁不得志、曾流亡海外二十多年的晚清思想家王韬是否卦人。他根据易经中"穷则变,变则通"的道理,断定"天下事未有久而不变者",中国又何尝不变?王韬对中国前途充满信心:"吾知中国不及百年,必且尽用泰西之法而驾乎其上。"

鉴湖女侠秋瑾是否卦人。这位女革命家被捕后被反绑着处以斩刑,年仅三十一岁。其绝命辞:"秋风秋雨愁煞人。"她的死令鲁迅难以忘怀,在《药》一文中鲁迅以夏瑜暗喻秋瑾其人。

《飘》的作者、遇车祸丧生的美国作家米切尔是否卦人。她的名言:"她从未真正理解过她所爱的那两个男人中的任何一个,所以她把两个人都失去了。"人们评价她说:"她停止了成长,实质上她已从精神上死亡,她本可以成为美国历史上最幸福的女人,可她没有,或许米切尔期望的是一种宣泄后的平静,她更情愿置身于风景秀丽的山村,但现在已经不可能了。因此,她变得戒备重重,并决定以一己之身对抗整个世界。这也是她的悲剧性所在。"

中国作家废名是否卦人。废名在1926年6月10日的日记中写道:"从昨天起,我不要我那名字,起一个名字,就叫作废名。我在这四年以内,真是蜕了不少的壳,最近一年尤其蜕得古怪,就把昨天当个纪念日子罢。"

在车祸中丧生的法国作家、思想家,《局外人》和《西西弗的神话》的作者加缪是否卦人。他的名言:"我们反抗,所以我们存在。""我拒绝一种事物的安排,在其中连小孩都受其害。"有人说:"加缪在荒诞的车祸中丧身,实属辛辣的哲学讽刺。因为他思想的中心是如何对人类处境做出一个思想深刻的正确回答……人们毫不感到意外,我们的时代接受了加缪的观点。血腥的再次世界大战,可怕的氢弹威胁,这一切使现代社会能够接受加缪严肃的哲学,并使之长存于人们的心中。"

美国科普作家卡尔·萨根是否卦人。萨根在《魔鬼出没的世界》

一书中，用了大量的篇幅来描写大众对不明飞行物与外星人的狂热。萨根认为，对于这一类没有明确证据的事物，不存在相信与否的问题，一切的推测与结论都应基于事实证据。他在这本书中提到，经常被问起"你相信有外星智慧吗"之类的问题，而他的回答则是："宇宙中存在大量的生命分子，如果没有才令人惊讶。"

俄国作家、受爱情和病痛折磨而终生未婚、死于法国的屠格涅夫，遇车祸身亡的美国将军巴顿，中国艺术家丰子恺，法国影星阿兰·德龙等，是否卦人。

五、释爻

否卦时空是艰难时空，跟明夷卦时空不同，后者只能艰贞以待光明，否卦则充满了变数。人们说否极泰来，虽然寄托了希望，但否后确有顺境。

第一种状态："拔茅茹，以其汇，贞吉，亨。"

拔起一把茅草，茅草的根连着根，这预示着吉利，可以请客、联谊宾朋。

这是说，在否卦时期，人们仍在努力，比如去地里拔茅草，或拔庄稼茬子。这样一来可以变废为宝，收集的茅草或庄稼茬子可以烧火做饭、喂牲口；二来清理了庄稼地，有利于来年耕种。跟泰卦时空一样，人们在拔茅草中受到启示，要团结起来以救难，匡济时艰。

第二种状态："包承，小人吉；大人否，亨。"

此时物资紧缺，只能用茅包着肉来敬神祭祀、待客，这对小人们来说吉利，对大人们不利。在此时也只能这么待客了。

也可以理解为，一味曲意奉承，包容承受艰难时刻，对小人们来说吉利，对大人们来说是不成功的。

第三种状态："包羞。"

在否卦的这一时期，人们仍努力敬神祭祀，献上美食。

引申为，包容羞耻、囊中羞涩、含羞忍垢。

这是说在艰难时刻，自己的积累不够、准备不够，只有遭受羞辱。

第四种状态：“有命，无咎，畴离祉。”

在否卦的这一阶段，自己有天命保佑，没什么挨冻挨饿的灾咎，同伴们也跟着有福运了。

还可以说，在否卦时空，有所受命，没有灾咎，同类都跟着沾光得福。

第五种状态：“休否，大人吉；其亡其亡，系于苞桑。”

否塞不通的情况被打破了，大德之人很吉利。但是，差一点就没命了，脆弱得像鸟儿一样，逃亡啊逃亡，命系在桑树上。

第六种状态：“倾否，先否后喜。”

否塞之势倾覆，彻底倒转过来了，先否后喜。

泽地萃·顺而悦：丛生抱团
（世界大学生节）
11月11日—11月17日

一、时间节气

此时天地闭塞加剧，阳能再少一数，阴阳排列为上兑泽、下坤地。这是地上的沼泽之象。此时大地上的沼泽确实值得观察，百草都枯萎了，但沼泽里的杂草、野花丛生不说，而且枯萎了的茅草、芦苇在此时更显得高大茂盛，在冬天成为一景。哲人观察此景，曾说，其生也柔弱，其死也坚强。

二、释卦

乡村社会生活，凡有节气节日多有聚在一起过的习惯。在此立冬之后，天地否塞，农活清闲，无事可为，但人们还是积极地生活，串门、祭祀、请客，聚在一起，充满喜悦欢乐。这个时候，请客的人多，想起祖先神灵而献祭的人多，见到自己生活中的贵人、大人物的机会多，杀猪甚至宰牛来献祭请客的事多。这一泽地时空是自然和人事都是聚生的，人们最初用"卒"字来命名这一时空，即说明此时民众聚多。后来用"萃"字来命名，更形象地说明泽地时空中的杂草丛生聚团的情况。

因此,当初人们给泽地时空系辞时说:"亨,王假有庙。利见大人。亨,利贞,用大牲吉。利有攸往。"人们的意思说,这一萃卦时空是祭祀待客的,君王也会顺应人心的要求,开开心心地起带头作用,与民同聚同顺。君王会到宗庙祭祀,小民们这个时候适宜见到君子大人,平时请不来的贵客嘉宾,此时也好说话,一请就到。好吃好喝好招待,这样的兆头好,用牛这样的大牲畜祭祀、待客吉利,这个时候适宜串门。

牛在古代被称为"大牲",又称"太牢",在隆重的场合里招待大家。《礼记》中说:"天子社稷皆大牢,诸侯社稷皆少牢。大夫、士宗庙之祭,有田则祭,无田则荐。"

这一经验层面的辞句后来被演绎为泽地萃卦,就是通泰之卦。这个时候君王会来到宗庙祭祀,这个时候适宜晋见大人,亨通成功,适宜坚守正道。用牛祭祀吉祥,适宜有所前往。

我们在此再度强调,古典中国人是从经验、表象出发,最终演绎到抽象、义理层面。丰富多样的生活被提炼出一些简单的修辞,这一修辞逐渐脱离词语、话语的纯粹,而具有更包容的观念意义。直到今天,我们国人仍在不知不觉中继承了古典中国人的生存特性。举例来说,包产到户制度即是从广大农村的众多实践中总结出来的。当时各地有各地的说法、称谓,比如单干户、分田、责任田、联产承包、包产到户,但在最终形成决议时用了"农村家庭联产责任承包制"这样的字眼。而在义理层面,这种"承包"修辞具有暂时、权宜等意,一直如影随形地存在,农村土地权利因此不清晰,在流变中无所适从,它的负面性在市场发达之际越发明显。这一事实,同样可以说是萃,淬取、出类拔萃,从经验中抽象。

古典中国人在观察萃卦时空中进一步引申发挥,萃卦的"象辞"是:"萃,聚也。顺以说,刚中有应,故聚也。王假有庙,致孝享也。

利见大人亨，聚以正也。用大牲吉，利有攸往，顺天命也。观其所聚，而天地万物之情可见矣。"

这就是说，萃是聚集的意思，和顺而欢悦，刚中相应，因而能集聚。君王到宗庙，是能够尽致其心，以孝进献于天地神灵。利见大人而亨通，是聚而守正道。用大的牺牲即牛来祭祀、宴享吉利，利有所往，是顺天命之故。只要看他所聚时的状态，则天地万物的情态可得而见之了。

萃卦的"象辞"是："泽上于地，萃；君子以除戎器，戒不虞。"

泽在地上，这是萃聚之象。君子体察此情，以洪水横流、祸乱丛聚为戒，从而修治兵器，以防不测。这类似于上层大人们对"不明真相的群众性聚集事件"的不安，以要求做好准备，把问题解决在萌芽状态。

三、时空节点

世界大学生节（11月17日）在萃卦时空内，又称"国际大学生节"、"世界学生日"、"国际学生日"，是为了控诉暴徒血腥的罪恶行径，为了纪念反法西斯的大学生运动，为了在大学生中倡导追求和平、民主、自由和进步。

四、时空禀赋

萃卦的典型意象是沼泽地里的花草，这表明萃卦人的生存起点一般甚至较低。他们是大地的精灵，想摆脱大地又难以摆脱。萃卦人有向上的追求，有进取心，这可以从奥古斯丁身上看出来。他们才华横溢，聪明、孤傲、洁身自爱，从艰难中起步而能够出人头地。他们的口才好，有凝聚人的能力。从意象上看，他们有感情纠葛事，陆游、罗丹、孙中山、郭沫若等人就具有这一特征。

中世纪宗教学家奥古斯丁是萃卦人。他的《忏悔录》是西方历史上的第一部自传。在奥古斯丁看来，对于人类而言，有事物的美、形体美与灵魂美、感性美与理智美，可感世界有千姿百态、五光十色的美。"我为达到至高的美的相等而欣喜，对此，我不是凭肉眼，而是凭心灵去认识。因此，我相信我以肉眼所见之物愈是接近我以精神领悟之物，它便愈加完美。但无人能够解释为何如此。"

明代军事家戚继光是萃卦人。他带领的军队被称为"戚家军"，在皇权高于一切的明朝，其出类拔萃的成绩令人瞩目。他不喜欢书生式的高谈阔论，注重实际有效的军事学问，所著《纪效新书》和《练兵实纪》，便是其实际经验的总结。他还很善于向同时代人学习，如向俞大猷学习棍法，向唐顺之学习枪法，并以此训练士兵。这种注重实效、虚心学习的态度，使戚继光的军事才能远远超过常人，他所带领的戚家军从未遭受失败，胜利记录无人可比。"南北驱驰报主情，江花边月笑平生。一年三百六十日，多是横戈马上行。"

被称为"人民的律师"、美国律师布兰代斯是萃卦人。他把实验室方法引入法庭，布兰代斯大学以他命名。

中国近代留学生事业的先驱容闳是萃卦人。他是"中国第一批洋学堂学生"、"第一位自主选择留学生"、"第一位自费留学生"、"第一位勤工俭学留学生"、"第一位完成学业留学生"、"第一位公派留学倡导人"。他被称为"中国留学生之父"。他曾说："予既受此文明之教育，则当使后予之人，亦享此同等之利益。"

法国雕塑家罗丹是萃卦人。他是欧洲两千多年来传统雕塑艺术的集大成者、二十世纪新雕塑艺术的创造者。他的名言："生活中不是缺少美，而是缺少发现。"

中国近代民主革命的先行者孙中山是萃卦人。他的五权宪法等思想是综合东西政治文明而提炼出来的。他也算是最早的学贯中西的大思想家之一："我亦破万卷也。"

印度独立运动领导人、首任总理尼赫鲁是萃卦人。他被誉为"伟大的学者"、"东西方奇异的混合物"。尼克松说他："才华出众，目空一切，贵族气息重，脾气暴躁，高傲自负……有时还咄咄逼人，毫不掩饰地流露出强烈的优越感。"

有"沙漠之狐"美誉的德国将军隆美尔是萃卦人。

国民党第一支笔、蒋介石的"文胆"陈布雷是萃卦人。他为蒋介石起草的讲话名句众多，如，"如果战端一开，那就地无分南北，人无分老幼，无论何人，皆有守土抗战之责任，皆应抱定牺牲一切之决心……"

《资治通鉴》的作者、北宋大历史学家司马光，南宋大诗人陆游、《红楼梦》的续作者高鹗、多才多艺的作家郭沫若、大数学家华罗庚，《金银岛》的作者、英国作家斯蒂文森，法国印象派画家莫奈，美国工程师、轮船的发明者富尔顿，剧作家田纳西·威廉斯，葡萄牙历史上最伟大的作家萨拉马戈，韩国民族企业家、现代集团创办者郑周永等，是萃卦人。

五、释爻

第一种状态："有孚不终，乃乱乃萃。若号，一握为笑。勿恤，往无咎。"

原意可能是观察祭祀或群众聚会，有威望的人也没法坚持到底。乱哄哄的聚会，有人像是大呼小叫，有人寒暄握手而笑。但不用怕，去吧，没什么错。

引申义是，如果诚心不能始终如一，各种乱子就会发生。大家闹哄哄地大呼小叫，像有什么号令一样；但只要像彼此握手那样交流感情，就能相视而笑。不用担心什么，前去做事没什么灾咎。

第二种状态："引吉，无咎；孚乃利用禴。"

互相招引着去参加祭祀很吉利，没有什么懊悔。心存诚敬，虽祭品微薄，也能带来吉祥。

第三种状态:"萃如嗟如,无攸利;往无咎,小吝。"

人们参加聚会时感叹不已,这没什么好处。去赴会没有错,只是有小小的遗憾。

"新亭对泣",清议,浊议,直到今天的聚会,这种只停留在口头表达宣泄的事一脉相承。人们聚在一起,多半流于长吁短叹。

第四种状态:"大吉,无咎。"

整个集会非常吉利,没有一点过失。

这是说聚会很成功,用今人的话,交流了信息,提供了机会,增进了感情。

第五种状态:"萃有位,无咎;匪孚,元永贞,悔亡。"

聚会时有座次,没什么错。但有些居尊位者并不服众,他们应该永远安分守己,才不会后悔。

引申为,聚会时座次有尊卑,没有灾咎。高高在上者未能取信于众,应该修元善、恒永、贞固之品德,那样懊悔才会消失。

第六种状态:"赍咨涕洟,无咎。"

带着礼物诚恳交流,相互感叹、激动,甚至叹息流泪,没有错。

引申为,聚会时有人饮酒而醉,有人百感交集。

按三国易学大家虞翻的说法:"若夏之后封东娄公于杞,殷之封微子于宋,去其骨肉,臣服异姓,受人封土,未安居位,故曰赍咨涕洟未安上也。"

农村人有在冬季送礼、收受财物的传统,即所谓"不能空着手见人"。公社时期,人们在一起领取一年的收获,也是此状态的写照。

火地晋卦·顺而明：火盆取暖
（世界问候日）
11月17—11月23日

一、时间节气

此时天气愈冷，属小雪时节。"雨下而为寒气所薄，故凝而为雪。小者未盛之辞。"这个时期天气逐渐变冷，黄河中下游平均初雪期基本与小雪节令一致。虽然开始下雪，一般雪量较小，并且夜冻昼化。由于天气寒冷，降水形式由雨变为雪，但此时由于"地寒未甚"，故雪量还不大，所以称为"小雪"。

二、释卦

小雪时节的物候是："一候虹藏不见，二候天腾地降，三候闭塞成冬。"由于气温降低，北方以下雪为多，不再下雨了，雨虹也就看不见了。天空阳气上升，地下阴气下降，导致阴阳不交，天地不通。万物失去生机，天地闭塞而转入严寒的冬天。

太阳出来时，人们就会坐在太阳底下取暖、聊天。此时的阴阳排列为上火下地，火在地上。这也启示人们在室内生火。北方人为了过冬，就在屋子内生火炉、烧热炕，用土法取暖。"晋"字即有挨着阳光、烤火之义。这时就要相互提醒，尤其有责任感的君王大人们要事前准备、事中监督、事后排查大家的取暖、温饱，确保人人都免于冻馁。今天，人们虽改进了取暖方式，城里人可以统一供暖、单位集中供暖，但仍要布告大家，准备、监督、排查。因此可以说，否卦时想到的取暖，在此时才告一段落。人们可以打量、观察上火下地的时空了。

对古典中国人来说，人们用一切办法接近太阳、靠近温暖，在此时基本上可以无忧无虑地度过严冬了。这种接近日头的形象就是一个"晋"字。晋字因此有冬天启蒙的意思，有接近、进取的意思，接近温暖、锐意进取，如晋见、晋级、晋升，等等。晋卦时空的"系辞"就是"康侯用锡马蕃庶，昼日三接"。意思是，在晋卦时空，能保证大家温饱安康的人，此时都想到要保护牛马过冬，要让牛马都过好日子。熟悉畜牧业的人知道，冬天是食草动物的发情交配期，需要给它们增加饲料，悉心照料它们。

这一经验层面的修辞被先哲乃至今天的易学家所不解而陷入苦思冥想中。他们发挥或引申出来的意思有：一个叫康侯的人以白马作种马繁殖，一昼夜交配三次；康侯骑着御赐的战马，统御番人大军，一日间三次交战；康侯用周王赏赐的良马来繁殖马群，不惜一日使其多次交配；君王安定诸侯国，施行爱护牛马、繁荣民生、上朝时间对公卿行三接之礼；康侯因以能治国安民而天子赏赐众多车马，一天之内还被三次接见……这些拓展义在自己运用的范围内都有积极意义。

晋卦的"象辞"是："晋，进也，明出地上，顺而丽乎大明，柔进而上行，是以康侯用锡马蕃庶，昼日三接也。"

对上古中国人来说，人们在此晋卦的天气里外出少了，在家偎依火炉聊天、读书、学习，这是一个发现自己、提升自己、完善自己的时空。"晋"有见到、进升之意。"大学之道，在明明德。"这是一个通过努力，而晋升获得光明美德的时空。

先哲从这一卦象中看到了安邦定国的道理，那就是爱护牛马、繁荣民生增加人口、听取贤臣公卿才士的意见。因为光明出现于大地之上，顺从而附丽于太阳，就能上进而欣欣向荣。爱护牛马，万物会繁荣昌盛；鼓励民生，民众就会上进，丰衣足食；跟公卿共同处理政事，就能政通人和，协和万邦。

晋卦的"象辞"是："明出地上，晋；君子以自昭明德。"

人们说，光明出现于大地之上，这是晋卦的卦象。君子由此领悟要彰显自己的才华美德，充分发挥作用。

从卦序上看，否卦时空之后，是团结一致、施展才华的萃卦时空，如此才有了晋升、得见光明温暖的晋卦时空。

中国山西简称晋，这一称谓有权威说法，即境内有晋水或潾水。但一水何以称晋，人们语焉不详。如果我们回到上古时代，山西太原是陶唐氏生息之所，它最早被称作"唐"。陶唐国的居民制陶技术先进，陶中放入火灰、柴火，也可便捷取暖，这发展成直到今天农村人还使用的灰笼、烘笼、火盆。或许，晋水、晋人、晋国由此而来。如果有人问，文明中的保暖取暖工具的发明创造，灵感来自何处？我们大概可以说，灵感来自观察晋卦时空或晋卦卦象。故我们可以系辞说，古今所谓灰笼、火盆，甚至土暖气，以正能量，以昭明德，盖取诸晋。

三、时空节点

世界问候日（11月21日）在晋卦时空内。对于每个人来说这都是一个温馨的节日，我们需要做得很简单，只要向遇到的人发出真挚的问候，问寒问暖，或是传递一个甜美的微笑，就会把快乐、温暖带给整个世界。一如晋卦所言："君子以自昭明德。"

四、时空禀赋

晋卦的意象为地上之火，晋卦人可谓火的精灵。他们有精神上的追求，适合求学，因学问而成就事业。晋卦人中，最让人惊叹的是李贽，他似乎知道自己的命卦。晋卦人会有暴发者，他们有过祖业，但起点一般，升学、升官发财都有机会。他们的感情也很突出，宜早婚不宜晚婚。

明代启蒙思想家李贽是晋卦人。他的《焚书》、《藏书》涉及火卦、坤地卦。他的绝命诗："志士不忘在沟壑，勇士不忘丧其元。我今不死更何待？愿早一命归黄泉。"

清代诗人、画家郑板桥是晋卦人。他的名言："难得糊涂。"他的诗："咬定青山不放松，立根原在破岩中。千磨万击还坚劲，任尔东西南北风。"

法国启蒙思想家伏尔泰是晋卦人。他是十八世纪法国资产阶级启蒙运动的旗手，被誉为"法兰西思想之王"、"法兰西最优秀的诗人"、"欧洲的良心"。他的名言："即使没有上帝，也要造出一个上帝来。"他幽默开朗，平易近人，对所有的人都彬彬有礼。伏尔泰曾说，与农民讲话，"就像对待外国大使一样"。

俄国启蒙思想家罗蒙诺索夫是晋卦人。他在俄国科学史上有着诸多贡献，特别是质量守恒定律和对俄罗斯语法的系统编辑，被誉为"俄国科学史上的彼得大帝"。普希金说他是"俄罗斯的第一所大学"，"他是历史学家、修辞学家、机械学家、化学家、矿物学家、艺术家和诗人。他对一切都曾亲身体验过并深入地研究过……"他在俄国的地位，有如伽利略在意大利、牛顿在英国、笛卡儿在法国、莱布尼兹在德国和富兰克林在美国。

法国小说家纪德是晋卦人。他的诗："主啊，我竭尽全力向你呼喊／我是身处黑夜等待着黎明／我呼喊你一直呼喊到死／宽恕我的心吧／我突然渴望起幸福来了……／要不，我该自信我已得到它了吗／犹如一只急切不安的小鸟／与其说报晓，还不如说是呼唤日出／在拂晓前啼啭，我该不等到夜色阑珊就歌唱吗？"

法国总统戴高乐是晋卦人。他在二战初法国遭受冬天般袭击时没有屈服,到英国组成了临时政府。他的名言:"无论发生任何事,法兰西的抵抗火焰不能熄灭,也绝不会熄灭!""伟人之所以伟大,是因为他们立意要成为伟人!""到月亮上去不算太远!我们要走的最大距离还是在我们之间。"

德国商人约翰·拉贝是晋卦人。他以在南京大屠杀中救了大约二十多万中国人而闻名,被世人尊敬地称为"中国的辛德勒"。

中国作家朱自清是晋卦人,他的《背影》《悼亡妇》等,被称为"天地间第一等至情文学"。毛泽东曾称赞他的骨气:"朱自清一身重病,宁可饿死,不领美国的'救济粮'。"

中国导演谢晋是晋卦人。以晋为名,故他的电演多跟时代、社会同步,成为一时的景观。

英国作家乔治·艾略特,中国晚清海军将领丁汝昌,作家台静农,艺术家林风眠,《管锥编》作者、学者钱锺书,分形理论之父芒德勃罗等,是晋卦人。

五、释爻

从卦辞到爻辞,观象系辞经历了演变。从否卦的乱象,到萃卦的凝聚人心之象,再到此时晋卦时空,意味着光明、温暖的到来。晋卦有晋升、繁荣之意。人们观察晋卦的爻象,联想到一个村落部族的迁徙、发展壮大。

第一种状态:"晋如,摧如,贞吉。罔孚,裕无咎。"

刚开始前进时受到摧折,始终如一地坚守正道就吉利。因为尚未取信于人,心放宽裕一些,没有灾咎。

第二种状态:"晋如,愁如,贞吉。受兹介福,于其王母。"

前进时充满忧愁,始终如一地坚守正道就吉利。获得了很大的福报,是那个村落首领的好心的母亲赐予的。

第三种状态："众允，悔亡。"

所作所为得到了众人的认可，努力奋斗，一切懊悔之事都消失了。这是说部落迁徙得到了大家的赞同。

第四种状态："晋如鼫鼠，贞厉。"

前进时像田鼠一样要注意隐慝，处处充满了危险的征兆。

这是说大家在前进路上受到防范、打击。也可以引申为大老鼠一样贪婪、胆小、没有专长，预示着危险。

第五种状态："悔亡，失得勿恤，往吉，无不利。"

一切懊悔都消失了，对得失也不用计较，前进就是吉利，无所不利。

第六种状态："晋其角，维用伐邑，厉吉，无咎；贞吝。"

前进到了死胡同，只好跟拦路打劫的当地邑人拼了，这样危险终是吉祥，没有咎错，不过总感觉到遗憾。

这表示在前进的路上因为沟通不够，或前进不可避免地侵犯了别人的利益，占了别人的道，引起了冲突。自己的突围、晋升，以牺牲别人为代价，这是遗憾的。

综观晋卦爻辞，这是写艰难曲折走向胜利的"长征史诗"。在人们的经验中，族人迁移、军队打仗，都有这样一波多折的历程。至于后人从中演绎出很多哲理或别的意思，尤其是把辞句跟阴阳爻位挂上关系，说明辞句的应然或准确，并引申出意义，也可以看出历史的经验乃至抽象的道理是如何作用于现实的。

雷地豫·顺而动：防火防盗的舞蹈
（美国和加拿大的感恩节）
11月23—11月29日

一、时间节气

小雪节后，大地冰雪覆盖，变得坚硬，人们走在路上，会有声音，会不由自主地在准备、紧张和轻松之间更替。阴阳象数排列为上雷下地，一如冰地上行走之象。人们最初命名为"馀"，即余力、轻松、安乐，后来觉得大家在冰地上生活的笨样子，跟手舞足蹈的笨大象差不多，就命名为"豫"，仍是安乐之意。

二、释卦

这一时空是欢乐愉快的，男女老少踏冰而行，心情顿时欢乐起来。但乐极生悲，人们此时安于跟自然时空相处，忘了安全，比如此时会有火灾，会有小偷，会有敌对势力来侵犯。而从个体的角度来说，这一时空何尝不是自娱自乐、加固村寨城堡，进而抢夺他人、建功立业的好机会。出其不意、攻其不备，此时被攻击者很难站稳，因此利于一击成功。豫卦的"系辞"是："豫，利建侯，行师。"就是说，人们看到雷地豫卦时空，一听到踩到地上有闷闷的声音，就明白机会来了，可以做准备，建好自己的家园，成群结队去掠夺别人了。

用现代人的话说，在豫卦时空，要防火防盗防敌国；当然，光防不够，这也是老天赐给自己的机会，既要做好防范，也要趁机攻打他人。直到今天，冬天也是小偷小摸横行的好时候，我们经常看到派出所、街道居委会贴出告示，最近火灾、入室抢劫等事时有发生，望大家相互转告，注意安全，出门锁好门窗一类的提示。"重门击柝，以待暴客，盖取诸'豫'。"就是说，门闩、门锁的发明，灵感来自豫卦。这个时候要防贼，不能让人入室行窃。人们看到豫卦，五阴中有一阳横在中间，那么，高大的门中间放上横木，外人就进不来了，就可以放心了……

总之，这是遭灾、防灾的时空，是私心泛滥的时空，也是轻松快乐的时空。这样经验层面的意思当然有些不堪。豫卦修辞也就在演绎中获得了新义。人们说，这是适宜建立封侯的伟大事业、适宜出兵打仗的卦。

豫卦的"彖辞"是："豫，刚应而志行，顺以动，豫。豫，顺以动，故天地如之，而况建侯行师乎？天地以顺动，故日月不过，而四时不忒。圣人以顺动，则刑罚清而民服。豫之时义大矣哉！"

意思是，顺势而动，这是豫卦的真谛。能像豫卦那样顺其事理而行动，天地都能如你所愿，何况建立封侯出兵打仗之事呢？天地顺而动，故日月运转不失其度，春夏秋冬四季更替不错。圣人顺而动，则刑罚清明而人民也就心悦诚服了。豫卦的时机和意义是重大的！

豫卦的"象辞"是："雷出地奋，豫；先王以作乐崇德，殷荐之上帝，以配祖考。"

雷从地上振奋而出，这是豫卦。先王观此卦象，取法于声满大地的雷鸣，制作庄重典雅国乐，以尊崇德业事功；隆重地祭祀，表明光荣归于上帝，光荣归于祖先。

在三代，象舞即是模仿行军打仗的舞蹈。也可以说，建功立业的舞蹈是模仿大象的样子。《诗经》中的清庙之诗就是象舞，边唱边像大象那样舞蹈，祭祀、受祭、送神。这几乎正是对豫卦中这一句"先王以作乐崇德，殷荐之上帝，以配祖考"的说明。"维清缉熙，周文王之典。肇禋，迄用有成，维周之祯。"意思是，多么清明又是多么荣光，因为周文王征伐良方。自从开始出师祭天，至今成功，全靠师法周文王，我周朝大吉大祥。

中国河南简称豫，这说明河南曾是大象出没之地。遗憾而又凑巧的是，后来一直到今天的河南，大象几乎绝迹，但它也承受着豫卦修辞的讽刺和耻辱。

蒋介石原名瑞元，上学之后，起名志清。"介石"是1912年在日本办《军声》杂志时用过的笔名，当时他已经二十五岁。到1918年投奔孙中山之后，他又起用"中正"之名，当时已经三十一岁。介石出于易经豫卦中的六二爻辞"介于石"，"中正"出于豫卦六二爻的"象辞"。

三、时空节点

北美洲的感恩节（11月第四个周四）多在豫卦时空内。这一天，美国举国上下热闹非凡，人们按照习俗前往教堂作感恩祈祷，城乡市镇到处举行化装游行、戏剧表演和体育比赛等，学校和商店也都按规定放假休息。孩子们还模仿当年印第安人的模样穿上离奇古怪的服装，画上脸谱或戴上面具到街上唱歌、吹喇叭。一如豫卦所言："以作乐崇德，殷荐之上帝，以配祖考。"

四、时空禀赋

豫卦意象有平地雷声，这表明豫卦人好动，不稳定，容易反复。从爻辞上看，豫卦人做事不能先声夺人，否则就有凶险。他们要做好充分准备，谋划好了再做事，只有如此才有朋友相助，也才能成功。

他们有预测事情的爱好和能力，在这方面曾国藩表现得极为典型。这一卦人"利建侯行师"，打仗、当官都能成功，也适合从事文化，有所成就。

哲学家斯宾诺莎是豫卦人。他的名言："自由人最少想到死，他的智慧不是关于死的默念，而是对于生的沉思。"二十四岁时他被逐出了犹太教会堂，以磨镜片为生，同时进行哲学思考，一直过着隐居的生活。他认为人们应该在"永恒的相下"看待事情。

清开国皇帝皇太极是豫卦人。"利建侯行师。""太宗允文允武，内修政事，外勤讨伐，用兵如神，所向有功。虽大勋未集，而世祖即位期年，中外即归于统一，盖帝之诒谋远矣。明政不纲，盗贼凭陵，帝固知明之可取，然不欲亟战以剿民命，七致书于明之将帅，屈意请和。明人不量强弱，自亡其国，无足论者。然帝交邻之道，实与汤事葛、文王事昆夷无以异。呜呼，圣矣哉。"

现代无产阶级的革命导师恩格斯是豫卦人。他在《〈法兰西阶级斗争〉导言》中进行了最后的反思和修正："历史表明我们也曾经错了，我们当时所持的观点只是一个幻想。历史做的还要更多：它不仅消除了我们当时的迷误，并且还完全改变了无产阶级进行斗争的条件。……实行突然袭击的时代，由自觉的少数人带领着不自觉的群众实现革命的时代，已经过去了。……"

晚清重臣、近代中国最显赫的人物曾国藩是豫卦人。"利建侯行师。"他打仗自称"结硬寨，打呆仗"，正是豫卦稳扎稳打之义。他的日课也是豫卦之义：一、主敬"整齐严肃，无时不惧。无事时，心在腔子里；应事时，专一不杂"；二、静坐"每日不拘何时，静坐片刻，来复仁心，正位凝命，如鼎之镇"；三、早起"黎明即起，醒后勿沾恋"；四、读书不二"一书未点完，断不看他书。东翻西阅，都是徇外为人"；五、读史"每日圈点十页，虽有事不间断"；六、谨言"刻刻留心"；七、养气"气藏丹田，无不可对人言之事"；八、保身"节欲、节劳、节饮食";九、写日记"须端楷,凡日间身过、心过、口过,皆一一记出,终身不间断";十、日知所亡,"每日记茶余偶谈一则,分德行门、学问门、经济门、艺术门";十一、月无忘所能,"每月作诗文数首,以验积理的多寡,养气之盛否";十二、作字"早饭后作字。凡笔墨应酬,当作自己功课";十三、夜不出门,"旷功疲神,切戒切戒"。

美国企业家、钢铁大王安德鲁·卡内基是豫卦人。"利建侯行师。"他的名言:"人生必须有目标,而赚钱是最坏的目标。没有一种偶像崇拜比崇拜财富更坏的了。""一个有钱人如果到死还是很有钱,那就是一件可耻的事情。"

国际敦煌学开山鼻祖之一、匈牙利裔英国人斯坦因是豫卦人。他是世界著名考古学家、艺术史家、语言学家、地理学家和探险家。为了他的事业,他终身未娶,在考察中冻掉几个脚指头也无怨言。他一生节俭,没有房屋,没有私产,只有书籍和贴着"私人信件"、"工作记录"、"地图资料"等标签的箱子。他精力过人,终日写作不辍,著作等身,信件多到无法统计。

奥地利小说家茨威格是豫卦人。他的遗言:"与我操同一种语言的世界对我来说业已沉沦,我的精神故乡欧罗巴亦已自我毁灭,从此以后我更愿意在此地重建我的生活。但是一个年逾六旬的人再度重新开始是需要特殊的力量的,而我的力量却因常年无家可归、浪迹天涯而消耗殆尽。所以我认为还不如及时不失尊严地结束我的生命为好。对我来说,脑力劳动是最纯粹的快乐,个人自由是这个世界最崇高的财富。我向我所有的朋友致意!愿他们经过这漫漫长夜还能看到旭日东升!而我这个过于性急的人要先他们而去了!"

纳粹德国的三大名将之一曼施坦因是豫卦人。"贵族的出身,标致的五官,不穿军装时,俨然是一位大学教授",英国军事理论家利德尔·哈特评论他"对作战的可能性独具慧眼"。

美国数学家、控制论创始人维纳是豫卦人。"利建侯行师。"在哈佛大学博士学位的授予仪式上，执行主席看到一脸稚气的维纳，颇为惊讶，于是就当面询问他的年龄。维纳不愧为数学神童，他的回答十分巧妙："我今年岁数的立方是个四位数，岁数的四次方是个六位数，这两个数，刚好把十个数字 0、1、2、3、4、5、6、7、8、9 全都用上了，不重不漏。这意味着全体数字都向我俯首称臣，预祝我将来在数学领域里一定能干出一番惊天动地的大事业。"

中国诗人闻一多是豫卦人。如用雷地豫卦来观闻一多的人生和诗歌，当有会心，他是豫卦代表的中国文化的情感形式："那么有一句话你听着：等火山忍不住了缄默；不要发抖，伸舌头，顿脚，等到晴天里一个霹雳，爆一声：'咱们的中国！'"

中国作家巴金是豫卦人。他的名言："我的生活的目标，无一不是在帮助人，使每个人都得着春天，每颗心都得着光明，每个人的生活都得着幸福，每个人的发展都得着自由。"

中国澳门首富、赌王何鸿燊是豫卦人。他的名言："富贵聚散无常，唯学问终生受用。"

华人物理学家李政道是豫卦人。据说，他是最早思考宇称不守衡问题的，而天才的杨振宁马上意识到问题的重要性，迅速跟他合作，二人以此成果获得了诺贝尔物理学奖。可参第四爻："由豫，大有得，勿疑朋盍簪。"

能量守恒定律的发现者、物理学家迈尔，现代语言学之父、瑞士语言学家索绪尔，美国现代成人教育之父、被称为"心灵导师"的戴尔·卡内基，"布拉格之春"的领导人、捷克政治家杜布切克，中国现代爱国将领杨虎城，具有全球知名度的中国香港武打演员李小龙等，是豫卦人。

五、释爻

在古典中国人看来，卦之豫有万方和乐之象。从时空序列上，晋卦时空的曲折光明之后，人们获得了一个享乐的时空。"豫"字独立后又有做准备之意。豫卦时空的六种状态因此可从安乐、准备等多种角度解读。

第一种状态："鸣豫，凶。"

享受时张狂，人们都知道了，凶险。

或者说，自鸣得意，乐极生悲，这是没什么大志的表现。比如公开宣扬自己的打算，如当年西伯侯姬昌对人说："等我力量强大了，一定要灭了殷商。"或有人扬言要抢谁家的牛、偷谁家的鸡，那就会"凶"。

如果我们把豫当作安乐来理解的话，这一爻象正可以指纨袴子弟或类似的愚笨者，官二代、富二代们，他们年轻，面对未来不可知的世界应该努力才是，但他们不听教导，忘乎所以，以致招祸。

第二种状态："介于石，不终日，贞吉。"

原意可能是，被石头挡住了路，好在不到一天就没事了，这是好兆头。

从安乐的角度理解，这是说遇到了大石头一样的阻碍，不到一天就结束了，这预示着吉利。

这是说准备期间暴露了，只好在乱石中栖身，但不到一天就获救。引申为正直、不同流合污，坚如磐石，在一天之内就明白了道理。

第三种状态："盱豫悔。迟有悔。"

准备早了后悔，准备晚了也后悔。

从安乐的角度理解，这是说，一大早就享乐，会后悔的，以后会悔上加悔。

第四种状态："由豫，大有得，勿疑朋盍簪。"

由于有了准备，顺时而动，大有收获。不用怀疑朋友们的行动何其神速。

这是说顺时而动，群起响应。

从安乐的角度理解，这是说，安乐而有缘由，自会大有所得，胸怀坦荡无所疑，朋友也会来相会。

第五种状态："贞疾，恒不死。"

兆头不好，人都病了，好在虽然病得很久，但没有致命的问题。

这是说准备到最后，突然出现劳累生病一类的意外，但事业不败。

第六种状态："冥豫，成有渝，无咎。"

暗中准备，成功了，一举改变了局面，没什么错。

从安乐的角度理解，神人共欢，深夜仍兴奋享受，或说沉浸于深深的欢乐里，音乐不断地变化，没有灾咎。

风地观卦·顺而入：风行大地、观礼象舞
（国际残疾人日）
11月29日—12月5日

一、时间节气

时序到了十二月初，大雪前几天，朔风呼啸，到处肆虐，搅得周天寒彻。寒风无孔不入，天地万物都受影响。一些入冬前准备不足的鹳鸟也被吹得魂飞魄散，人们在大风中见到了鸟，也见到了漫天飞舞的雪花、枯草……

二、释卦

在此时空看见鸟有非常的意义，这是一个天地闭、贤人隐的否后阶段，人们很难收获什么，但事实上人们却看到了鸟兽乃至人文，这就是观察的意义。"观"字就是见鸟，象数上风下地的时空因此被命名为观卦。观卦有非同寻常的意义。豫卦时空的享乐是个人的。豫卦之后的观卦则是公共的、众人的关怀，是待客的时空，是彼此互动即考察的时空。后来的王夫之，身逢"天崩地解"的明末清初之际，在现实中难以实现理想，隐居山中，思考自己和天下的意义，就是由观卦进入了大易之道。生于此时的王国维则把自己的名号命名为"观

堂",他的一生著述是谓《观堂集林》。

古典中国人平时不拘礼节,可一到庄严场合,比如做客、行礼、观礼等,多极为重视。乡村人招待客人,祭天祭祖,首要大事是盥洗。在风大的冬天,祭祀、见客,都不能灰头土脸。因此,端上一盆热水,客人洗一遍,自己洗一遍,不用多说什么话,不用多介绍什么,诚敬之情已肃然而生。

观卦的"系辞"是:"盥而不荐,有孚颙若。"意思是,在这个时候,洗干净脸和手,不用介绍,大家都看得见你有脸有面有诚心。

这一修辞被先哲引申了,上层社会也确实利用人们都有观看的需要而进行神道设教。从天地大观到祭天地、祭社稷的大礼,这种观社之礼从民间经验总结而来。极而发展,像泼水灌身一类的风俗从中产出了。当然,人们参加观礼,因为各有心情,不一定整齐划一,非将整个过程都看到底。人们解释观卦的修辞说,祭祀前洗手,还未等到进献祭品时,诚敬之心已肃然而生。或者说,看到祭祀开头那盛大的场面和过程,就可以不用看后面的献礼了,因为此时心中已充满了肃穆之情。

观卦因此在解释和实践中不断叠加其意义。得山水清气,极天地大观。从自然大观到人世大观,最后,由君王带领大家观礼,落实天地之道,这就是观。今天的各类典礼,如国家元首就职时手按《圣经》宣誓等,也是沟通天地的大观。

观卦的"象辞"是:"大观在上,顺而巽,中正以观天下。观,盥而不荐,有孚颙若,下观而化也。观天之神道,而四时不忒,圣人以神道设教,而天下服矣。"

壮观的祭礼在上,为民众所观,本着顺而巽的美德,居中守正来临观天下。观卦,要在祭祀前洗手,还未等到进献祭品,敬畏之心已生,民众观摩这种礼仪和光辉,被熏陶感化。观天之神道,春夏秋冬四季的更替不出差错,圣人效法这一精神,借用神道设立教化,使民众有信仰，那么天下人心自然归服。

观卦的"象辞"是："风行地上，观；先王以省方观民设教。"

风行于大地之上，这就是观。先王观此卦象取法周流八方的风，从而巡视四方民情，推行教化。"风"是《诗经》的三大体裁之一，古典中国人的采风即是此义。

春秋时代的陈厉公占得过观卦。当时，他的儿子敬仲出生，史官占得观卦，爻变为否卦。史官解释说，爻变之辞是观国之光，利用宾于王，这是很吉利的，说明这孩子的后代能在异国他乡得志；本卦无乾，变卦有乾，事物不可能两个同时都大，陈国无乾将衰亡，异国有乾将昌盛；综合推知，陈国灭亡时，敬仲的子孙将在姜姓之国兴盛。公元前672年，陈国发生政变，陈公子完逃到齐国，将曾卜得的观卦实施，前后经八代人的努力，终于以田陈氏齐国取代了姜齐。

三、时空节点

国际残疾人日（12月3日）在观卦时空内。这一节日旨在开展帮助残疾人的有关活动，以改善残疾人的状况，从而建立一个"人人共享"的社会。

四、时空禀赋

观卦人适合观光旅游，故观卦人多有历史和自然的观光游记作家，如卡莱尔、斯威夫特、蒙森、马克·吐温、康拉德，甚至做过首相的丘吉尔也以游记、历史写作名世。观卦人多是社会的旁观者，在官场是也闲职，到处走走。他们适合从事文化，他们是这个社会细致的观察者、记录者和命名者。

苏格兰历史学家托马斯·卡莱尔是观卦人。他的名言："未哭过长夜的人，不足以语人生。"

《罗马史》的作者、德国历史学家蒙森是观卦人。他的名言："赞美已被罪恶的天才所败坏,被用来反对历史的神圣精神。"

慈禧太后是观卦人。据说她有名言:"量中华之物力,结与国之欢心。"

英国小说家约瑟夫·康拉德是观卦人。康拉德是英国文学界耐人寻味的异客。他周游世界近二十年,三十七岁(1894年)才改行成为作家;在写第一本小说前他仅自学了十多年的英文。康拉德的作品深刻反映了新旧世纪交替对人性的冲击。面对文化与人性的冲突,他并没有提供答案,而是如同哲学家提供思索答案的过程。

《哈克贝里·费恩历险记》和《汤姆·索亚历险记》的作者、美国作家马克·吐温是观卦人。他曾被誉为"文学史上的林肯"。海伦·凯勒曾言:"我喜欢马克·吐温——谁会不喜欢他呢?即使是上帝,亦会钟爱他,赋予其智慧,并于其心灵里绘画出一道爱与信仰的彩虹。"威廉·福克纳称他为"第一位真正的美国作家,我们都是继承他而来"。他是美国乡土文学的集大成者,海明威曾经说过:"一切当代美国文学都起源于马克·吐温一本叫《哈克贝里·费恩历险记》的书。"他的一生似乎注定要带上传奇色彩。1835年是他降生的那一年,哈雷彗星曾划过长空。后来,马克·吐温为自己预言:当1910年哈雷彗星再次出现时,他会随它离世。1910年4月19日彗星果然出现,他也在第二天逝世。

英国首相丘吉尔是观卦人。他的一生甚至可用观卦六爻来解释。他的名言:"我没有别的,只有热血、辛劳、眼泪和汗水献给大家……你们问:我们的目的是什么?我可以用一个词来答复:胜利,不惜一切代价去争取胜利,无论多么恐怖也要争取胜利,无论道路多么遥远艰难,也要争取胜利,因为没有胜利就无法生存。"

《观堂集林》和《人间词话》的作者,号观堂、永观的中国学者王国维是观卦人。他的遗言:"五十之年,只欠一死。经此事变,义无再辱。"

测不准原理的发现者海森堡是观卦人。他的墓志铭是:"他在这里,且在别处。"

苏俄抽象艺术家康丁斯基是观卦人。三岁时,小康丁斯基随双亲到意大利旅行。在这里他看到圣彼得教堂及翡冷翠的亚诺河等,对威尼斯的暗褐色流水与黑色石阶留下极深刻印象。这种色彩的记忆,使他日后难以忘怀。"首次留给我印象最强烈的色彩,就是明朗的绿、白和黑色。"

中国哲学家冯友兰是观卦人。他认为人生境界有四种:自然境界、功利境界、道德境界和天地境界。"这四种人生境界之中,自然境界、功利境界的人,是人现在就是的人;道德境界、天地境界的人,是人应该成为的人。前两者是自然的产物,后两者是精神的创造。自然境界最低,往上是功利境界,再往上是道德境界,最后是天地境界。它们之所以如此,是由于自然境界,几乎不需要觉解;功利境界、道德境界,需要较多的觉解;天地境界则需要最多的觉解。道德境界有道德价值,天地境界有超道德价值。"

韩国前总统金泳三是观卦人。他在位期间,促使国会于1993年5月20日通过了《公职人员伦理法修正案》。根据这一法律,从总统、政府总理,到各部长官、国会议员、地方议会议员、四级以上公务员、警长以上警官、校官以上军人、法院和检察院负责人和各大学校长等三万多名国家公职人员,必须于7月12日至8月11日一个月内进行财产登记,其中一千一百多名公职人员不仅要进行财产登记,还须将财产公之于众,须登记和公布的财产主要项目包括:房地产、现金、存款、股票、证券和金银首饰等。他的廉政措施被韩国人称为"不流血的革命",许多老百姓干脆称之为韩国政治生活中的"净身浴"。

中国哲学家殷海光是观卦人。李敖说:"除了思想指向以外,殷海光的政论文章光芒万丈,出色得使敌人和朋友都为之失色,而且至今无人超越。"

《格列佛游记》的作者、英国小说家斯威夫特，俄国数学家、非欧几何的发现者罗巴切夫斯基，奥地利诗人里尔克，西班牙大独裁者佛朗哥，前苏联元帅朱可夫，中国民间教育家武训，民国时期的宋子文，相声大师侯宝林，韩国前总统卢泰愚等，是观卦人。

五、释爻

人们考察观卦，将观礼时的种种情态写进爻辞之中。

第一种状态："童观，小人无咎，君子吝。"

原意是，在典礼时，有小孩子跑来跑去的，这对小孩子没什么，他的父辈如是没有教养的小人物也没什么，但如是君子大人就未免显得太粗鄙了。

这一现象今天在各种音乐会、社交场所上还能看到。看似体面的父母带着一个没有家教的孩子，扰乱了秩序。

这种经验层面的描述被引申为，像儿童那样的见识，在小人是没有灾咎的，在君子就太鄙吝了。这说明传统中国虽然神道设教，但心里明白能力、见识需要培养，要增加阅历。

晋惠帝曾言："何不食肉乎？"可与此爻参照。

第二种状态："窥观，利女贞。"

原意是，不让女子参观，但她们偷偷地看一眼是可以的。

从门缝里向外望，利于妇女坚守正道。

这是说较之第一种虽然有了一些识见，但对外部世界所知甚少。利于女子，因为女子以家政为主，不需要对外部世界有更多的了解；于男子则不可，必须进一步扩大阅历才好。

第三种状态："观我生，进退。"

原意是，在典礼中，注意自己的形象，注意进退有序。

引申为，观看自己和亲友们的动静，注意进退。或者说，这是表明有了阅历和经验。

第四种状态:"观国之光,利用宾于王。"

原意是,在典礼中,要看到邦国发展的成就和光明前途,这样才对做君王的客人有利。这一现象今天仍可以看到,如奥运会、世博会,作为外人要多取赞扬的态度,要看到光明,这样才利于得到主人的招待。

还可以说,这一句的意思,是到国都去观瞻国政的文治武功,有利于做君王的宾客。或者说这是经过一个阶段的学习后,又送到王城增长见识,且获得了名声,成了王的宾客,一如现代的留学生和访问者。

第五种状态:"观我生,君子无咎。"

观察自己的位置,有才德的人没有灾咎。

跟第三阶段比,此时不再亦步亦趋,而成了彬彬君子,但更要反观自己,反省自己。"子贡曰:'君子之过也,如日月之食焉。过也,人皆见之;更也,人皆仰之。'"

第六种状态:"观其生,君子无咎。"

考察他人的生活事业,君子没有灾咎。

还可以说,这一阶段是观察异端、他人的位置,观察典礼的整个场面过程,这样就不会出错。

水地比·顺而险:团结、平等、博爱
(世界人权日)
12月5日—12月11日

一、时间节气

大雪时节,天气更冷,降雪的可能性比小雪时更大了。古人说:"大者,盛也,至此而雪盛也。"到了这个时段,雪往往下得大,范围也广,故名"大雪"。大雪的物候是:"一候鹖鴠不鸣,二候虎始交,三候荔挺出。"这是说此时因天气寒冷,寒号鸟也不再鸣叫了;由于此时是阴气最盛时期,正所谓盛极而衰,阳气已有所萌动,所以老虎开始有求偶行为;"荔挺"为兰草的一种,也感到阳气的萌动而抽出新芽。

二、释卦

对农耕社会的人来说,"瑞雪兆丰年"。严冬时积雪覆盖大地,可保持地面及作物周围的温度不会因寒流侵袭而降得很低,为冬作物创造了良好的越冬环境。积雪融化时又增加了土壤水分含量,可供作物春季生长的需要。另外,雪水中氮化物的含量是普通雨水的五倍,还有一定的肥田作用,故有"今年麦盖三层被,来年枕着馒头睡"的农谚。更重要的，人们看见大雪，有着天然的亲近感，大雪使生命中的欢乐气氛呈现出来了。

这一时空的阴阳象数排列为上坎水下坤地，内坤外坎，地上有水，水土相亲相得之象。从经验层面上看，这个时候冰雪半化不化，积在地上，对行人来说是一个危险之象。人们在这时候走路容易跌跤，有时候或牵着他人一起走，或者跌倒时被他人扶起来，说说笑笑，增进了感情。这一时空是顺而险，又有相亲相感之象。水地时空卦因此用两个人在一起的"比"字表示。

在这一时空中，人们的经验是，大家一起行动时要相互帮助，要经常点名数数。只要大家团结起来，就吉利。只要从一开始就坚持正道，就不会有错。因此在问这一时空有什么意思，即在占筮时，得到的回答是，大家精诚合作："元永贞，无咎。"

后来人们发现，这种集合同心的情况总是差强人意，因为大家一起面对困难时，有人积极主动，有人被动，有人甚至自己遇到麻烦了才想到大家。这种人惹恼了大家，自己也没什么好结果。人的散漫、自私、不顾及他人的现象是普遍的。大家一起行动时，有人偏偏掉队了，或者看到前面出事，他在后面嘻嘻哈哈，幸灾乐祸。这样的人很讨厌，也是有危险的。

因此，人们在确定比卦系辞时说："比，吉。原筮，元永贞，无咎。不宁方来，后夫凶。"意思是说，比卦，是一个集体相助而吉利的卦。把大家的人数、资源统计好，从开始就一直坚守正道，不会有灾难。面临麻烦、不安的现状，迟到者凶。

对上古时代的中国人来说，看到比卦就联想到大禹杀防风氏。《国语》中说："昔禹致群神于会稽之山，防风氏后至，禹杀而戮之。"

比卦时空就是合作的卦。先哲从这一顺而险的时空中看到了王霸天下的意味，传统中国五家就是一比，比设比长，以统率大家守望相助，这也是根据比卦时空的经验而来。这种亲比、辅佐、靠拢，使人相亲归附，吉祥。如果大家都团结合作，就善始、恒久而正固，没有灾难。边远的不安宁的国家都来归附，晚来者是凶险的。

比卦的"彖辞"是："比，吉也，比，辅也，下顺从也。原筮，元永贞，无咎，以刚中也。不宁方来，上下应也。后夫凶。其道穷也。"

比卦的"象辞"是："地上有水，比。先王以建万国，亲诸侯。"

人们说，地上有水，先王观此卦象，取法于水附大地、地纳江河之象，封建万国，又安抚亲近各地诸侯。

水地比的意象还可以用砖瓦来说明。砖瓦的发明是很晚近的事，大约在西周中期，距今三千年前，秦砖汉瓦的说法广为人知。制作砖瓦是取土和水，使其有黏性，水地比附，结实耐用。砖制作出来，再砌成墙，即取代了穴居或木栏状态，人就能入住宽大敞亮的宫室之中了。人们制砖墙，怀着美好的愿望，即所谓"吉"，也会数数了解需要，即所谓"原筮"，自一开始就重复着近乎机械的劳动，一遍遍地把水和进黏土里，一块块地把砖砌起来，即所谓"元永贞"，这样才不会出错，即所谓"无咎"。如果一旦心神不宁，或工程做完，剩下的砖的命运就惨了，不是碎了裂了，就是扔在那里不起作用了，即所谓"不宁方来，后夫凶"。

比卦就是诚心结盟、众志成城的卦。如果我们仿照易经系辞中以卦取象，可以说，古之宫室，惟木惟草，风吹日晒雨淋，后之圣人易之以砖瓦，万民得其广厦安居，国都、城墙至于万里，盖取诸比。

三、时空节点

比卦时空引申开来有合作之义、快乐之义、团结之义，更有平等义理。世界人权日（12月10日）即在比卦时空之内。中国人常说："人比人气死人。"但中国人还说："跟人比，自己不缺胳膊不缺腿，因此要有自信自尊自立精神。"比卦大有深意。《世界人权宣言》强调："人人生而自由，在尊严和权利上一律平等。他们富有理性和良心，并应以兄弟关系的精神相对待。"这正是比卦卦义。

比卦是快乐的。中国人说:"四海之内皆兄弟也。"席勒的《欢乐颂》则谓:"欢乐女神,圣洁美丽,灿烂光芒照大地。我们心中充满热情,来到你的圣殿里。你的力量,能使人们,消除一切分歧。在你光辉照耀下面,人们团结成兄弟。"

当然,后来人也有将比卦义理庸俗化的现象,比如争先恐后。见胜兆则纷纷聚集,见败兆则纷纷逃亡。这种庸俗化的结果是出现了乌合之众、盲从等社会现象。因此老子反其道而行之,提倡不敢为天下先。

四、时空禀赋

比卦的意象是平行的河流,比卦人有竞争意识。他们有能力,心思和行动都快、聪明、乐观。从卦辞上看,比卦人有平等精神,有团结合作精神。他们也适宜从事竞争性行业,与人相比很出色,争先恐后,如果落后就有凶险。贺拉斯、密尔顿等人表现了比卦人的某种精神。胡汉民、孙立人、郁达夫的遭遇则也表现了比卦人的"后夫凶"一面。迪士尼、丁聪等人则表现了比卦人的快乐。

古罗马诗人、美学家贺拉斯是比卦人。他的美学思想是:"不论做什么,至少要做到统一、一致。"

《失乐园》的作者、英国诗人密尔顿是比卦人。他认为,宗教不是严厉的苦难,而是庄严的欢乐。他在《快乐的人》中写道:"晴朗的假日,老老少少相携而行,待到日落西山,便品尝麦酒的香甜。"

美国女诗人狄金森是比卦人。她说:"我的生命太简单艰苦,以至于有人可能为此感到不安。"她公开地躲避大众以及大众带来的声名,彰显了她心中对命运的了解,以及对自我艺术成就的终极信念。然而,她要将来的人们通过她的诗来了解她,在那里她用没有人尝试过的方式来"歌颂这个世界"。

中国抗战名将孙立人是比卦人。孙立人是个非常优秀的带兵官,但是位很坏的领袖。讲人际关系,和他的同辈,几乎没有人可以合得来。任"陆军总司令"期间,每周军事会报,从来未准时出席,其理由非常可笑:他不愿意向周至柔"总长"敬礼,迟到能避免。易经比卦所谓:"不宁方来,后夫凶。"

中国诗人卞之琳是比卦人。他有《鱼化石》一诗:"我要有你的怀抱的形状,我往往溶于水的线条。你真像镜子一样的爱我呢,你我都远了乃有了鱼化石。"

美国动画制片、迪士尼公司的创始人之一、米老鼠的创造者华特·迪士尼是比卦人。他的名言:"我希望我们永远不会忘记一件事,这一切都是由一只老鼠开始。""去做不可能的事是一种乐趣。""比起我认识的任何女人,我更喜欢米老鼠。"易经比卦所谓:"外比之,贞吉。"

中国漫画家丁聪是比卦人。他说:"来世上走了一趟,很高兴做了一件事,这就是画了一辈子漫画。"有一个很别致的笔名"小丁"。人们熟悉这个笔名,他就像这笔名一样:幽默、快乐、淡泊。

法国作家缪塞,英国科学史家李约瑟,国民党早期领导人胡汉民,作家郁达夫,中国香港歌词作者林夕等,是比卦人。

五、释爻

人们考察比附状态,联系到君王如何跟不同圈子的人打交道、会合诸侯结盟、诛杀后来者等故事,总结六种辞句,以说明辅助、结盟、集合、亲近等状态。

第一种状态:"有孚比之,无咎;有孚盈缶,终来有它吉。"

具备诚信的美德,亲密团结,没有灾咎。诚信的德行有如缸里盛满了美酒,远方的人都来归附。这是吉利的。

这一状态可以说是鼓励德高望重者来主持大局,可保"无咎",

德行出类拔萃，还可以吸引敌对势力来投奔，"吉"。即使今天学校里的班集体，班长也是要选拔有威望的人来担任。

第二种状态："比之自内，贞吉。"

内部团结，大家亲密无间，这预示着吉利。

第三种状态："比之匪人。"

与坏人走在一起。

这里没有判断吉凶。也有人引申为，跟那些不走正道人也要亲近、合作。但与五爻的状态比，这一比有伤。特蕾莎的名言："爱，直到伤害。"

第四种状态："外比之，贞吉。"

在对外交往中亲善，这预示着吉利。

也可以理解为，外人来请求合作，多个朋友多条路，当然是好事，"贞吉"。

第五种状态："显比，王用三驱，失前禽。邑人不诫，吉。"

显示普遍的和谐。君王采用三面包围的方法狩猎，网开一面，放走了迎面前来的野兽。当地的居民对君王狩猎毫不惊恐。这真是吉利。

可参看三代时有名的"网开一面"的故事。"汤出，见野张网四面，祝曰：'自天下四方皆入吾网。'汤曰：'嘻，尽之矣！'乃去其三面，祝曰：'欲左，左。欲右，右。不用命，乃入吾网。'诸侯闻之，曰：'汤德至矣，及禽兽。'"

第六种状态："比之无首，凶。"

合作时、结盟时没有主事的人，凶险。

这一状态引申出很多意思，如说表示归附却迟到了，凶终。在争先恐后比附时却没混个脸熟，没有早点儿参加，凶。地位太高，没有可以合作的人，高处不胜寒，凶。跟人合作得没有规矩，亲热得没大没小，将有凶险。

山地剥·顺而止：刻薄与硕果仅存
（世界强化免疫日）
12月11日—12月17日

一、时间节气

此时接近冬至，阴阳之数中剩下最后一阳，象数排列是上艮山下坤地。阳数阳能快耗完了，人们想到的不是耗完，而是被某个无形中的手打掉了，就像人们用木棒、刀去打落树上的果实一样。而上艮为手、为果实，下坤为木棒，其结合正是扑打、剥落。

二、释卦

阳能象征温暖、红色、火红的果实，象征权威，此时它已经被打击得所剩无几。天地间似乎只有寒冷、阴暗、恶欲、腐烂、无序……对乡村时代的人来说，这个时候大雪封山、封路，野外一片萧索。人们缺衣少食，寸步难行。这个时候也不能出行，出行不利。因为随着严冬的深入，家里的一切，如起居、日用，已经几乎都依赖仆人、臣子、妻妾。这是小人、女子当道的时刻，如果出门，家里不出事才怪。因此，这一时空曾经叫"仆卦"，以说明臣仆势大。

但是此时人心不灭，就像秋天的果树，虽然被人扑打，仍在最高处留下一颗两颗果实。在冬天，这些红艳艳的或黄澄澄的果实极为醒目。在中国大陆，很多果树上仅存的果子，如柿子、苹果等，都曾成为秋天的一景，但它们很少能挺到冬天。它们虽然未被摘下，但最终掉到地上腐烂了。例外者，如枣树，在冬天仍在光秃秃的树枝上留一下一颗两颗，紫红紫红的，给人以希望。因此，这一时空也叫"扑卦"。

在这样一个上山下地的时空，人们也观察到，很多山地在此时确实给人启示。比如山上缺土，山地分离，光秃秃的山也确实长不出什么东西来，更严重的，山体滑坡，一下子委身到地上来。人们说，这也是扑啊。一度强壮的、似乎永远静止不动的大山好像被无形之手打落下来，烂到地上了。跟秋天打红枣一样，《诗经》说"八月剥枣"，那么，这一时空也就叫"剥"了。剥就是拿刀斧砍，敲打，分离，扒开。

这个时空之卦最初命名为扑、为仆，后来定型为剥，这几个意思大同小异。总之，在山地剥卦时空，是不利出行的。人们相互告诫说，不要出门啊。古典中国人对此卦的修辞就是这一句话："不利有攸往。"

从卦序上看，否卦时空的天地不交，导致先知先觉者荟萃民众的萃卦时空出现，然后有了君子、人才晋升的晋卦时空，此后是做准备而可享乐的豫卦时空，然后是观礼的观卦时空，这之后是人心凝聚平等相助的比卦时空，这是一个精英向平民的转化、君子向小人的转化过程。比卦时空的去精英化，使得"剥夺剥夺者"的剥卦时空顺理成章地出现，只有完成了这一过程，才是再没有障碍的一顺百顺、一马平川的坤卦时空。

"剥，剥也，柔变刚也。不利有攸往，小人长也。顺而止之，观象也。君子尚消息盈虚，天行也。"

剥就是剥夺、剥落的意思，是分离的意思，柔顺的改变刚强的，小人女子离间了君子大人。不宜出行，因为小人之道增长，往必有灾。顺势而止，是观其象的结果。君子效法它，重视消息、盈亏，这是上天的运行法则。穆旦有诗感叹："在我们的来处和去处之间／在我们的获得和丢失之间／主呵，那目光的永恒的照耀季候的遥远的轮转和山河的无尽的丰富／枉然：我们站在这个荒凉的世界上／我们是廿世纪的众生骚动在它的黑暗里／我们有机器和制度却没有文明／我们又复杂的感情却无处归依／我们有很多的声音而没有真理／我们来自一个良心却各自藏起。"

剥卦的"象辞"是："山附于地，剥；上以厚下安宅。"

人们说，山附于地，山体滑落，这就是剥。君子观此卦象，以山石剥落、崩塌为戒，从而善结民心，厚待民众，使人民安居乐业，以保国家稳定。

古典中国人把上层社会视为山，把下层民众视为坤地，如果上层无视下层民众，那么上层就不得其安，就会滑落下来。《诗经》说："高岸为谷，深谷为陵。"就是说这种上下不协、颠倒的情况。《诗经》还说："虽则劬劳，其究安宅。"安宅即安居。在剥卦时空中，安宅就是指上层社会，指国家政权，一如今天所说的"上层建筑"。只有基础牢固了，上层才得以安康；否则就会成为剥卦时空，一天天烂下去。

对古典中国人来说，他们随着日月、年号、朝代的演进，而感受到今昔不同，后来者拥有更丰富的资源，但他们也感受到了人性中阳能的泯灭和剥落。故他们的史观多是今非昔比，每况愈下。宋代的读书人感叹说："天不生仲尼，万古如长夜。"朱熹也同样感受到人文历史在演进中的另一面。他曾经说，千年人文乃是不断剥落的历史。

三、时空节点

世界强化免疫日（12月15日）在剥卦时空内。世界强化免疫日主要是为消灭脊髓灰质炎而设立的。脊髓灰质炎（又称"小儿麻痹症"）是少数能被消灭的疾病之一，这主要是因为人是脊髓灰质炎病毒的唯一感染者，已经有了有效的疫苗，免疫终生。但是巧合的是，剥卦时空出生的人，免疫力确实低于常人，他们对自己、对他人都较刻削。

北齐时代的吴遵世解释过剥卦。当时吴是大将军文襄府里的参军，一天，他跟将军及其幕僚一起去东山游玩，突然遇到乌云密布。将军担心下雨影响游玩的心情，就让大家占卜预测天气情况，结果占到剥卦。有人解释说，这预示将要下雨。吴遵世不同意，认为坤为地、为土，土克水，应该不会下雨。将军很高兴，说如果吴遵世说得对，就重赏。有人不服，将军说因为他解卦符合自己的心意。后来天气果然没有下雨，有人受罚，吴遵世受赏。

明代的胡浚占到过剥卦。当时，他跟同乡袁杞山到金陵游玩，晚上住宿神乐观中。观中丢失了一只金杯，胡浚为此占卦，得剥卦，爻变为颐卦。他分析说，剥卦有覆碗之象，可见金杯被人埋在地下；根据方位，坤为西南方；坤数为五，在西南角往下挖五寸就可以了。大家到胡浚说的地方去挖，果然找到了金杯。

四、时空禀赋

剥卦的意象是平地有山，剥卦人可以说是性格高傲，愿意显示自己。他们命硬，但身体不好，免疫力差。他们性格中有刻剥、剥削、克制的一面，不是剥削自己就是剥削他人，典型的如雍正皇帝。剥卦人打基础很重要，即卦辞说的"以厚下安宅。"

近代天文学的奠基人、丹麦天文学家和占星学家、膀胱破裂、被毒死的第谷是剥卦人。他说："唉，我多希望我这一生没有虚度啊。"

雍正皇帝是剥卦人。这位皇帝勤于政事，自诩"以勤先天下"、"朝乾夕惕"。他在位期间每年唯有自己生日当天才会休息一天，其余每天都挑烛工作至凌晨一两点。他一生中在大臣的奏折中总共批阅超过千万字，据说因此"过劳死"。

《包法利夫人》的作者、法国作家福楼拜是剥卦人。他写作极其严谨，对作品精雕细琢，甚至达到自我挑剔的地步。他每天写作七八个小时，一个月才写二十来页稿子，稍不满意即悉数付之一炬。作家自承："得是疯子，而且要有三倍的疯癫，才会去写这样一本书。"

法国作曲家柏辽兹是剥卦人。在十九世纪的法国，没有哪位音乐家的命运比柏辽兹更为悲惨了！他说："我感到我要大叫，为了拯救自己而大叫……哦，残酷的病（我把这种病叫作道德的、神经的、虚构的、一切人们都可能有的孤立病）总有一天它少不了要把我弄死。……"

《英雄交响曲》和《命运交响曲》的作者，一生不幸的音乐家贝多芬是剥卦人。他说过："我要扼住命运的咽喉，它妄想使我屈服，这绝对办不到。""苦难是人生的老师。通过苦难，走向欢乐。"

《德国，一个冬天的童话》作者，晚年瘫痪、"床褥墓穴"、在床上生活八年的德国大诗人海涅是剥卦人。他说过："人生是疾病，世界是医院，而死是我们的医生。"

美国社会学家帕森斯是剥卦人。他在批判古典主义社会学、建立功能主义的时候，曾在《社会行动的结构》中写道："现在还有谁在读斯宾塞的书？"而到七十年代末，学者们又开始问："现在还有谁在读帕森斯的书？"

法国大预言家诺查丹玛斯，《傲慢与偏见》的作者、终身未嫁的英国小说家简·奥斯汀，埃菲尔铁塔的作者、法国建筑师埃菲尔，"爱斯不难读"即世界语的发明者柴门霍夫，《呐喊》作者、挪威印象派画家蒙克，晚清同盟会会员、心肝被炒食的徐锡麟，民国贿选总统曹锟，画家石鲁，科学家钱学森，俄国作家索尔仁尼琴等，是剥卦人。

五、释爻

先哲观察剥卦时空，描述了几种不利情况。

第一种状态："剥床以足，蔑贞，凶。"

床脚烂了，不用猜，凶险。

我们已经很难知道剥卦六爻的原始意义。对于"蔑"字，有人以为是灭的意思，有人以为是无的意思，有人以为是做梦的意思。这一爻意思因此多样，但大同小异。

在剥落的日子，梦到自己的床脚都快烂掉了；或者说，看到下人嚣张不作为，自己的床脚都快烂了也不修理；或者说，床脚烂了，睡觉都不平整，这是凶险的兆头。引申为，国家政权从它的足下根基开始腐烂时，这就意味着灭亡，凶险异常。

第二种状态："剥床以辨，蔑贞，凶。"

床板烂了，不用猜，凶险。引申为，国家政权全部溃烂，不用猜，凶险。

第三种状态："剥之，无咎。"

虽然剥落了，却没有灾咎。也可以理解为，这一阶段，不得不有所行动，把坏掉烂掉的部分剥离掉，没什么灾咎。

第四种状态："剥床以肤，凶。"

床塌了，伤到肌肤，凶险。也可以理解为，这是床上的草席烂了，刺伤了自己。也可以说，这是床板把肌肤刺伤了。因为剥卦时期的作为有限，第三阶段的作为也只是头痛医头，脚痛医脚，没有解决根本问题，故出现了此时的凶险状态。

第五种状态："贯鱼，以宫人宠，无不利。"

将内宫之人像鱼穿成串一样，依次给予宠爱，没什么不利的情况发生。或者说，这一阶段有了经验教训，面对下人，要一视同仁，平等公正地对待。就像君王宫人成群，他的妻子如果贤明，就会统领着大家依次得到君王的宠爱，这是无所不利的。

第六种状态："硕果不食，君子得舆，小人剥庐。"

硕大的果实不曾被摘取吃掉，君子坐上华丽的大车，小人的破房子都快毁了。

这一阶段是处于剥卦之极，眼睁睁地看着五阴之上的一阳。这一阳就像硕果，大家够不着，也吃不到。它象征君子，象征君子的坚贞，象征君子在剥烂之时仍看到希望，因为底下的五阴（小人、女子、百姓）虽然正在势头，但用好就变成载乘君子的大车。而如果小人们不尊重这个君子，要活生生地瓜分掉他，他们自己也死无葬身之所。

朱熹解释这一状况时说："'硕果不食，君子得舆，小人剥庐。'其象如此，谓一阳在上，如硕大之果，人不及食，而独留于其上；如君子在上，而小人皆载于下，则是君子之得舆也。然小人虽载君子，而乃欲自下而剥之，则是自剥其庐耳。盖唯君子乃能覆盖小人，小人必赖君子以保其身。今小人欲剥君子，则君子亡，而小人亦无所容其身，如自剥其庐也。且看自古小人欲害君子，到害得尽后，国破家亡，其小人曾有存活得者否？故圣人象曰'君子得舆'，民所载也。'小人剥庐'，终不可用也。"

朱子是理学大家，他的解释入情入理。对术数者来说，若人占到此爻，心为君子、行为君子者，吉，"得舆"；心为小人、行为小人者，"剥庐"。理在其中，无须再说。

坤卦·顺而顺：大地白茫茫一片真干净
12月17日—12月22日

一、时间节气

这是大雪之后、冬至前的几天。阴阳数比例中，阳能全部消失隐藏，阴数盛极到六三，即六十四卦中最大的象数。大地是"白茫茫一片真干净"。这是大地之卦。

二、释卦

人们最初命名先天八卦中的坤卦为三个阴性符号并列，演变为"川"，即是将三个横断线竖起而成。此时上川下川之卦同样为川卦。后来人们赋予这一卦更形象的意义，即阳乾健而为天，阴川顺而为土、为大地。人们发现，土地虽然安静、顺从，却一直在生育、伸展之中。

先人从山上、森林来到大地上，对土地的崇拜难以言喻。他们敏感地认识到，阴性中有阳性的因素潜伏，就像冬天跟春天不可分割。在冬阴之极里，有震阳的雷动伸展，而震卦的先天卦名卦象里就是"申"，就是雷电。把土跟申结合，就是万物生长的阴性能力，即坤。坤因此成为阴性符号的名字，成为大八卦系统中的大地名字和冬季后半段时间的名字；在六十四卦系统里，坤则又成为冬至前几天时空的名字。

人们说，这一时空就是与大地合其德，它的特点是伟大的基础或新的开始，是通达的，是利于像母马一般坚守正道的。像冬天风雪中外出容易先迷失而后得主、而后身心回暖轻松一样，君子远行办事时，开始时会迷失，要摸索而后能找到归宿，结局吉利。

对当时三代中观象系辞的周文王来说，身处弱顺的坤卦时空中，就像自己的国族发展一样，处在强大的商王朝的西边一角，北部有野蛮的未开化的部落，自己只有在西南方得到盟友，东北方是商王及其附属，自己是得不到同盟者的。在商王朝还很强大时，安居不动才意味着吉利。

同时，在冬天严寒的日子里，人们多讲进补，少消耗，请客吃饭的多，祭祀的多。为了准备来年，维系本家本族本邦国的安危，此时人们需要善待母马，母马普遍地繁殖是有利的，这样才能多出产战马，多出生产力。在严冬，如果出门访友，有所行动，往往会先迷路，最终得到主人的款待，得大于失。在当时，如果趁冬闲季节做点儿小生意，往西南方有利，往东北方会血本无归，因为西南方的人民蛮性、直率，东北方是商人的势力范围，他们本来都贼精贼精的，见多识广，跟他们做生意得不到好处。在大地上四顾茫然、一无凭借的时候，一动不如一静，安于正道才意味着吉利。

在后天八卦时空里，坤卦的位置是西南方：西方为兑，南方为离，跟自己一样是阴性之象；而东方为震，北方为坎，都是阳性之象，所以坤卦时空之象也意味着西南得朋、东北丧朋。

综合这些经验，周文王或先哲们不无感慨地给坤卦"系辞"："坤。元亨，利牝马之贞。君子有攸往，先迷后得主，利。西南得朋，东北丧朋。安，贞吉。"

先哲对坤卦给予了极为美好的赞辞："至哉坤元，万物资生，乃顺承天。坤厚载物，德合无疆。含弘光大，品物咸亨。牝马地类，行地无疆，柔顺利贞。君子攸行，先迷失道，后顺得常。西南得朋，乃与类行；东北丧朋，乃终有庆。安贞之吉，应地无疆。"

坤元的开创之功是崇高的。万物依赖它获得生命的基础，从而能顺承天道的变化。坤以其厚重承载万物，德能无边无际。它包容广大，各种物类皆得其所。母马阴性，与大地同类，奔驰大地没有边界，生性柔和、温顺、便捷、执著。君子外出，先迷了路，后顺利找到归宿。在西南方得到朋友，于是跟志同道合者同行；在东北方虽然失去朋友，却遇到了适合的异性，最终还是吉庆的。祥和贞吉，无往不利，一如大地随处伸展不穷一样。

"地势坤，君子以厚德载物。"

人们说，大地的形势柔顺舒展，君子取法它的精神，以深厚的德行来承担责任，包容万物。

中国诗人穆旦有诗《冬》，可以有助于我们理解这个坤卦阴寒之极中的希望、潜藏之阳和光明："我爱在淡淡的太阳短命的日子／临窗把喜爱的工作静静做完／才到下午四点，便又冷又昏黄／我将用一杯酒灌溉我的心田／多么快，人生已到严酷的冬天／／我爱在枯草的山坡，死寂的原野／独自凭吊已埋葬的火热一年／看着冰冻的小河还在冰下面流／不只低语着什么，只是听不见／呵，生命也跳动在严酷的冬天／／我爱在冬晚围着温暖的炉火／和两三昔日的好友会心闲谈／听着北风吹得门窗沙沙地响／而我们回忆着快乐无忧的往年／人生的乐趣也在严酷的冬天／／我爱在雪花飘飞的不眠之夜／把已死去或尚存的亲人珍念／当茫茫白雪铺下遗忘的世界／我愿意感情的激流溢于心田／来温暖人生的这严酷的冬天。"

三、时空节点

春秋时代的鲁国南蒯占到过坤卦。当时，南蒯要背叛季平子，投奔齐国，就预测吉凶。他占得坤卦，爻变为比卦。南蒯认为这是大吉之象。但子服惠伯直言不讳地说，这个卦说明如为忠信之事就能成功，否则必败。具体地说，如果没有忠、信、善三德就不能担当这一卦辞；此外，易经也不能用来预测险恶之事。南蒯不听，依然准备反叛，结果失败。

东汉时期的太史占到过坤卦。当时，大将军梁商之女梁妠和她的姑姑都被选入后宫。进宫后，太史为梁妠占卦，得坤卦，爻变为比卦。太史分析说，大吉，坤为国、为母，有国母之象；变爻爻辞是"黄裳元吉"，变卦爻辞是"位中正也"，说明富贵极尊；由此推测，梁妠必会贵为皇后。果然，梁妠被立为皇后。

四、时空禀赋

坤卦意象为大地，一马平川，引申为文明、文化。坤卦人跟大地有特殊的感情，如法布尔一生多在乡间。他们的性格中有独裁的一面，也有母性、温和、宽厚的一面。坤卦人成就事业以文化为基础最好，如蔡锷虽为军人，思想学问也极好。在文化上，坤卦人多另开新局，如胡适、郑振铎等人。从爻辞上看，坤卦人有财运，但过程复杂，且易引起纠纷。

临川先生、宋代大政治家、思想家王安石是坤卦人。他的名言："天变不足畏，祖宗不足法，人言不足恤。"深得坤卦之义。他的改革搅动了大宋国运。"龙战于野，其血玄黄。"他也是大学者、大作家，欧阳修称道他说："翰林风月三千首，吏部文章二百年。老去自怜心尚在，后来谁与子争先。"

《昆虫记》的作者、法国学者法布尔是坤卦人。他一生清贫，大部分时间都是在乡间度过，著述丰富，跟不少同时代的学者友好。虽然他不支持进化论，但达尔文对他尊敬有加，称他为"无可追摹的观察者"。

奥匈帝国皇储斐迪南大公是坤卦人。他的去世引起了第一次世界大战。一如坤卦之义："龙战于野，其血玄黄。"

斯大林是坤卦人。托洛茨基说："不是斯大林创造了权力机构，而是权力机构塑造了斯大林。""官僚集团上上下下全是庸才。斯大林是官僚集团中最杰出的一个庸才。他的长处在于，他比所有其他的人更坚决、更果断、更无情地表现出统治集团的自卫本能。其实，这恰恰是他的软弱之处。"

中国军事家、民国历史上国葬第一人蔡锷是坤卦人。他有诗说："流血救民吾辈事，千秋肝胆自轮菌。"

中国学者胡适是坤卦人。"含章，可贞，或从王事，无成有终。"他的名言："容忍比自由还更重要。"深得坤卦之义。

中国教育家、社会活动家罗家伦是坤卦人。他是第一个提出"五四运动"的人。他在抗战时说过："我们抗战，是武力对武力，教育对教育，大学对大学，中央大学所对着的是日本东京帝国大学。"

联邦德国总理勃兰特是坤卦人。1971年，在波兰访问期间，当来到犹太人纪念碑前时，勃兰特突然双膝下跪，在场的几百人无不为之惊呆。他获得了当年度的诺贝尔和平奖。

中国军人雷锋是坤卦人。他的名言："人的生命是有限的，可是，为人民服务是无限的，我要把有限的生命，投入到无限的为人民服务之中去。"

法国作家拉辛，英国物理学家、电子的发现者汤姆生，意大利歌剧作曲家普契尼，中国学者郑振铎，德国作家伯尔，前苏共总书记勃列日涅夫，美国导演斯皮尔伯格，韩国前总统李明博等，是坤卦人。

五、释爻

人们观察坤卦，跟乾卦一样，把它放到大的时空中，比如一年之中、东南西北各方，而得出这样的辞句。

第一种状态："履霜，坚冰至。"

脚踩到薄霜，可以推断坚冰也快到了。

这是秋冬季节。人们为此引申说，事物的发展有其规律，"冰冻三尺，非一日之寒"。

第二种状态："直方，大，不习，无不利。"

原意已经难以确定。有人如朱熹认为，内直外方而又盛大，不待学习而无不利。或说，平直、方正、辽阔，不必学习，也没有什么不利的。有人嘲笑这种说法，认为这一爻讲的是，巡视大地，抵达四方，没危险，无不利。

从大地的时间属性上说，这一阶段应指冬春之际，大地一片干净，人们看到大地的本来面目，平直、方正、广大，这是厚德啊。如果人也具备大地的这些德性，真诚、正义、包容，去跟不熟悉的人交往，去不熟悉的地方，无往不利。

第三种状态："含章，可贞，或从王事，无成有终。"

这一阶段是指春夏时期，大地秀美可爱，这是好兆头。如果人也如此富有光彩，守住它，应时展现自己的才华，他就有机会跟随王者参与大事，即使无成，亦有结果。

第四种状态："括囊，无咎无誉。"

这一阶段指夏秋之际。大地上的庄稼、果树被保护起来，收好的粮食作物也都扎得紧紧的，如此才不会有失、有危险。尤其是细心的女人，做起这类事很是认真。这样做，在男人看来，没什么错，也没什么值得称赞的。

这一爻引申意义丰富，从保护收成，到明哲保身，即后人所谓的沉默是金，默而无言。《三国志》中说："臣闻文王与纣之事，是时天下括囊无咎，凡百君子，莫肯用讯。"

第五种状态："黄裳，元吉。"

这一阶段指秋天。大地像穿上了黄色的衣裳，最为吉祥了。

第六种状态:"龙战于野,其血玄黄。"

这一阶段是秋冬季节。天地阴阳争夺,大地旷野就像成了龙的战场,再也没有春夏的缤纷七色,龙血染就了秋冬的颜色,黑黄黑黄的。

毛泽东词:"飞起玉龙三百万,搅得周天寒彻。"

殊胜状态:"利永贞。"

永远贞固有利,利于坚持到底。

里尔克说:"有何胜利可言,挺住意味一切。"

有学者认为,坤卦爻辞也是上古时代人们的歌谣,对大地的赞美之歌:"履霜、直方、含章、括囊、黄裳,龙战于野,其血玄黄。"

附录　本书相关名人索引

A

A·赫胥黎（蛊卦，169）
阿炳（困卦，323）
阿登纳（屯卦，26）
阿尔弗雷德·马歇尔（井卦，293）
阿赫玛托娃（姤卦，259）
阿加莎·克里斯蒂（蒙卦，353）
阿拉法特（解卦，336）
阿兰·德龙（否卦，430）
阿兰·格里耶（困卦，323）
阿美士德（益卦，34）
阿姆斯特朗（升卦，306）
阿瑟·米勒（渐卦，401）
阿·托尔斯泰（益卦，34）
阿西莫夫（颐卦，18）
埃菲尔（剥卦，469）
埃里蒂斯（谦卦，419）
埃里希·克莱伯（升卦，306）
艾德礼（屯卦，27）
艾登（夬卦，240）
艾略特（遁卦，371）

艾米莉·勃朗特（蛊卦，299）
艾青（临卦，139）
艾森豪威尔（渐卦，400）
爱德华八世（姤卦，260）
爱迪生（明夷卦，78）
爱丁顿（复卦，10）
爱伦堡（随卦，60）
爱伦·坡（震卦，44）
爱默生（需卦，214）
爱森斯坦（噬嗑卦，52）
爱因斯坦（革卦，120）
安德烈·波切利（遁卦，372）
安德鲁·卡内基（豫卦，448）
安东尼奥尼（咸卦，379）
安·兰德（无妄卦，67）
安妮·勃朗特（震卦，44）
安妮·法兰克（夬卦，240）
安徒生（损卦，146）
昂山素季（乾卦，248）
奥巴马（升卦，306）
奥本海默（睽卦，175）
奥黛丽·赫本（履卦，190）

奥尔布赖特（大畜卦，209）
奥芬巴赫（乾卦，249）
奥古斯丁（萃卦，434）
奥勒留（睽卦，173）
奥斯特洛夫斯基（咸卦，378）
奥维德（同人卦，128）

B

巴顿（否卦，430）
巴尔扎克（大畜卦，208）
巴菲特（涣卦，341）
巴甫洛夫（蒙卦，353）
巴赫（同人卦，129）
巴金（豫卦，449）
巴枯宁（小畜卦，220）
巴列维（艮卦，413）
巴斯德（复卦，10）
白崇禧（同人卦，129）
白芳礼（乾卦，249）
白居易（家人卦，98）
白求恩（丰卦，106）
柏格森（渐卦，399）
柏辽兹（剥卦，469）
柏杨（离卦，114）
拜伦（噬嗑卦，52）
包拯（中孚卦，159）
保时捷（涣卦，341）
鲍勃·迪伦（需卦，215）

鲍狄埃（旅卦，385）
鲍林（家人卦，100）
贝当（睽卦，175）
贝多芬（剥卦，469）
贝尔（丰卦，106）
贝克特（中孚卦，161）
贝卢斯科尼（咸卦，379）
贝娜齐尔·布托（乾卦，248）
贝聿铭（睽卦，485）
本·古里安（渐卦，401）
比才（蹇卦，406）
比尔·盖茨（艮卦，413）
彼得大帝（大有卦，233）
彼特拉克（巽卦，286）
俾斯麦（损卦，146）
毕加索（艮卦，413）
卞之琳（比卦，463）
冰心（旅卦，385）
波波夫（革卦，121）
波德莱尔（节卦，154）
波尔布特（大畜卦，209）
波尔克（谦卦，419）
波芙娃（益卦，34）
波兰斯基（困卦，323）
玻尔（旅卦，385）
伯尔（坤卦，476）
伯克（益卦，33）
伯希和（小畜卦，220）
勃拉姆斯（履卦，189）

勃兰特（坤卦，476）

勃列日涅夫（坤卦，476）

博罗梅奥（谦卦，419）

博马舍（噬嗑卦，53）

卜劳恩（革卦，121）

布丰（坎卦，348）

布哈林（小过卦，391）

布莱希特（明夷卦，77）

布兰代斯（萃卦，435）

布朗（泰卦，200）

布朗基（无妄卦，67）

布列松（遁卦，372）

布罗茨基（需卦，215）

布琼尼（睽卦，175）

C

蔡锷（坤卦，476）

蔡特金（鼎卦，273）

蔡元培（益卦，33）

蔡志忠（无妄卦，68）

仓央嘉措（丰卦，105）

曹锟（剥卦，469）

曹禺（遁卦，372）

查士丁尼一世（泰卦，200）

柴可夫斯基（履卦，189）

柴门霍夫（剥卦，469）

常书鸿（节卦，155）

车尔尼雪夫斯基（井卦，293）

陈布雷（萃卦，436）

陈诚（屯卦，27）

陈独秀（小过卦，391）

陈公博（渐卦，400）

陈鼓应（大过卦，267）

陈嘉庚（蹇卦，407）

陈景润（需卦，216）

陈炯明（益卦，34）

陈凯歌（讼卦，317）

陈立夫（未济卦，329）

陈梦家（归妹卦，167）

陈省身（艮卦，413）

陈寅恪（大过卦，267）

成吉思汗（大壮卦，226）

重光葵（蛊卦，300）

川端康成（夬卦，240）

茨威格（豫卦，448）

慈禧太后（观卦，455）

崔健（升卦，306）

村上春树（益卦，34）

D

达尔文（贲卦，84）

达·芬奇（中孚卦，159）

达利（泰卦，201）

大隈重信（离卦，113）

大雄（中孚卦，159）

大仲马（井卦，292）

戴尔·卡内基（豫卦，449）

戴高乐（晋卦，442）

戴季陶（屯卦，26）

丹纳（归妹卦，166）

但丁（大壮卦，227）

德彪西（未济卦，330）

德·波旁（坎卦，348）

德川家康（随卦，58）

德加（巽卦，287）

德拉克罗瓦（睽卦，43）

德莱塞（解卦，336）

德勒兹（震卦，44）

德雷福斯（小过卦，392）

德里达（巽卦，288）

德沃夏克（坎卦，348）

邓稼先（姤卦，261）

邓肯（小畜卦，221）

邓丽君（随卦，59）

邓尼茨（师卦，360）

狄德罗（旅卦，384）

狄盖特（旅卦，385）

狄更斯（明夷卦，77）

狄金森（比卦，462）

狄拉克（讼卦，316）

笛卡尔（损卦，145）

第谷（剥卦，469）

丁聪（比卦，463）

丁度·巴纳斯（临卦，138）

丁玲（小过卦，391）

丁汝昌（晋卦，442）

丁文江（中孚卦，161）

东山魁夷（鼎卦，273）

东条英机（颐卦，18）

东乡平八郎（随卦，59）

都德（泰卦，200）

杜布切克（豫卦，449）

杜甫（明夷卦，76）

杜拉斯（损卦，147）

杜勒斯（家人卦，100）

杜鲁门（泰卦，201）

杜威（渐卦，399）

杜月笙（未济卦，329）

E

恩格斯（豫卦，447）

恩斯特·马赫（贲卦，84）

F

F·李斯特（蹇卦，407）

法布尔（坤卦，475）

法拉第（遁卦，371）

法拉奇（大过卦，267）

法朗士（中孚卦，161）

凡尔纳（明夷卦，78）

范仲淹（坎卦，136）

梵高（损卦，145）

房龙（益卦，34）
菲尔丁（睽卦，173）
腓特烈大帝（噬嗑卦，52）
斐迪南大公（坤卦，476）
废名（否卦，429）
费尔巴哈（蛊卦，299）
费曼（泰卦，201）
费米（咸卦，379）
费希特（大畜卦，208）
费孝通（谦卦，419）
丰臣秀吉（临卦，137）
丰子恺（否卦，430）
冯国璋（屯卦，27）
冯·诺伊曼（复卦，10）
冯雪峰（大壮卦，228）
冯友兰（观卦，456）
佛朗哥（观卦，457）
弗雷泽（颐卦，18）
弗罗斯特（临卦，138）
弗洛伊德（履卦，190）
伏尔泰（晋卦，441）
伏龙芝（无妄卦，68）
伏尼契（泰卦，200）
伏契克（家人卦，100）
福柯（渐卦，401）
福克纳（遁卦，372）
福林达斯（革卦，121）
福楼拜（剥卦，468）
福斯特（颐卦，18）

福特（蛊卦，299）
福泽谕吉（益卦，33）
傅抱石（旅卦，385）
傅雷（节卦，154）
傅立叶（节卦，154）
傅斯年（临卦，137）
傅作义（姤卦，261）
富尔顿（萃卦，436）
富兰克林（震卦，44）
富兰克林·罗斯福（随卦，59）
富勒（涣卦，341）

G

G·李斯特（解卦，335）
G·马歇尔（颐卦，17）
甘地（咸卦，378）
高鹗（萃卦，436）
高尔基（临卦，138）
高尔泰（遁卦，372）
高更（大有卦，233）
高锟（谦卦，419）
高斯（兑卦，182）
戈尔（损卦，147）
戈尔巴乔夫（丰卦，106）
戈尔丁（师卦，360）
戈林（益卦，34）
戈培尔（艮卦，413）
戈雅（损卦，145）

哥白尼（既济卦，91）
哥德巴赫（同人卦，129）
哥德尔（兑卦，183）
格老秀斯（中孚卦，159）
格林斯潘（丰卦，106）
格罗佩斯（大畜卦，209）
葛兰西（噬嗑卦，52）
宫泽贤治（解卦，335）
龚如心（咸卦，379）
龚自珍（未济卦，329）
辜鸿铭（巽卦，288）
古德里安（夬卦，240）
古龙（大有卦，234）
谷崎润一郎（井卦，293）
顾拜旦（颐卦，17）
顾城（遁卦，372）
顾颉刚（履卦，190）
顾圣婴（大过卦，267）
顾维钧（随卦，59）
顾准（大过卦，267）
光绪皇帝（困卦，322）
郭沫若（萃卦，436）
郭永怀（节卦，154）
果戈理（损卦，146）

H

哈贝马斯（乾卦，248）
哈丁（咸卦，378）
哈金（既济卦，92）
哈雷（艮卦，413）
哈丽特·阿巴斯诺特（坎卦，348）
哈罗德·威尔逊（离卦，114）
哈默（需卦，215）
威廉·哈维（损卦，145）
海德格尔（遁卦，371）
海顿（损卦，145）
海伦·凯勒（姤卦，259）
海明威（井卦，293）
海涅（剥卦，469）
海瑞（益卦，33）
海森堡（观卦，456）
海子（临卦，138）
汉考克（益卦，34）
汉密尔顿（益卦，33）
汉娜·阿伦特（渐卦，400）
汉武大帝（讼卦，315）
何鸿燊（豫卦，449）
何其芳（无妄卦，68）
何香凝（姤卦，260）
何应钦（损卦，146）
和珅（大过卦，267）
贺拉斯（比卦，462）
贺麟（师卦，360）
赫鲁晓夫（归妹卦，167）
黑格尔（解卦，335）
黑塞（大过卦，266）
黑泽明（同人卦，129）

亨利·杜南（泰卦，201）

亨利·米勒（复卦，10）

亨利·詹姆斯（中孚卦，161）

弘一大师（蹇卦，407）

洪堡（乾卦，247）

洪昇（未济卦，329）

侯宝林（观卦，457）

侯德榜（讼卦，316）

忽必烈（遁卦，371）

胡风（谦卦，419）

胡佛（讼卦，316）

胡汉民（比卦，463）

胡萨克（益卦，34）

胡适（坤卦，476）

胡志明（大畜卦，209）

华罗庚（萃卦，436）

华盛顿（既济卦，91）

华特·迪士尼（比卦，463）

华兹华斯（节卦，154）

怀特（恒卦，281）

皇太极（豫卦，447）

黄宾虹（随卦，59）

黄飞鸿（鼎卦，274）

黄侃（损卦，146）

黄兴（艮卦，413）

黄炎培（咸卦，379）

惠特曼（大壮卦，227）

惠特妮·休斯顿（讼卦，317）

霍布斯（节卦，153）

霍金（屯卦，26）

霍梅尼（泰卦，201）

霍去病（明夷卦，76）

霍英东（泰卦，201）

霍元甲（震卦，44）

J

基辛格（小畜卦，221）

基佐（旅卦，385）

吉卜林（颐卦，18）

吉鸿昌（渐卦，400）

纪伯伦（屯卦，27）

纪德（晋卦，441）

纪晓岚（蛊卦，299）

季羡林（讼卦，317）

济慈（艮卦，412）

加尔文（恒卦，280）

加加林（离卦，114）

加里波第（鼎卦，272）

加缪（否卦，429）

伽利略（家人卦，99）

伽罗毕（蹇卦，406）

伽莫夫（丰卦，106）

贾平凹（既济卦，92）

简·奥斯汀（剥卦，469）

蒋方良（大畜卦，209）

蒋介石（艮卦，413）

蒋经国（兑卦，183）

蒋梦麟（震卦，43）
焦耳（复卦，10）
杰斐逊（中孚卦，160）
杰克·伦敦（益卦，34）
捷尔任斯基（蒙卦，353）
金克木（困卦，323）
金赛（姤卦，260）
金庸（无妄卦，68）
金泳三（观卦，456）
金岳霖（恒卦，281）
近卫文麿（小过卦，391）
居里（大畜卦，209）
居里夫人（否卦，428）
君特·格拉斯（渐卦，401）

K

卡尔·萨根（否卦，430）
卡尔维诺（渐卦，401）
卡夫卡（大过卦，267）
卡拉汉（临卦，133）
卡拉扬（节卦，155）
卡罗（随卦，59）
卡皮查（鼎卦，274）
卡森（小畜卦，221）
卡斯特罗（困卦，323）
开尔文（姤卦，259）
开普勒（复卦，10）
凯恩斯（大壮卦，227）

凯末尔（离卦，113）
凯斯特纳（家人卦，100）
恺撒（恒卦，280）
康德（睽卦，174）
康丁斯基（观卦，456）
康帕内拉（坎卦，347）
康斯坦丁·卡拉曼利斯（离卦，114）
康熙大帝（履卦，189）
康有为（同人卦，128）
考茨基（渐卦，401）
柯立芝（鼎卦，273）
柯南道尔（需卦，215）
柯西金（既济卦，93）
科尔（损卦，147）
科斯（颐卦，18）
克劳塞维茨（鼎卦，272）
克勒（噬嗑卦，53）
克雷洛夫（贲卦，85）
克里孟梭（咸卦，379）
克里希那穆提（泰卦，201）
克林顿（未济卦，330）
克伦威尔（睽卦，385）
肯尼迪（小畜卦，221）
孔多塞（师卦，360）
孔子（咸卦，378）
库茨涅茨（兑卦，183）
库仑（夬卦，240）
库斯勒（坎卦，348）
库图佐夫（师卦，360）

夸齐莫多（未济卦，329）
米兰·昆德拉（损卦，147）
昆西·亚当斯（恒卦，281）

L

拉宾（家人卦，100）
拉法耶特（坎卦，347）
拉斐尔（节卦，153）
拉封丹（鼎卦，272）
拉康（中孚卦，161）
拉马克（升卦，305）
拉普拉斯（同人卦，129）
拉瓦锡（解卦，335）
拉辛（坤卦，476）
莱布尼茨（大过卦，266）
莱蒙托夫（渐卦，398）
莱辛（噬嗑卦，52）
兰波（蹇卦，406）
兰斯顿·休斯（无妄卦，68）
劳伦斯（蒙卦，354）
老舍（无妄卦，68）
老施特劳斯（革卦，121）
老乔治·布什（夬卦，240）
雷锋（坤卦，476）
雷诺阿（家人卦，99）
黎曼（师卦，361）
黎塞留（坎卦，347）
黎元洪（渐卦，400）

李白（家人卦，98）
李比希（泰卦，202）
李卜克内西（临卦，139）
李大钊（艮卦，413）
李光耀（师卦，360）
李国鼎（随卦，59）
李翰祥（归妹卦，167）
李鸿章（贲卦，85）
李嘉诚（蛊卦，301）
李嘉图（归妹卦，166）
李可染（临卦，139）
李隆基（坎卦，346）
李明博（坤卦，476）
李清照（革卦，121）
李时珍（恒卦，280）
李舜臣（兑卦，182）
李四光（艮卦，413）
李希霍芬（履卦，189）
李小龙（豫卦，449）
李约瑟（比卦，463）
李政道（豫卦，449）
李贽（晋卦，441）
李自成（遁卦，372）
李宗仁（困卦，323）
李宗盛（巽卦，288）
里尔克（观卦，457）
里根（无妄卦，67）
理查·克伦威尔（旅卦，385）
利玛窦（旅卦，384）

连战（解卦，336）
梁启超（家人卦，99）
梁漱溟（渐卦，401）
梁思成（归妹卦，167）
梁羽生（同人卦，128）
列奥·施特劳斯（师卦，361）
列宾（升卦，306）
列夫·托尔斯泰（坎卦，348）
列宁（睽卦，174）
列文胡克（蹇卦，406）
林白（无妄卦，68）
林风眠（晋卦，442）
林徽因（大有卦，233）
林肯（明夷卦，77）
林奈（需卦，215）
林巧稚（复卦，10）
林森（明夷卦，77）
林夕（比卦，463）
林耀华（临卦，137）
林语堂（小过卦，391）
林则徐（涣卦，341）
刘半农（小畜卦，220）
刘伯温（大过卦，266）
刘锷（渐卦，401）
刘海粟（革卦，121）
刘节（讼卦，155）
刘清扬（贲卦，86）
刘易斯（明夷卦，78）
柳亚子（小畜卦，221）

龙应台（贲卦，86）
隆美尔（萃卦，436）
卢嘉锡（艮卦，413）
卢卡奇（中孚卦，161）
卢瑟福（涣卦，341）
卢梭（姤卦，259）
卢泰愚（观卦，457）
卢武铉（讼卦，494）
卢作孚（中孚卦，160）
鲁迅（遁卦，371）
陆奥宗光（未济卦，330）
陆游（萃卦，436）
路透（井卦，293）
路易十四（坎卦，347）
路易十五（贲卦，84）
路易十六（未济卦，328）
路易·威登（升卦，306）
伦勃朗（恒卦，281）
伦琴（临卦，137）
罗巴切夫斯基（观卦，457）
罗伯斯庇尔（履卦，189）
罗伯特·李（震卦，44）
罗大佑（巽卦，288）
罗丹（萃卦，435）
罗尔斯（既济卦，92）
罗家伦（坤卦，476）
罗杰斯（渐卦，401）
罗琳（蛊卦，301）
罗伦兹（需卦，216）

罗曼·罗兰（随卦，59）
罗蒙诺索夫（晋卦，441）
罗莎·卢森堡（丰卦，106）
罗斯柴尔德（家人卦，99）
罗素（大畜卦，208）
罗振玉（讼卦，316）
洛克（解卦，335）
洛克菲勒（鼎卦，273）
洛克威尔（无妄卦，68）
洛伦兹（巽卦，216）

M

马蒂斯（颐卦，18）
马丁·路德（否卦，428）
马丁·路德·金（震卦，43）
马丁松（履卦，190）
马尔萨斯（贲卦，84）
马汉（咸卦，379）
马卡连柯（家人卦，100）
马可·波罗（蒙卦，353）
马克思（履卦，190）
马克·吐温（观卦，455）
马拉美（同人卦，128）
马礼逊（屯卦，26）
马龙·白兰度（损卦，147）
马思聪（履卦，190）
马斯洛（损卦，146）
马雅可夫斯基（鼎卦，273）

马寅初（姤卦，261）
马友友（旅卦，385）
马云（渐卦，401）
马志尼（乾卦，248）
玛丽·安托瓦内特（谦卦，419）
玛丽莲·梦露（大壮卦，238）
玛莎·葛兰姆（泰卦，200）
迈尔（豫卦，449）
迈克尔·杰克逊（涣卦，341）
迈克·华莱士（泰卦，201）
麦当娜（困卦，323）
麦克阿瑟（噬嗑卦，52）
麦克斯韦（夬卦，239）
曼德尔施塔姆（震卦，42）
曼施坦因（豫卦，448）
芒德勃罗（晋卦，442）
毛姆（噬嗑卦，53）
毛喻原（大有卦，234）
茅盾（鼎卦，273）
茅以升（屯卦，27）
梅厄夫人（兑卦，183）
梅尔·吉布森（屯卦，27）
梅兰芳（蹇卦，407）
梅里美（咸卦，379）
梅纽因（睽卦，174）
梅特林克（解卦，336）
梅特涅（大畜卦，208）
梅艳芳（小过卦，392）
梅贻琦（颐卦，17）

门德尔松（无妄卦，68）
门捷列夫（明夷卦，77）
门罗（兑卦，182）
蒙哥（益卦，34）
蒙克（剥卦，469）
蒙森（观卦，455）
孟德尔（巽卦，287）
孟德斯鸠（震卦，42）
孟子（损卦，145）
米德（姤卦，261）
米·弗里德曼（蛊卦，301）
米开朗基罗（丰卦，105）
米罗（归妹卦，167）
米洛舍维奇（未济卦，330）
米切尔（否卦，429）
米沃什（大过卦，266）
密茨凯维支（复卦，10）
密尔（大畜卦，208）
密尔顿（比卦，462）
密特朗（艮卦，413）
闵可夫斯基（乾卦，248）
缪塞（比卦，463）
摩尔根（遁卦，372）
摩根（归妹卦，167）
莫泊桑（升卦，306）
莫里哀（震卦，42）
莫里亚克（小过卦，392）
莫洛托夫（离卦，114）
莫奈（萃卦，436）

莫言（贲卦，86）
莫扎特（随卦，59）
墨索里尼（蛊卦，300）
穆罕默德（归妹卦，166）

N

拿破仑（困卦，322）
拿破仑三世（归妹卦，166）
纳博科夫（睽卦，175）
纳尔逊（咸卦，378）
纳吉（大有卦，234）
纳兰性德（震卦，42）
纳什（夬卦，240）
南丁格尔（泰卦，201）
南怀瑾（革卦，121）
能斯特（姤卦，261）
尼采（渐卦，399）
尼尔·阿姆斯特朗（升卦，306）
尼赫鲁（萃卦，435）
尼克松（益卦，34）
倪匡（小畜卦，221）
聂耳（贲卦，86）
聂卫平（困卦，323）
牛顿（屯卦，26）
努尔哈赤（既济卦，92）
诺贝尔（蹇卦，406）
诺查丹玛斯（剥卦，469）

O

欧·亨利（蒙卦，353）
欧拉（节卦，153）
欧里庇得斯（遁卦，371）
欧姆（革卦，120）
欧纳西斯（震卦，44）
欧文（大畜卦，208）

P

帕格尼尼（艮卦，412）
帕森斯（剥卦，469）
帕慕克（大有卦，234）
帕斯捷尔纳克（明夷卦，78）
帕斯卡（乾卦，247）
潘恩（随卦，58）
潘天寿（革卦，121）
潘兴（蒙卦，354）
庞加莱（兑卦，182）
庞培（咸卦，378）
泡利（睽卦，174）
培根（噬嗑卦，51）
裴多菲（颐卦，17）
彭斯（噬嗑卦，53）
蓬皮杜（鼎卦，274）
皮尔·卡丹（大过卦，267）
皮兰德娄（姤卦，260）
皮亚杰（讼卦，317）

朴正熙（咸卦，379）
蒲鲁东（震卦，42）
蒲松龄（大壮卦，43）
普京（旅卦，385）
普朗克（睽卦，174）
普里高津（噬嗑卦，53）
普利策（节卦，154）
普鲁斯特（恒卦，281）
普契尼（坤卦，477）
普希金（大壮卦，227）
溥仪（明夷卦，78）

Q

戚继光（萃卦，435）
齐白石（颐卦，17）
齐伯林（鼎卦，273）
启功（蛊卦，301）
契诃夫（随卦，59）
钱穆（蛊卦，300）
钱伟长（小过卦，392）
钱学森（剥卦，469）
钱锺书（晋卦，442）
乔大壮（震卦，44）
乔伊斯（无妄卦，67）
乔治·艾略特（晋卦，371）
乔治·凯南（贲卦，85）
乔治·卢卡斯（大畜卦，209）
乔治·桑（大过卦，266）

丘处机（明夷卦，77）
丘吉尔（观卦，455）
秋瑾（否卦，429）
犬养毅（大壮卦，228）

R

让·弗朗索瓦·商博良（复卦，10）
任继愈（中孚卦，161）
日丹诺夫（贲卦，85）
日莲（贲卦，84）
荣格（蛊卦，300）
容国团（讼卦，317）
容闳（萃卦，435）

S

撒切尔夫人（小过卦，391）
萨达姆·侯赛因（兑卦，183）
萨冈（乾卦，249）
萨哈罗夫（需卦，216）
萨克雷（巽卦，287）
萨拉马戈（萃卦，436）
萨洛特（巽卦，288）
萨马兰奇（巽卦，288）
萨特（乾卦，248）
塞拉（泰卦，202）

塞林格（颐卦，18）
塞缪尔·约翰逊（坎卦，347）
赛珍珠（姤卦，260）
三岛由纪夫（震卦，43）
三毛（临卦，139）
沙利文（中孚卦，161）
莎拉·布莱曼（困卦，323）
莎朗·斯通（离卦，114）
莎士比亚（睽卦，173）
山本五十六（损卦，147）
山县有朋（夬卦，239）
舍勒（未济卦，330）
舍伍德·安德森（蒙卦，353）
申农（兑卦，183）
沈从文（颐卦，17）
圣女贞德（屯卦，25）
圣西门（渐卦，398）
盛世才（屯卦，27）
施明德（震卦，44）
石鲁（剥卦，469）
石原慎太郎（咸卦，379）
史迪威（同人卦，129）
史蒂夫·乔布斯（家人卦，100）
史怀哲（益卦，34）
史良（临卦，139）
史量才（颐卦，18）
史铁生（屯卦，27）

叔本华（既济卦，92）

舒伯特（无妄卦，67）

舒曼（大有卦，233）

顺治皇帝（革卦，120）

司各特（困卦，322）

司马光（萃卦，436）

司汤达（噬嗑卦，51）

司徒雷登（姤卦，260）

斯宾诺莎（豫卦，447）

斯大林（坤卦，476）

斯蒂芬·金（师卦，361）

斯蒂文森（萃卦，436）

斯诺（巽卦，288）

斯皮尔伯格（坤卦，476）

斯坦因（豫卦，448）

斯托夫人（夬卦，239）

斯威夫特（观卦，457）

斯文·赫定（既济卦，92）

松井石根（蛊卦，301）

宋高宗赵构（需卦，214）

宋徽宗赵佶（谦卦，418）

宋教仁（节卦，154）

宋美龄（丰卦，106）

宋子文（观卦，457）

苏步青（遁卦，372）

苏东坡（屯卦，25）

苏哈托（大有卦，234）

苏珊·桑塔格（震卦，44）

孙立人（比卦，463）

孙连仲（无妄卦，68）

孙中山（萃卦，435）

梭罗（恒卦，280）

索尔·贝娄（大有卦，232）

索尔仁尼琴（剥卦，469）

索罗斯（讼卦，317）

索绪尔（豫卦，449）

T

T·赫胥黎（履卦，58）

台静农（晋卦，442）

太宰治（乾卦，248）

泰戈尔（履卦，190）

泰勒（同人卦，129）

谭嗣同（离卦，113）

汤若望（兑卦，182）

汤显祖（遁卦，371）

汤因比（中孚卦，160）

汤用彤（乾卦，249）

唐君毅（震卦，43）

唐绍仪（颐卦，18）

唐廷枢（大畜卦，209）

陶成章（噬嗑卦，53）

陶行知（渐卦，400）

特蕾莎修女（解卦，336）
特鲁多（渐卦，401）
特斯拉（恒卦，281）
梯也尔（中孚卦，159）
田汉（离卦，113）
田纳西·威廉斯（萃卦，436）
田中角荣（履卦，190）
铁托（需卦，216）
图拉真（师卦，360）
图灵（姤卦，260）
涂尔干（中孚卦，161）
屠格涅夫（否卦，430）
托克维尔（蛊卦，299）
托洛茨基（艮卦，413）
托马斯·哈代（大壮卦，227）
托马斯·卡莱尔（观卦，454）
托马斯·曼（大有卦，234）
托马斯·莫尔（明夷卦，77）
托斯卡尼尼（临卦，137）
陀思妥耶夫斯基（否卦，428）

W

瓦格纳（需卦，215）
瓦特（震卦，42）
瓦文萨（咸卦，379）
完颜阿骨打（升卦，305）

汪精卫（履卦，189）
王安石（坤卦，475）
王朝闻（归妹卦，167）
王尔德（渐卦，399）
王菲（讼卦，317）
王夫之（旅卦，384）
王国维（观卦，455）
王力（讼卦，317）
王洛宾（颐卦，18）
王韬（否卦，429）
王维（家人卦，99）
王小波（泰卦，202）
王阳明（艮卦，412）
王永庆（震卦，44）
王云五（鼎卦，273）
威尔士（讼卦，317）
威尔斯（师卦，361）
威廉·冯特（困卦，332）
威廉·格林（家人卦，100）
威廉·詹姆斯（益卦，34）
威灵顿（兑卦，182）
维吉尔（渐卦，398）
维纳（豫卦，449）
维特根斯坦（暌卦，174）
魏尔伦（损卦，146）
魏格纳（谦卦，419）
魏源（暌卦，174）

文天祥（大壮卦，226）

闻一多（豫卦，449）

屋大维（遁卦，371）

吴伯雄（乾卦，249）

吴昌硕（蒙卦，354）

吴冠中（解卦，336）

吴晗（讼卦，317）

吴趼人（小畜卦，220）

吴健雄（大壮卦，228）

吴敬琏（噬嗑卦，53）

吴宓（未济卦，329）

吴佩孚（睽卦，175）

吴庭艳（屯卦，27）

吴印咸（师卦，361）

吴浊流（大壮卦，228）

吴祖光（归妹卦，167）

吴作人（谦卦，419）

伍尔芙（噬嗑卦，53）

武藤信义（涣卦，341）

武训（观卦，457）

武则天（贲卦，84）

X

西奥多·罗斯福（艮卦，412）

西塞罗（颐卦，18）

西乡隆盛（噬嗑卦，52）

希尔伯特（噬嗑卦，53）

希拉里·克林顿（艮卦，413）

希区柯克（困卦，323）

希特勒（归妹卦，167）

威廉·詹姆斯·席德斯（损卦，146）

席勒（否卦，428）

霞飞（益卦，34）

夏布多里昂（涣卦，340）

夏德·施特劳斯（大有卦，234）

夏尔丹（谦卦，419）

夏洛蒂·勃朗特（归妹卦，166）

夏丏尊（夬卦，240）

夏目漱石（明夷卦，78）

冼星海（夬卦，240）

显克维支（履卦，189）

香奈尔（未济卦，329）

项羽（涣卦，340）

小林多喜二（小过卦，392）

小施特劳斯（艮卦，413）

小泽征尔（涣卦，341）

小仲马（蛊卦，299）

萧伯纳（蛊卦，300）

萧军（大过卦，267）

肖邦（丰卦，105）

肖洛霍夫（需卦，216）

肖斯塔科维奇（遁卦，372）

谢晋（晋卦，442）

辛德勒（兑卦，183）
辛克莱（师卦，360）
辛弃疾（小畜卦，220）
熊庆来（蒙卦，354）
熊十力（贲卦，85）
熊希龄（井卦，293）
休谟（睽卦，174）
徐悲鸿（巽卦，287）
徐光启（睽卦，174）
徐世昌（蹇卦，407）
徐特立（无妄卦，68）
徐锡麟（剥卦，469）
徐霞客（屯卦，26）
徐志摩（震卦，43）
许寿裳（明夷卦，77）
薛定谔（困卦，322）
薛岳（复卦，10）
雪莱（升卦，305）
勋伯格（蒙卦，354）
荀子（损卦，145）

Y

雅各布·格林（屯卦，27）
雅娜·卡尔芒（既济卦，92）
雅斯贝尔斯（家人卦，99）
亚当·斯密（大壮卦，227）

亚历山大二世（归妹卦，166）
亚历山大·冯·洪堡（蒙卦，353）
亚美利加（离卦，443）
严复（屯卦，26）
严修（中孚卦，161）
颜惠庆（损卦，146）
晏阳初（渐卦，401）
杨虎城（豫卦，449）
杨坚（蛊卦，299）
杨振宁（咸卦，379）
耶律楚材（井卦，293）
耶稣（复卦，9）
叶嘉莹（巽卦，288）
叶卡捷琳娜（归妹卦，166）
叶利钦（无妄卦，67）
叶圣陶（艮卦，413）
叶挺（坎卦，348）
叶芝（夬卦，239）
伊夫林·沃（艮卦，274）
伊丽莎白·勃朗宁（丰卦，106）
伊丽莎白二世（归妹卦，167）
伊丽莎白一世（坎卦，347）
伊藤博文（渐卦，399）
易卜生（同人卦，128）
奕䜣（益卦，34）
殷海光（观卦，456）
英格丽·褒曼（解卦，336）

英格玛·伯格曼（恒卦，281）

英诺森十二世（革卦，121）

雍正皇帝（剥卦，468）

尤金·奥尼尔（渐卦，401）

于右任（中孚卦，160）

俞国华（益卦，34）

俞敏洪（渐卦，401）

雨果（家人卦，99）

郁达夫（比卦，463）

裕仁天皇（兑卦，183）

袁隆平（坎卦，348）

袁世凯（师卦，360）

源实朝（师卦，359）

约翰·拉贝（晋卦，442）

约翰·列侬（小过卦，392）

约翰逊（解卦，336）

约翰·亚当斯（艮卦，412）

约瑟夫·康拉德（观卦，455）

约瑟夫·普里斯特利（革卦，121）

Z

岳飞（同人卦，128）

臧克家（旅卦，385）

曾国藩（豫卦，447）

扎克伯格（大畜卦，209）

詹纳（大畜卦，208）

詹天佑（革卦，121）

张爱玲（咸卦，378）

张伯苓（节卦，155）

张伯伦（革卦，121）

张朝阳（艮卦，413）

张纯如（临卦，138）

张大千（泰卦，202）

张国荣（蒙卦，354）

张恨水（大畜卦，209）

张静江（困卦，323）

张居正（需卦，214）

张君劢（震卦，43）

张澜（损卦，146）

张灵甫（未济卦，329）

张瑞敏（屯卦，27）

张申府（夬卦，240）

张学良（大壮卦，228）

张雨生（大有卦，234）

张之洞（蒙卦，353）

张自忠（讼卦，316）

张作霖（同人卦，129）

章士钊（同人卦，129）

章太炎（益卦，33）

赵丹（姤卦，261）

赵萝蕤（泰卦，202）

赵朴初（谦卦，419）

赵无极（贲卦，85）

真纳（复卦，10）

郑板桥（晋卦，441）

郑超麟（中孚卦，161）

郑成功（解卦，335）

郑观应（井卦，293）

郑渊洁（夬卦，240）

郑振铎（坤卦，476）

郑周永（萃卦，436）

织田信长（姤卦，259）

中曾根康弘（小畜卦，221）

周海婴（遁卦，372）

周作人（震卦，43）

朱棣（兑卦，182）

朱光潜（师卦，360）

朱可夫（观卦，457）

朱生豪（无妄卦，68）

朱熹（蒙卦，353）

朱元璋（蹇卦，406）

朱自清（晋卦，442）

诸葛亮（未济卦，328）

竺可桢（丰卦，106）

卓别林（中孚卦，161）

邹韬奋（谦卦，419）

祖冲之（归妹卦，166）

左拉（中孚卦，160）

左宗棠（否卦，428）